女检察官检察理论研究课题获奖文集

最高人民检察院检察理论研究所
中国女检察官协会 编

（2015—2016年度）

NU JIAN CHA GUAN JIAN CHA LI LUN
YAN JIU KE TI HUO JIANG WEN JI

中国检察出版社

女检察官检察理论研究课题获奖文集
（2015—2016 年度）
编委会组成人员

序　言

　　长期以来，高检院党组高度重视女检察官队伍建设和女检察官协会的工作，广大女检察官在各项检察工作中发挥了越来越重要的作用，在各自岗位上建功立业，取得了令人瞩目的成绩。在长期的工作实践中，女检察官们积极投身检察工作，深入思考事关检察工作发展的重大问题，有力推动和参与检察制度创新和检察理论创新，形成了丰富的成果，造就了大批的人才。

　　为了进一步激励女检察官不断提升自身理论素养、业务水平和办案能力，成为各个岗位的业务尖子和办案能手，经研究并报经高检院领导批准，中国女检察官协会与高检院检察理论研究所围绕法治思维下的检察工作，共同研究设置了15项检察理论研究课题并向全国发布。各省级女检察官协会广泛发动，认真组织，得到了女检察官们的积极回应。各省级女检察官协会经初评，向中国女检察官协会申报课题达416个之多。经过专家组评审，决定立项72个课题。

　　截至课题第一批结项时间，共有25个课题申请结项。令人欣喜的是，这些课题均着眼于推进检察理论创新，基础理论研究具有原创性或开拓性，应用理论研究突出针对性和实效性，每一个申请结项课题均已在公开出版物上发表，有些课题成果达到了较高的理论研究水平。本书精选的这25个结项课题研究成果，都是女检察官们在紧张繁忙的工作之余完成的，它们既有对理论问题的思辨和阐述，也有对检察实务的梳理和总结，更兼具女性法律工作者的情怀和视角，逻辑严谨、体系周延、观点鲜明、学术规范，充分展示了女检察官们学术研究的能力和勇于探索的精神。她们的努力值得大家的尊重和赞许。

　　"书山有路勤为径，学海无涯苦作舟"。我衷心期待以本书出版为契机，在全国的女检察官中大力弘扬"工匠精神"，营造更加浓郁的理论研究氛围，激励更多的女检察官拿起笔来书写和提炼她们的思考，留下浓墨重彩的篇章，用她们的勤奋、才华和智慧，为检察工作的理论创新和制度创新，为检察事业繁荣发展，作出新的更大贡献。

卢希

2017 年 9 月

目　录

上编　未成年人刑事案件相关机制与权益保障

下编　女性犯罪预防与惩治

上　编
未成年人刑事案件相关机制与权益保障

未成年人刑事案件社会调查制度的适用及完善*
——以北京市朝阳区人民检察院社会调查制度的开展为视角

卢 希**

摘　要： 2012 年修订的《刑事诉讼法》对未成年人刑事案件社会调查做了专门规定，标志着作为未成年人司法基础和核心的社会调查制度在我国正式确立。本文以北京市朝阳区人民检察院社会调查的开展情况为视角，深入剖析社会调查报告的适用现状及存在问题，结合社会调查实际运行情况，提出可行性建议，以期对完善社会调查报告的适用有所助益。

关键词： 未成年人刑事案件　社会调查　考察帮教

关于社会调查制度，理论界与实务界对其内涵的认识存在不同的观点。日本学者菊田幸一教授在其著作《犯罪学》中将其称作"人格调查"，并认为"人格调查是指为了在刑事程序上对每一个犯罪人都能选择恰当的处遇方法，使法院能在判决前的审理中，对被告人的素质和社会环境作出科学的分析而制定的制度"；[①] 在英美法系国家，则将"社会调查"称作"审前调查"或者"量刑前调查"，强调社会调查在庭审前阶段或者在审判阶段量刑方面的重要作用；另外《联合国少年司法最低限度标准规则》则将社会调查表述为"social inquiry report"，汉语直译为"社会调查报告"。我们认为，上述三种关于社会调查制度的代表性观点都有其合理的一面。其中菊田幸一教授强调了社会调查制度必须以科学主义为指导，通过调查犯罪人的人格以及所处的社会环境，为对其作出处遇提供参考，但是我们也能发现"人格调查"一词并未完全涵盖社会调查制度的所有内容，就目前实践来看，社会调查报告的内容尽管

＊　本文荣获 2015—2016 年度女检察官检察理论研究课题一等奖。

＊＊　课题组主持人：卢希；课题组成员：吴春妹、孙敏、齐志杰。作者单位：北京市人民检察院。

①　[日] 菊田幸一：《犯罪学》，海沫等译，群众出版社 1989 年版，第 178 页。

各地有异，但一般而言主要包括犯罪人的人格调查以及风险评估、犯罪人所处的社会环境两大方面；而关于"审前调查"或"量刑前调查"的称谓，我们认为其能够正确反映社会调查主要在审前阶段或者是量刑阶段所能够发挥的作用，但一方面其不能够体现社会调查所涵盖的内容，另一方面过分强调社会调查在量刑方面的作用，忽视了其作为少年司法特殊制度的一面。因此，我们认为不管对社会调查制度如何称谓，都不可避免地会显现出不足的一面，由于目前"社会调查"是该项制度运用最为广泛的称谓，因此下文中，我们也将使用这一称谓对该项制度进行探讨、分析，以保证在同一话语体系中进行论述。

　　一般而言，未成年人刑事案件社会调查是指在未成年人刑事诉讼程序中，由专门机构的人员对涉罪未成年人的成长经历、生活环境、实施犯罪的情况及悔改表现等具体情况展开的调查，并根据调查情况对未成年人的人身危险性及悔罪程度进行评估而制作调查报告，目的在于对涉罪未成年人定罪、量刑、教育矫正提供参考或依据。[①] 我们认为，从目前实践的运行来看，社会调查在未成年人刑事案件处理中的作用主要有：一是在公安机关侦查阶段或者检察机关审查逮捕阶段，通过社会调查报告反映的涉罪未成年人的社会危害性、人身危险性、风险评估以及监护帮教条件等情况，判断涉罪未成年人是否有必要羁押以及在该阶段是否有必要对涉罪未成年人采取心理干预、帮教矫治等措施；二是在检察机关审查起诉阶段，结合社会调查报告内容，确定对涉罪未成年人相对不起诉、附条件不起诉抑或是提起公诉，起到分流指导作用；三是在不起诉决定作出后，根据社会调查报告反映的情况，针对涉罪未成年人的特点制定个性化的矫治与帮教处遇措施或者在提起公诉时，在准确判断与犯罪行为有关的量刑情节基础上，结合社会调查报告所反映的涉罪未成年人的人身危险性、再犯可能性，提出更为全面、综合的量刑建议；四是在审判阶段，法院参考社会调查报告内容，对涉罪未成年人准确量刑，或者是否对涉罪未成年人判处管制、缓刑提供依据，同时通过社会调查员出庭制度，更好地发挥社会调查在法庭教育方面所能够起到的作用；五是在执行阶段，社会调查能够在社区矫正执行以及监禁刑中对涉罪未成年人的分类矫治发挥指导作用。然而目前，由于未成年人刑事案件社会调查在具体内容、启动程序、调查主体、适用范围、法律效力等方面皆缺少统一性规定，司法机关社会调查工作呈现出各自为战的状况，没有形成统一的、规范的模式，这也间接导致了社会调查报告在实践中并未能充分发挥上面所提到的其应当发挥的作用。本文笔者将以北京市朝阳区人民检察院未成年人刑事案件社会调查的实践为基础，浅谈社会调查制度在实践

[①]　姚建龙：《青少年犯罪与司法论要》，中国政法大学出版社 2014 年版，第 173 页。

运行中存在的问题及完善的建议。

一、北京市朝阳区人民检察院开展社会调查的现状

2012 年 6 月，北京市朝阳区人民检察院作为北京市检察机关社会调查试点单位，与北京政法职业学院合作开展社会调查工作。2013 年 1 月，北京市朝阳区人民检察院与北京政法职业学院签订《关于对未成年犯罪嫌疑人开展社会调查工作合作办法》，成立北京市心声社会工作事务所，积极试点并开展社会调查工作，发挥社会调查对北京市朝阳区人民检察院未成年人羁押必要性审查、量刑建议、考察帮教的作用。经过几年的实践探索，北京市朝阳区人民检察院已形成了具有朝阳特色的社会调查制度。具体开展情况如下。

（一）社会调查队伍专业化，专兼职相结合

关于社会调查主体，域外国家或者地区有多种类型。在美国，要由观护官承担社会调查的职责，观护官主要由少年法院法官任命。伊利诺伊州《少年法院法》规定观护官的职能包括"庭审前的社会调查，庭审中的代表孩子利益出席法庭，庭审决定中向法院提供情况和帮助，庭审后负责照顾少年，观护贯穿于整个少年法院运作的全过程"。[①] 在日本，则主要是由家事法院的调查官承担社会调查。但值得注意的是，日本的少年司法一方面强调"调查先行主义"，在对少年启动刑事程序还是保护程序之前，社会调查是非常重要的一环；另一方面强调"科学主义"，因此除了家庭法院调查官的调查外，还综合少年鉴别所出具的鉴别意见来分析少年的"要保护性"，即日本少年保护程序中的调查程序主要包括调查官的社会调查和少年鉴别所的身心鉴别两大方面，其中少年鉴别所的身心鉴别更为强调科学在鉴别中的应用。在我国，综合各地实践，社会调查主体也呈多样化的特点，大体可分为五类：一类是司法行政机关社区矫正机构；二类是法院、检察院、公安机关；三类是共青团、高等院校等社会团体组织或个人；四类是专门的社会工作事务所；五类是辩护律师。由于调查主体的多样化，导致社会调查主体的专业性、中立性、积极性一直是困扰社会调查有效开展的一个主要问题。北京市朝阳区人民检察院在试行社会调查之初就与北京政法职业学院合作，并成立北京市心声社会工作事务所，由该学院应用法律系、社工系 20 余名教授、讲师以及专职司法社会工作者组成了专门的社会调查队伍，社会调查经费由政府购买服务。专门社会调查队伍的成立解决了社会调查主体的专业性、中立性以及经费保障问题。

---

① 参见姚建龙：《超越刑事司法——美国少年司法史纲》，法律出版社 2009 年版，第 87 页。

（二）实现涉罪未成年人社会调查全覆盖

正如前文所言，社会调查的作用贯穿于刑事诉讼的全过程，同时社会调查制度也是少年司法不同于成年司法的重要一面，少年司法不仅强调未成年人犯罪行为方面，包括行为所涉罪名、量刑情节，而且也关注未成年犯罪人方面，包括未成年人人身危险性、再犯可能性、心理评测与鉴定等情况。正因如此，北京市朝阳区人民检察院非常重视社会调查在未成年人检察工作中的作用，自2013 年至 2015 年，北京市朝阳区人民检察院已对 466 人次涉罪未成年人开展社会调查，实现涉罪未成年人社会调查全覆盖。一是征求涉罪未成年人及其法定代理人意见，争取对所有涉罪未成年人进行社会调查，除少数不同意社会调查的以外，全面推进社会调查工作的进展比较顺利。二是北京市朝阳区人民检察院积极完善异地社会调查制度，保证对外地涉罪未成年人社会调查的全面准确。北京市朝阳区人民检察院落实经费保障，通过前往涉罪未成年人户籍地调查、委托调查、电话调查等多种方式进行社会调查，确保对京内、京外涉罪未成年人的平等保护。

（三）建立公检法社会调查内部协调机制

在刑事诉讼过程中，未成年人刑事案件会经历侦查、审查起诉、审判三个阶段，同样社会调查报告的应用也应贯穿三个阶段。但实践中，如果公、检、法不能形成有效衔接机制的情况下，会导致：一是社会调查不同的启动主体的重复调查；二是社会调查启动主体互相推诿，不调查。目前，北京市朝阳区人民检察院已建立公、检、法社会调查内部协调机制，在侦查阶段由公安机关委托心声社会工作事务所开展初次社会调查，在审查起诉阶段由检察机关再次委托心声社会工作事务所开展补充社会调查，开展初次社会调查和补充社会调查的主体为同一。初次社会调查报告主要围绕羁押必要性对涉罪未成年人的犯罪原因及动机、监护条件等情况开展调查，评估其人身危险性，为公安机关是否应对其适用非羁押措施提供全面的评估。在审查起诉阶段，主要围绕起诉必要性以及帮教重点对涉罪未成年人的家庭背景、个性特点、犯罪前后表现、监管条件等情况开展调查，为检察机关采用何种处理方式及帮教措施提供评估意见。同时在检察机关决定对案件提起公诉时，将社会调查报告随案移送至法院为审判提供参考。

（四）确立社会调查员出庭制度

社会调查员出庭制度是指社会调查员参加庭审，就社会调查情况在法庭上宣读并质证。在美国，法庭庭审程序允许对观护官以及安置前报告所列的有关人员的证言进行交叉质证。自 2013 年以来，北京市朝阳区人民检察院大力推进社会调查员出庭工作，截至目前，社会调查员出庭共计 137 人次。2015 年已实现全部涉罪未成年人案件社会调查员出庭。社会调查员出庭有助于规范未成年被告人量刑程序、准确把握量刑事实、开展法庭教育，对推进少年司法体制改革具有重要的意义。2014 年 1 月，朝阳区人民检察院社会调查员出庭制度被共青团中央、中央综治委、中国法学会评为"全国未成年人健康成长法治保障最佳事例"。目前，北京市朝阳区人民检察院已与北京市朝阳区人民法院、北京市心声社会工作事务所就《朝阳区社会调查员出庭工作办法》达成一致意见，进一步确立社会调查员出庭的规范化程序。一是在法庭调查阶段，首先由公诉人宣读起诉书、出示相关证据材料，然后经公诉人申请，获法庭允许，社会调查员出庭宣读《社会调查报告》。社会调查员就《社会调查报告》的内容接受控、辩双方的质证。二是在法庭教育阶段，社会调查员根据社会调查了解到的情况，对未成年被告人进行有针对性的法庭教育，并提出帮教建议。三是在法庭宣判阶段，法庭对《社会调查报告》的内容予以采纳的，在判决书中予以体现。

（五）吸纳社会调查员作为附条件不起诉考察帮教的主体之一

社会调查员作为涉罪未成年人社会环境、人格情况的调查主体，对于涉罪未成年人所处社会环境需要改善的地方以及其本人人格需要矫治的方面具有较为清晰的认识。修改后刑事诉讼法实施以后，北京市朝阳区人民检察院在总结试点经验的基础上，努力拓展附条件不起诉考察帮教的深度。除了对考察对象进行必要的法律知识教育，使其认识到自身违法犯罪的危害性以及遵纪守法的必要性之外，还通过积极推动社会调查员介入帮教的方式促进帮教形式多样化。一是延续社会调查员前期社会调查成果。社会调查员可根据社会调查过程中已经了解到的考察对象的个人情况，在检察机关考察帮教方案的基础上，针对不同的考察对象制定个性化的帮教方案。二是充分利用心声社会工作事务所的师资资源，不断丰富考察帮教的形式，由社会调查员在介入帮教过程中，针对考察对象开展拓展活动、心理咨询与评估、帮教访谈等一系列活动，通过一系列人文关怀措施从感情上引导其迷途知返、改过自新。当然实践中，社会调查主体与附条件帮教考察主体合一的做法也饱受争议，其中之一就是附条件帮教考察主体同时为社会调查主体会导致其在社会调查阶段由于掺入帮教因素而导致社会调查丧失客观性，对于这一矛盾的解决仍然需要进一步的思索与探究。

二、社会调查制度在运行中存在的问题

目前，北京市朝阳区人民检察院开展社会调查工作已有近 4 年的时间，社

会调查工作架构已经建立，运行顺畅。社会调查报告不仅为刑事案件的处断提供了参考，而且在预防矫正未成年人犯罪方面发挥了重要作用。但社会调查制度在我国的实践仍属初期，社会调查报告所起到的程序分流以及教育矫治的作用仍相当有限。通过对近年来北京市朝阳区人民检察院社会调查制度的运行情况进行全面梳理，发现仍存在一些问题，成为制约社会调查制度有效运行的"瓶颈"。

（一）社会调查报告的内容存在模板化套用倾向

目前的社会调查报告主要包含被调查对象的个人家庭情况、成长经历、犯罪前后表现、犯罪原因分析、人身危险性分析、风险因素与帮教重点等内容，并且附有对被调查对象进行艾森克人格测试的测评报告。报告内容虽丰富、全面，但在细节的描述上存在套用模板的印记，个性化评测缺失，社会调查报告中的犯罪原因分析、风险因素分析等可以普遍适用。尤其是对同案犯罪嫌疑人的调查报告在犯罪原因、人身危险性等方面的分析类同。在帮教重点的设置上都集中于培养守法意识、加强家庭管理、进行心理辅导、提高人际沟通能力等方面，没有针对被调查对象的个人特质设置符合其身份特点、性格特征、成长轨迹的帮教项目。

（二）社会调查方式单一使社会调查内容不够全面、科学

目前在实践中，社会调查方式主要表现为：面谈、电话访谈、问卷调查以及心理量表。这些方式具有操作简单、方便、使用率高，受时间、地点、环境的限制较小等优点，但是这些方式也导致一系列问题：一是通过这些方式所进行的社会调查往往掺入社会调查员过多的主观因素，导致社会调查客观性、科学性不高；二是这些方式往往也无法满足时代发展的各种变化，不能将新近的心理学、社会学、教育学等成果予以转化，同时也导致社会调查内容不够全面、深入。当然可喜的是，目前有部分地方在社会调查中，利用心理学"沙盘推演"等方式来评测被调查者的心理状态，表明越来越多的技术成果正逐步应用于社会调查过程中。

（三）社会调查报告在案件处理中所起作用有限

社会调查报告通过对涉罪未成年人个人情况、家庭情况、性格特点、社会交往、监护条件、犯罪原因等情况的分析，评估其羁押必要性、人身危险性、再犯危险性等。该评估意见无论是在侦查阶段、审查逮捕阶段、审查起诉阶段以及审判阶段，对公、检、法机关承办人采取何种处遇措施，具有非常重要的作用，但目前，社会调查报告在程序分流方面的作用没有得到有效发挥，主要表现在：一是侦查机关对部分涉罪未成年人开展社会调查启动较晚，部分案件

在向检察机关提请批准逮捕时未附社会调查报告，导致检察机关在 7 日的审查逮捕期限内未能结合社会调查报告的评估意见作出是否批准逮捕的决定。二是侦查机关对部分涉罪未成年人作出取保候审决定时，社会调查报告还未完成，社会调查报告的内容未起到应有的在程序分流方面的作用。三是检察机关承办人对社会调查报告的应用仍有欠缺，体现在部分案件的结案报告中没有社会调查报告的内容，或者有社会调查报告的内容，但在作出处理意见时未结合社会调查报告的内容作具体的分析，社会调查报告与案件的处理结果没有有效结合。

（四）社会调查报告在后续帮教中被虚化、悬置

社会调查报告本应成为帮教活动开展的重要依据，帮教项目的设置、帮教过程中对被帮教人员的心理辅导等均应围绕社会调查报告展开，但一是因为社会调查报告的制作人员与考察帮教的带教社工不同，帮教社工所实际开展的帮教项目，与社会调查报告里调查员根据调查反映的情况所预设的帮教项目脱节；二是因为帮教项目的类型趋同化，社会调查报告并没有发挥应有的个别化帮教指导作用，甚至被束之高阁。

（五）对社会调查员的工作没有建立考核评价机制

社会调查制度的核心价值在于社会调查报告的真实性、客观性及其评估结论的科学性，只有真实性、客观性和科学性得到充分保障，社会调查报告的作用才能发挥出来。目前，我国法律、法规就保障社会调查报告的真实性、客观性、科学性方面，缺乏相关的规定。就社会调查人员徇私夸大事实或隐瞒事实、接受访谈的人就未成年人情况做虚假的陈述等各种危害社会调查的情形，并没有相应的评价、监督和处罚措施。

（六）社会调查报告与其他未成年人司法制度如何衔接依然存在问题

尽管社会调查与风险评估、风险干预、心理测评、非羁押可行性评估、帮教处遇等相关的未成年人司法制度之间有着千丝万缕的联系，但如何认识社会调查报告与上述其他未成年人司法制度之间的关系，以及如何协调地发挥这些制度所能产生的最大作用，仍然缺乏有效论证，使得在实践中未能综合发挥各项制度所产生的合力。

三、完善社会调查报告适用的建议

（一）完善社会调查报告内容，强调社会调查的科学性

在实践中，社会调查报告受人质疑的其中一个重要原因是社会调查报告的内容不够全面、科学，其评测涉罪未成年人人身危险性、再犯可能性等情况的

准确性令人怀疑。具体而言，主要包括以下两个方面：一是社会调查内容不够全面。根据美国《新泽西州少年司法法典》规定，安置前报告包括以下内容："实施罪错行为的情境分析、罪错给社会带来的影响、涉罪未成年人的既往犯罪史、家庭情况、经济来源、未成年人父母或监护人的经济来源、父母或监护人对未成年人罪错的监管情况、未成年人被指控卖淫或从事人口贩运的相关信息。"[①] 结合域外国家或者地区的相关立法和实践经验，我们认为一份全面的社会调查报告主要应当包括四大方面：社会调查、人格调查、影响调查以及处遇意见。其中社会调查部分主要反映导致涉罪未成年人实施罪错行为的客观环境因素，具体而言包括涉罪未成年人的家庭环境、社区环境、学习或工作环境，个人成长过程的重要经历等；人格调查部分则主要说明导致涉罪未成年人实施罪错行为的个人主观因素，具体而言包括涉罪未成年人的基本信息、实施罪错行为的动机、原因，涉罪未成年人的遗传关系、心理诊断及治疗方案，涉罪未成年人品行、素质及不良化过程等；影响调查部分则主要反映涉罪未成年人的罪错行为对其个人、家庭、社区、社会所产生的影响，其中被害人意见是其中要重点调查的内容；处遇意见部分则是根据上述部分的调查情况，结合目前涉罪未成年人再犯的风险评估、监护帮教条件，评测涉罪未成年人的羁押必要性以及针对其个性特点的帮教处遇措施。二是社会调查内容得出的结论欠缺足够的科学依据。例如目前在社会调查报告中，关于涉罪未成年人人身危险性、再犯可能性以及风险评估等重要指标往往掺杂着调查人员过多的主观因素，而欠缺客观性的测量标准，使这些指标在具体司法运用过程中说服力不够。在日本，调查需要符合科学主义原则。要求家庭法院调查官和少年鉴别所的鉴别技官运用"医学、心理学、教育学、社会学及其专业知识"。[②] 目前在我国，由于客观条件所致，要完全实现上述要求仍然有所困难，但是现阶段我们依然能够通过其他制度的配合，如心理测评制度，来努力提高社会调查的科学性，增强社会调查报告的说服力。

（二）突出社会调查报告的个性化特征

社会调查的目的是了解未成年人犯罪的原因及帮助其回归社会的有效途径，因此社会调查报告的内容应当客观呈现导致其犯罪的因素，分析帮助其回

---

① 张鸿巍：《浅析美国未成年人案件社会调查制度》，载《河北法学》2014年第5期，第132页。
② 孙云晓、张美云主编：《当代未成年人法律译丛》（日本卷），中国检察出版社2005年版，第163页。

归社会的措施。① 因此，一份完整、科学的社会调查报告应当呈现调查内容、评估意见以及帮教必要性、可行性及帮教意见等内容。同时，社会调查报告所对应的被调查主体个性以及个案不同，应有针对性地制作社会调查报告：一是关注被调查主体的个性特点；二是关注个案的罪名及社会危害性；三是关注犯罪诱因，在此基础上提出评估意见和可行性的帮教意见，真正起到社会调查报告在整个案件处理中应有的作用。

（三）完善社会调查报告在案件处理中的有效应用

未成年人刑事案件的办理除了要准确认定案件事实及正确适用法律外，更要深层次地分析涉罪未成年人犯罪的原因、将来犯罪的可能性，并且在此基础上采取合理的处遇措施。例如在日本，《少年法》明确规定家事法院对少年非行案件作出最终处分之前，必须先进行调查，即采取调查先行主义。同时整个少年案件的审查包括两个方面：一是少年非行事实的认定，即通常所说的法律调查；二是少年要保护性的认定，即强调社会调查。社会调查在未成年人案件的办理过程中起到认定少年资质和采取适当处分依据的作用。因此，借鉴国外经验，应充分发挥社会调查在我国未成年人刑事案件处理中的作用。首先，在侦查阶段与审查批捕阶段，无论是公安机关采取何种强制措施，还是检察机关作出是否批准逮捕的决定，应充分结合社会调查报告中人身危险性评估、羁押必要性评估及监护条件等方面的情况，作出适当的处遇措施，降低审前羁押率，社会调查报告的应用是作出决定的前提条件。其次，在审查起诉阶段，应结合社会调查报告，对涉罪未成年人的帮教必要性和帮教可行性做充分的分析研判。结合涉罪未成年人的犯罪情节、帮教必要性、帮教可行性分别作出相对不起诉、附条件不起诉或起诉的决定。最后，在审判阶段，社会调查报告应充分发挥法庭教育和量刑的参考作用，结合涉罪未成年人的个性特点、犯罪原因、悔罪表现等情况开展法庭教育，同时发挥量刑及适用非监禁刑的参考作用。

（四）建立社会调查与帮教一体化机制

社会调查是办理涉罪未成年人刑事案件的必经程序，其终极目的在于对涉罪未成年人进行"教育、感化、挽救"，因此将社会调查与帮教有机结合是办理涉罪未成年人案件的最佳选择。同时，由于社会调查员前期对涉罪未成年人及其家属、周围环境进行深入调查，对涉罪未成年人的情况有了深入的了解并

---

① 杨新娥主编：《4＋1＋N：未成年人检察的实践与探索》，中国检察出版社 2015 年版，第 98 页。

由此建立了信任关系，因此将社会调查员引入考察帮教对帮教效果的提升起到关键作用。为保证社会调查员介入帮教的效果，建议社会调查员从以下几方面开展工作：一是社会调查员与检察机关承办人积极促成刑事和解，有效化解社会矛盾；二是社会调查员对捕后的涉罪未成年人进行持续帮教，对发现的新情况及时与检察官沟通，进行羁押必要性审查；三是对不批准逮捕的涉罪未成年人进行考察和帮教，防止其脱保，降低涉罪未成年人的社会危险性及再犯可能性；四是对检察机关作出不起诉决定的涉罪未成年人，尤其是附条件不起诉的涉罪未成年人，社会调查员在检察机关考察帮教方案的基础上，针对了解到的涉罪未成年人的个案特点，制订个性化的帮教方案，并对整个考察帮教过程进行全程跟踪，及时向检察机关承办人反馈考察情况，考察结束后撰写考察帮教个案工作结案报告提交检察机关。

（五）建立对社会调查的考核评价机制

为保障社会调查报告的准确性、客观性和公正性，社会调查制度的实体和程序都应当受到监督。建议逐步形成由检察院、社会工作事务所、第三方组成的考核小组，通过个案评价与阶段性评价两种方式开展常态化的考核。一是将社会调查报告的内容以书面或口头形式告知当事人及诉讼参与人，如遇要求查阅的情况，可以允许。对社会调查报告内容提出异议的情况，由委托机关与被委托机关开展调查，进行核实，并向相关人员说明情况。二是经查实，社会调查过程中违反调查程序、调查规则，调查报告内容不属实或有重大缺漏可能影响未成年人刑事处理的情况，经查确属违规操作的事实，有关责任人应当承担相应的责任，由委托机关启动相应的纠正救济机制。三是社会调查必须由两个以上的调查员共同进行，各调查员在调查过程中不仅要通力合作，还要相互监督，就调查事项和内容进行充分讨论，共同制作统一的调查报告，当意见不一致时，应在调查报告中记载并说明。四是在法庭审理阶段，调查员应当出庭，调查报告应当庭宣读，征求控辩双方的意见并接受双方质证，对调查报告有异议，双方可以提出异议及其理由，并记入调查报告和庭审笔录，经法院审查同意且异议点对未成年人影响重大可以自行调查或重新组织调查；法官在判决书的理由部分须列明调查报告所反映的情况及其对量刑的作用。

（六）处理好社会调查制度与未成年人犯罪记录封存制度之间的关系

正如前文所言，理想中的社会调查报告应当包含涉罪未成年人外部环境的调查，因此被调查者可能会包括涉罪未成年人的邻里、社区、同学、老师、单位等。但未成年人犯罪记录封存制度又要求尽可能减少涉罪未成年人犯罪情况对外透露，避免"犯罪标签"对涉罪未成年人产生不良影响。因此，必须处理好社会调查制度与未成年人犯罪记录封存制度之间较为紧张的关系。实践中，司法机关惯常的做法主要是当外部被调查者已经清楚了解涉罪未成年人涉嫌犯罪的情况下才对其进行社会调查，否则一般不对其做社会调查。我们认为这样的做法具有一定的合理之处，但是从某一方面而言也是以牺牲社会调查的全面性为代价。目前来看，如何处理这两者之间的关系依然值得我们探索。

关于惩治与预防性侵未成年人犯罪的调研报告[*]

——以徐州检察机关的司法实践为分析样本

江苏省徐州市人民检察院课题组[**]

近年来，性侵未成年人犯罪居高不下，犯罪手段之恶劣、犯罪态势之严重，一再突破社会道德底线，如何有效惩治与预防该类犯罪成为全社会乃至全国"两会"讨论的焦点。为全面了解性侵未成年人犯罪现状，切实保护未成年人合法权益，课题组对徐州地区惩治与预防性侵未成年人犯罪情况进行专题调研，形成本报告。报告就性侵未成年人犯罪案件的特点、原因，司法办案中发现的问题及预防现状进行了全面总结、深入分析，在考察域外先进经验做法的基础上，提出完善我国惩治与预防性侵未成年人犯罪的对策。

一、徐州地区惩治与预防性侵未成年人犯罪的现状

（一）性侵未成年人犯罪案件总体情况

2010 年 1 月至 2015 年 8 月，徐州市检察机关共办结性侵未成年人犯罪案件 370 件 471 人[①]。其中，强奸、猥亵儿童案件 352 件，占全部性侵未成年人犯罪案件的 95.14%；强制猥亵妇女案件 10 件，嫖宿幼女案件 1 件，强迫卖淫案件 3 件，介绍、容留未成年人卖淫案件 4 件，引诱幼女卖淫、引诱幼女聚众淫乱案件均为 0 件。性侵未成年人犯罪集中在强奸罪、猥亵儿童罪，与全国性侵未成年人犯罪罪名分布情况一致。[②]

---

[*] 本文荣获 2015—2016 年度女检察官检察理论研究课题一等奖。

[**] 课题组主持人：鲍书华，江苏省徐州市人民检察院党组成员、副检察长；课题组成员：朱耿慧，江苏省徐州市检察院未检处处长；赵玉荣，江苏省徐州市人民检察院未检处副处长；李庆，江苏省徐州市铜山区人民检察院办公室副主任；李双双，江苏省徐州市铜山区人民检察院；刘琳恒，邳州市人民检察院；吴浩，新沂市人民检察院；葛涛，江苏省徐州市新沂市人民检察院研究室主任。

[①] 370 件 471 人是检察机关提起公诉并收到判决书的案件数据。

[②] 最高人民法院刑一庭课题组：《关于惩治性侵害未成年人犯罪及开展审判指导工作的调研报告》，载《刑事审判参考》2014 年第 3 集（总第 98 集）。

（二）性侵未成年人犯罪案件突出特点

1. 熟人作案中，朋友、邻居及负有特殊职责的人作案现象尤为突出。在对 471 名被告人的统计中，如图 1 所示，与被害人具有朋友、邻居、师生、监护等相识甚至相熟关系的被告人共 397 人，占性侵未成年人犯罪被告人的比例高达 84.3%。

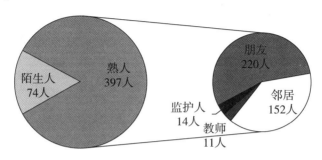

图 1 性侵未成年人被告人类型分析

熟人作案的主要特点：一是被告人与被害人年龄层次有一定的关联性。其一，与被害人具有同学或朋友关系的被告人在熟人作案中占比最高，其多通过即时聊天工具、互联网等方式结识并性侵 12 周岁以上的中小学生。调研发现，有 67 名被告人通过上述方式实施性侵未成年人犯罪。其二，与被害人具有邻居、师生、监护等关系的被告人，其主要侵害 12 周岁以下未成年人，其中，具有邻居关系的被告人中，以 60 周岁以上老年被告人为主，其性侵对象集中为 10 周岁以下的幼童。二是负有特殊职责的人性侵犯罪特点具有鲜明性。其中，负有监护职责的被告人性侵未成年人犯罪往往作案时间长、伤害程度远远高于一般性侵案件，甚至严重影响未成年人正常的身心发育，如被亲生父亲长期性侵害的 3 名被害人，其生理发育明显异于同龄人；负有教育监管职责的被告人性侵未成年人犯罪，普遍存在一人性侵多人、性侵场所公开以及社会影响恶劣等特点。这表明今后预防性侵未成年人犯罪，应当重点针对不同年龄层次的人群制定和完善相应的对策。

2. 未成年人性侵犯罪形势严峻，轮奸案件占有一定比例。性侵未成年人犯罪案件，占未成年人各类犯罪的 48.88%。如图 2 所示，未成年被告人共 119 人，占该类犯罪被告人的 25.27%，未成年人性侵犯罪密度分别是成年被告人、老年被告人①的 3.69 倍、33.33 倍。在未成年被告人中，不满 16 周岁

---

① 本文中"成年被告人"是指已满 18 周岁不满 60 周岁的被告人，"老年被告人"是指 60 周岁以上的被告人。

共27人，占22.69%，已满16周岁不满18周岁共92人，占77.31%，反映出性侵案件的未成年被告人集中在16周岁至18周岁。

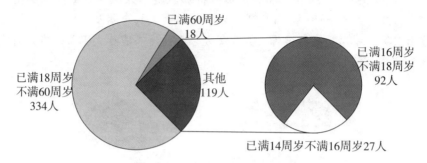

图2　性侵未成年人年龄分布

未成年人性侵对象多为年龄相仿的初中女生，在43件性侵未成年人轮奸案件中，未成年被告人参与的多达39件。同时，该类轮奸案件中，往往呈现义务教育阶段辍学的未成年人与在校生、成年人相互交织结伙作案、作案人数多、性侵次数多、暴力手段不明显、性侵对象的相对特定（被害人多为被告人的同学、朋友）、案发具有一定偶然性（如犯罪嫌疑人举报、司法机关工作中发现）等特点。这表明，针对性开展义务教育阶段未成年人的法制教育，增强未成年人特别是女性未成年人的法制意识具有现实的必要性、紧迫性。

3. 被害人低龄化特征明显，农村留守儿童占较高比例，及时报案率低。从年龄上来看，被害人平均年龄12.1周岁。如图3所示，不满14周岁的未成年被害人298人，占全部未成年被害人的68.98%。7周岁以下未成年被害人57人，年龄最小的不足2周岁。

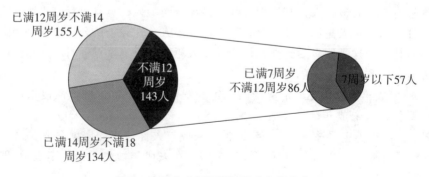

图3　性侵未成年犯罪被害人年龄分布

从受教育阶段来看，初中以下女生被性侵现象严重，未成年在校生被害人占未成年被害人总数的84.81%。在432名被害人中，农村留守儿童包括隔辈代养的女童201人。其中，教师性侵的女童中，留守儿童的比例达41.9%。性侵未成年人犯罪案件及时报案率仅为37.73%，而农村因智力发育迟滞而无性保护能力的未成年女性被害人多存在被多人多次长期性侵等情况，往往直至发生被害人怀孕、流产等后果才案发。这表明，加强对低幼未成年人特别是农村留守女童的保护，既是及时惩罚犯罪的需要，也是预防未成年人遭受性侵害的重要举措。

4. 犯罪地点集中分布在家庭住所和中小宾馆。如图4所示，性侵地点为住所和宾馆共338次，占比91.1%。其中，发生在住所的共220次，占比65.09%；发生在中小宾馆的共118次，占比34.91%。

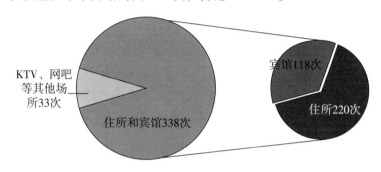

图4 性侵未成年人犯罪地点分布

在遭受多人或多次性侵的74名在校生被害人中，性侵害发生在宾馆的比例高达81.08%。值得注意的是，当前出现成年人专门租住校园附近的中小宾馆，通过即时聊天工具等方式，针对在校生实施性侵害的恶性案件。

（三）性侵未成年人犯罪的原因

性侵未成年人犯罪的发生是诸多因素综合作用的结果，如"熟人"身份会增加犯罪机会、被害人低龄化易于遭受侵害、辍学未成年人等低学历人群欠缺法治意识等，还突出表现在以下四个方面。

1. 社会不良文化成为滋生"畸形性心理"的土壤。随着网络等新兴媒体的飞速发展，含有黄、赌、毒等有害信息的乘缝传播。加之部分人受到社会生活不良影响，世界观、人生观、价值观发生错位，对西方"性解放""性自由"等性文化产生误读，形成扭曲的性观念，乃至走上违法犯罪道路，有的甚至公然违背社会最基本伦理道德，实施性侵儿童甚至婴幼儿的犯罪行为。调研发现，多名农村小学的中老年男性教师，因观看色情视频导致心理扭曲，从而不计后果地将魔爪伸向弱小的学生。

2. 家庭监护缺失及被害人的"被害性"成为性侵犯罪的重要诱因。家庭是未成年人健康成长的重要堡垒。随着当前我国的离婚、非法同居、未婚先孕及家庭流动等现象的大幅上升，离异家庭、单亲家庭和留守、流动家庭增多，这些非正常家庭多存在经济不良、监护人文化程度低，不善于甚至根本不同未成年子女交流，更无法给予未成年子女足够的教育和引导，导致其未成年子女特别是进入叛逆期的女孩，具有自控力差、易受诱惑等不良品格，结交不良朋友或经常进出网吧、酒吧、KTV 等场所，存在逃学、夜不归宿及早恋等问题，以致被居心叵测的犯罪人有机可乘实施性侵。据统计，41.9% 的性侵案件未成年被害人系家庭监护缺失的留守儿童，其中，被多人多次或者长期性侵的未成年被害人绝大多数出自该类家庭。

3. 学校法制教育及安全管理不到位。学校是未成年在校生步入社会前的训练场和主阵地。受功利主义教育理念的影响，一方面，包括性教育在内的安全教育未正式纳入学校的教学课程，特别是在农村中小学，性常识教育、性侵害防范教育几乎为空白；另一方面，学校对伴随未成年人成长过程必须给予的思想道德教育并没有同步跟上，多数未成年被害人都显得无知、胆小，自我保护意识薄弱和缺乏勇敢品格和自卫能力，在遇到性侵时，不敢反抗和求救，在遭受侵害后不敢或不愿告发，从而在客观上助长了犯罪人的气焰和胆量，更加肆无忌惮地实施侵害行为。此外，部分学校校园安全管理制度不完善。如有的学校对教师管理不严，未严格禁止教师酒后进校园、进课堂，部分教师性侵未成年学生案件正是教师醉酒后进课堂诱发。有的学校对外来人员进出学校缺乏有效管理，导致校外人员混入学校，甚至潜入学校女生宿舍实施强奸。

4. 中小宾馆监管存在较大疏漏。《旅馆业治安管理办法》规定：申请开办旅馆，应经主管部门审查批准，经当地公安机关签署意见，向工商行政管理部门申请登记，领取营业执照后，方准开业。旅馆接待旅客住宿必须登记。登记时，应当查验旅客的身份证件，按规定的项目如实登记。当前，在经济利益的驱动下，一些人无视法律法规和行业规定，未经批准非法从事宾馆行业；部分中小宾馆行业经营者对未成年人非正常入住、成年人带非其子女未成年人入住，以及使用他人证件登记住宿、一人登记多人住宿以及自报身份证号登记住宿等情况，未严格把关或者及时报告公安机关。加之部分小旅馆监控设备严重老旧或者根本未安装，安保设备人员严重缺乏，导致其成为滋生性侵未成年人犯罪的土壤。对于上述情况，公安、工商等有关部门未实施有效监管。

（四）办理性侵犯罪中存在的主要问题

1. 事实认定较多依赖言词证据，易产生认知差异和分歧。性侵未成年人犯罪案件因其案发多具私隐性，呈现主观证据多、客观证据少，被害人陈述难以核实的特征，且半数以上的案件案发不及时，再加上部分案件侦查不当，导致该类案件客观性证据极易灭失，过多依赖于言词证据。在客观证据单薄、言词证据之间存在差异甚至矛盾冲突的情况特别是被告人翻供甚至不认罪的情况下，控、辩、审三方在证据采信、事实认定等方面，易产生矛盾和分歧，甚至导致无法追究加害人刑事责任或者罚而不当其罪。如在胡某某性侵邻居 8 岁女童案中，胡某某仅供述猥亵三次，被害人反映胡某某在半年内，除了有多次猥亵事实外，还有多次强奸行为，并能描述胡某某生殖器等情形，最终司法机关考虑到报案不及时等因素，仅以猥亵儿童罪对胡某某定罪。

2. 对是否"明知"幼女的认定标准不统一。"两高两部"《关于依法惩治性侵未成年人犯罪的意见》（以下简称《意见》）第 19 条规定：知道或者应当知道对方是不满十四周岁的幼女，而实施奸淫等性侵害行为的，应当认定行为人"明知"对方是幼女。对于不满十二周岁的被害人实施奸淫等性侵害行为的，应当认定行为人"明知"对方是幼女，对于已满十二周岁不满十四周岁的被害人，从其身体发育状况、言谈举止、衣着特征、生活作息规律等观察可能是幼女，而实施奸淫等性侵害行为的，应当认定行为人"明知"对方是幼女。可以说《意见》认定"幼女"的规定比较符合客观实际，但是这种认定是以正常的普通人的一般认知为标准，还是以行为人的认知为标准，抑或是一般以普通人的认知标准为原则兼顾行为人的认知能力的折衷标准。由于司法解释并未提及认定标准，导致在性侵未成年人犯罪案件的办理过程中，控、辩、审三方各持标准认定行为人是否"明知"被害人是幼女。

3. 刑罚适用未能充分体现"从严惩治"的刑事政策。《意见》明确提出：对于性侵害未成年人犯罪，应当依法从严惩治；针对未成年人实施强奸、猥亵犯罪的，应当从重处罚。但是，无论是刑法还是司法解释，关于性侵犯罪中"情节恶劣"及"从严惩治""从重处罚"的规定都过于原则、自由裁量幅度过大，导致具体案件的刑罚适用不统一，削弱性侵未成年人犯罪"从严惩治"刑事政策的实际效果。在 471 名被告人中，人均刑期 5.87 年，其中，被判处 10 年以上有期徒刑的被告人 46 人（最高刑期 15 年为 1 人），占比 9.77%，无人被判处无期、死刑。此外，对于长期多次性侵同一被害人、利用教养关系进行性侵、有性侵前科等被告人的实际量刑，也整体偏轻。如 49 名有性侵前科的被告人人均刑期 6.3 年，仅高于平均刑期 0.43 年，惩治力度严重不足。

（五）性侵未成年人犯罪的预防情况

鉴于性侵未成年人犯罪频发，为切实担负起检察机关的社会责任，2013年，徐州市检察机关联合共青团、妇联、关工委等七部门，启动旨在保护性侵案件未成年被害人的"向阳花"援助女童工程；2015 年，联合未保委、法院、公安局等九部门出台《关于建立健全预防和惩治性侵害未成年人犯罪联动机制的实施意见（试行）》；2016 年，与司法局、教育局等相关部门，共同组建市普法讲师团，配备了 30 名法制副校长、84 名法制辅导员。针对农村性侵未成年人犯罪的严峻形势，在全市开展"法制起航——未成年人保护村小行"活动，法制副校长、法制辅导员走进农村学校，开设法治讲座，传播预防性侵知识，提高农村小学生的性自我保护意识和能力。为进一步扩大受教育面，公开出版发行全国首册预防性侵专题漫画书《熟悉的陌生人》、开通未成年人法治广播"小雨滴广播站""未检启航"微信公众号等。

但是，受制于专业人员不足，预防工作机制落实不够，预防效果收效不明显，特别是性侵犯罪预防城乡发展不均衡，预防工作多局限于市区，农村远滞后于城市。性侵未成年人犯罪在农村地区犯罪形势依然严峻，尤其是农村留守未成年人易成为该类犯罪的侵害对象，有些留守儿童甚至成为性侵未成年人案件的侵害人。

二、美、日、韩惩治与预防性侵未成年人犯罪制度考察

性侵未成年人犯罪是一个世界性的问题，严厉惩治并有效预防性侵未成年人犯罪，成为各国共识。当前惩治与预防性侵未成年人的很多制度肇始于美国，历经百余年的不断发展和完善已经相对成熟。日本和韩国与我国在地缘上毗邻，历史渊源颇深，更重要的是儒家文化对三个国家文化的影响深刻地体现在了司法体系中。

（一）美、日、韩关于惩治性侵未成年人犯罪的基本情况

美国对性侵未成年人犯罪的惩治体现出三大特点：一是加重处罚。杰西卡法案要求对性侵对象为未满 14 周岁者，最少判处 25 年有期徒刑，最高可至无期徒刑，终身不得假释。[①]《亚当沃尔什儿童保护及安全法》规定，与低于 12 岁的儿童发生性关系或性侵 13—17 岁儿童的最低刑期是 30 年。[②] 二是细化量刑。得克萨斯州刑法规定，任何男人同 18 周岁以下不是其妻子的女性性交的，以及任何妇女同 18 岁以下不是其丈夫的男孩性交的，孩子的年龄在 10 岁以下，处终身监禁；孩子的年龄在 10 岁以上 15 岁以下，处 20 年以下监禁；孩

①　牛旭：《性侵未成年人犯罪及风险治理——一个新刑罚学的视角》，载《青少年犯罪问题》2014 年第 6 期。

②　于珍、董新良：《汇聚多种力量：美国预防性侵儿童犯罪的举措及启示》，载《比较教育研究》2015 年第 3 期。

子年龄在 15 岁以上 18 岁以下，处 15 年以下监禁。① 纽约州刑法规定，与年龄不满 11 岁的未成年女性性交的，定为最严重的一级强奸罪；18 岁以上的男性与不满 14 岁的未成年女性性交的，定二级强奸罪；21 岁以上男性与不满 17 岁的未成年女性性交的，定为三级强奸，处罚最轻②。三是立体打击。美国对可能引发性侵未成年人犯罪的周边违法行为始终严厉打击，甚至连家中藏有儿童色情照片都属于犯罪行为，通过打击周边违法行为，来预防或减少性侵未成年人犯罪③。

日本通过刑法与特别刑法的相互配合，在惩治性侵未成年人犯罪上形成全方位、多层次、极具可操作性的法律规制体系。特别刑法主要体现在《买春儿童、儿童色情处罚法》《儿童福祉法》等相关法律的条文中。《买春儿童、儿童色情处罚法》第 9 条规定不能以不知道儿童的年龄为由逃避法律责任，除非行为人关于年龄的误判连过失都不存在。同时该法处罚买春儿童罪的上游犯罪、扩大了儿童色情相关行为的处罚范围。例如，在网上上传以儿童色情为内容的电磁记录的行为，向特定的少数对象提供儿童色情的行为，制造儿童色情的行为等均成为本法的处罚对象。《儿童福祉法》第 34 条第 6 款规定，禁止让儿童从事淫行的行为。《规制利用网上介绍异性的业务引诱儿童的法律》处罚"援助交际"的中介行为，通过处罚这种中介行为来预防和减少"援助交际"的发生。④

韩国《刑法》《关于处罚性侵犯和保护被害者的特别法》及《儿童青少年法》规定，对于有前科并再次对未成年人实施性暴力的犯罪分子，将判处 10 年以上的重刑，刑罚力度超过故意杀人。对初中生（16 岁）以下儿童的强奸犯罪被排除在缓期执行对象之外；一切性暴力罪犯不得假释。以饮酒为由减轻对儿童、青少年性暴力罪犯刑罚的"饮酒减刑"一律不适用。对儿童、青少年为对象的性暴力罪行，任何情况下都不适用"未经受害人同意不能处罚"的原则。对未满 13 岁女孩或残疾女性进行强奸的性犯罪者的公诉时效被废除。⑤

---

① 邵宗林、曹琼洋：《论我国儿童性权利的法律保护》，载《青年与社会》2014 年第 10 期。

② 储槐植：《美国刑法》，北京大学出版社 2005 年版，第 173 页。

③ 代山：《多国制定严厉专项法律保护儿童免遭性侵》，载《人民政坛》2013 年第 7 期。

④ 刘建利：《日本性侵未成年人犯罪的法律规制及其对我国的启示》，载《青少年犯罪问题》2014 年第 1 期。

⑤ 刘建利：《日本性侵未成年人犯罪的法律规制及其对我国的启示》，载《青少年犯罪问题》2014 年第 1 期。

（二）美、日、韩关于预防性侵未成年人犯罪的主要做法

美国综合运用司法、教育等措施预防性侵儿童犯罪。司法措施包括社区通知、住处限制和强制性背景审查等。社区通知要求各州把性侵儿童犯罪者的个人信息对社区中的居民公开。《梅根法案》规定要通过公众网站、报纸、宣传手册或其他的形式把性犯罪者的相关信息等告知社区的居民。住处限制是对有性侵儿童犯罪前科人员的住处进行限制，不能住在儿童集中的区域。《杰西卡法案》对性侵犯罪者能住的区域、能访问的地方做出了限制。强制性背景审查是对申请工作的人员进行强制性背景审查，特别是做和年轻人（儿童）有关的工作时，一些有犯罪前科的人是不允许申请的。教育措施暨未成年人自我保护的教育。美国已发展了很多针对不同年龄未成年人如何预防性侵的教育项目，这些项目逐渐被整合到学校的安全和健康教育课程中。[1] 如"谈谈抚摸项目"教会孩子在可能会出现性侵行为的情境下保护自己的基本技能。其他措施主要是强制报告制度等。强制报告制度是为幼儿园老师、医师、邻居等群体设置报告的义务，一旦发现了可能存在的虐待、性侵未成年人的情况，都必须打电话报警，警方接报后必须依法登门调查确认。[2]

日本《买春儿童、儿童色情处罚法》强调，在办案中，相关职务人员不得伤害儿童的名誉及尊严，媒体在报道相关案件时要保护未成年被害人的隐私。针对身心遭受有害影响的儿童，相关行政机关应该适当采取交谈、指导、临时保护、送进各类福利机构等有必要的保护措施。国家和地方政府应该推进有关保护这类儿童的调查研究，在需要对儿童进行紧急保护时，相关行政机关应该相互协力合作。[3]

韩国是亚洲第一个通过《对性犯罪者进行防止性冲动的药物治疗相关法案》的国家，该法案核心内容是允许对性犯罪者进行抑制性冲动的药物治疗。适用对象是对未满 16 岁的少年儿童实施性犯罪且难以克服这种非正常性冲动的犯人。韩国检察机关可以根据罪犯重新犯罪的可能性向法院提出药物治疗的申请，如果法院认定检方的理由充分，最多可以对罪犯判决实施最长 15 年的药物治疗。针对以儿童和青少年为对象的性暴力犯罪者或以未满 13 周岁儿童、青少年为对象的性犯罪人，韩国法务部可以通过网络或媒体定期向社会公开登

---

① 于珍、董新良：《汇聚多种力量：美国预防性侵儿童犯罪的举措和启示》，载《比较教育研究》2015 年第 3 期。

② 陈晟：《美国法律如何保护未成年人》，载《生命与灾害》2013 年第 7 期。

③ 刘建利：《日本性侵未成年人犯罪的法律规制及其对我国的启示》，载《青少年犯罪问题》2014 年第 1 期。

记信息，并向其居住地所在社区有未满 19 周岁儿童或青少年的家庭发送信件。①

（三）对我国的启示

美、日、韩三国与我国在社会基础、文化传统方面不尽相同，不宜直接照搬它们的法律和经验做法。但是，上述三国在立法和实践层面已经积累了许多先进经验，如立体打击、强制性背景审查、对性犯罪者进行防止性冲动的药物治疗、对有前科并再次对未成年人实施性暴力的犯罪分子直接加重处罚，以及其在立法的前瞻性、预防性、可操作性强和较为完善的社会化保护体系等方面，值得我们充分吸收和借鉴。

三、完善我国惩治与预防性侵未成年人犯罪的对策

针对我国在惩治与预防性侵未成年人犯罪中存在的不足，为实现精准打击、有效预防，切实维护未成年人合法权益，必须在现有立法和实践的基础上，充分借鉴域外的有益经验和做法，一方面完善性侵未成年人犯罪的惩治体系，另一方面完善兼顾犯罪人为中心的犯罪预防和被害人为中心的被害预防的防范体系，加大惩防力度，有效遏制该类犯罪的发生。

（一）惩治性侵未成年人犯罪对策之完善

1. 完善惩治性侵未成年人犯罪相关立法。首先，应完善未成年人保护法律体系，及时将司法实践中确定的原则、做法上升为法律，以法律修正案、司法解释等形式，使其成为办理性侵害未成年人案件的依据。同时，借鉴日本等国家的做法，通过立法对提供、下载儿童色情制品等性侵未成年人犯罪的上下游违法行为予以规制。其次，规定负有特殊职责的单位或者个人的"强制报告义务"。对未成年人负有监护、教育、训练、救助、看护、医疗等特殊职责的人员或者单位，对发现存在或可能存在性侵未成年人违法犯罪情形，未履行报告义务的，除承担《意见》规定的民事赔偿责任，还应追究其行政责任乃至刑事责任。

2. 统一性侵未成年人犯罪证据收集认定规则。鉴于性侵未成年人犯罪案件的特殊性，结合当前以审判为中心的司法改革，应当建立健全性侵未成年人犯罪的证据体系。首先，统一性侵未成年人犯罪证据收集规则。司法机关应当统一认识，进一步规范、细化性侵未成年人犯罪证据收集、审查认定标准。可

---

① 《韩地铁将设女性专用车厢防性骚扰 男性称是对其歧视》，载中国广播网，http：//china. cnr. cn/xwwgf/201107/t20110724_ 508277064. shtml，2016 年 1 月 28 日访问。

以考虑先由基层侦查机关、检察机关、审判机关共同探索制定统一适用的"办理性侵害未成年人刑事案件工作参考"，就客观证据收集、犯罪嫌疑人、被告人讯问及被害人、证人询问、同步录音录像等侦查取证工作进行全面细化，同时健全检察机关提前介入引导侦查、涉案当事人心理干预等长效机制，为案件办理提供有效指引。其次，统一性侵未成年人犯罪证据认定规则。一方面，对行为人不如实供述、翻供等情形，应建立着重审查被害人陈述的真实性、合理性，并与医疗就诊病例、辨认笔录等进行印证的证据审查机制。对能够排除合理怀疑的，应当对被害人陈述予以认定，从而减少和避免出现行为人逃避刑罚制裁的情形。另一方面，在穷尽侦查手段及排除其他可能的境遇下，可以考虑参照毒品犯罪的司法实践，适当引入"基本事实清楚、基本证据确实"办案原则。对于供证双方对主要犯罪事实无异议，但在具体时间、地点、作案方式等细节描述上，存在一定差异甚至矛盾冲突的情况，在排除非法取证等情形的基础上，应当予以认定。

3. 统一司法解释关于"明知"是幼女的适用规则。首先，对《意见》认定"幼女"的经验法则，应统一适用折衷标准。即一般以普通人的认知标准为原则兼顾行为人的认知能力，如被性侵害的幼女发育早、身材高大、衣着打扮成人化，行为人有理由认为其不为幼女，且一般人也都认为该幼女为成年女性，方可认定行为人"不明知"其为幼女。其次，坚持"不明知"从严认定的原则。"不明知"应严格限制认定：必须确有证据或者合理依据证明被告人根本不可能知道被害人是幼女；被告人必须已经足够谨慎行事，仍然对幼女年龄产生了误认，即使其他一般人处于被告人的场合，也难以避免这种错误判断。当然，对于未成年人与未成年女性基于恋爱关系自愿发生性关系的，对未成年被告人的"不明知"的认定应适当从宽。

4. 规范"从严惩治"的刑罚适用。首先，细化法律关于"情节恶劣"的规定。应将对强奸不满12岁幼女、长期多次强奸同一被害人、有性侵未成年人犯罪前科以及负有特殊职责的人员、与未成年人有共同家庭生活关系的人员、国家工作人员实施强奸等情形纳入"情节恶劣"的范畴，其法定刑应当为10年以上有期徒刑、无期徒刑、死刑。其次，细化对性侵未成年人犯罪被告人适用减刑、假释的限制性规定。特别对于具有加重处罚情节的成年被告人，应当排除适用缓刑，严格限制适用减刑、假释。对于未成年被告人基于自愿关系与幼女发生性关系的，应当综合其犯罪手段、后果等，以教育为主，尽量采取非监禁化处理。

（二）预防性侵未成年人犯罪对策之完善

犯罪是犯罪人的加害行为与被害人的被害相互作用的结果，"犯罪人和被害人之间存在着互动关系"。① 减少和控制性侵未成年人犯罪的预防体系应当从犯罪人和被害人两个方面入手。

1. 完善以犯罪人为中心的犯罪预防。(1) 探索建立性侵未成年人的犯罪人登记、信息限制公开制度。首先,建立犯罪人登记制度。借鉴美国联邦《亚当法案》对犯罪人登记和信息披露的做法,由公安机关建立全国性侵害违法犯罪数据信息库,专门研发如性侵再犯快速风险评估、弗吉尼亚风险分类表、明尼苏达州性犯罪筛选工具以及99静态评估表等性侵犯罪人风险评估工具②。对于性侵害未成年人的刑满释放人员,由人民法院或刑罚执行机关,通过专业性的评估,对该类犯罪人进行全面客观的社会危险性考量,经评估认为有较高再犯风险的,向其实际居住地或户籍地公安机关通报登记。其次,实行犯罪人信息限制公开。学校、幼儿园、未成年人培训机构、游乐场等单位在录用工作人员时,应向公安机关申请查询其是否有性侵未成年人犯罪前科等信息,对有上述记录的,不得录用。

(2) 建立犯罪人的心理预防机制,根除再犯心理诱因。稳步建立性侵未成年人犯罪的心理预防措施,即对于实施性侵未成年人的犯罪人,建议由刑罚执法机关或者社会矫正机构建立对犯罪人的心理干预机制,针对有"性瘾癖""恋童癖"等心理缺陷的犯罪人,通过聘请心理专家进行专业性的心理评估、行为矫治、心理治疗、精神治疗及重新建立起认知模式,对症下药,及时遏制导致犯罪产生的心理因素,提高他们社会适应和自我控制能力,防止再犯。对于难以通过上述手段防止非正常性冲动的,可以考虑借鉴韩国做法,对性犯罪者实施药物治疗。

(3) 建立性侵未成年人犯罪精神损害赔偿制度。当前,我国刑法排除对刑事被害人的精神抚慰,相关司法解释也规定对刑事被害人提出的附带精神损害赔偿或者另行提起的精神损害赔偿民事诉讼不予受理。考虑到性侵犯罪往往给未成年被害人带来损害强度大、持续时间长的心理创伤,难以用"物质损害"衡量而提起附带民事诉讼,为平衡犯罪人与被害人、犯罪人与国家之间的利益,在性侵未成年人犯罪中,理应引入精神损害赔偿。如借鉴美国强制性赔偿的做法,③ 要求法院必须对性犯罪行为科以赔偿命令,从而加大性侵未成年人犯罪成本,提升预防震慑力。

---

① 高维俭:《刑事三元结构论》,北京大学2004年博士研究生学位论文。

② 牛旭:《性侵未成年人犯罪及风险治理——一个新刑罚学的视角》,载《青少年犯罪问题》2014年第6期。

③ 赵国玲、徐然:《北京市性侵未成年人案件的实证特点与刑事政策建构》,载《法学杂志》2016年第2期。

2. 完善以被害人为中心的被害预防。（1）加强对未成年人的监护、教育。第一，切实落实家庭和学校监护、监管责任，幼儿园和小学低年级学生及无性保护能力未成年人的监护人及学校应采取措施，尽量减少其"独处"的时间，降低被性侵风险。依照国家亲权理念，对留守儿童家庭、单亲家庭、重组家庭等非正常家庭的儿童，政府通过社区进行登记备案，对该类儿童定期进行家访调查及普法宣传。必要时，国家公权对未成年人监护事务进行全面介入，进一步完善撤销监护权的启动、评估、联动配套机制。第二，加强对未成年人包括性教育在内的安全教育，摒弃片面追求智识教育的功利主义教育观。充分发挥学校教育的优势，借鉴美国的举措，将如何预防性侵的课程纳入学校的安全和健康教育课程中。从幼儿园开始设置此类课程，并随着年龄的增长逐步拓宽、加深，使儿童掌握在危险和可能出现侵害行为的情境下保护自己的基本技能。第三，要把立德树人作为教育的根本任务。以符合不同年龄阶段未成年人的方式，引导未成年人形成良好的行为习惯和健康人格以及勇敢品质。对学习相对落后、性格内向、懦弱以及具有不良行为习惯的学生，应加强管理和重点帮教，减少其"被害性"。

（2）强化校园管理。一是在中小学校引入专业社工。选拔具有法学、社会学、心理学等综合知识和技能的人，担任中小学专业社工，以专业知识介入校园预防性侵工作，并提供专业有效的咨询服务。如培养学生防范性侵和自我保护的意识，使低龄儿童明白"背心和内裤覆盖的部位，不允许别人碰"，对被害学生进行心理救助，对教师开展心理辅导和矫治，这对预防校园性侵未成年人犯罪将会起到较好的效果。二是加强对教师的管理。具体应包括加强对中小学教师师德的考察与考核，严禁教师酒后进入校园，特别是进入课堂、学生宿舍，不准许将学生带到教师宿舍等，对于违反的人员，予以训诫、给予年度考核不合格、调离岗位甚至开除，构成犯罪的，应及时移送司法机关。三是加强校园安全管理，特别是加强学生午休等非统一正常上课期间的安全巡查，对以学生家长或其他身份进入学校的非学校人员应当予以严格的审查登记，有条件地对校园内教学场所实行视频全覆盖。

（3）完善预防性侵未成年人犯罪社会化预防体系。应当整合社会资源，建立专业保护机构和社会保护组织相结合的预防体系。重点做好以下两点：一是开展净化网络聊天运营环境的专项整治。建议国信办、工信部、公安部等相关部门及时制定相应政策，尽快实现实名注册、使用、未成年人交友安全警告制度；对于以未成年人为侵害对象的 QQ 聊天群、微信群等，一旦发现违法违规内容，采取"零容忍"态度，立即采取封停账号措施，可能犯罪的及时移交线索。二是加强宾馆行业的日常监督管理力度，建立宾馆行业信息监管平台，不定期地对宾馆、酒店等场所的安全管理、入住登记、顾客身份信息审查、会客制度、监控设备安装运行等情况进行执法检查，对于违反上述规定的，依法予以警告、责令停业整顿、吊销营业执照，列入"黑名单"，实行行业禁入，对于构成刑事犯罪的，依法予以追究刑事责任。

未成年人权益刑事司法保护体系建设研究[*]

重庆市北碚区人民检察院课题组[**]

摘　要：未成年人既是一个特殊的群体，有着特殊的生理和心理特征，也是一个弱势群体。为未成年人提供有力的权益保护体系，构建专门的保护体系，既是保证其健康成长的必要条件，也是我们应尽的社会责任。未成年人是国家和社会的未来，加强未成年人权益刑事司法保护，最大限度地预防和减少未成年人犯罪，最大限度地保护未成年被害人，使其少受或免受犯罪侵害，是全社会共同的责任。

未成年人权益特殊保护原则要求，在刑事司法活动中，适用于未成年人的刑事司法程序要区别于成年人。未成年人应当享有比成年人更多的诉讼权利，司法机关有义务对未成年人的诉讼权利给予特别的关照和保护。赋予未成年人更多的诉讼权利，保障其公平地参与刑事诉讼，既是保护未成年人的需要，更是保证刑事诉讼公平正义的需要。综观世界各国，无不高度关注未成年人权益保护问题，从理论基本到制度设计都给予了未成年人特殊的保护。一系列的国际公约为我国未成年人刑事司法制度的完善提供了有益的借鉴和参考，也为我国刑事司法制度国际接轨发挥了重要作用。无论是大陆法系还是英美法系，都十分重视对未成年人权益的刑事司法保护，在未成年人权益刑事司法保护体系建设上相互借鉴、相互影响、相互渗透。

目前，我国未成年人刑事司法立法上还未成体系，未成年人刑事司法制度主要散见于多部法律规范之中，虽然关于未成年人权益保护的研究数量和立法规定十分庞大，但是归结起来却主要是单纯地介绍、模仿国外做法，缺乏体系性和针对性。我国的未成年人刑事司法保护体系的立法规定也缺乏精细化的规定，导致很多保护措施还是停留在纸上。由于制度设计不明确、责任主体不清晰、配套设施不完善，导致未成年人权益刑事司法保护还十分落后，很多措施更多的都还是停留在纸面上，仅仅起到宣示性作用，没有在实践中得到很好的

---

[*] 本文荣获 2015—2016 年度女检察官检察理论研究课题一等奖。

[**] 课题组主持人：戴萍；课题组成员：谭婧、王黎、彭媛媛、田翠兰、张羚、王家鹏、陈鹏飞。

落实。在刑事司法活动中，未成年人隐私权保护不力，在我国审判羁押司法实践中，未成年人审前羁押依然严重，取保候审之类的非羁押强制措施适用率还较低。由于附条件不起诉制度的缺陷，导致这一制度适用率很低，没有起到应有的作用。在司法实践中，社会调查报告制度落实得并不完美，对其认识存在分歧，调查程序也规定不清，以致适用情况很不理想，也没有起到应有的作用。对于未成年人犯罪记录封存制度，也存在适用范围狭窄、适用条件不科学、法律效果有待加强的问题。美国刑事司法领域对未成年犯罪人的关注较多，多数制度设计也都是为这一群体所构建，而未成年被害人则没有受到应有关注，导致这一群体往往被忽视。

要完善我国未成年人权益刑事司法保护体系，就要更新未成年人刑事司法保护理念，将促进未成年犯罪人回归社会作为未成年人刑事司法制度的价值追求，要树立未成年人特殊保护，使之利益最大化的理念。加强未成年人权益刑事司法保护，是我国社会主义法制建设的重要一环，是司法文明化的重要标志，也是为国家、社会长治久安和长远发展的迫切需求。我们有必要借鉴国外关于未成年人权益保护的经验和做法，丰富我国未成年人权益刑事司法保护体系。提高未成年人权益刑事司法保护立法的全面性和系统性。构建法律保护体系，完善国家保护制度、以监护制度为核心的家庭法律制度、以矫正未成年人不良行为的法律制度、以监护代理制度为核心的学校法律制度、社区保护制度以及专门的未成年人司法制度等方面。在刑事司法方面，应当特别注意未成年人的隐私保护，这种对未成年人隐私权的保护理念应当贯穿于整个刑事诉讼的全过程。降低未成年人审前羁押率，优化附条件不起诉制度，完善社会调查制度和犯罪记录封存制度、关注未成年被害人的权益保护，并建立未成年人法律援助制度。

关键词： 未成年人　权益保护　刑事司法

修改后的刑事诉讼法以专章的形式对未成年人刑事案件诉讼程序进行了专门规定，为未成年人设计了特殊的刑事诉讼程序，从刑事司法领域对未成年人进行特殊保护，体现了我国刑事司法的进步。表面上看，这些立法涵盖了多个方面，从刑事司法的角度对未成年人的权益进行了特殊保护。但在实际效情况上，我国未成年人权益刑事司法保护体系还有待完善，效果有待加强。一方面，未成年人犯罪情况没有得到明显遏制，未成年犯罪人的改造效果也不甚理想，与最初的设想和最终的目的还有很大一段距离；另一方面，未成年人权益被侵犯的现象也时有发生，而且往往还是涉及性侵、人身伤害等恶性犯罪。因此，加强未成年人权益刑事司法保护体系建设，厘清法律规范之间、规范与实践之间的不足，进一步完善未成年人保护体系，对于我国法律制度的完善和未成年人保护力度的强化，有着积极的意义。未成年人权益刑事司法保护体系，应当包括两个方面：一是作为被追诉人的未成年人的权益保护问题，二是作为被害人的未成年人的权益保护问题，本文以前者为主、后者为辅展开研究，以期为我国未成年人权益刑事司法保护体系建设略尽绵薄之力。

一、未成年人权益刑事司法保护的意义

未成年人是一个特殊的群体，有着特殊的生理和心理特征，其生理上和心理上的不成熟决定了未成年人是一个弱势群体。一般而言，未成年人年少体弱，心理脆弱，依赖成年人，没有专属的地位和财富，在成年人主导的社会中，注定了未成年人的权益时刻处于被侵犯的危险之中。未成年人是国家和社会未来的希望，为未成年人提供有力的权益保护体系，是保证其健康成长的必要条件，也是我们应尽的责任。

（一）是未成年人健康成长的需要

未成年人是国家和社会的未来，加强未成年人权益刑事司法保护，最大限度地预防和减少未成年人犯罪，最大限度地保护未成年被害人，使其少受或免受犯罪侵害，是全社会共同的责任。切实保护未成年人的权益，保障未成年人健康成长，是国家和社会持续、稳定发展的基础。国家要发展，社会要进步，民族要复兴，就必须从娃娃抓起，从保护未成年人着手，为其营造良好的成长环境。今天的未成年人是国家和社会明天的主人，这一群体能否健康成长，能否成为于国家和社会有益的人，关键就在于其在成长过程中是否顺利，能否正常地发展成为一名合格的公民。要保障未成年人的健康成长，就必须为未成年人营造一个良好的社会环境，为其构建一套行之有效的保护体系。我国有近四亿的未成年人，他们是国家和社会未来的承载者和建设者，是民族复兴大业的接班人，在促进社会进步和人类发展过程中起着至关重要的作用。可以毫不夸张地说，一个社会未成年人的成长状况，直接决定了这个社会的发展前景。

从未成年人犯罪情况来看，我国未成年人犯罪问题不可轻视，呈现上升的态势。未成年人犯罪严重危害社会治安，逐渐成为我国社会面临的一个突出问题。虽然未成年人犯罪预防、教育和矫正工作取得了一定的成效，但从总体趋势上看，未成年人犯罪呈现上升的趋势，不仅是犯罪数量上上升，而且犯罪手段也呈现成人化、残忍化的迹象。未成年人犯罪不仅仅是未成年人对社会的伤害，同时也是一种自我伤害。还有不少未成年人犯罪所侵害的对象也是未成年人，导致受到侵害的未成年人受到巨大的生理和心理伤害，还会给其他未成年

人带来不良的示范效应。同时，一旦未成年人走上犯罪的道路，如果没有强有力的介入因素及时阻止，那么该未成年人就会陷入越来越深的恶性循环之中。未成年人犯罪危害严重，涉及的社会关系错综复杂，对国家和社会的发展造成了不可估量的危害。未成年人犯罪对自身所造成伤害，使未成年人成长的质量大打折扣，如不加以干预，势必导致无法预料的后果。

从未成年被害人的情况来看，我国未成年人被刑事侵害问题也是不容忽视的，一次次的恶性侵害未成年人的犯罪案件冲击者着墨不多，更不用说未成年被害人的专门制度设计了。未成年人被刑事侵害后，面临着一系列的救济问题，他们需要生理、心理修复，需要回归社会，需要走出阴影，这些都需要国家、社会、家庭、学校多方面共同努力，哪个环节出了疏漏都有可能导致前功尽弃。

无论是作为刑事被追诉人的未成年人，还是作为刑事被害人的未成年人，他们其实都面临着一个共同的问题，即如何走出那段噩梦般的阴影，如何重新回归社会、继续成长，这个问题不仅仅是涉及未成年人的成长问题，更应当上升到国家和社会长远发展的高度来看待。无论客观社会环境如何变化，关爱未成年人，保障未成年人的健康成长始终都是一项重大的社会任务。因此，未成年人权益保护要上升到国家和社会未来的高度，充分认识到其重要性。

（二）是保障未成年人诉讼权利的需要

未成年人权益特殊保护原则要求，在刑事司法活动中，适用于未成年人的刑事司法程序要区别于成年人。该原则认为，未成年人应当享有比成年人更多的诉讼权利，司法机关有义务对未成年人的诉讼权利给予特别的关照和保护。与成年人相比较，未成年人的认知能力和承受能力远远不足，在刑事司法活动中，赋予未成年人更多的诉讼权利，保障其公平地参与刑事诉讼，既是保护未成年人的需要，更是保证刑事诉讼公平正义的需要。在严肃的刑事司法活动中，身心发育不全、社会阅历欠缺的未成年人明显处于弱势地位，对抗国家追诉力量的能力更差，如果将普通刑事司法程序直接套用在未成年人身上，那么就会造成实质上的不公平，使之彻底沦为诉讼客体。因此，为了体现对未成年人的特殊保护和关爱，刑事司法中应当给予未成年人更多的诉讼权利，并且通过制度设计保证这些诉讼权利能够得到落实。保障未成年人在刑事司法活动中的诉讼权利，要求立法要针对未成年人特点给予特殊关注，如隐私保护、权利告知、辩护人配置等适合未成年人特点的司法程序，要求公安司法机关在进行刑事诉讼活动过程中，必须给予未成年人以特殊关照，要充分保障未成年人作为诉讼主体依法应享有的各项诉讼权利，保障其权利得到尊重和落实。在对未成年人施以惩罚的同时也要给予保护，为其以后的回归社会留有后路，不至于因刑事追诉而终身一票否决。虽然未成年人犯罪作为一种负面的社会现象，其自身也存在一定的过错，可能还会具有一定的社会危险性。但与此同时，他们也是受害者，国家、社会、家庭、学校也都有不可推卸的责任。

2012 年修改后的刑事诉讼法专门规定了一些未成年人特殊保护制度，如犯罪记录封存制度、合适成年人到场制度，等等。以合适成年人参与制度为例，立法规定未成年人刑事案件，在讯问和审判的时候，应当通知其法定代理人到场。合适成年人到场，这是针对未成年人身心发育不健全，在独自面对公安司法机关时很有可能会受到极大的心理压力，从而导致其供述或陈述不真实。如果有法定代理人在场，对未成年人的心理压力就会有效地降低，而且也可以对公安司法机关的侦查或审判活动进行监督，最大限度地保护未成年人。

（三）是与国际接轨、落实国际法义务的需要

综观世界各国，无不高度关注未成年人权益保护问题，涉及一系列的理论支持和制度设计，也是各国所面临的一个难题。国外对未成年人权益刑事司法问题涉足较早，在未成年人权益刑事司法保护的理论研究和实践探索也较为充分，形成了一系列未成年人刑事司法国际准则，这些国际准则是人类社会经验的总结和智慧的结晶，也为其他国家构建未成年人刑事司法制度提供了理论支持和经验借鉴。

联合国《公民权利和政治权利国际公约》，是首部涉及未成年人刑事司法国际标准的国际公约，该公约专门提及了未成年人的权益保护问题。此后，《儿童权利公约》对未成年人刑事司法制度提出了更高的标准和要求，在《公民权利和政治权利国际公约》的基础上规定得更加细致和更加深彻，也更具可操作性，构建了未成年人刑事司法制度的基本框架。除这两个标志性国际公约之外，还有《联合国预防少年犯罪准则》《联合国保护被剥夺自由少年规则》和《北京规则》（即《联合国少年司法最低限度标准规则》），这些国际公约规定了未成年人刑事司法国际准则的基本原则的具体要求。① 诸多国际公约的诞生，体现了人类社会对持续发展的追求，对生命的尊重，对未成年人的怜爱，闪烁着人性的光辉，为世界各国构建未成年人刑事司法制度提供了重要的指导作用。

在这些国际公约中，《北京规则》《联合国预防少年犯罪准则》《儿童权利公约》等文件已经为我国所签署，这些国际公约既为我们研究未成年人权益刑事司法保护提供了理论基础，也为完善我国未成年人刑事司法制度提供了借

---

① 翁跃强、雷小政主编：《未成年人刑事司法程序研究》，中国检察出版社 2010 年版，第 16 页。

鉴和参考，更为我国刑事司法制度国际接轨发挥了重要作用。

二、未成年人权益保护比较研究

(一) 德国

德国对未成年人权益刑事司法保护非常重视，19 世纪末在德国实务界发起了一场德国式的少年法院运动，这场改革运动的主要推动者是法律职业家，特别是法官。他们主张，少年司法中应该强调的不是惩罚而是少年的矫正与恢复，应该将未成年人刑事司法体系从成年人刑事司法体系中脱离出来，专门为少年罪犯提供专业的、专门的教育和帮助措施。此后不久，少年案件的侦查与起诉权被授予给特定的检察官——"少年检察官制度"因此也产生了。1923年德国颁布了《少年法院法》，这是一部专门针对未成年人犯罪案件的法典，对世界各国少年刑事司法制度产生了深远的影响。伴随着《少年法院法》的多次修改，德国少年司法制度处于不断调整、完善的过程当中。到 1990 年，德国又通过了《少年法院法之第一修正法》，废除了不定期刑，同时对少年司法制度进行了许多细节性修正，如扩大转处程序和刑事和解的适用，限制审前羁押的适用等。

此外，德国的未成年人犯罪记录封存制度也非常具有特色，对未成年人权益保护起到了很好的效果。在德国，犯罪记录封存的范围非常广泛，几乎涵盖了与犯罪人相关的所有信息，不仅包括法院的刑事定罪，还包括保安处分。[①]《德意志联邦少年法院法》以专章的形式规定了未成年人犯罪记录的处理问题，明确规定了未成年人犯罪记录封存的实体条件、适用程序和法律效果。该法第 97 条规定："如果少年法官确信，被判刑少年的行为无可挑剔，证实已具备正派品行时，法官可依其职权，或经被判刑少年、其监护人或法定代理人的申请，宣布消除其前科记录。亦可经检察官申请，或被判刑人在提出申请时尚未成年，经少年法院帮助机构的代表申请，宣布消除前科记录……上述消除犯罪记录命令只能在执行刑罚 2 年以后或者刑罚被免除以后作出。"[②] 在德国，犯罪记录封存的效果较为彻底，即视其前科消灭，该未成年人在法律上被视为未曾犯罪之人。在以后的法律事务中，不得因其以前犯过罪来指责该未成年人，也不得对犯罪记录进行不利于当事人的使用，从而有力地保障了未成年人的权益。

---

① 于志刚：《关于构建犯罪记录终止查询制度的思考》，载《法学家》2011 年第 5 期。

② 徐久生、庄敬华译：《德国刑法典》，中国方正出版社 2004 年版，第 211 页。

（二）法国

20 世纪初期法国创建了第一个少年法庭，1912 年创建该法庭的制度，为 1945 年法令及随后的 1958 年法令开辟了道路，并在法律中持续地载入少年司法特殊性这一重要基本原则。随后，法国通过一系列持续性改革不断充实、发展少年司法制度，形成了具备法国特色的少年司法制度模式。法国 1945 年关于青少年犯罪的法令的主要条文宣告教育比镇压占优势，一直生效适用。其主要内容是：为每一个法庭而设立专门的司法人员和少年法庭的法官、公务人员的岗位是对未成年人在教育问题有丰富经验者、调整未成年人观念、改革了未成年人的犯罪档案记录制度，不再记入档案等方面。1958 年关于保护危险儿童和青少年的法令将 1945 年的法令中的年龄规定扩大范围至 21 岁，增加了考察人格，保护少年的措施，少年法官可能在任何时候裁定改变其决定等内容。此后，在对保护模式的缺陷和失败的反思基础上，法国逐步确立了混合模式，该模式致力于修复，鼓励刑事途径的替代措施，如调解、刑事补偿（赔偿）。优先对实施的行为采用快速的反应，为少年提供法律保障。不难看出，法国的刑事立法主张审理机构专门化，未成年人案件由专门的法院审理。在法国，未满 18 周岁的未成年被告人，普通法律规定的刑事法院并无管辖权，只能由儿童法院或未成年人重罪法院审理。

（三）美国

1899 年，美国伊利诺伊州颁布了世界上第一部《少年法院法》，同时这一做法影响了全世界，在世界范围内得到了广泛的推广。1899 年的《少年法庭法》赋予少年法庭对 16 周岁以下的未成年人案件享有广泛的管辖权。未成年人犯罪率居高不下，多年来都是美国的社会难题。为对付这一社会顽症，目前已形成两种司法程序，即非正式的未成年人司法程序和正式的青少年司法程序。而且，美国的未成年人社区矫正制度也非常有特色，尤其是居中制裁方式，建立了赔偿和社区服务、家中监禁和电子监控、养育家庭项目、小组之家等多种介于缓刑和监禁之间的惩罚方式。

（四）英国

英国从 12 世纪开始，在其监护法中就开始部分继承罗马法发展而来的国家亲权学说，到 15 世纪前后形成了"国家是少年儿童最高监护人，而不是承办官吏"衡平法理论，后来这一理论逐渐演变成英国少年司法制度的指导思想，这一理论也深深地影响了英国少年刑事司法制度。① 在 20 世纪初，英国

---

① 康树华、郭翔主编：《青少年法学概论》，中国政法大学出版社 2002 年版，第 268—269 页。

未成年人刑事司法在总体上仍以惩罚和控制犯罪为主。1908 年《儿童法》的制定标志着区别于成年人的专门的未成年人刑事司法制度在英国得以确立。进入 21 世纪以后，英国未成年人刑事司法朝着强化对未成年人权利保障和实现控制犯罪目标的平衡进一步发展，同时也更加注重未成年人刑事司法的社会参与和协作。

整体来说，无论是大陆法系还是英美法系，都十分重视对未成年人权益的刑事司法保护，而且在未成年人权益刑事司法保护上相互借鉴、相互影响、相互渗透。特别是进入 20 世纪后，世界各国通过国际公约形式，加大对未成年人权益保护的力度，使未成年人权益保护得到了长足的发展。总之，各国在未成年人权益刑事司法保护上渐趋完备，法律规定较为严密，配套机构的设置较为齐全。

三、我国未成年人权益刑事司法保护体系现状与不足

（一）我国未成年人权益刑事司法保护立法文本

目前，我国未成年人刑事司法立法上还未成体系，未成年人刑事司法制度主要散见于《刑法》《刑事诉讼法》《未成年人保护法》以及《预防未成年人犯罪法》等法律及某些司法解释中，没有专门的未成年人刑事立法文件。在刑事法方面，《刑法》第 17 条规定了未成年人刑事责任年龄，并规定了量刑的基本原则。2012 年修改后的《刑事诉讼法》首次以专章的形式规定了"未成年人刑事案件诉讼程序"，使未成年人刑事诉讼程序在立法上具有了一定的独立性，是我国未成年人刑事司法制度的里程碑。在《刑事诉讼法》中，立法从办案人员条件、特殊办案程序、强制辩护制度、社会调查制度、合适成年人在场制度、犯罪记录封存制度、附条件不起诉制度等方面构建起了相对完善的立法保护体系，有力地从刑事司法领域对未成年人进行了特殊保护。立法者希望通过这些特殊的制度设计，能够从刑事司法的角度为未成年人的权益提供保护，体现了对未成年人的特殊关爱。《未成年人保护法》则是强调在对犯罪未成年人追究刑事责任时应当遵循的原则，从未成年人保护的角度确立了相对宽松的处罚原则。《预防未成年人犯罪法》在对未成年人重新犯罪的预防方面作出了规定，明确了教育、感化、挽救的方针，坚持教育为主、惩罚为辅的原则，同时还对公安司法机关办理未成年人犯罪案件时做了特殊要求。

在司法解释方面，涉及十多部现行有效的司法解释，如最高人民检察院《人民检察院办理未成年人刑事案件的规定》、最高人民法院《关于审理未成年人刑事案件具体应用法律若干问题的解释》、最高人民法院《关于审理未成

年人刑事案件的若干规定》等。这些司法解释进一步从适用条件、操作程序等方面对未成年人刑事立法进行了细化，使之具有可操作性，有力地对各级法院和检察机关办理未成年人刑事案件提供了依据和指导。此外还有一些"两高"的批复也涉及未成年人刑事司法问题，如在最高人民检察院《关于对涉嫌盗窃的不满 16 周岁未成年人采取刑事拘留强制措施是否违法问题的批复》中，明确规定了犯罪嫌疑人实施犯罪时未满 16 周岁，依法不负刑事责任的，公安机关仍然对其决定刑事拘留的，检察机关应当及时提出纠正意见。

除了国内立法以外，我国加入的《北京规则》《联合国预防少年犯罪准则》《儿童权利公约》等国际公约也是未成年人刑事司法制度的重要组成部分，这些国际公约对我国未成年人刑事司法制度的构建和发展产生了积极的作用。如《北京规则》，它是一部关于青少年犯罪的国际指导文件，确立了少年刑事司法国际准则的基本框架，规定了少年犯的定义及刑事责任年龄，明确了少年司法的特点，提出了未成年人案件的审理程序，倡导非监禁化处理未成年人案件。《联合国预防少年犯罪准则》向国际社会提出了一系列的重要建议，如制定并实施针对未成年人特殊的法律，防止青少年受到犯罪的污点，设立独立的机构保障青少年权益等方面。[①] 我国一贯重视加入的国际公约，积极履行义务和承诺，在很多国内法中，已经将这些国际公约的精神和要求予以吸收并确立下来。

虽然关于未成年人权益保护的研究数量十分庞大，但是归结起来却主要是单纯地介绍、模仿国外做法，缺乏体系性和针对性。我国的未成年人刑事司法保护体系的立法规定也缺乏精细化的规定，对于未成年人也没有进行专门的分类，如残疾未成年人、孤儿等群体，他们需要的保护和关怀程度明显要区别于其他群体，但在我国立法中却没有区分开。我国的未成年人刑事司法保护制度也没有很好地与中国实践相结合起来，有些制度设计在实践中处于睡眠状态，因此效果十分有限。虽然《刑事诉讼法》和《未成年人保护法》规定了一系列的特殊保护措施，但由于制度设计不明确、责任主体不清晰、配套设施不完善，导致未成年人权益刑事司法保护还十分落后，很多措施更多的都还停留在纸面上，仅仅起到宣示性作用，没有在实践中得到很好的落实。[②]

（二）未成年人权益刑事司法保护的司法体系

1. 未成年人隐私权保护不力。无论是未成年被追诉人，还是未成年被害人，其隐私保护都极为重要，对其心理创伤的恢复有着重要影响，如果保护不

---

① 周振想主编：《青少年法规解读》，中国青年出版社 2001 年版，第 23—26 页。
② 胡印富：《我国未成年人刑事法律体系的现状与未来》，载《政法学刊》2015 年第 1 期。

善，很有可能会导致其终生的性格缺陷。目前，我国虽然也高度重视未成年人权益刑事司法保护，也设计出了一套相应的制度保障，但是仍然存在很多缺陷。未成年人隐私权保护规定并没有系统的规定，而是散见于多个法律文件中，这些规定之间内容也不尽统一，法律规定的缺失必然会导致隐私权保护范围不够明确，实践中很难落实对未成年人隐私权的保护，侵犯未成年人隐私权的现象比较严重。很多涉及未成年人的案件，从侦查到审判各个环节，都存在泄露当事人隐私的风险，现实中也出现了很多这样的案例，其中不乏强奸之类涉及他人重大隐私的案例。这也充分说明，我国未成年人刑事司法制度的漏洞，对未成年人的特殊保护还不完善，这既是现代刑事司法制度的要求，也是未成年人特点所决定的。

2. 审前羁押依然严重。在我国审判羁押司法实践中，未成年人审前羁押依然严重，取保候审之类的非羁押强制措施适用率还较低。一方面，办案人员长期以来形成了羁押为原则，非羁押措施为例外的惯性思维，过于强调打击犯罪，担心非羁押措施影响到最终的定罪。另一方面，由于非羁押措施的监管力量还未真正建立，如果适用取保候审等非羁押措施，可能会导致监管不力而引发诉讼风险。在这种思维之下，很多未成年被追诉人都面临着羁押，严重影响到他们的身心，成为巨大的精神包袱。对未成年人来说，他们的依赖性还很强，一旦离开熟悉的环境，就会打击到他们的信心，从而产生一种逆反和报复心理。[①]

虽然我们一直在强调降低羁押率，扩大非羁押措施的适用范围，但在实践中羁押率高的问题依然没有得到明显的下降。公安机关在侦查过程中，也往往十分重视检察机关批准逮捕，如果批准逮捕，则可能被视为追诉成功，案件侦破，反之则认为是案件质量存在问题。在一系列保护未成年人合法权益法律规定出台之后，未成年人羁押率虽有所下降，但从总体上看，羁押率仍然偏高。以海南省为例，2013 年 1 月至 4 月，该省检察机关共批准逮捕未成年犯罪嫌疑人 192 名，同比下降了 22.6%，逮捕率同比下降了 9%，但是总体羁押率仍然达到了 75%。[②] 虽然羁押率有明显下降，但是羁押率依然偏高，这一数据在国内其他地方也存在类似的情况。

3. 附条件不起诉的适用率不高。修改后的《刑事诉讼法》第 271 条规定，对于未成年的犯罪嫌疑人，实施了《刑法》分则第四章、第五章、第六章规定

---

① 余敏：《未成年人刑事案件办理机制研究——以未成年被害人保护为视角》，载《预防青少年犯罪研究》2015 年第 4 期。

② 《海南未成年人逮捕率下降 9%》，载《法制日报》2013 年 5 月 20 日。

的犯罪，符合起诉条件并有悔罪表现的，并可能判处 1 年有期徒刑以下刑罚的，可以适用不起诉制度。这就是附条件不起诉制度的基本法律依据，不起诉是检察权的重要组成部分，是国家控诉原则的当然内容。检察机关作出不起诉决定，在实质上可以产生无罪判决的效果，而且可以免受巨大的讼累。当初立法刚出台时，各界对这一条款充满了期待，希望通过不起诉的方式使未成年人能够得到更多的保护。虽然这一规定体现了对未成年人的特殊保护，但是这个规定却存在较大的不足，导致适用率并不高。一方面，检察机关是否可以适用附条件不起诉，有很大的自由裁量空间，立法的表述是"可以"，意味着既可以作出不起诉决定，也可以不作出不起诉决定。在实践中，一般的办案人员为了避免责任风险，对附条件不起诉条件的把握比较严格。另一方面，附条件不起诉适用范围狭窄，适用条件严格，仅仅适用于《刑法》分则第四章、第五章、第六章规定的犯罪，而且还要求符合起诉条件、有悔罪表现，大大限制了附条件不起诉的适用范围。附条件不起诉的适用条件严格，体现了我国刑事司法制度重视打击犯罪的倾向，对附条件不起诉采取了极为慎重的态度，这一立法倾向也影响到了司法实务，办案人员在适用附条件不起诉时，在需要自由裁量的时候也往往把握得十分严格，能不适用的就尽量不适用。加之在司法实践中，由于不起诉制度涉及面广，检察机关对于不起诉把握得十分严格，适用时非常谨慎，其内部控制也十分严密，要经过层层审批，层层报告，费时费力。而附条件不起诉的适用程序上并没有简化，依然要走很烦琐的程序，导致有些办案人员不愿意为了一个简单案件而耗费那么多精力，往往能够作出起诉的都尽量作出起诉，即使法院最后作出免除处罚或者缓刑判决的，也比作出不起诉决定要简单得多。

4. 社会调查报告制度。修改后的《刑事诉讼法》第 268 条规定了社会调查报告制度，试图通过对未成年人的成长经历、犯罪原因、监护教育等情况的调查报告，从多方面、多角度反映和分析犯罪原因，最终形成统一的结论性意见，为公安司法机关办理案件提供参考，作出最合理的处理，尽最大的可能保护未成年人。但是，在司法实践中，社会调查报告制度落实得并不完美，对其认识存在分歧，调查程序也规定不清，以致适用情况很不理想，没有起到应有的作用。就其性质而言，一般认为社会调查报告只是法院在量刑环节的一种参考，不能作为刑事证据，也有的观点认为社会调查报告属于品格证据。对社会调查报告的认识分歧，导致社会调查报告如何取得、如何使用等问题产生了混乱，最终影响到其最终效果。

并且，社会调查的主体不明确，也影响了社会调查报告效果。修改后的刑事诉讼法规定公、检、法三机关都可以根据情况进行社会调查，而司法解释又确认了检察机关、公安机关以及社会团体组织都是调查主体，对主体的规定并不统一，导致实践中到底由谁来进行社会调查，谁来出具调查报告，做法不尽相同，在各地的实践中，公、检、法以及社会调查机构都有成为调查主体的案例。由于不同的主体其身份、地位、立场、目的不同，决定了不同主体在调查内容方面可能侧重点不同，甚至出现相互冲突和矛盾的情况。① 此外，社会调查报告的真实性也难以保障。在司法实践中，曾经出现社会调查报告不真实的现象，如未成年人亲属故意夸大优点，避谈缺点，甚至编造谎言企图使被调查对象能够获得从轻处理，而与之有利益冲突的人员，可能又会故意夸大缺点。对于调查报告的真实性审查，立法没有规定，实践中把握的尺度都不尽相同。② 这些问题，导致了未成年人案件社会调查制度的适用困境，这也是今后立法应当加以调整的地方。

5. 未成年人犯罪记录封存制度存在的不足。一是适用范围狭窄。我国未成年人犯罪记录封存适用范围狭窄，仅适用于犯罪时不满 18 周岁，且被判处 5 年有期徒刑以下刑罚的未成年人。既然要封存未成年人的犯罪记录，是因为未成年人犯罪及其自身特殊性决定的，那么为什么不将其他的未成年人犯罪记录也纳入封存的范围内。如果认为所判处的刑罚在 5 年有期徒刑以下就是恶性小，容易改造，那么 5 年有期徒刑以下刑罚的成年人的犯罪记录似乎也可以封存。③ 相比较而言，我国在这两条件的限制之下，适用犯罪记录封存的范围就大大限制了，适用的未成年人也相对较少，对于社会的总体收益贡献值还有待进一步提高。建立了犯罪记录封存制度或者前科消灭制度的国家，对于未成年人往往都一视同仁，给予了充分的宽松环境，设置的限定性条件远远比我国的要少。我国立法将适用犯罪记录封存制度的未成年人进行了分类，其中只有少数人才能享受到犯罪记录封存的益处，体现了循序渐进的原则和谨慎的立法态度，但也容易带来新的社会问题，将会有大量的未成年犯罪人被排除在犯罪记录封存范围之外，他们将来的生活、学习、就业很有可能会受到严重影响，其未来的发展前途也大大受限，甚至会认为自己受到了不公待遇，从而走出社会正轨之外。另外，犯罪人在犯罪记录封存之后再次犯罪，甚至是多次犯罪的，在符合封存条件的情况下是否将其再次犯罪的记录予以封存，立法也没有明确规定，似乎只要符合封存法定条件的，都应当予以封存。但如果对这些犯罪记录也一律封存，那么显然有悖于社会防护的要求与民众的一般观念，不符合刑

---

① 陈立毅：《我国未成年人刑事案件社会调查制度研究》，载《中国刑事法杂志》2012 年第 6 期。

② 刘东根：《试论我国未成年人犯罪案件社会调查的主体》，载《青少年犯罪问题》2008 年第 6 期。

③ 张蓉：《未成年人犯罪刑事政策研究》，中国人民公安大学出版社 2011 年版，第 78 页。

罚的报应与预防功能，甚至在客观上纵容了犯罪，使之有恃无恐。对此问题，是我们立法与实践所面临的复杂问题。

二是适用条件不科学。我国未成年人犯罪记录封存的适用，主要有年龄与刑罚两大条件，要求未成年犯罪人被判处 5 年有期徒刑以下刑罚。把所判处的刑罚轻重作为封存的条件，这样的标准是片面的、不科学的。在国外，少有将犯罪人所判处的刑罚作为适用条件，即使有也属于立法特例，限制的话其范围也宽松得多。事实上，刑罚轻重不能完全反映未成年犯罪人的人身危险性，其所受刑罚较重的未成年人未必就是危险性大的，对于未成年人而言，其实施的何种行为并不仅仅是由其主观恶性所决定的。未成年犯罪人被判处的刑罚，也不是直接由主观恶性所决定的，而是其实施的行为。未成年人犯罪与受到的刑罚具有一定的偶然性，在可塑性、可教育性方面一般不存在太大的不同。并且，在量刑的自由裁量空间内，很难说 5 年 2 个月的刑罚与 4 年 10 个月的刑罚之间在行为危害性和人身危险性有何不同。刑罚与危害性之间，并不是必然的正比关系，把所判处的刑罚作为封存与否的条件，显然是不尽合理的。并且，相关国际公约和国外立法也体现了未成年人利益最大化原则，尽可能地为他们提供一个宽松的司法环境，给他们一次重新回到社会的机会。恢复并保护未成年人因犯罪而带来的后续伤害，加以教育感化，始终是犯罪记录封存时需要考虑的首要因素。

三是法律效果有待加强。我国未成年人犯罪记录封存制度主要产生两个法律效果：其一，犯罪记录及相关的材料被技术性封存，原则上不对外公开；其二，例外情形下可以查询，但查询人只能依法使用，并且负有保密义务。尽管有些试点地区采用的是"前科消灭"说法，但实质上仍然是犯罪记录封存。我国的犯罪记录封存制度与国外的前科消灭制度，二者最大的区别在于法律效果不同，即犯罪前科消灭是法院或专门机构通过裁判或者听证的形式将犯罪前科这一法律评价予以消灭或撤销，自此，该未成年人在法律上被视为没有犯罪记录的人，同时也要对其犯罪档案记录进行销毁或者特别保存，由此产生了"消灭"的效果；而犯罪记录封存仅仅是对特定的犯罪记录进行技术处理，提高保密程度，实行封闭管理与保存，并限制其公开的程度，但不能产生像国外那样还未成年人清白之身的法律效果。另外，犯罪记录封存之后产生的法律效果，还面临着与其他法律法规相冲突的问题，如何协调这些问题也是相当棘手的。《刑法修正案（八）》规定的特殊累犯制度与再犯制度，并未将未成年人排除在外，当未成年人涉及这两项制度之时，如何适用该条款与修改后刑事诉讼法，如何定罪量刑，将是刑事诉讼中所面临的困惑。并且，封存之后并不能产生视作没有犯罪记录的效果，通过法定例外情形查询而得知的犯罪记录，是否可以根据其他法律的规定而给当事人带来不利的后果，这一问题也有待立法进一步明确。①

6. 未成年被害人的权益保护问题。从广义的角度来讲，未成年被害人包括刑事犯罪人和刑事被害人，因前刑事犯罪人在侵害他人的同时，也对自身造成了伤害，本文中所称的未成年被害人仅指后者，即刑事犯罪中的被害人。未成年人是弱者，而未成年被害人更是弱者中的弱者，如果关注不足，很有可能会导致其一生都受到梦魇般的影响，对这一群体更需要特殊保护。我国刑事司法领域对未成年犯罪人的关注较多，多数制度设计也都是为这一群体所构建，而未成年被害人则没有受到应有关注。事实上，未成年被害人受到的心理创伤更加严重，特别是性侵、家庭暴力等类型的犯罪，对未成年人造成了剧烈的生理上的痛苦和心理上的折磨，处理不好，这些经历会成为他们一生包袱。尤其是校园暴力，发生在校园内的暴力犯罪对未成年人伤害更大，因为学校是未成年人的主要生活场所，他们对校园又相当的信任和依赖，如果得不到及时的救助势必给被害人带来严重的伤害。

不可否认，我国刑事司法对未成年被害人的涉及点不多，基本上是直接适用普通刑事被害人的规定，并没有专门的保护条款。在司法实践中，对于涉及未成年被害人的案件，在立案过程中也没有特殊的保护性规定。由于很多未成年人受到刑事侵害后没有及时报案，发案过程也很隐蔽，导致公安机关很可能因未成年被害人无法提供有效证据而认为没有达到立案标准而没有及时立案。在侦查过程中，由于取证难，未成年被害人也无法提供更多的有效证据，以致案件往往久拖不决，使犯罪人没有及时受到追究。在办案过程中，由于没有专门的保护性规定，稍不注意就造成了二次伤害。一些办案人员只关心案件的办理，较少考虑到未成年被害人的感受，在办案方式上有很多不足之处。在询问未成年被害人过程中，有些办案人员在成年人没有到场的情况下就直接询问，让已经受到伤害的未成年被害人独立面对，给他们的心灵造成了再次伤害。甚至一些性侵案件，由于办案人手紧缺，直接让男性办案人员询问，在询问过程中也不注意询问的方式方法，一次次地回忆和陈述就像是一次次地撕开被害人的伤疤。还有一些案件，对未成年被害人的隐私保护也不强，一些办案人员直接到未成年被害人所居住的村庄、社区甚至学校里进行询问，开着警车，穿着警服，毫不避讳，无异于将这些受到伤害的未成年人暴露在公众之下，这些简单粗暴的办案方式，加重了未成年被害人的创伤，给他们带来了巨大的压力，

---

① 陈鹏飞：《我国未成年人犯罪记录封存制度研究》，载《广西政法管理干部学院学报》2014 年第 2 期。

使其一次次地遭受伤害。在司法求助程序中，没有特别地向未成年被害人倾斜。现行的司法求助条件十分严格，求助范围十分有限，而且没有对未成年人给予特殊关照，使很多未成年被害人因不符合司法求助标准而未获得。

立法对未成年人权益刑事司法保护更多地表现在未成年被告人上面，理论上的研究和实践中的探索也都集中在这些方面。对于未成年被害人的关注不足，权利救济渠道不畅通，可以说是我国刑事司法制度上的一个漏洞。同是未成年人，未成年被害人受到的伤害远比未成年犯罪嫌疑人、被告人要重，而这一群体的诉讼权利没有得到特别保护，也没有其他特别的补偿性措施，使他们得不到心灵安慰，心理上的创作恢复起来更加困难。在刑事司法活动中，我们不仅要关注被追诉人的权利保护，考虑他们的心理矫正问题，而且对于未成年被害人的诉讼权利救济同样也要放在重要位置。在实践中，我们也经常遇到这样的案件：作为被害人的未成年人，很多未成年被害人在受到侵害之后，竟然没有相关的政策依据为他们提供必要的帮助，即使有的时候作为典型的求助案件，我们也多是通过检察机关的地位和权威协调相关部门实现的，最终的成效如何其实是掌握在其他机关手中的。

四、我国未成年人权益保护体系的建构

（一）未成年人刑事司法保护的新理念

一是要将促进未成年犯罪人回归社会作为未成年人刑事司法制度的价值追求。未成年人群体的特殊性，决定了其适用的诉讼程序要区别于普通诉讼程序。未成年人今后的人生道路还很长，人生才刚刚起步，一时失足就有如是在人生的道路上跌倒了一次，如果跌倒了永远爬不起来，丢失的不仅仅是该名未成年人的未来，更是国家和社会的未来。对于未成年人的犯罪案件，司法机关的主要追求目的应当在于如何教育、改造、挽救他，而不应将实现国家刑罚权作为唯一的价值追求。未成年人犯罪往往有很强的偶然性，很多是客观社会环境所误导或者是一时冲动，这类犯罪具有更强的挽救可能，比起犯罪的成年人，未成年人具有很强的可塑性，只要方法得当，很多都还是能够实现矫正的，能够让他们回归社会的。因此，让这些失足的未成年人顺利地回归到社会当中来，继续他们的生活和学习，防止再犯，应当是我们刑事司法中的一个重要理念，这一理念也应当贯穿于刑事司法的始终。以校园暴力犯罪为例，建立分层处理、分化处理、分类处理的制度，进行有效防治。针对不同类别、程度的校园暴力，制定具体的规定；根据校园暴力性质、情节、后果的不同，进行分化处理，对于情节轻微的还是应当以教育为主，特别严重的才由司法程序处

理，通过学校、家庭、社会等途径对失足未成年人进行挽救。

二是要树立未成年人特殊保护，使之利益最大化的理念。所谓的利益最大化，是指我们在进行刑事司法活动时，应当充分考虑到未成年人的利益，采取特殊的制度和程序，最大限度地保护其利益。在处理涉及未成年人的刑事案件时，要以未成年人为本位，从其根本利益和长远利益出发，在处理案件时要特别小心谨慎，防止刑事司法行为对其权益造成更大的伤害。应当将未成年人作为一个独立的法律个体来看待，对于涉及未成年人的案件，在办理过程中要特别注意其利益保护，避免在这一过程中对其造成不当影响。在未成年人利益保护和其他利益发生矛盾时，要优先考虑未成年人的利益问题。还要关注未成年人自身的利益诉求，重视其意愿和要求，听取其内心的看法，保障其参与社会的权利，使其利益表达渠道是畅通的。[①]

（二）完善立法体系，丰富未成年人权益刑事司法保护体系

加强未成年人权益刑事司法保护，既是我国社会主义法制建设的重要一环，也是司法文明化的重要标志，更是为国家、社会长治久安和长远发展的迫切需求。目前，我国的未成年人权益刑事司法保护初具规模，但也有很多不足之处，立法规定过于原则化，可操作性不强，权益保护不全面，在实施过程中也出现了很多问题。这些问题都直接影响了未成年人权益刑事司法保护的力度。

我们有必要借鉴国外关于未成年人权益保护的经验和做法，丰富我国未成年人权益刑事司法保护体系。国外在未成年人权益刑事司法保护方面起步早、研究透，对我国有着很强的借鉴和指导意义，有必要打开视野，放开思路，学习先进做法。首先，我们要针对特殊未成年人进行特殊立法，这种专门保护处于困境中，这种立法专门保护处于困境中、合法权益极易受到不法侵犯的未成年人，如残疾人、孤儿等群体。这一群体的情况更为特殊，更加需要特殊保护。在综合立法方面，要先把所有的未成年人看作一个整体来看待，然后再进行细化分类，针对不同群体制定不同的法律。以日本为例，有为所有未成年人制定的少年福利法，还有专门保护特殊未成年人的少年法。我国在未成年人权益刑事司法保护体系建设过程中，应当注重对国外先进经验的借鉴，将其与我国实际情况相结合，制定出一套适合我国国情的法律体系，通过立法来确认和保护未成年人的合法权益，以达到对未成年人特殊保护的目的。在保证立法先进性的同时，更应注重相关立法的可操作性，应对存在漏洞的法律条文及时作

---

① 张鸿巍：《少年司法通论》，人民出版社 2008 年版，第 305 页。

出补充规定或司法解释，来解决法律适用困难的问题，保证立法能够得到普遍的遵守和有效的实施。

在借鉴国外先进经验，提高我国立法水平的同时，还应当注意提高未成年人权益刑事司法保护立法的全面性和系统性。构建法律保护体系，应以完善国家保护制度、以监护制度为核心的家庭法律制度、以矫正未成年人不良行为的法律制度、以监护代理制度为核心的学校法律制度、社区保护制度以及专门的未成年人司法制度等方面。未成年人刑事司法制度是以预防未成年人犯罪、教育改造犯罪的未成年人、保护关爱未成年刑事被害人，从而创造未成年人健康成长的专门刑事司法制度。在立法过程中，不仅要规定未成年人的权利范围、负责主体，还要明确相关主体的责任，督促其良好地履行保护未成年人权益的职责。我们制定未成年人权益保护法律体系，有效地保护未成年人健康成长的法律制度，防止受到来自外界的侵犯，最大限度地恢复因刑事侵犯而导致的权益损害，并且起到预防犯罪的功能。此外，我们还有必要制定一部类似于《儿童福利法》的系统的法律文件，构建一套完整的法律体制。我国的未成年人权益刑事司法保护法律体系应当建立在刑事实体法、程序法的基础之上，并通过专门的法律文件对这些制度进行梳理，以保证与其他法律的协调性，促进法律的有效实施。正如《联合国少年司法最低限度标准规则》指出的，成员国应努力在每个国家司法管辖权限内，制定一套专门适用于少年的法律、规则和规章，建立实施少年司法的机构和机关，并确保它们的权威。

从立法上建立健全我国未成年人权益刑事司法保护制度。我国现行的对未成年人刑事案件的侦查、起诉、审判、执行等相关规定，主要散见于刑事诉讼法、刑法、未成年人保护法的有关章节和最高人民法院、最高人民检察院的一些司法解释中，并未形成一个独立、完整、科学的法律体系的现状所决定的。我们认为，要构建完善的未成年人权益刑事司法保护体系，需要加快我国未成年人司法的立法工作，建立健全完备的、独立的未成年人立法（少年法）。该法律体系将包括未成年人刑事案件的调查、审理、处置、矫治等为主要内容的组织法、实体法、程序法和矫治法等，并且要与预防未成年人违法犯罪工作相互衔接与配套。

（三）加强未成年人隐私保护

未成年人犯罪具有偶然性，其危害性和人身危险性一般比成年人要低，在刑事诉讼程序中应当特别注意未成年人的隐私保护，这种对未成年人隐私权的保护理念应当贯穿于整个刑事诉讼的全过程。

在刑事诉讼初期，办案人员应当特别注意保密问题，对于涉及未成年犯罪嫌疑人、被害人的案件，相关的案卷材料应当严格保密，不得向第三方泄露。

应当以明显的立法规定或者工作纪律规定，赋予办案人员保密义务，如果有办案人员故意或者重大过失导致未成年人相关信息泄露的，应当给予相关责任人以一定的处分，从源头上防止隐私泄露。对于新闻媒体而言，法律也应明确公开信息的范围，不得擅自泄露未成年人的基本信息，并明确相应的法律责任。在今后的立法过程中，有必要从民事法、行政法和刑法等方面进行规定，通过民事侵权责任、行政责任和刑事责任的方式打击恶意炒作、泄露未成年人信息的行为。

（四）降低未成年人审前羁押率

如前所述，我国刑事司法实践中，审前羁押现象非常突出，这是我们今后需要努力降低的方向。在刑事司法中，应当尽可能地少用、慎用羁押，尽量减少未成年犯罪人羁押率，逐渐实现以非羁押措施为原则，羁押为例外，羁押仅适用于犯罪情形特别严重、影响极其恶劣的情形。[1] 因此，我们认为，未成年人的强制措施，应当最大限度地减少拘留、逮捕等限制人身自由的措施，尽可能地以取保候审等非羁押性的措施来替代，并充分发挥学校、家庭以及社区的作用，利用社会力量来帮教和矫正，这样也更有利于未成年人今后顺利地回归社会。

要降低未成年人审前羁押率，就要建立未成年人犯罪审前不被逮捕或严格审查逮捕的原则，优化适用条件，审查未成年人犯罪案件时要更加宽松和慎重。根据现行法律，对未成年人要严格执行逮捕必要性审查工作，建立未成年人犯罪案件检察机关提前介入，严把报捕、逮捕关。一方面，从源头着手，从立案之初便形成保护机制。公安机关立案侦查的案件，如果犯罪嫌疑人是未成年人的，应当及时报送检察机关，检察机关应及时进行审查，积极使用介入引导侦查机制，从以往的被动接受公安机关邀请，变为主动介入侦查，增强适时介入的及时性和有效性。另一方面，扩大介入范围，对所有未成年人犯罪案件均提前介入，重点引导公安机关围绕有无逮捕必要收集证据，将未成年人的家庭情况、父母态度、在校的表现、教师的建议、社区的意见等作为案件调查的内容。检察机关在审查批捕案件时，针对未成年人犯罪案件要特别慎重，不能以普通案件的标准来衡量未成年人案件，尽可能地放宽要求，可捕可不捕的一律不捕，只有非捕不可的才予以逮捕。[2]

（五）优化附条件不起诉制度

对附条件不起诉的适用条件，《刑事诉讼法》规定得条件较多，还存在一

---

① 吴延松：《未成年人刑事诉讼特别程序研究》，辽宁大学 2012 年硕士学位论文，第 17 页。
② 许宁：《降低未成年犯罪嫌疑人逮捕率的思考》，载《青少年犯罪问题》2007 年第 2 期。

些模糊的问题。我们发现，在实践中同时符合这几项条件的案件是少之又少，这也导致了可以适用附条件不起诉的范围十分有限，适用率太低导致了制度价值未能充分发挥出来。因此，为了更好地保障未成年犯罪人的权益，充分发挥制度优势，有必要进一步放宽适用条件，而且，经过了几年的实践经验积累，放宽适用条件也具备了现实的条件基础。放宽适用条件，主要包括刑罚要件，即对于可能判处1年有期徒刑以下刑罚调整为3年有期徒刑。因为3年通常被认为是我国刑事司法领域重罪和轻罪的"分水岭"，与我国的现行法比较协调，也符合宽严相济的刑事司法政策。未成年人毕竟身心发育不健全，判断力和自制力都还在形成之中，通过立法上的宽松对待，以减少自由刑的适用所带来的负面影响。此外，还可以从一些细节上进行优化，对未成年人作出附条件不起诉决定后，可以责令其具结悔过、赔礼道歉、社区服务等，使其真正认识到错误，更好地回归社会。

刑事诉讼法确立的附条件不起诉制度，实质上是赋予了检察机关以先议权，即通过不起诉的方式实现案件分流。附条件不起诉制度，也是给检察机关增加了矫正失足未成年人的新职能，这项职能将执行中改造罪犯的矫正职责提前到了审查起诉阶段。[①] 可见，附条件不起诉制度是公诉部门的机遇，也是巨大的挑战，能否用好制度，充分发挥检察职能，考验着公诉部门的智慧和能力。检察机关应当进一步放开思想，针对未成年人案件时要摒弃传统的有罪追诉思维，充分发挥检察机关在教育、感化、挽救方面的作用，敢用、用好附条件不起诉制度。

（六）完善社会调查制度

一是要明确规定社会调查工作的负责主体。现行立法规定的主体范围语焉不详，导致司法实践中产生了问题。根据我国实际情况，我们认为，由公、检、法三机关负责社会调查都不可取，委托社会机构目前条件也不成熟，目前最佳主体应当是司法行政机关。首先，由公安机关进行调查不可取，因为社会调查不同于刑事侦查，刑事侦查一般不涉及对未成年人的一贯表现、成长背景、犯罪原因等的了解。加之公安机关办案人员工作任务重，考核压力大，在侦查案件、调取证据的同时还要进行社会调查工作，对于办案人员来说会是一个较大的负担，最终也有可能沦为形式，草草应付了事。其次，由法院亲自进行社会调查也不可取，现代刑事诉讼中，法官居中裁判，不偏不倚地进行审查和判断，法官不应当参与调查，否则将有可能导致法官对案件形成先入为主的

---

① 陈瑞华：《刑事诉讼法修改对检察工作的影响》，载《国家检察官学院学报》2012年第4期。

印象，并带着个人主观感情去审判，这样就违背了法官的中立性。最后，由检察机关承担社会调查工作也不合适，检察机关作为控诉方，代表国家指控犯罪，其主要职能在于控诉犯罪，无论是检察官的自我期待，还是社会公众对检察官的期待，都在于更快、更好地打击犯罪，而由对未成年人进行社会调查，收集有利于被指控人的证据，与检察官的天然身份存在矛盾。因此，我国应当通过立法形式赋予司法行政机构进行未成年人社会调查的权利，因为司法行政机关在刑事诉讼中相对中立，不是利害关系方，作出的社会调查报告可信度更高。并且司法行政机关已经开展社区矫正等工作多年，积累了一定的经验，有能力承担起这一重任。可以制订详细的未成年人社会调查表格，包括未成年犯罪嫌疑人的家庭背景、家庭成员、学习情况、工作态度、生活习惯、成长环境、特殊经历、日常品行、个性特点、社会关系、本人认罪悔罪态度等情况。根据调查所反馈的内容，综合确定未成年犯罪嫌疑人、被告人的社会危险性和矫治难度，帮助检察机关和法院作出最合理的处理决定，以促进对未成年人刑罚适用的科学性和准确性。

二是要明确社会调查报告的性质。性质决定功能，目前法律并没有对社会调查报告性质作出明确的规定，实践中对社会调查报告的效力也存在争议。主要存在三种观点：第一种观点认为，社会调查报告是刑事诉讼中的证据。第二种观点认为，社会调查报告是品格证据。第三种观点认为，社会调查报告只是法庭在量刑时的参考资料。笔者同意第三种观点。证据是能够证明案件基本事实情况，具有关联性、客观性。品格证据是指表明犯罪嫌疑人的品格或品格特征的证据，即犯罪嫌疑人在生活的社区、学习的学校、工作的场所中享有的声誉。社会调查报告包括很多方面，包含未成年犯罪嫌疑人的家庭背景、家庭成员、学习情况、工作态度、生活习惯、成长环境、特殊经历、日常品行、个性特点、社会关系、本人认罪悔罪态度等情况。由此可见，社会调查报告与案件事实本身并不存在必然的联系，特别与定罪事实更是关系不大。而社会调查报告中的道德品行只是报告的一部分内容，可能具有品格方面的评价，带有一定的品格证据色彩，但我国刑事证据制度中并未承认品格证据，这类证据不能作为定罪量刑的依据。由此，调查报告既不能反映犯罪事实，又不是司法人员依照法定程序取得的刑事证据，而是案情之外的调查和分析，是被追诉人相关的特定事实，因而未成年人社会调查报告只能作为办案参考。

三是要细化操作程序。修改后刑事诉讼法虽然规定了社会调查制度，但并不完善，没有具体的适用程序，社会调查的真实性难以保证，也没有相应的法律规制不进行社会调查的行为，因此，想要完善未成年人社会调查制度，必须首先规范与此相关的配套立法，还要完善其适用程序。笔者认为，想要确保社会调查报告真实，就应该让提供调查内容的人认识到社会调查的严肃性以及社会调查报告的意义所在，同时，应当对那些出于私心提供虚假信息，甚至捏造情况的人进行处罚，一旦立法上有所规制，报告的真实性将大大提高。[①]

（七）完善犯罪记录封存制度

完善未成年人犯罪记录封存制度，一是要扩大适用范围。如前文所述，我国犯罪记录封存制度的适用范围方面偏小，限制条件过多，不利于未成年人的特殊保护。未成年人犯罪记录封存制度，应当在积累一定的经验之后逐渐扩展至所有未成年人，不再加以刑罚上的限制。即使要对部分犯罪进行限制，也应当尽量限制在较小的范围内，即几类严重的暴力犯罪。另外，还应当继续探索未成年人犯罪记录封存制度，在探索的基础之上将适用范围进一步扩大至全部未成年人，特别是在校学生等群体。

二是要优化适用条件。关于时间条件，我国立法对此没有作出限制，法院判决生效即行启动封存程序。设置必要的时间条件，可以敦促未成年人积极改造，又体现了刑罚的惩罚功能。在时间条件设置上，不宜过长，避免未成年人失去信心。笔者认为，有选择性地借鉴国外考验期制度，将犯罪记录封存程序启动推迟至刑罚执行完毕或者免予执行之时，再根据未成年犯罪人在此之前的表现作出封存与否的决定。笔者认为，时间条件上可以作以下设置：（1）过失犯罪、被判处缓刑、单处罚金或者犯罪情节轻微而被免予刑事处罚的，在执行完毕、缓刑考验期结束、缴纳罚金或免予刑事处罚判决之时起，即行启动封存程序。（2）故意犯罪，情节较为轻微，主观恶性较小的，在刑罚执行完毕之后6个月启动封存程序。（3）故意犯罪，情节相对较为严重，主观恶性较大的，在刑罚执行完毕1年启动封存程序。需要注意的是，设置了时间条件，那么在封存与否的决定之前，相关机关应当先行保密，不得对外公开。关于悔改条件，我国立法未作规定。设置有悔改条件的国家中，最为典型的是德国，要求未成年人"行为无可挑剔，品行正派"。笔者认为，本着宽松的原则，对未成年人的悔改条件要求不宜太高。具体而言，以下情形即认为是悔改表现：认罪态度良好、刑罚执行期间遵守规定、有立功表现或者没有重新犯罪等情形。当然，悔改的具体内容的考察还需要进一步细化，尽可能地增强可操作性。

三是要明确法律效果。国外犯罪记录封存或消灭制度中，一般都视为当事人没有犯罪，作为正常公民所享有的权利均得以恢复。而我国犯罪记录封存产

[①] 赵国玲、徐然：《从刑诉法的革新看未成年人刑事司法制度的完善》，载《预防青少年犯罪研究》2014年第4期。

生的是一种有限封存的效果，相比之下，法律效果不够彻底。建议立法对犯罪记录封存的法律效果时进一步明确，逐步确立较为彻底的法律效果。笔者认为，现在就建立像国外那样彻底的消灭效果，条件尚不具备，除立法规定的直接效果外，还可以从以下几个方面予以加强：第一，在刑事法层面上，被消灭前科的人即使再犯罪，也不会构成累犯和再犯，在量刑时，不因之前的有罪判决而从重处罚；在民事、行政法层面上，所有因前科被限制、剥夺的权利全部恢复。已经被封存的犯罪记录，相关部门要妥善地采取秘密的方式进行保存，并采取专人管理。对于作为工作记录而存在的、涉及当事人犯罪信息的材料，也应当采用更为严格的保存方式，仅用作内部工作需要。第二，恢复合法权益。在民事、行政领域，该未成年人则不受犯罪记录的约束和负面评价，相应的权利得以恢复，与普通公民一样享有相应的权利。犯罪记录存在而被剥夺或限制的相关权利与资格在犯罪记录封存之后均与普通公民一致，其法律地位也应恢复正常，与其他公民同等地享受社会评价。当然，犯罪记录封存所能产生的法律效果仅针对之后，而不溯及既往，如当事人因犯罪而丧失的职务、荣誉、行政级别等惩罚性措施是不能随之撤销的，即犯罪记录封存所带来的权利恢复只能够针对将来，不具有溯及既往的效力。第三，免除前科报告义务。当事人在升学、就业以及考试之时，没有报告自己是否犯过罪的义务，或曾经因刑事犯罪而被处罚的义务。需要报告有无犯罪记录之时，当事人可以回答"没有"，即使后来得知当事人曾犯过罪，也不得因为他回答"没有"而认为其不诚实而产生不利后果，这样的方式能够产生"准消灭"的法律效果，使其在升学、就业、参军以及考试之时不因犯罪记录而受到不公正的待遇。犯罪记录被封存之后，需要公安机关出具有无犯罪记录证明时，公安机关可以直接出具未查询到犯罪记录的证明。当然，这些情形都是针对于一般情形，涉及重大公共利益的除外，如拟录用相关人员为国家要害部门工作人员等情形。

（八）关注未成年被害人的权益保护

根据实践中最常见的案件类型，我们对未成年人案件的数据统计，在未成年人犯罪涉及的罪名中主要有聚众斗殴、寻衅滋事、故意伤害、盗窃、抢劫等，近年来交通肇事、危险驾驶等也开始增多。这其中的聚众斗殴、寻衅滋事等往往加害人和被害人双方都是未成年人，那么我们在教育、惩治加害人的同时，也应该思考对未成年被害人进行一些特殊的救助和保护。

在现阶段的司法救助中，对象基本上是在民事、行政诉讼中经济确有困难的当事人，为保证他们维护自己的合法权益，而由人民法院采取的对其实行缓交、减交、免交诉讼费的救助。但我们认为，这些还远远不够，在未成年人为被害人的案件中，社会救助应包括更多的内容，我们要做的事情更多。

首先，在精神层面上，有相当大的阴影和心理障碍，而我们很多家庭和学校往往只是关注他们有无受到身体上的伤害，能不能正常学习，对于他们心理深处的变化关注不多。如果得不到及时的疏通，长期下去，就很有可能会影响被害人的健康成长，长期处于阴影之中难以靠自我的力量走出来。因此，我们认为，在刑事司法活动中，我们要重视精神创作的恢复工作，可以让心理医生等社会工作者加入进来，对有需要的未成年被害人，包括他的家庭进行心理疏导，以及定向的自我保护教育和法律意识教育。其次，在物质方面，如果未成年被害人因犯罪行为而造成身体上的重创和财产上的损失，不论其家庭条件如何，国家都应该给予一定的救助，这不仅仅是对其损失的补偿，更是对其心理的慰藉，使之感受到温暖和关怀，这也是国家和社会对未成年人负责态度的体现。特别是在那些家庭负担有困难的情况中，国家应该以立法的形式明确规范物质帮助的范畴和力度。最后，我们认为，在双方当事人都是未成年人的情况下，办案人员应以更加积极的心态去促成双方的和解，双方的和解更加有助于其利益的恢复，也有利于他们及时放下仇恨，避免走上恶性循环之中。在办案过程中，我们要注意选任那些熟悉未成年人心理工作的社工参加案件办理，发挥他们的专业优势和经验能力，通过他们的介入，使加害人产生愧疚感并正确认识自己行为的违法性，使被害人也能得到心理慰藉，抚平其创伤。

（九）建立未成年人法律援助制度

目前，我国刑事诉讼中律师参与度不高，在未成年人案件中也呈现参与度不高，分布不平衡的问题。我国的刑事辩护力量大部分的律师都集中在大中城市，而在一些偏远的贫困地区，却很少有律师参与刑事诉讼，而专门从事未成年人案件的律师就更是少之又少了。因此，我们有必要进一步发展法律援助律师队伍，重点发展专门从事未成年人刑事案件的律师。一方面，要鼓励律师承担法律援助义务，通过政策等方面进行引导，壮大法律援助律师队伍，使他们愿意提供法律援助。另一方面，我们可以借鉴西方国家的法律诊所教育模式，进行法律专业教育改革，尝试理论与实践相结合的法律诊所教育模式，这样既可以为在校的法学学生提供理论学习，也可以提供实践经验。这种全新的法学教育教学模式，为我国的法律援助事业注入了新的活力，弥补法律援助律师人数不足的问题，法学院的学生以及研究生应该成为今后我国法律援助队伍的一支重要力量，也是一支生力军。法学院进行的全新的法律教学实践改革对我国的法律援助事业具有良好的发展作用，既可以缓解法律援助申请人数过多，而提供援助律师人数不足的矛盾，又可以充分发挥在校学生的理论功底和热情与兴趣，他们也往往更加积极于社会公益事务，愿意参与公益活动。当然，毕竟学生的社会经验不足，对法律的理解往往停留在理论水平，社会各界，特别是律师事务所、法检机关以及所在学校，要加强对学生的培训工作，提高他们法律援助的水平。

　　法律援助制度，是针对未成年人的特殊照顾，要区别于普通的法律援助制度。要从经费上、力量上给予倾斜，通过各种政策鼓励律师等法律工作者积极参与未成年人法律援助，使他们愿意援助、援助得好。法律援助，不仅仅是针对未成年犯罪嫌疑人、被告人，还针对未成年被害人，特别是校园暴力犯罪的未成年被害人。现阶段各级办案机关对未成年被害人进行的法律援助更多的是依据现有的未成年犯罪嫌疑人、被告人的法律援助模式来开展的，缺乏统一规定，关于《开展刑事被害人救助工作的若干意见》的颁布可以说在制度上对未成年被害人的救助工作有了框架依据。对于未成年被害人法律援助介入的时间可以比照未成年犯罪嫌疑人的规定，未成年被害人有权申请法律援助律师提供法律援助。

未成年人刑事案件附条件不起诉制度研究[*]

周新萍^{**}

摘　要： 未成年人附条件不起诉制度是对未成年人的特殊保护制度，有利于帮助涉罪未成年人回归社会，一定程度上降低诉讼成本，实现特殊预防的积极效果。本文阐述了附条件不起诉制度的内涵和立法背景，分析了该项制度在司法实践中的运行情况以及存在问题，提出了完善这项制度的建议和设想。

关键词： 附条件不起诉　研究现状　司法实践　完善建议

2012 年我国修订后刑事诉讼法确立了附条件不起诉制度，赋予检察机关对涉罪未成年人的起诉裁量权，这是我国未成年人犯罪立法的重大进步，也是多年来我国未成年人检察制度积极探索和经验总结的成果转化，体现了"儿童权利最大化"原则和恢复性司法理念，有助于遏制和预防未成年人犯罪，具有积极而深远的意义。

一、附条件不起诉制度的内涵和立法背景

（一）附条件不起诉制度的内涵

附条件不起诉，是指检察机关对应当负刑事责任的犯罪嫌疑人，综合考虑其个人情况、犯罪动机、社会危害性以及犯罪后表现等因素，认为可以不立即追究刑事责任时，给其设立一定考察期，其在考察期内积极履行相关社会义务，并完成与被害人及检察机关约定的相关义务。我国刑事诉讼法规定的附条件不起诉，适用对象是未成年犯罪嫌疑人，在程序上有两种最终处理结果：一是被附条件不起诉人在考察期内履行了法定义务，检察机关作出不起诉决定；

　＊　本文荣获 2015—2016 年度女检察官检察理论研究课题二等奖。

　＊＊　课题组主持人：周新萍，河南省人民检察院副检察长，河南省女检察官协会会长；课题组成员：张萍，河南省人民检察院宣传处处长，河南省女检察官协会秘书长；刘洁，河南省人民检察院国家赔偿办公室副主任，河南省女检察官协会副秘书长；刘雁平，河南省人民检察院公诉一处正科级助检员；杜菲，河南省人民检察院公诉一处正科级助检员；高林，国家检察官学院河南分院副教授。

二是被附条件不起诉人在考察期内违背了相关义务，检察机关撤销附条件不起诉决定，提起公诉。因此，附条件不起诉在本质上是检察机关享有的一种暂时搁置起诉的裁量权。

（二）附条件不起诉制度的立法背景

1. 提高诉讼效率的现实需要。我国处于经济快速发展和社会转型时期，刑事案件高发，犯罪数量大幅增加，有限的刑事司法资源浪费在大量可以按非犯罪化处理的案件上，不能满足集中优势力量重点打击严重刑事犯罪的要求。为解决这一矛盾，司法机关在保证案件公正处理的同时，必须提高诉讼效率，对案件进行繁简分流。在保证法院裁判权的前提下，赋予检察机关一定的裁量权，通过相对不起诉、附条件不起诉等方式对那些不是必须进入审判环节的案件进行分流，可以有效缓解审判机关和检察机关的压力，节约司法资源，提高诉讼效率，使更多的司法资源能够集中到重大案件上，充分保证实现司法公正。

2. 不起诉制度的局限性有待完善。首先，相对不起诉在司法实践中适用比例较低。刑事诉讼法修订前，我国不起诉制度包括绝对不起诉、存疑不起诉、相对不起诉三种，其中绝对不起诉和存疑不起诉属于不符合起诉条件、检察机关依法应当作出不起诉决定的情形，只有相对不起诉属于检察机关自由裁量的情形。对于依法应当追究刑事责任的案件，除极少数符合"犯罪情节轻微，依照刑法规定不需要判处刑罚或者免除刑罚"条件可以作出相对不起诉外，大部分都要提起公诉，并且起诉和不起诉之间缺乏过渡空间，尤其对未成年人而言，不利于对其教育、感化和挽救。其次，相对不起诉由检察机关依照法律规定单方面决定，没有考虑犯罪嫌疑人和被害人的意见，有些情况下犯罪嫌疑人不领情，被害人有怨言，法律效果不理想。最后，在法律效力上，相对不起诉一经作出即产生法律效力，检察机关对被不起诉人不再具有法定监督制约职责，案后法律监督不到位。司法实践中不起诉制度的局限性需要进一步扩大检察机关的自由裁量权，完善不起诉制度体系，增加不起诉制度的科学性、系统性、灵活性。

3. 改革探索实践逐渐成熟。近年来，检察机关对附条件不起诉制度进行了积极有益的改革探索和制度试点，取得了较好的社会效果，实践中也积累了一定的成功经验，既得到了学术界专家的推崇，也得到了中央司法改革方案和全国人大常委会的认可。当然，改革试点制度逐渐成熟后，更期望获得国家法律层面的确立和肯定，使改革成果转化为法律规定。

因此，在现实需要和司法改革背景下，2012 年刑事诉讼法修订时将附条件不起诉制度纳入其中，作为未成年人刑事诉讼特别程序的一项重要内容，明确了这项制度的法律地位。

二、附条件不起诉制度的发展和研究现状

我国刑事诉讼法修订前，国内外专家对附条件不起诉制度已经进行了长期大量的研究、探索和实践；刑事诉讼法修订后，法学专家和司法工作者对这项制度的具体内容和适用又进行了更加深入的分析和解读，并从立法角度提出了完善的建议和设想。

（一）国外发展基本情况

附条件不起诉制度不是我国首创，从立法层面看，附条件不起诉的典型国家是德国和日本。在德国，被称为"附条件的不起诉"，适用范围为轻罪案件，但在司法实践中，附条件不起诉的适用范围超越了法律规定的范围，尤其在针对经济、税收犯罪和青少年犯罪的刑事诉讼中，附条件不起诉已经扩大到中等严重程度的犯罪案件。在日本，附条件不起诉被称为"起诉犹豫"，根据现行法律其适用范围是一切刑事案件。在美国，被称为"延缓起诉"的附条件不起诉制度，是"一个富有意义的替代性措施的分流"程序中的一种，最早适用于未成年人，以后逐渐扩大到其他特殊人群。从国际上看，当前采取绝对的起诉法定主义的国家已经很少，大多数国家都不同程度地赋予检察机关一定的起诉裁量权，并且这种权力是不断扩大的。

（二）刑事诉讼法修订前国内的研究和探索

2012年刑事诉讼法修改前，为解决我国司法实践中的矛盾，在中央和高检院统一部署下，一些地方检察机关实行公诉工作机制创新，在法律规定范围内积极探索和尝试暂缓起诉或者附条件不起诉制度，取得了一定成效。1992年初，上海市长宁区人民检察院开始对附条件不起诉制度进行探索，以"诉前考察"方式对涉嫌盗窃的未成年人决定延期起诉。根据其价值和产生的良好效果，2000年以后，全国各地开始试点附条件不起诉制度，并制定了操作办法等规范性文件。随着适用附条件不起诉案件增多，适用对象也从未成年人扩大到在校大学生、轻微刑事案件犯罪嫌疑人。2010年1月，河南省平顶山汝州市人民检察院首先对于未成年人或在校学生涉嫌的轻微刑事案件探索适用附条件不起诉制度。2010年3月河南省人民检察院在每个地市选取一个基层院作为试点单位，在全省开展附条件不起诉试点工作，并出台了《河南省人民检察院关于适用附条件不起诉的规定（试行）》。在试点工作中，附条件不起诉的适用对象较广，适用条件也较宽。适用对象一般包括未成年人、老年人、严重疾病患者、盲聋哑人或者怀孕、哺乳期间的妇女，过失犯罪或初犯、

偶犯，轻微刑事犯罪嫌疑人等。适用条件一般为可能判处 3 年有期徒刑以下刑罚、事实清楚、证据充分、情节较轻、具有悔罪表现等。考验期设置从 1—6个月到 3 个月以上 1 年以下不等。考验期内进行监督考察的主体为所在社区或者学校等单位或个人。考验期满后，所附条件实现或者没有违反相关规定的，作出不起诉决定。

从全国范围来看，附条件不起诉在改造犯罪嫌疑人、恢复被破坏的社会关系、缓解司法资源压力等方面发挥了积极作用。但由于试点工作中各地检察机关规定不一致，适用中存在不统一、不平等现象，加之这项做法于法无据，因此，附条件不起诉制度在探索阶段也曾遭受质疑。但改革试点工作的积极探索和经验积累，为刑事诉讼法的修改提供了有益的实践依据和价值参考。

（三）刑事诉讼法修订后的分析和理解

2012 年刑事诉讼法修订后，法学理论界和司法实务界围绕附条件不起诉制度的法律规定进行了深入透彻的分析和解读，在理论基础、适用条件、存在问题和完善建议等方面形成了共识，为这项法律制度的顺利运行提供了有力的理论支撑。

1. 理论基础。（1）未成年人利益最大化原则。未成年人不同于成年人，其在个性、心理、情绪以及心智等多方面都具有一定的发展差异性，因此，要重点倾向于对未成年人的特殊保护，形成未成年人利益最大化的处理方式。具体在处理未成年人犯罪案件时，通过实体以及程序上的特殊方式来确保未成年犯罪嫌疑人在涉案中的公平、公正处置。附条件不起诉即是对未成年人犯罪特殊处理方式的确立和运用。

（2）起诉便宜主义。起诉便宜主义与起诉法定主义相对应，是指检察机关对于有足够犯罪嫌疑并且具备起诉条件的案件，可以斟酌决定是否起诉的原则。大陆法系的多数国家将起诉法定主义规定为基本原则，而将起诉便宜主义规定为例外。随着刑事犯罪的大幅增加和日趋复杂化，司法资源的不足日趋凸显，起诉便宜主义逐渐被重视和采用，检察官在刑事诉讼中的自由裁量不断扩大，对轻罪实行附条件不起诉就是其中重要一项。起诉便宜主义已成为两大法系刑事诉讼发展的共同趋势。

（3）起诉经济原则。诉讼经济，就是要以较小的诉讼成本实现较大的诉讼效益，或者说为实现特定的诉讼目的，应当选择成本最低的方法与手段。刑事案件的各个流程涉及公、检、法等不同部门，案件正常流转需要付出相应的司法资源。附条件不起诉制度在起诉阶段将一部分案件进行分流，使其不进入或暂时不进入审判程序，将有限的司法资源进行合理分配，能够有效地节约诉讼成本，实现诉讼经济。

（4）恢复性司法理念。恢复性司法是对刑事犯罪通过在犯罪方和被害方之间建立一种对话关系，以犯罪人主动承担责任的方式消除双方冲突，深层次化解矛盾，并通过社区等有关方面的参与，修复受损社会关系的一种替代性司法活动。附条件不起诉制度很好地体现了恢复性司法理念，对于涉罪未成年人，除了考虑适当的惩罚方式，还要考虑帮扶教育、回归社会等问题，通过真诚悔罪、取得被害人谅解、附加赔偿义务等措施，使双方达成和解，修复社会关系，实现保护被害人和犯罪嫌疑人的双重效果。

（5）轻刑化和非刑罚化理论。轻刑化和非刑罚化，既可以消除涉罪人员身上的犯罪标签，又可以避免交叉感染，已成为一种国际趋势。对未成年人刑事案件的诉讼处理，要更加谨慎，尽可能做到不起诉、非监禁，从刑事法律上更加宽容地对待。附条件不起诉就是对符合条件的案件和对象，尽量作非刑罚化处理，以有利于对未成年人的教育和改造，帮助其更快地重新回归社会。

2. 适用条件。根据我国刑事诉讼法及相关规定，适用附条件不起诉应当符合以下 6 个条件。

（1）主体条件。附条件不起诉的适用主体，是犯罪时已满 14 周岁不满 18 周岁的未成年人。附条件不起诉中对未成年人的界定，以行为人实施犯罪时的年龄认定，实践中对于诉讼中已满 18 周岁的犯罪嫌疑人，只要犯罪时系未成年人，符合条件的情况下应当可以适用附条件不起诉。这一理解符合保护未成年人权益的立法本意，最高人民检察院《办理未成年人刑事案件的规定》也作出了明确规定。

（2）罪名条件。适用附条件不起诉，涉嫌罪名为《刑法》分则第四章、第五章、第六章规定的侵犯公民人身权利、民主权利罪、侵犯财产罪、妨害社会管理秩序罪。这三类罪名是司法实践中较为常见、数量较多的未成年人犯罪类型。刑事诉讼法将附条件不起诉的适用范围限定在这几类案件，主要基于惩罚与教育双重目的的考量，有利于更好地保护涉罪未成年人的合法权益。

（3）刑罚条件。附条件不起诉适用于依法可能被判处 1 年以下有期徒刑、管制、拘役或单处罚金的犯罪。实践中，1 年以下有期徒刑应当理解为宣告刑，而不是法定刑。

（4）实体条件。适用附条件不起诉，要求犯罪事实清楚，证据确实充分，符合起诉条件。即根据案件事实和行为严重程度，对符合条件的未成年犯罪嫌疑人本应提起公诉，且足以获得有罪判决，但为了更好地教育挽救，对其作出附条件不起诉，通过设定一定时间的考察期、附加一定条件和义务，给予其悔过和改造的机会。

（5）主观条件。适用附条件不起诉，要求行为人有悔罪表现，即对其通过考察考验有教育转化的可能和必要。如果行为人主观上没有真诚悔罪，没有帮教考察的必要，则可提起公诉，以刑罚手段予以教育和挽救。

（6）程序条件。人民检察院作出附条件不起诉决定前，应当听取相关单位和个人的意见，包括公安机关、被害人、未成年犯罪嫌疑人及其法定代理人、辩护人，被害人是未成年的，还应当听取被害人的法定代理人、诉讼代理人的意见；作出附条件不起诉，要求未成年犯罪嫌疑人及其法定代理人对适用附条件不起诉没有异议，如果未成年犯罪嫌疑人及其法定代理人对附条件不起诉有异议，检察机关应当提起公诉。

3. 不足之处和完善建议。附条件不起诉制度运行以来，专家学者和司法工作者围绕这一制度的法律规定和运行中存在的问题，提出了一些完善的建议，归纳起来，主要有以下几个方面。

（1）适用范围过窄，应当扩大适用范围。修订后刑事诉讼法将附条件不起诉的适用对象仅限定为未成年人，排除其他人身危害性较小的犯罪嫌疑人的适用。适用案件性质限定为涉嫌侵犯公民人身权利、民主权利、侵犯财产、妨害社会管理秩序犯罪，可能判处 1 年有期徒刑以下刑罚的案件，虽然将社会危害性较大的危害国家安全罪、危害公共安全罪排除，但同时也排除了与侵犯公民人身权利、民主权利、侵犯财产、妨害社会管理秩序这三类犯罪危害程度相差不大的其他犯罪。同时，可能判处 1 年有期徒刑以下刑罚的犯罪案件数量不多。因此，附条件不起诉的适用范围过窄，不能充分发挥这项制度程序分流的作用，不能有效地缓解司法资源的压力，也不符合世界范围内起诉便宜主义扩大化和非犯罪化、非刑罚化的理论发展趋势。

为更好地发挥附条件不起诉制度审前分流作用及提高诉讼效率、恢复社会关系的价值，应当扩大附条件不起诉的适用范围。在国外，一般是根据法定刑的轻重设定适用标准，而没有刑种和主体的限制，如德国的暂缓起诉只适用于轻罪案件，后扩大到中等严重程度的犯罪案件。参照发展较为成熟的国家立法例，根据我国司法现状，应当将附条件不起诉的适用范围扩大到轻罪案件，不再限制特定章节和罪名，即犯罪情节轻微、可能判处 3 年有期徒刑以下刑罚的案件均可适用。这样界定也与我国刑罚中的缓刑制度相配合，但应当明确附条件不起诉不能适用于严重危害社会的重罪案件、累犯、惯犯。

（2）附加条件不清或过于简单，应当予以科学界定。附条件不起诉，所附"条件"是一项关键内容。修订后刑事诉讼法规定了在考验期内犯罪嫌疑人应当"遵守法律、行政法规，服从监督；按照考察机关的规定报告自己的活动情况；离开所居住的市、县或者迁居，应当报经考察机关批准；按照考察机关的要求接受教育矫治"四项规定，但这四项规定是否就是所附的"条件"，犯罪嫌疑人是否应当向被害人道歉，进行赔偿，是否应当履行特定的义务等，刑事诉讼法没有明确规定。同时，四项规定中"按照考察机关的要求接受教育矫治"也十分原则，应该为被考察人附加什么样的条件，应该为其附加多少条件，实践中没有明确规定和统一标准，不利于附条件不起诉制度教育挽救作用的充分发挥。

为保证教育矫治的效果，司法实务工作者建议，被附条件不起诉人应当履行的附加义务可以分为一般义务和特别义务，除了刑事诉讼法规定的四项一般义务以外，应当针对未成年人的身心特点规定附加特别义务，归纳起来主要有以下几个方面：①向被害人赔礼道歉；②立具结悔过书；③赔偿被害人的损失，未成年犯罪嫌疑人自己有财产的应以自己财产赔偿，自身无财产的可以允许其父母或亲属代为赔偿；④在不影响接受学校教育的前提下，向公益机构或社区提供一定时间的义务服务；⑤完成戒毒治疗、精神治疗、心理辅导或其他适当的校正措施；⑥定期报告自己的活动情况，到考察机关汇报思想；⑦禁止与特定人交往或禁止进入特定场所，如舞厅、歌厅、游戏厅、网吧等场所；⑧置于特定人的看护之下；⑨处以罚款。对于特别义务，可以根据被附条件不起诉人的个别情况选择适用。

（3）帮教力量不足，人员范围过于片面，应当引入社会化帮教。附条件不起诉制度中重要环节就是对被附条件不起诉人进行考察、帮教。刑事诉讼法特别程序规定"由人民检察院对被附条件不起诉的未成年犯罪嫌疑人进行监督考察"，要求未成年犯罪嫌疑人"按照考察机关的要求接受矫治和教育"。但这一规定较为原则，对于如何确定具体的帮教、矫治方案，如何进行具体的考察，检察机关与涉罪未成年人的家庭、学校、社区等如何配合，考察结果如何体现以及如何保证考察效果均没有具体规定，导致帮教工作在实际操作中困难重重。一方面，检察机关力量有限，办案的同时仅仅依靠自身力量开展帮教考察，影响帮教效果和工作效率，尤其是对本地没有固定住所的外来人员，考察帮教更难开展；另一方面，检察人员在专门帮教知识方面较为欠缺，无法达到较好的帮教效果。

因此，司法工作者建议，可以借助社会力量开展考察帮教工作。如对未成年犯罪嫌疑人作出附条件不起诉决定后，以街道、社区、企业等基层组织或单位为依托，建立稳定的监督考察配套单位，避免附条件不起诉考察期间，犯罪嫌疑人没有具体的学习、生活、工作场所，使考察流于形式；将附条件不起诉未成年人纳入社区矫正的适用范围，充分发挥社区矫正的积极作用，由专门的国家机关在相关社会团体和民间组织以及社会志愿者的协助下，矫正未成年人的心理和行为恶习，促使其顺利回归社会；检察机关对需要帮教的未成年人通过设立帮教登记表、定期考察回访等方式，与帮教小组、帮教对象的监护人保持联络，掌握该未成年人在学习、生活、工作等各方面的动态信息，便于及时、有效地预防和控制犯罪；教育部门落实有关政策，做好附条件不起诉未成年人的留校、复校、就业、升学的有关安排工作；民政部门制定倾斜性政策，对附条件不起诉未成年人多方关心，做好职业培训、安置就业的工作。

（4）与相对不起诉界限不清，应当明确与相对不起诉的区别。相对不起诉与附条件不起诉在案件范围上存在交叉，因此适用时较易混淆。我国刑事诉讼法规定，相对不起诉适用于"犯罪情节轻微，依照刑法不需要判处刑罚或者免除刑罚"的案件；附条件不起诉适用于"涉嫌刑法分则第四章、第五章、第六章规定的犯罪，可能判处 1 年有期徒刑以下刑罚"的案件。显然，附条件不起诉与相对不起诉在适用案件范围上存在重合，二者之间的界限比较模糊，具体个案适用时不易把握，尤其对于一些轻罪案件，存在二者都能适用的理论可能性。实践中如果对两项制度的适用不加区分，就会造成对某些涉罪未成年人不公平，也不利于他们的悔过自新和重新回归社会。

因此，学者和司法工作者建议，应当通过制度设计，明确二者的逻辑关系，使二者在适用上有明显的区别，并提出了区分二者的明确标准。首先，相对不起诉具有终止刑事诉讼的法律效力，其法律后果是被不起诉人无罪；而附条件不起诉并不意味着诉讼的终止，如果被附条件不起诉人在考验期内不履行规定义务或有其他犯罪行为的，检察机关可以依法提起公诉。其次，适用对象不同，附条件不起诉仅适用于未成年人，而相对不起诉适用所有涉案对象。再次，适用范围不同，附条件不起诉适用于刑法分则第四章、第五章、第六章的罪名和可能判处 1 年有期徒刑以下的犯罪，属于犯罪情节较轻，起诉后可能判处较轻刑罚的案件；相对不起诉适用于犯罪情节轻微，依照刑法规定不需要判处刑罚或者免除刑罚的。因此，与相对不起诉相比，附条件不起诉对犯罪嫌疑人具有更强的约束与惩戒性质。最后，优先适用顺序不同，对于同时符合相对不起诉和附条件不起诉的未成年犯罪嫌疑人，应当优先作出相对不起诉。

三、附条件不起诉制度的司法实践

（一）制度运行概况

刑事诉讼法修订后，检察机关积极落实附条件不起诉制度。就河南省情况而言，从 2013 年至 2015 年全省检察机关对 1108 名未成年犯罪嫌疑人作出附条件不起诉决定，占未成年人受案总数的 9.22%，其中，2013 年 7.32%，2014 年 10.81%，2015 年 9.72%，2016 年 1—6 月 8.87%，总体上呈现明显上升后稳步运行状态。考察期满后不起诉417人，起诉10人。从附条件不起诉制度运行情况看，有以下几个特点。

1. 共同犯罪居多。从犯罪形式看，共同犯罪人员占被附条件不起诉总人数的55.6%。

2. 学历普遍较低。从学历情况看，初中及以下学历人员达到被附条件不起诉总人数的69.04%，占将近七成。

3. 农民、学生为主。从身份情况看，农民占被附条件不起诉总人数的40.7%，学生34.66%，无业人员19.31%。

4. 侵财犯罪超过半数。从涉嫌罪名看，整体上《刑法》分则第四章、第五章、第六章罪名均有涉及，其中，16.79%涉嫌第四章侵犯公民人身权利、民主权利罪8个罪名，54.69%涉嫌第五章侵犯财产罪5个罪名，28.16%涉嫌第六章妨害社会管理秩序罪10个罪名。具体罪名上，盗窃（34.39%）、抢劫（18.41%）、寻衅滋事（18.23%）、故意伤害（14.26%）、聚众斗殴（7.76%）五项罪名数量最多，盗窃、抢劫、抢夺、诈骗等侵财类犯罪适用附条件不起诉人数达到被附条件不起诉总人数的54.51%，占半数以上。

5. 大多数无前科。被附条件不起诉的未成年人大多数无前科、系初犯，受过刑事处罚人员仅占0.18%。

6. 不起诉为主要结案方式。附条件不起诉考验期满后，作出结案处理427人，其中97.66%的未成年犯罪嫌疑人没有违反相关规定，被作出相对不起诉，仅有2.34%的未成年犯罪嫌疑人被提起公诉。

（二）制度运行成效

在附条件不起诉制度运行中，检察机关积极探索，进一步细化和规范了附条件不起诉的操作程序、适用条件、帮教方式、考察职责等，出台了一系列规范性文件，联合综治、教育、民政、司法、财政、共青团、妇联等相关部门协作配合，形成工作合力，并尝试开展异地协助帮教考察，在准确适用附条件不起诉制度和保证帮教考察效果方面取得了较好的成效。

1. 有利于未成年犯罪嫌疑人的矫正和回归。附条件不起诉通过设置一定考验期和考察条件，给予涉罪未成年人悔过自新的机会，避免了监禁所带来的交叉感染危险和犯罪标签效应，有利于其成长关键期的人格塑造；同时，被附条件不起诉人通过真诚道歉、积极赔偿获得被害人及社会的谅解，在考验期内接受帮扶教育，履行相关义务，完成有担当、负责任的具体行动，不断进行自我反省，能够逐步形成遵纪守法、努力学习、热爱劳动、尊敬师长、团结同学的良好品行，真正从行为上、思想上得到矫正和回归。

2. 有利于司法资源的节约和合理配置。适用附条件不起诉，使一部分案件不用进入审判及执行程序，减少了审判环节和执行环节的工作量和投入，虽然一定程度上增加了检察机关社会调查、帮教考察的工作量，但从刑事诉讼和未成年人刑事制度整体角度来看，不仅节约了审判、执行环节的司法资源，而且通过案件分流，使司法机关投入更多的时间、人力、物力、财力应对重大疑难案件，司法资源得到更加合理的配置应用。

3. 有利于矛盾化解和社会和谐稳定。附条件不起诉制度能够鼓励和促使未成年犯罪嫌疑人真诚悔过、向被害人赔礼道歉、赔偿损失、争取谅解，有利于化解当事人之间的矛盾冲突，及时修复社会关系，维护社会和谐稳定。

（三）存在的问题和困难

在实践中，附条件不起诉制度的适用还存在一些突出问题和困难，上文所述学者和司法工作者已经提出的关于与相对不起诉界限不清、帮教力量不足等问题均普遍存在，此外还有以下一些问题需要引起关注。

1. 思想认识不到位。修订后刑事诉讼法确立附条件不起诉制度，赋予检察机关对未成年人案件的自由裁量权，然而，实践中一些检察机关认为附条件不起诉适用程序较为复杂、监督考察工作增加了检察机关工作量，因此适用附条件不起诉制度并不积极，对于一些符合附条件不起诉条件的案件，或者直接提起公诉，或者作出相对不起诉，并没有充分认识到刑事诉讼法设置这项制度的目的和意义，思想认识不到位。

2. 程序落实不到位。虽然刑事诉讼法以及《人民检察院刑事诉讼规则（试行）》《人民检察院办理未成年人刑事案件的规定》明确规定了附条件不起诉的适用程序，然而实践中，没有严格依法落实程序的情况时有发生。如有些案件检察机关作出附条件不起诉决定之前，没有依法开展社会调查，或者作出附条件不起诉前，没有听取公安机关、被害人的意见，也没有征得未成年犯罪嫌疑人及其法定代理人的同意及听取辩护人意见，而是在作出附条件不起诉决定后才听取上述人员意见；有些案件作出附条件不起诉决定后，没有依法送达有关人员；有些案件权利告知内容违法，全国人大常委会已作出解释，被害人对附条件不起诉决定不能向法院提起自诉，但不少案件在附条件不起诉决定书中还书面告知被害人可以行使这项权利，与法律规定相违背；还有些案件超期办理，附条件不起诉考验期满、审查起诉期限恢复计算后，没有依法在审查起诉期限届满前作出不起诉决定。从处理结果上看，这些问题似乎对案件处理没有实质影响，但不可否认这些行为已构成程序违法，不仅侵犯了相关人员的知情权、发表意见权以及同意权，而且影响了附条件不起诉制度预期效果的充分发挥。

3. 实体适用存在违法。刑事诉讼法对附条件不起诉的适用主体、适用罪名等实体条件作出了明确规定，专家学者和司法工作者也进行了深入分析和解读，实践中大部分案件能够严格依照法定条件予以适用，但是还有少数案件存在实体适用违法问题。一些案件犯罪嫌疑人作案时系成年在校学生，检察机关对其作出了附条件不起诉处理；一些案件涉嫌《刑法》分则第四章、第五章、第六章罪名以外的罪名，如交通肇事、信用卡诈骗等，检察机关也对其作出了附条件不起诉。实体适用违法虽然是个别问题，而且可能存在个别地方是在进行有益的探索，但修订后刑事诉讼法已对附条件不起诉制度的各项适用条件作出了明确的规定，运行3年来还存在这类问题，说明一些地方对修订后法律法规、附条件不起诉适用条件的学习、理解和把握还不够到位。

4. 帮教考察困难较多。一是考察方式模糊，由于法律没有规定怎样对未成年犯罪嫌疑人进行监督考察，实践中监督考察方式不统一，标准不明确，一定程度上影响了帮教考察的开展。二是考验期内工作量较大，检察机关人员力量有限，附条件不起诉后设置6—12个月的考验期，考验期内检察机关承办人每周、每月要定期或不定期与未成年犯罪嫌疑人进行联系沟通，帮扶教育开展到位需要进行大量烦琐、细致的工作，案多人少的问题很大程度上影响了帮教考察的实际效果。三是监督考察基地作用发挥不充分，为提高帮教考察效果，一些地方依托爱心企业建立了专门的帮教考察基地，但很多未成年犯罪嫌疑人及法定代理人不愿在帮教基地接受监督考察，而更愿意自己联系外出打工，使得检察机关无法有效开展监督考察。

5. 教育挽救效果不佳。附条件不起诉制度的设立是为了更好地教育、感化、挽救未成年犯罪嫌疑人，更好地保护其合法权益，但实践中有些案件没有达到应有的适用效果。一方面，"有悔罪表现"的具体标准不明确，检察机关承办人主要凭借个人理解和经验进行判断，实践中个别未成年犯罪嫌疑人为适用附条件不起诉，表现出一定悔罪态度，但附条件不起诉决定作出后，就不再配合帮教考察，并没有从内心真正悔改。另一方面，被附条件不起诉人对这项制度的认识存在偏差，一些被附条件不起诉人及其法定代理人认为被取保候审、附条件不起诉后，就意味着没事了，心理上对这项制度以及监督考察的认识不到位，对检察机关要求履行相关义务、定期汇报思想情况不能理解，认为考察工作影响了他们的正常生活。这些情况虽然不是普遍现象，但说明附条件不起诉制度的设立目的和效果在实践中没有得到充分实现。

四、附条件不起诉制度的完善建议

结合理论界、司法界对附条件不起诉的研究现状和司法实践，建议从以下几个方面进一步完善这项制度。

（一）准确理解和把握适用条件

1. 明确"可能判处一年有期徒刑以下刑罚"的标准。这是正确适用附条件不起诉制度的首要裁量条件。"可能判处一年有期徒刑以下刑罚"是指综合各种量刑要素确定的宣告刑而非法定刑，实质上是个量刑预判问题。实践中如何把握，一要看具体案件情况，二要综合分析量刑规律，两者相结合得出准确结论。其中，第二点尤为重要，检察机关要对未成年人多发案件判决情况进行分析归纳，整理出类案标准和典型案例以供实践中参照，通过发布典型案例和组织业务培训，提高量刑预判的能力。

2. 明确与相对不起诉的区别。关于附条件不起诉与相对不起诉的区别，两者适用条件是不一样的，立法目的各有侧重，相对不起诉侧重于诉讼经济，附条件不起诉更侧重于教育、感化和挽救，具体要注意把握三点：第一，相对不起诉是"微罪"不起诉，不需要判处刑罚或免除刑罚，而附条件不起诉是"轻罪"不起诉，原本应当起诉。实践中，相对不起诉对应的法定刑可以把握在 3 年以下有期徒刑，附条件不起诉可以把握在 5 年以下有期徒刑。第二，相对不起诉主要看"客观"，只要犯罪情节轻微、不需要判处刑罚就可以适用，附条件不起诉更看重"主观"，要求必须有悔罪表现。第三，附条件不起诉要重点考虑帮教考察的必要性，对于情节轻微、主观恶性小、再犯可能性不大的初犯、偶犯，没有考察帮教必要的，应直接作出相对不起诉决定。

3. 明确"有悔罪表现"的具体情形。所谓悔罪表现，是指犯罪嫌疑人犯罪过程中以及犯罪以后是否承认自己的犯罪事实、是否认识到自己犯罪行为的不正当性和无价值性，并有真诚悔改、重新做人的积极态度和表现。悔罪是一种道德层面上的自我评价，是对自己先前犯罪行为的自我否定。司法实践中在认定犯罪嫌疑人是否具有悔罪表现时，主要是根据犯罪嫌疑人犯罪后的表现来确认，必须借助较为明确、客观的判断标准。因此应当增加规定"有悔罪表现的"具体情形，如是否自动投案；是否具有自首、立功表现；能否如实供述自己的罪行，配合侦查、检察机关处理案件；是否退出赃款、赃物；是否主动向被害人道歉并主动赔偿被害人物质损失；积极采取补救措施；等等。

（二）完善监督考察工作

1. 明确监督考察职责。关于监督考察问题，首先要明确和落实责任，实行"谁承办、谁监督，谁考察、谁负责"，检察机关作为监督考察的主体，应当注重与监护人、学校、社区矫正机构、公安机关的协作配合，形成监督考察的合力；坚持监督考察与矫治教育、帮扶救助相结合，应当逐人制定监督考察方案，融个别教育、行为矫正、心理疏导、帮扶救助为一体，确保监督考察实效。

2. 引入社会专业力量开展帮教考察。未成年人保护工作是一项需要全社会参与的系统工程，检察机关自身力量有限，需要专业化、职业化的社会力量的支持和保障。司法社工具有心理学、教育学、犯罪学、社会学等专业知识，具有开展帮教考察工作的能力和优势，引入和借助专业司法社工力量，对被附条件不起诉人能够开展深入、细致的帮扶、教育、挽救、考察，能够提高帮教工作专业化水平，保证帮教质量，提高效率，提升效果。2015 年，中央下发了《加强青少年事务社会工作专业人才队伍建设的意见》，社工队伍建设已经起步，虽然北京、上海等地这项工作已较为成熟，但还有很多地方刚刚起步，人员数量不足，专业化水平不高，基础薄弱，配套制度不健全，不能满足青少年各项事务发展需要。因此，检察机关应当积极推动相关部门加大专业社工队伍的人才培养和队伍建设，将社工力量引入附条件不起诉以及未成年人保护工作。

3. 推广建立专门帮教基地协助帮教考察。依托学校、企业建立专门的观护、帮教基地，由专门人员负责对被附条件不起诉人进行具体帮教考察工作，开展思想教育、技能培训，检察机关对帮教考察工作进行全面监督，既能解决对外来未成年人平等适用附条件不起诉的问题，又能解决帮教考察力量不足、效果不佳的问题，还可以使未成年人掌握一技之长，获得工作岗位，能够更加顺利地回归社会，避免重新犯罪。

我们可以探索建立四种帮教模式：第一种是企业模式，主要是针对闲散在社会的未成年犯罪嫌疑人，在民营企业中择优建立考察帮教基地，要求企业将帮教对象视同正常职工，指定师傅传授劳动技能，帮助未成年犯罪嫌疑人在经济上自食其力，在生活上重树信心；第二种是社区模式，适用于外来未成年犯罪嫌疑人，在一些人口较为集中、外来人口较多的社区设立基地，由办案人员会同社区干部、青年志愿者等定期对未成年犯罪嫌疑人进行考察教育；第三种是公益组织模式，在养老院、福利院等单位设立基地，安排一些初犯、偶犯未成年犯罪嫌疑人到这些基地从事公益性劳动，使其明确社会责任，重塑人格，改变自我；第四种是教育帮教模式，针对涉罪的在校学生，可在教育部门建立考察帮教基地，由检察人员会同教育部门、学校共同帮教，通过关注思想动态、关心学习、家庭生活等，帮助涉罪在校生纠正不良思想倾向，树立成才观念，激励其成为社会有用之才。

（三）积极探索发挥制度效果

1. 激励机制鼓励积极适用。附条件不起诉制度较为烦琐的程序设计，一定程度上降低了检察机关适用的积极性，但与其适用效果和制度价值相比，烦琐的程序不应成为制度适用的妨碍。同时，程序的严谨也是为了保证制度适用的效果，促进实现制度设置的目的。因此，实践中应当克服、避免程序和工作量对制度适用的影响，提高附条件不起诉制度的适用比率。一方面，要真正从有利于未成年人成长的角度，提高检察机关对制度价值和意义的认识，积极主动适用附条件不起诉，开展帮扶教育；另一方面，在制度层面建立考评激励机制，设置一定的奖励措施，保证数量，提高质量。一项新的制度，只有不断运用和实践，在运用中不断摸索，不断发现问题、解决问题，才能更加完善、更加成熟，更加充分地发挥出制度本身的作用和效果。

2. 释法说理促进正确认识。附条件不起诉制度要取得最大的适用效果，不仅需要检察机关的努力，而且需要被附条件不起诉人及其法定代理人的积极配合。在办案中，检察机关对未成年人及其家长应当开展耐心、细致的释法说理，让其认识到行为的严重程度、应当承担的法律责任，消除其侥幸心理；告知其享有的各项权利、应当履行的法定义务、附条件不起诉的适用条件、意义、法律后果，使其能够正确认识这项制度，加强对检察机关的信任，增加重新回归社会的信心。

3. 宣告训育提高适用效果。实践中一些基层检察机关探索了宣告训育制度，取得了较好的效果。对被附条件不起诉人宣布附条件不起诉决定时，设置宣告训育程序，开展类似庭审教育的宣告教育，使其明白法律的威严，知晓自己触犯的法律及可能面临的后果，从而对后续监督考察的顺利开展打下良好基础，进一步增强适用效果。

（四）运行较为成熟后适当扩大适用范围

虽然理论界和司法实务界都提出应当扩大附条件不起诉制度的适用范围，但笔者认为，现有情况下应当保持法律的稳定性。目前，附条件不起诉制度运行中还存在很多突出问题和困难，如思想认识不到位、程序落实不到位、人员力量不到位、配套制度不到位，都影响着这项制度的顺利运行和作用发挥。因此，不宜急于扩大这项制度适用的主体范围、罪名范围和刑罚范围，应当在程序运行较为通畅、制度发展较为成熟、配套保障较为完善、制度效果充分显现的情况下，再适当扩大适用范围。

综上，未成年人附条件不起诉制度是对未成年人的特殊保护制度，有利于帮助涉罪未成年人回归社会，一定程度上降低诉讼成本，实现特殊预防的积极效果。刑事诉讼法新增这一制度，赋予检察机关一定的裁量权，其运用和运行情况关系到今后这项制度的进一步扩大适用。因此，检察机关要进一步在司法实践中加强运用、研究和分析，解决制度运行中存在的实际问题，使这项制度更加完善、更加成熟，更好地保护未成年人的合法权益。

未成年人刑事检察社会调查制度研究[*]

安徽省女检察官协会课题组^{**}

摘　要： 修改后刑事诉讼法明确规定了未成年人刑事案件社会调查报告制度，为实现刑罚个别化和贯彻落实未成年人司法"教育为主，惩罚为辅"原则提供了条件。但法律规定比较原则，不够细化，社会调查报告主体不够统一，内容比较杂乱，法律属性不明确。建议采取委托主体与执行主体相分离的模式，以公检法等司法机关为委托主体，并由专业人员组成的专门调查组织为执行主体，保障其专业性和中立性。根据社会调查的目的，对内容进行梳理，分为纵向的调查和横向的调查。社会调查报告符合证据的三个属性，应当作为证据。社会调查报告可以运用于审查批捕、审查起诉、出庭公诉以及未成年人的帮教活动和未成年人犯罪预防工作。

关键词： 未成年人　刑事检察　社会调查

　　未成年人刑事特别程序是 2012 年修改后刑事诉讼法增设的内容，也是此次刑事诉讼法修改的一项重大成果，充分体现了国家对未成年当事人的特殊保护。社会调查报告制度作为未成年人刑事特别程序中的一项重要制度，是指在办理未成年人刑事案件过程中，由特定的调查主体就未成年犯罪嫌疑人、被告人的性格特点、家庭情况、社会交往、成长经历、在校情况以及实施被指控的犯罪前后的表现等情况作全面、细致的调查，并制作出全面的调查报告，为司法机关公正处理未成年人刑事案件，教育、感化、挽救未成年犯罪嫌疑人、被告人提供重要的参考依据，使未成年人司法"教育为主、惩罚为辅"原则的贯彻落实成为可能。2012 年修正后的刑事诉讼法第 268 条对未成年人刑事案件的社会调查制度进行了规定，但是法律条文对未成年

---

　　* 本文荣获 2015—2016 年度女检察官检察理论研究课题二等奖。

　　** 课题组主持人：陈晓燕，安徽省女检察官协会会长，安徽省人民检察院党组成员，副检察长；课题组成员：张静，《安徽检察》主编，安徽省人民检察院正处级检察员；李强，安徽省人民检察院副处级检察员；王胜利，安徽省人民检察院助理检察员；张志强，《安徽检察》编辑，安徽省人民检察院助理检察员。

人社会调查报告的规定还比较原则，不够细致，社会调查报告的主体不够统一，内容比较杂乱，法律属性不够明确，社会调查行为的监督还不到位。本文拟从未成年人刑事检察工作的角度，在参考全国各地积极探索未成年人社会调查工作的基础上，对安徽省各地检察机关未成年人社会调查工作的开展情况进行实地考察，就未成年人刑事案件社会调查制度的若干问题进行探讨。

一、未成年人刑事案件社会调查的主体

（一）未成年人社会调查主体的现状

在 2012 年修订刑事诉讼法之前，相关法律、法规等规范性文件对未成人刑事案件社会调查主体的规定不尽相同，甚至有矛盾的地方。问题主要集中在，究竟应该是由公安机关、检察院、法院、司法行政部门作为社会调查主体，还是由接受委托的其他组织作为社会调查的主体。而修改后刑事诉讼法明确规定了社会调查的主体是公安机关、人民检察院、人民法院。这一规定是否意味着以上争议的解决呢？答案是否定的。

社会调查是一个内容非常复杂，专业性非常强的法律行为，调查主体不仅要对涉罪未成年人进行全面细致的调查，还要在此基础上进行认真分析，制作书面的调查报告。因此，具体执行调查的人员应当具有教育学、心理学、社会学等各方面的知识以及从事专业分析的能力，才能够胜任社会调查工作。另外，制作社会调查报告应当以一种中立的态度进行，才能够保证调查报告对于司法机关处理案件的参考价值。而作为具体办案部门的公安机关、司法机关显然与此要求不相适应，法律规定与实际操作之间该如何衔接，是司法实践必须面对、无法回避的现实问题。

有学者在考察国外涉罪未成年人的社会调查的主体时，发现不同的国家和地区做法也不一致。如大陆法系的德国和法国分别由少年福利局负责和预审法官或接受其委派的司法警察开展社会调查，日本则是由家庭法院调查官进行调查，英美法系的美国和英国均由负责缓刑的官员开展社会调查，瑞典则是由社会福利委员会进行调查，而我国港台地区则分别由社会福利署和少年调查官负责社会调查。

在进行课题研究的过程中，为详细了解安徽省各级检察机关未成年人社会调查工作的开展情况，课题组分赴蚌埠、阜阳等地检察机关开展调研，通过听取汇报、座谈、查阅法律文书资料等形式，充分掌握各地未成年人社会调查工作开展的第一手资料。通过调研发现，就未成年人社会调查主体而言，全省各

地存在两种不同的做法：一种是以公安机关调查为主，检察院和法院调查为辅。公安机关进行社会调查，除了前文所说的中立性和专业性的问题外，还存在一个重要的缺陷就是案多人少，难以保证社会调查报告制作的质量。公安机关制作的大部分社会调查报告，内容简单，没有相应的调查报告分析。主要是办案人员在办案过程中所做的附属性工作，社会调查报告的形式化非常严重，难以起到社会调查报告应有的作用。另一种是公安机关和检察机关均进行调查，法院一般不进行调查。这种调查模式的优势是，检察机关可以根据公安机关调查的情况进行补充调查。但是这仍不能解决专业性和中立性的问题，以及案多人少的矛盾。

（二）我国未成年人社会调查主体的实践考察

在社会调查主体的实践方面，目前我国各地区的司法实践对未成年人刑事案件的社会调查进行了积极的探索。

1. 上海市的司法实践

上海市长宁区人民法院于1984年创立全国第一个少年法庭，当时就提出应当对涉罪未成年人基本情况进行社会调查，对涉罪未成年人刑事案件进行社会调查的主体也在不断的发展完善之中。1997年开始由上海青少年保护办公室介入社会调查。1999年长宁区人民法院开始探索将社会调查的主体社会化，在调查中聘请社会调查员开展调查。2001年，上海市司法部门与青少年保护办公室、共青团等社会团体合作成立了社会调查专门机构——社区青少年保护办公室，由社区青少年保护办公室开展社会调查。

2. 江苏省的司法实践

江苏省未成年人刑事案件社会调查的主体是社区矫正机构，由法院直接委托社区矫正机构进行未成年人社会调查。在调查过程中，社区矫正机构应当接受检察机关的监督和公安部门的配合。社会调查的适用对象仅限于"户籍所在地或经常居住地在江苏省境内的，依法可能被判处3年以下有期徒刑、拘役并具有管制、缓刑条件的未成年人被告人"。

3. 山东省的司法实践

2014年，山东省东营市河口区人民法院制定了《未成年人刑事案件社会调查员制度》，其中规定，在未成年人犯罪案件诉讼过程中应当向社会聘请调查员，对未成年人被告人犯罪前的情况进行社会调查，并向法院递交书面调查报告，作为审判人员审判时量刑的参考。法院应当与共青团、工会、学校、妇联、未成年人保护组织等机构取得联系，严格筛选，共同确定社会调查员，作为独立于控、辩、审三方之外的特殊诉讼参与人。社会调查员应当当庭宣读社会调查报告，并向合议庭提出量刑建议。

4. 黑龙江省的司法实践

黑龙江省佳木斯市人民法院在少年审判工作实践中，积极探索建立未成年人刑事案件社会调查员制度。具体做法是，由市法院与团市委联合在全市范围内选任未成年人刑事案件社会调查员。选任条件是 23 周岁以上，本科以上文化程度，具有一定法律专业基础知识，熟悉未成年人特点，工作作风严谨、认真，热心于教育、挽救失足未成年人工作，在共青团组织中负责青少年维权工作或从事青少年教育工作的人士。

5. 河南省的司法实践

河南省兰考县人民法院审判委员会，于 2000 年 6 月讨论通过了《兰考县人民法院青少年刑事案件审判庭社会调查工作规则（试行）》，作为未成年人社会调查的法律依据。未成年人社会调查工作由专职的社会调查员负责。在少年法庭内部，独立于法院合议庭之外，设立了相对固定的专职社会调查员。

从全国各地的探索实践来看，我国社会调查的主体具有多元化的特点。具体分为两类：公、检、法等司法机关和社会团体组织。就司法机关来说，公、检、法三家具体由哪个机关进行调查，各地也存在不同的做法。就社会团体组织来说，其组成情况，各地也不尽相同。在司法实践中，我国各地法院进行了不同的尝试和探索，如江苏法院委托社区矫正机构进行调查；山东法院由聘请的团委、妇联干部和学校老师进行调查；河南省兰考县法院由专职社会调查员进行调查。在社会调查主体的确定上，各地的做法虽然都符合现有法律的规定，但过于混乱，容易造成地区间社会调查司法协作无法进行。调查主体的多元化和混乱局面，很可能使社会调查工作走向两个极端，一是重复调查，二是相互推诿。重复调查既是对司法资源的浪费，也使被调查者不胜其烦，从而产生抵触情绪；相互推诿则严重影响了社会调查的效率和质量。另外，各调查主体基于其社会角色的不同，在调查内容方面会各有侧重，导致分析报告结论不一致，甚至互相矛盾。

（三）未成年人社会调查主体的确定

为了解决司法机关案多人少矛盾和中立性与专业性等问题，参考各地的实践，我们认为将社会调查的指导主体与执行主体分开是合适的选择。即社会调查主体应当包含有两个层次：一个层次是委托、审查、指导主体，另一个层次是调查执行主体。在这个模式中，公安机关、司法机关应当从直接的调查执行主体中超脱出来，立足于委托、审查及指导的地位，并形成先后衔接的配合机制。这样，一方面，有利于保证社会调查的中立性，避免司法机关多重职能之间的冲突；另一方面，在司法人员紧张的情况下，有利于合理配置司法资源，提高诉讼效率。

更重要的一点是，受委托的主体由于具有相关的专业知识，所以能够保证社会调查报告的专业性。《人民检察院刑事诉讼规则（试行）》在未成年人刑事案件特别程序一节中对这一问题也作出了明确规定，即"人民检察院开展社会调查，可以委托有关组织和机构进行"。这一规定为以上模式的实施提供了法律依据。

实际上，在未成年人社会调查实践中，各地早已开始探索由相关社会组织接受委托担任调查主体的模式。上海市较早探索以教师和青少年保护组织的干部为调查主体的模式。2003 年又开始实行"政府购买社会服务"的模式，于 2004 年建立了覆盖全市的社工站（点）。北京市的社工服务机构较多，北京市综治委通过政府购买服务的形式，实行由专职社工为调查主体的模式。武汉等地则实行特邀社会调查员制度，在 2012 年修改后刑事诉讼法实施之后，共青团湖北省权益部、武昌区青少年教育办公室先后与公益法律服务网站"调解网"建立合作关系，由前者接受公、检、法等司法单位进行未成年人社会调查的委托，然后与"调解网"共同在法律职业共同体当中遴选法律服务志愿者，作为社会调查员来开展未成年人社会调查。

从全国各地未成年人刑事司法实践情况来看，委托第三方组织作为未成年人社会调查的主体，目前主要有两种做法。第一种做法是在北京、上海等经济发达地区，由政府提供资金支持，以购买社工服务的方式，开展未成年人进行社会调查。第二种做法是在武汉等地区，未成年人保护组织通过"调解网"公益平台，遴选具有爱心和较高法律素养的法律志愿者作为社会调查员，开展未成年人社会调查工作。以上两种方式分别适用于不同发展水平的地区。在经济发达地区，有相对充足的经费支持，政府通过购买服务的方式开展社会调查。但在经济欠发达地区，通过前者进行社会调查的条件并不具备，如果要实现由第三方组织进行中立性的社会调查，采取第二种方式则更加适合，即通过类似"调解网"的公益平台组织法律志愿者进行社会调查。

以上两种方式都有一个优势，即解决了调查主体中立性的问题。然而，这两种方式都存在一个缺陷，即专业性问题。未成年人刑事案件社会调查主要涉及的是社会学、教育学、心理学方面的专业知识，而不是从法律的角度来进行分析。而以上两种方式，第一种方式即社工机构，其人员组成难以保证其具有相关的社会学、教育学、心理学方面的知识，从而难以保证调查报告的科学性、专业性。至于第二种方式，其人员组成主要是法律方面的专业人士。然而，如前所述，未成年人刑事案件社会调查，主要是从社会学、教育学、心理学等角度来进行的，而不是以法律分析为主。因此，由法律专业人士组成的社会调查人员，并不能保证未成年人刑事案件社会调查的专业性。

我们认为，未成年人社会调查制度的设立初衷，是在依法公正审判的前提下，最大限度地保障未成年犯罪嫌疑人、被告人的诉讼权利，这就对未成年人社会调查报告的客观真实性提出了较高的要求。因此，由独立于案件之外、受办案单位委托的第三方组织作为未成年人社会调查的主体，更能保障未成年人社会调查报告的中立性和客观性，更有利于充分发挥未成年人社会调查制度的优势。

作为调查执行主体的社会机构，在司法实践中主要包括各级共青团、未成年人保护组织、司法所的工作人员以及聘任的社会调查员。由于现行法律对调查执行主体没有统一的规定，调查人员的选拔没有统一的标准和严格的程序，使得调查人员素质参差不齐，一些调查员缺乏基本的法律、心理学、教育学方面的知识，无法适应社会调查工作。这一现状使社会调查报告的质量无法得到保障，不能达到设置社会调查报告制度的目的。

因此，组建专门的社会调查机构势在必行，我们认为可以由司法行政部门牵头，在共青团、妇联、高校、中小学等选择一些从事青少年工作的，熟悉青少年心理或者从事人格分析，并热心于社会调查工作的社会人员组成专门的社会调查机构。建立严格的选拔程序和标准，并通过专业培训，提高社会调查人员的素质，以保证中立性与科学性。

二、未成年人刑事案件社会调查的内容

（一）未成年人刑事案件社会调查内容现状

从法律规范方面来看，最高人民法院和最高人民检察院的多部司法解释与2012 年修订后刑事诉讼法，对未成年人刑事案件社会调查的内容均有所涉及。最高人民法院于 2001 年 4 月 4 日发布的《关于审理未成年人刑事案件的若干规定》第 21 条规定的未成年人社会调查报告的内容为"未成年被告人性格特点、家庭情况、社会交往、成长经历以及实施被指控的犯罪前后的表现等情况"。最高人民检察院于 2007 年 1 月 9 日发布的《人民检察院办理未成年人刑事案件的规定》第 16 条规定的未成年人社会调查的内容为"未成年犯罪嫌疑人的成长经历、家庭环境、个性特点、社会活动等情况"。最高人民法院于2006 年 1 月 11 日发布的《关于审理未成年人刑事案件具体应用法律若干问题的解释》第 11 条规定，在量刑时应当"充分考虑未成年人实施犯罪行为的动机和目的、犯罪时的年龄、是否初次犯罪、犯罪后的悔罪表现、个人成长经历和一贯表现等因素"。2012 年修订后刑事诉讼法第 268 条规定："根据情况可以对未成年犯罪嫌疑人、被告人的成长经历、犯罪原因、监护教育等情况进行

调查。"

法律学界对未成年人社会调查的内容也提出了不同的主张。有学者认为应包括八类内容：个人基本情况的调查；家庭背景的调查；学业情况及学校环境的调查；行为人居住环境及近邻环境的调查；犯罪事实方面的调查；犯罪前后表现情况的调查；行为人的性格特征、兴趣爱好、智力能力等情况的调查；交友情况的调查。有学者则主张应包括："少年犯罪人的情况、少年犯罪人的家庭情况、少年犯罪人的周围情况、被害人的情况。"

从以上立法规定、司法解释和学理探讨可以看出，对未成年人社会调查内容的理解各不相同，涵盖的范围也不尽一致。修改后刑事诉讼法规定的调查内容是未成年人的成长经历、犯罪原因、监护教育等情况。《人民法院关于审理未成年人刑事案件的若干规定》第21条规定的调查内容包括未成年被告人的性格特点、家庭情况、社会交往、成长经历以及实施被指控的犯罪前后的表现等情况。由于此条规定比较粗疏，对调查内容没有进行科学的梳理，从而影响了调查的效果。

课题组在安徽省各地进行调研中发现，各地未成年人刑事案件社会调查报告内容的质量参差不齐，大部分的调查报告内容过于简单，报告分析过于单一重复，个别化特征难以体现，实践效果不够理想。从调查的对象来说，一般是被调查人的老师、同学、家庭成员、亲戚、邻居等。在实施社会调查的过程中，一些调查对象片面强调对被调查人的保护，作出不客观、不真实的陈述，影响了调查报告的真实性。

（二）实践中调查内容存在的缺陷

1. 调查报告内容空泛化

目前，我国法律对社会调查报告内容的规定与其他国家相比仍然欠缺很多，突出表现在对调查内容的设定相对空泛，对于触及未成年人犯罪的原因并未真正涉及，造成内容不够全面，空泛化严重，科学性不够。由于大多数未成年人社会调查员未经过专业的培训，致使对未成年人的调查趋于片面化，主观因素太多。例如，将性格特征笼统地划分为内向与外向；将盗窃、抢劫等侵犯财产类犯罪的动机简单地概括为"盲目拜金主义"；将实施犯罪的原因简单地归结于家庭破裂或关系不和谐；根据个别人的评价得出未成年人一贯表现的结论等。基于这种欠缺深刻分析的内容，必然无法对涉罪未成年人的人身危险性和再犯可能性作出准确判断，更不可能有效地开展犯罪预防以及罪犯改造。

2. 调查报告结论存在格式化的现象

通过未成年人刑事案件社会调查，从中寻找未成年人犯罪的原因和动机，从而准确而全面地评价其人身危险性和再犯可能性，并将此作为司法机关处理案件的参考依据，这就是建立未成年人刑事案件社会调查报告制度的初衷。法律裁判的公正性是法律的生命线，如果没有了公正性，法律将形同虚设，这对社会调查的内容提出了更高的要求，应对其予以必要的关注。当前，未成年人社会调查工作虽然强调"教育为主、惩罚为辅"这一原则，但在实际工作中，这一原则却没有得到很好的实施。一些调查报告严重地不负责任，结论格式化问题非常普遍，通常以"建议从轻减轻处罚"作为处理建议。由此导致的后果必然是，没有相应的内容作为调查结论的支撑，调查结论无法令人信服，达不到采信的标准。这样的社会调查，其实际效果与制度设立的初衷将背道而驰，既不利于未成年人犯罪的处理，也不利于未成年人犯罪的改造与预防。

（三）调查内容的梳理

我们认为，应当根据社会调查的目的来确定社会调查的内容。根据未成年人社会调查制度设立的初衷，社会调查应当包括以下几个方面的目的，一是评估犯罪嫌疑人或者被告人的人身危险性与社会危害性。这与刑罚个别化的要求是一致的，即要实现罪责刑相适应。二是探究犯罪原因，这是认定未成年人主观恶性的重要途径。三是评估再犯的可能性和帮教的可能性。我们认为，要实现以上目标，应当对主要内容进行结构性梳理，来进一步增强调查目的。

1. 纵向的调查内容

纵向的调查内容主要是针对未成年犯罪嫌疑人、被告人实施犯罪行为前的成长经历和实施行为后的悔罪表现，其中的成长经历包括一般经历、是否有犯罪前科、是否有不良行为习气等。一般经历是涉罪未成年人的基本信息，是调查的必要内容，是否有犯罪前科和不良行为都是对人身危险性和再犯可能性的考量因素之一。未成年人实施犯罪行为可能就是因为不良行为的累积，因此这方面的基本信息的调查是非常必要的。

犯罪行为后的悔罪表现也是表征涉罪未成年人人身危险性的重要因素之一。我们认为，悔罪表现应该包括有无坦白、自首情节，有无取得被害人家属谅解，有无积极赔偿损失或者退还赃款赃物等表现。

2. 横向的调查内容

横向的调查内容主要是针对影响涉罪未成年人的成长环境。涉罪未成年人生理、心理特点，决定了其性格品质极易受成长环境的影响。要准确地查明未成年人犯罪的性格及犯罪原因，就要查清其成长环境。成长环境包括家庭环境、学校或者工作环境、社区环境等几个方面。具体而言：（1）家庭环境，涉及未成年人的家庭成员情况，未成年人与家庭成员之间的关系状况等；（2）学校环境，对于在校学生的调查包括在校表现，以及与老师、同学的相处情况；（3）工作环境，对已工作的未成年人的调查包括工作表现，以及与领导、同事的相处状况；（4）社区环境，主要是指未成年人在社会环境中所受影响的情况，包括交友的状况，参与社区活动的情况。

3. 特殊的调查内容

特殊的调查内容是指案件办理机关根据案件的实际情况，在委托特定的调查机构或者调查人员进行调查所提出的特别要求。因为每个案件都具有它自身的特殊性，因此，委托机关在坚持全面调查原则的基础上，要有针对性地确定一些需要特别调查的内容。这个方面的内容当然也包括社会调查机构根据案件办理机关对社会调查报告的反馈，进行的补充调查。这充分体现了主管主体与执行主体之间的联系与互动。

4. 综合分析

在调查完以上基本信息后，调查人员还需要对基本事实进行综合分析。当然，这里所说的分析应该是社会分析，而非法律分析。具体要求是，要在查明犯罪行为原因的基础上，评估出涉罪未成年人的人身危险性和再犯可能性，并给出是否适合帮教的意见。最后的综合性、个别化分析是社会调查报告的关键，是在归纳总结的基础上作出客观公正的结论。因此，一份规范、完整的社会调查报告应当包括调查原始材料和调查分析及处理意见。

三、未成年人社会调查的程序

（一）未成年人社会调查程序的缺失

未成年人刑事案件社会调查报告制度的建立使我国未成年人司法制度前进了一大步。但是，一个制度只有在运行过程中有效发挥作用，才具有存在的价值。未成年人刑事案件社会调查报告程序的缺失，导致了这一制度在实践应用中的混乱，严重影响了制度价值的真正体现。

1. 启动程序不明确

2012 年修改后刑事诉讼法对于涉罪未成年人社会调查的启动程序的规定不明确。在《联合国少年司法最低限制标准规则》（以下简称《北京规则》）第 166 条中提到，涉罪未成年人社会调查要在"审判之前"进行，而根据最高人民法院发布《关于审理未成年人刑事案件的若干规定》第 16 条规定，只是用"开庭审理前"这一时间点，来确定涉罪未成年人社会调查完成的最晚期限，而并未明确开庭前或者审判前的哪个具体阶段进行。涉罪未成年人社会调查启动程序的规定，是非常关键的环节。因为在不同时间启动调查程序，将产生不同的法律效果，社会调查报告可能影响到对未成年人是否逮捕等程序的进一步进行。按照《人民检察院刑事诉讼规则（试行）》第 487 条的规定，涉罪未成年人社会调查报告的内容，很大程度上决定了检察机关是否对该未成年人采取强制措施，以及采取什么样的强制措施。如果在审判阶段才开始进行涉罪未成年人的社会调查工作，检察机关是否决定逮捕将失去重要的依据，因此很可能会造成职权的滥用，损害涉罪未成年人的合法权益。

2. 程序规定不具体

现行法律和司法解释均未对社会调查的程序作出规定。现行法律、司法解释中所涉及的关于涉罪未成年人社会调查制度的条文，对社会调查的具体程序没有规定。实践中各地的做法各异，差别很大。就社会调查的具体方式来说，做法就不尽相同，有采用当面会谈、实地走访等形式的，有通过发函、填写表格等方式的，还有通过电话采访的方式，不尽相同。由于没有统一的、较为科学的调查方式，导致调查难以准确掌握涉罪未成年人的人格特征，难以评估和预测其人身危险性和再犯可能性。此外，还有一些其他问题，例如，调查活动是否必须有两人以上？调查应当在多长期限内完成？调查期间是否可以排除在法定审理期限之外？对社会调查员是否适用回避？申请回避的主体是谁？申请回避的程序如何设计？这些具体问题，法律均没有明确的规定，不仅影响了社会调查工作的顺利开展，也在一定程度上影响了社会调查工作的质量和效果。

3. 监督程序缺失

在各地涉罪未成年人社会调查的实践中，很多地方都是由司法机关或公安部门的工作人员自行调查的。对于这种调查的客观性和中立性，前文已有所论述。当刑事案件的诉讼程序进入批捕、起诉、审判阶段时，社会调查报告的作用将越发重要。如果社会调查报告的审查主体是进行社会调查的调查人员，并且没有相应的监督主体对调查主体的活动进行监督，那么这一调查结论的可信度将会大大降低。"任何人不能成为自己案件的法官。"在各地的实践过程中，对调查主体的调查活动缺乏有效的监督，社会调查制度的效果将大打折扣，难以发挥应有的作用。因此，我们认为，应该对涉罪未成年人的社会调查活动进行必要的监督，以保证社会调查制度的有效运行。

（二）完善检察阶段社会调查制度的程序设置

2012年修改后刑事诉讼法虽然规定了未成年人刑事案件社会调查制度，但是由于法条太过原则，不能有效地发挥实际的指导作用。随着刑事诉讼法的修改，《人民检察院刑事诉讼规则》也作了相应的修改，增加了关于未成年人刑事案件社会调查的内容，但对社会调查的程序规定还不够具体，可操作性不强。从检察机关的视角来看，由于修改后刑事诉讼法和最高人民检察院相关的司法解释都未对社会调查制度设置统一的具体的程序，导致各地检察机关根据当地情况进行细化、程序不一致的问题，难以保证这一制度的有效实施。因此，完善检察阶段涉罪未成年人社会调查的程序设置，是维护涉罪未成年人合法权益最大化的必然选择。

1. 社会调查的启动时间

实践中，我国各地检察机关积极探索未成年人刑事案件社会调查制度，为这一制度的逐步完善，提供了很多的经验。在操作层面上，检察机关进行未成年人社会调查，主要采取委托调查或自行调查，启动时间从收到公安机关提请批捕申请书或起诉意见书时开始，启动时间滞后。修改后刑事诉讼法虽然规定了公安机关、人民检察院、人民法院办理未成年人刑事案件，可以根据情况对涉罪未成年人的成长经历、犯罪原因、监护教育等情况进行调查，但并没有明确调查的启动时间。为了充分保护涉罪未成年人的合法权益，应当尽量减少涉罪未成年人的羁押时间，避免对未成年人的身心造成伤害。但由于社会调查工作比较复杂，任务比较繁重，需要充足的时间才能有效地开展。这将会造成涉罪未成年人的羁押时间过长，不利于未成年人合法权益的保护。因此，我们认为，检察机关可以从公安机关立案侦查阶段就开始介入涉罪未成年人社会调查，这样更有利于涉罪未成年人权益的保护。

2. 社会调查的具体程序设置

（1）委托主体出具委托书。检察机关在受理未成年人刑事案件时，应该同时启动涉罪未成年人的社会调查。首先，检察机关应当出具未成年人社会调查委托书，注明委托单位和被委托单位、委托事项以及具体的要求等。委托过程中，检察机关应当尽量提供相关的调查线索和信息。例如被调查人的单位、住所、学校，监护人的联系电话等信息。如果该涉罪未成年人是外地户籍，应当与户籍地的检察机关取得联系，并将委托书及相应的信息提供给户籍地的检察机关，由户籍地的检察机关来办理委托调查事宜。户籍地的检察机关应当予以配合。

（2）调查机构受理委托书。调查机构应当对委托书中的委托事项进行审查，委托事项符合法律规定的，才可以受理委托。如果委托事项不符合法律法规的规定，或者超出调查机构的权限范围，调查机构应当在规定的时间内（三个工作日为宜）告知委托机关，同理告知其不予受理的原因。如果委托机关所提供信息或材料不齐，应当通知委托机关及时补齐材料。

（3）调查机构指派调查员。受托的调查机构应当自收到委托机关的委托书之日起，三个工作日内指派两名以上社会调查员。调查员应当具有心理学、犯罪学、教育学等专业背景。调查机构选派调查员的标准是：调查员熟悉未成年人的生理和心理特征，热衷于未成年人的教育和帮教工作；调查员具有较好沟通协调能力、较扎实的文字功底、较高的文化修养；调查员熟悉相关的法律知识和法律程序，兼具犯罪学或心理学等专业知识背景。另外，调查员应当受回避制度的约束。在调查过程中调查员应当保障维护涉罪未成年人的隐私权，调查员不得泄露、使用在开展社会调查或参与诉讼中获取的涉罪未成年人个人隐私等信息。

（4）调查员进行调查，出具报告。社会调查员接受指派后，应当梳理检察机关提供的线索，并通过实地走访、调阅资料、见面约谈等方式对涉罪未成年人的成长经历、家庭背景等情况进行调查了解。调查机构如果认为必要，可以采取心理测试等方式进行调查。调查必须在一定的期限内完成，对于逮捕前社会调查，社会调查员应在 3 日内完成调查；对于诉前社会调查，社会调查员应在 7 日内完成调查。如遇重大、复杂、疑难案件，可以向委托机关申请适当延长。调查结束，调查员根据整理的笔录，撰写调查报告，并在报告上签名盖章。最后，社会调查员将完成的社会调查报告提交调查机构审查。

（5）调查机构审查调查报告。社会调查员提交社会调查报告后，调查机构应当及时对提交的调查报告进行审查。如果发现调查内容不够全面具体，应责令调查员进行补充调查。如果调查报告撰写不符合要求，应当责令调查员修改或重新撰写调查报告。如果调查员在调查过程中，采用了引诱、欺骗、威胁等手段获取笔录，调查机构应当更换社会调查员，重新启动调查活动。社会调查报告审查通过后，调查机构负责人应当签字盖章，由调查员送交检察机关。

四、社会调查报告在未成年人刑事检察工作中的应用

（一）社会调查报告的性质

要充分发挥社会调查报告的作用，规范社会调查行为，首先就要明确社会调查报告的法律性质。长期以来，学界对于社会调查报告的法律属性争论不休，从而造成了社会调查报告运用的混乱。在理论层面上，主要的争论点包括社会调查报告是否具有证据属性。如果调查报告具有证据属性，那么应将其归属于何种证据。

肯定说认为，调查报告符合证据的客观性、关联性和合法性要求，应当被视为证据。否定说则拒绝承认社会调查报告的证据价值。我们认为，肯定说的观点最具有说服力，这还可以从实体法、程序法和证据法三方面予以论证。

第一，未成年人刑事案件社会调查报告具有关联性。一般而言，案件事实包括定罪事实与量刑事实两部分。2012 年《刑事诉讼法》第 53 条第 2 款在解释"证据确实、充分"的含义时，认为确认案件事实应当由定罪事实与量刑事实构成，而且每一件事实都应当有相应的证据予以证明。具体来说，定罪事

实是指已经发生的，并且与犯罪构成要件紧密相关的事实。量刑事实主要由两部分事实构成：一是犯罪事实造成的社会危害性，二是犯罪嫌疑人或被告人的人身危险性。当然，证明犯罪嫌疑人与被告人社会危害性的量刑事实在一定程度上与定罪事实重合，但是证明其人身危险性的部分事实并没有实际发生。因此，犯罪嫌疑人与被告人的人身危险性的程度如何，需要法官借助现有的证据进行判断。换言之，量刑程序考虑较多的是罪犯的未来，是一种"以犯罪人为导向"的刑事诉讼程序。而社会调查报告正是属于这样性质的一种证据。

第二，调查报告具有客观性。证据的客观性是指证据所反映的内容应该是客观的。但是，从哲学认识论的角度来讲，人们不可能重现已经发生的犯罪事实，也正因为此，证据的客观性是相对的，不可能是完全客观的事实。换言之，证据的客观性不同于完全哲学意义上的客观性。证据虽然来源于案件事实，但是又不完全等同于案件事实，而是相关主体按照一定的法律标准将案件事实裁剪后的事实。一份合格的未成年人刑事案件调查报告是根据严格的法律程序制作的，由合格的制作主体、调查主体，科学的调查方法以及可以相互印证的证明材料组成。严格的制作程序是保障未成年人刑事案件调查报告客观性的重要前提，而制作方法的科学性，则进一步增强了社会调查报告的客观性。

第三，未成年人刑事案件调查报告具有合法性。一般而言，证据的合法性包括证据种类合法与取证程序合法两个方面。根据我国现行法律的规定，公安机关、检察机关和审判机关都有依法制作未成年人刑事案件调查报告的权利。这说明，上述主体依法制作未成年人刑事案件调查报告，在程序方面不存在任何问题。根据2012年修改后刑事诉讼法的规定，证据是指可以用于证明案件事实的一切材料。换言之，所有能够证明案件事实的材料原则上都是证据。由于未成年人刑事案件调查报告与量刑事实紧密相关，属于能够证明案件事实的材料，因此其符合证据的含义。就证据种类来说，未成年人刑事案件调查报告在表现形式上并不符合单一的证据各类，而是多种证据形式的综合。

第四，有利于解决提供虚假情况的法律责任问题。在社会调查过程中，有时候有些单位和个人提供的情况与其他方面获知的情况及未成年人被告人提供的情况完全相反。如果因为刻意隐瞒、虚构或提供虚假情况，导致社会调查报告内容严重失实，社会调查员因为与未成年被告人是亲友关系或者收受未成年被告人亲属的好处等原因刻意隐瞒、虚构事实，导致他们提供的社会调查报告内容严重失实，负责整理、汇总社会调查报告的工作人员，如果刻意隐瞒、虚构，导致社会调查报告内容严重失实，是否应当承担法律责任，应当承担什么样的法律责任？

如果不把社会调查报告作为一个证据，以上行为就不是一个取证的行为，对于以上行为如何定性，由于目前法律没有明确规定，因此不能认定为违法或犯罪。但是，如果刻意隐瞒、虚构，导致社会调查报告内容严重失实，必然会误导法庭、法官，很可能会对法庭的判决产生影响，造成不良的法律后果。如果对这种行为不加以法律规制，社会调查将会面临更多问题。但是，如果把社会调查报告认定为证据，社会调查将是一种取证行为，那么以上行为就涉嫌伪证，应当承担相应的法律责任，从而对此种行为进行很好的规制，以保证未成年人刑事案件社会调查这一制度的顺利实施。

总之，在现有法律框架下，未成年人刑事案件调查报告要么是以证据的综合表现形式出现，要么是在证据概念下实际上发生着证明的作用。因此，无论其以何种形式存在，其合法性都是确定的。未成年人刑事案件调查报告既具有证据的基本牲，也契合证据的基本含义。

（二）社会调查报告的应用

由于未成年人刑事案件社会调查报告的证据属性，我们认为，从检察机关的视角来看，社会调查报告应当在未成年人案件的审查逮捕、审查起诉、涉罪未成年人帮教和未成年人犯罪预防等方面发挥积极的作用。

1. 在审查逮捕中的应用

最高人民检察院 2007 年 1 月 9 日实施的《人民检察院办理未成年人刑事案件的规定》第 12 条、第 13 条和第 14 条规定，人民检察院审查批准未成年犯罪嫌疑人，应当根据未成年犯罪嫌疑人所涉嫌犯罪的事实、主观恶性、有无监护与社会帮教条件等，综合评估其社会危险性，确定是否有逮捕必要性，慎用逮捕措施。修改后刑事诉讼法对于逮捕必要性的审查作出了更为细化的规定和更为严格的批捕条件。社会调查报告对犯罪嫌疑人的人身危险性、再犯可能性进行了充分的评估。因此有利于人民检察院更好地审查未成年犯罪嫌疑人的逮捕必要性。

2. 在审查起诉中的应用

最高人民检察院《人民检察院办理未成年人刑事案件的规定》第 15 条规定，审查起诉未成年犯罪嫌疑人，应当听取其父母或者其他法定代理人、辩护人、未成年被害人的意见。开展社会调查，通过学校、家庭等有关组织和人员，了解未成年犯罪嫌疑人的成长经历、家庭环境、个性特点、社会活动等，能够为办案提供必要和有益的参考信息。社会调查报告不仅对未成年犯罪嫌疑人的人身危险性、社会危害性、主观恶性进行了具体的认识了解，而且对他的再犯可能性、帮扶教育的可能性等进行了充分的评估。因此，有利于检察机关在办理犯罪情节较轻的未成年人刑事案件中正确地作出是否起诉，适用哪种不起诉的决定。

3. 在教育未成年犯罪嫌疑人、被告人工作中的运用

作为教育、感化、挽救涉案未成年人的重要手段，社会帮教是保障未成年人权益的重要方式，也是遵行未成年人成长规律的重要体现。但是，受制于客观条件，涉案未成年人社会帮教工作是"教"多而"帮"少，即空洞的说教多，实际的帮助少，对在入学、就业等方面的实际困难往往缺乏及时有效的帮助与指导，直接影响了社会帮教的实际效果。

因此，检察机关在办理未成年人刑事案件过程中对未成年犯罪嫌疑人有的放矢地进行教育挽救，才能促使违法犯罪的未成年人痛改前非，重新做人。要做到有的放矢，就必须找准未成年犯罪嫌疑人、被告人犯罪的思想根源，摸清其既往表现情况，有针对性地进行帮教。社会调查报告能恰当反映未成年犯罪嫌疑人、被告人的犯罪动机、犯罪原因和帮扶条件。我们认为，检察机关可以根据调查报告里的这些内容，有针对性地制订帮扶计划，从而发挥更好的帮扶作用，达到更好的帮扶效果。

4. 在未成年人犯罪预防工作中的运用

开展未成年人犯罪预防工作是检察机关的一项重要职责，检察机关在办案中延伸服务触角，利用熟悉具体案情的客观优势，结合鲜活的案例向未成年人及其监护人宣传预防未成年人犯罪的相关知识，起到了良好的效果。但是，工作实践中也存在未成年人犯罪预防工作不够深化，缺乏针对性等问题。而社会调查报告关于未成年人犯罪心理、动机的深刻剖析，对犯罪原因的探究，为检察机关有针对性地开展未成年人犯罪预防工作提供了条件。因此，检察机关应当根据大量未成年人调查报告中犯罪原因、心理的分析进行系统的剖析与总结，针对本地区未成年人犯罪的特点，有针对性地制定未成年人犯罪预防方案、增强预防工作的效果。

五、未成年人刑事案件社会调查的法律监督

任何一项制度要得到充分的执行并取得预期的效果，就应当对其进行有效的监督，由于缺乏有效的监督制约机制。目前对社会调查行为监督还很不到位，严重地影响了社会调查报告的质量和其应有的价值。我国《宪法》第129条规定，检察机关是国家法律的监督机关。修改后《刑事诉讼法》第8条规定，检察机关依法对刑事诉讼实行法律监督。《人民检察院刑事诉讼规则（试行）》第486条第3项规定："人民检察院应当对公安机关移送的社会调查报告进行审查，必要时可以进行补充调查。"这些法律、司法解释赋予检察机关对未成年人刑事案件社会调查行为进行监督的权力。

检察机关既有社会调查的启动权，也有对社会调查活动进行监督的法律职

责。为避免出现既是运动员又是裁判员这一尴尬现象,检察机关在社会调查制度实行中应该以行使法律监督为主要任务,对公安机关、法院的社会调查活动进行监督。检察机关只有在公安机关和法院应该进行社会调查而没有进行时,或者是存在确有必要对公安机关或法院的社会调查工作进行补充调查的情况下,开展社会调查工作。

（一）对社会调查主体的审查

一是对作为调查执行主体的受委托的社会调查机构的适格性进行审查。对于不适格单位提交的社会调查报告不能在办案中使用。二是对社会调查人员的资格进行审查。由于以单位为主体所提供的证据不宜在刑事诉讼中独立使用,因此,以单位名义出具的社会调查报告,必须有鉴定人签字或盖章。我们认为,检察机关对于不符合法定条件的调查人员出具的调查报告不予以采集,并向社会调查机构提出相应的纠正意见。

（二）对社会调查手段的审查

社会调查报告作为量刑证据之一,由调查机构工作人员根据其调查情况综合形成,其调查手段是否合法,直接决定了调查报告的客观与否。因此,检察机关如果发现调查人员在调查时,对被调查人员采用暴力、威胁、利诱等非法手段的,视为非法证据,应予以排除,并提出纠正意见。情况严重的,还应当依法追究社会调查人员的责任。

（三）对社会调查程序的审查

检察机关应当在规范完善社会调查程序的同时,加强对社会调查程序的监督。社会调查报告作为调查的成果,反映了调查的基本程序,检察机关在审查社会调查报告时,应当对其调查程序的合法性进行审查。对于调查程序不合法的,应当不予采纳,对社会调查员因主观原因制作的社会调查报告失实、造成恶劣影响或后果的,还应当追究其行政直至刑事责任。

惩治与预防性侵害未成年人犯罪机制研究[*]

孙 静^{**}

一、性侵害未成年人犯罪概述

（一）性侵害未成年人犯罪的基本概念

博登海默曾经说过："概念是解决问题所必需的工具，没有界定严格的专门概念，我们便不能清楚和理性地思考法律问题。没有概念，便无法将我们对法律的思考转变为语言，也无法以一种可以理解的方式把这些思考传达给他人①"

1. 性侵害行为的概念及其特点

（1）性侵害行为的概念。性侵害行为因一国的立法技术、道德传统、立法习惯的不同而有所区别。从总体情况来看，我国一直没有性侵害的单独定义，仅仅是将刑法规制的与性有关的犯罪统称为性犯罪。2013 年颁布的最高人民法院、最高人民检察院、公安部、司法部《关于依法惩治性侵害未成年人犯罪的意见》中，将性侵害未成年人犯罪定义为刑法规定的针对未成年人实施的强奸罪，强制猥亵、侮辱妇女罪，猥亵儿童罪，组织卖淫罪，强迫卖淫罪，引诱、容留、介绍卖淫罪，引诱妇女卖淫罪等。本文所讨论的性侵害则是刑法规制的与性有关的犯罪。

（2）性侵害行为的特点。性侵害行为的特点主要表现为：第一，性侵害行为首先是侵害。性侵行为侵害的是人的性自主权。性自主权，指的是个人自主表达性意愿，决定以何种方式实施性行为，或者是否实施性行为，实现性欲望，任何他人不得干涉和强迫的权利。

第二，性侵害行为的手段主要是暴力、胁迫或者其他相当的手段。侵害必

---

　* 本文荣获 2015—2016 年度女检察官检察理论研究课题二等奖。

　** 课题组主持人：孙静，上海市奉贤区人民检察院检察长；课题组成员：李敏、姚倩男、卫倩雯、戴丽。

　① 参见［美］博登海默：《法理学：法律哲学与法律方法》，邓正来译，中国政法大学出版社 2008 年版，第 486 页。

然违背了他人意愿，必须借助一定的强制方法和手段才能实现。最常见性侵害的手段是采用暴力和胁迫，其他的手段指的是暴力、胁迫以外的，能够实现与强制手段相同效果的手段，如用酒灌醉、迷药迷晕等手段，该手段的使用目的是使被害人失去正常的意识能力和行为能力，从而使行为人能够顺利实现自己的危害行为，这从根本上说也是违背了当事人的意愿。

2. 性侵害未成年人犯罪案件被害对象的概念及其特征

（1）被害人的概念。关于被害人的概念，学术界有不同角度的定义，其中具有代表性的有：第一，被害人是指其人身、财产及其他权益遭受犯罪行为侵害的人。① 第二，被害人是其合法权益遭受犯罪行为直接侵害的人。② 第三，所谓刑事被害人，是指公诉案件中被指控为犯罪行为的受害者。③ 尽管由于考察问题的出发点不同导致这些概念的表述有所不同，但其基本内涵都是一致的，即都认为被害人是合法权益受到犯罪行为直接侵害的人。我国法律上的"未成年人"是指未达到 18 周岁的公民，故本文所讨论的被害人是指在对未成年人实施的性侵害犯罪中，合法权益受到犯罪行为直接侵害的未满 18 周岁的自然人。

（2）被害人的特征。关于被害人的特征表现为：第一，防范意识薄弱。未成年被害人普遍年龄偏小，心智不成熟。虽然未成年人的独立意识逐渐增强，对成年人的依赖性有所减弱，但在思想和行为上仍带有明显的小孩子气、幼稚，考虑问题简单，思维方式单一，容易受到引诱，较易相信他人，同时缺乏辨识能力，无法认识到侵害行为并及时求助。

第二，身心受创严重。对未成年被害人来说，不但身体可能受到犯罪行为的侵害，而且更为严重的是其心理所受到的重创。被侵害的经历可能使未成年被害人产生无法克服的恐惧、焦虑、抑郁、羞耻等感受，使他们无法控制自己的情绪，不愿与人交往，性格也会变得孤僻。而且这种心理伤害会伴随人一生的记忆，也有的未成年被害人会因此否定自己而变得自暴自弃、酗酒、吸毒，甚至发展成为其他犯罪的实施者。总之，犯罪行为对未成年被害人造成的伤害较成年人来说更为严重。

（二）我国性侵害未成年人犯罪案件的现状——以 S 市 D 区人民检察院受理的性侵害未成年人犯罪案件为例

目前，由于性犯罪的黑暗数特性（涉及性这一隐私问题，故存在较高的

---

① 参见陈光中主编：《刑事诉讼法》，北京大学出版社 2002 年版，第 87 页。

② 参见卞建林主编：《刑事诉讼法》，法律出版社 1997 年版，第 69 页。

③ 参见宋英辉：《刑事程序中被害人权利保障问题研究》，载《政法论坛》1993 年第 5 期。

隐蔽性和私密性），同时我国又缺乏开放统一的数据库、案例库，相关学者又普遍缺乏数据意识及统计学技术等因素，造成我国法学界在研究性侵害未成年人犯罪问题时多从刑法学角度出发探讨一些理论性内容，例如刑事责任理论、犯罪的主观客观要件、法律运用及漏洞等，系统全面地从案例分析、数据分析及实证角度对性侵害被害人的犯罪学研究确实相对较少。因此，本文以S市D区人民检察院受理的性侵害未成年人犯罪案件为实证分析对象。

1. 案件基本情况

自2014年性侵害未成年人犯罪案件归口至S市D区人民检察院未检科以来，该科共受理审查起诉案件36件38人，占受理审查起诉案件总件数的23.7%，涉及未成年被害人42人，罪名分别涉及强奸罪、猥亵儿童罪、强制猥亵罪。该区未检科受理的将近1/4案件均为性侵害未成年人案件，可见当下形势之严峻。

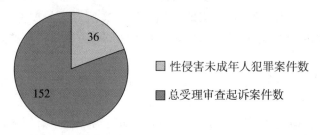

图1　受理性侵害未成年人犯罪案件比例（单位：件）

2. 案件特点

第一，被害人年龄趋于低龄化。由于部分性侵害未成年人犯罪事实延续时间较长或次数较多，在此以性侵害行为首次发生时的未成年人年龄为统计标准。在对42名未成年被害人进行分析后发现，0—12岁被害人有23名，占受害人总数的54.8%；13—17岁被害人有19名，占受害人总数的45.2%，其中最小的被害人仅为4岁。在受害人数最多的0—12岁年龄段，该年龄段的未成年人对性侵害的防御意识差，对其诱惑或恐吓最为容易，因此容易使其成为性侵害的对象。

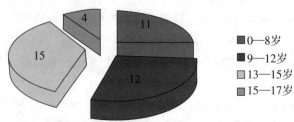

图2　性侵害未成年被害人年龄分布（单位：人）

第二，被害人大部分为在校生。对 42 名被害人是否在校接受九年义务教育进行分析发现，36 名被害人在校接受过或正在接受义务教育，占总数的 85.7%，其中 4 名被害人幼儿园在读，15 名被害人小学在读，主要为幼儿园、低年级小学生；有 6 人未接受过义务教育，占总数的 14.3%，其中 5 名被害人因年龄幼小还未上学，1 名被害人因脑部残疾而未上学。虽然接受义务教育的比例要大幅超过未接受义务教育的比例，但恰恰是"大幅超过"反映出我国义务教育体系对未成年人性教育的缺乏。虽然近年来越来越多的学校开设性教育课，但是因为老师不专业或者学校不够重视，不能达到应有的教育效果。

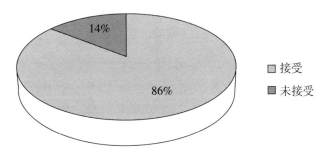

图 3　性侵害未成年被害人义务教育情况分布

第三，夏季是性侵害高发期。从 42 名被害人第一次遭受侵犯的时间来分析，大部分发生在 5—7 月，主要原因：一是穿着较为单薄方便犯罪嫌疑人实行性侵害行为；二是 6—7 月为暑假时间，被害人自由时间较多，加上家长看管不严，给犯罪嫌疑人可乘之机。

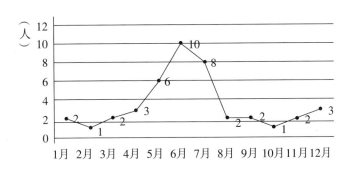

图 4　性侵害未成年人犯罪案件案发时间情况分布

第四，性侵害的犯罪地点较为隐蔽。性侵害犯罪案件的犯罪嫌疑人往往是独自一人实施犯罪，因此犯罪地点一般较为隐蔽。从 42 名被害人第一次遭受性侵害的地点分析可知，被害人遭受性侵害的地点在犯罪嫌疑人家中有 18 名，占被害人总数的42.9%，其余地点依次是在公共场所偏僻的地方、被害人家中、旅馆、活动室、办公室等。案发地点的隐蔽导致了此类案件往往发现不及时，或者很多家长即使知道也出于"家丑不可外扬"的心理不报案，延误了调查的时机。

第五，熟人作案为主。对36件案件犯罪嫌疑人与被害人关系进行分析得出，陌生人作案仅为6起，其余30起均为非生人作案，占总件数83.3%，38名犯罪嫌疑人中有继父、教师、邻居、朋友等，他们往往利用自己的长者身份、权势、地位和未成年女性的年幼无知，使被害人思想麻痹，丧失警惕，以"爱抚""关照"为名在其住所或被害人的住所施加性侵害。熟人实施的性侵害往往持续时间长，隐蔽性高，且造成的危害后果严重。

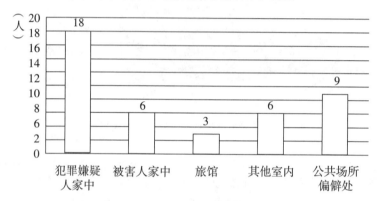

图5　性侵害未成年人犯罪案件案发地点分布

第六，犯罪手法主要以诱骗型为主。从该院已发案件来看，以诱骗型作案手法居多，占总件数的70%。犯罪嫌疑人通常利用被害人年幼无知，用少量的钱、物等为诱，如给被害人买糖、买冰激凌、玩游戏等方式，连续多次对被害人进行侵害。

（三）构建惩治与预防性侵害未成年人犯罪机制的必要性

1. 应对性侵害案件严峻形势的需要

未成年人是祖国的未来，其各种合法权利都应该得到国家法律的最大保护。但是，近几年来未成年人遭受性侵害的案例频繁见报，他们的性权益正遭受着侵害，以下几则案例仅是近年来报道性侵害案件的"冰山一角"。

案例一：贵州习水县嫖宿幼女案，是由政府公务人员多次参与、被害人众多的恶性性侵害幼女的案件。案件的起源是由习水县一妇女袁某与在校学生刘某等人取得联系，让刘某等人负责寻找在校女学生，带到袁某家中进行卖淫等活动。2007 年至 2008 年，刘某伙同他人守候在学校附近，待在校女学生放学回家的路上，采用跟踪、威胁、损害名声等非法手段，先后将 10 名女学生（其中有未满 14 周岁的幼女 3 名）带到袁某家中，这期间有政府官员、在职村干部、高职教师等前去嫖娼。①

案例二：广西兴业县的一名留守女童是个 14 岁的姑娘，还在兴业县的一所小学读书。自 2011 年起，该女童遭受到了同村及邻村十多名中老年人长期性侵害，引起了社会的广泛关注。

案例三：徐某某，56 岁，陕西富平县某乡教师。2005 年 9 月以来，多次在其宿舍内采取暴力、威胁等手段强奸本班两名 12 岁女学生，并对另外 6 名学生进行猥亵。徐某某犯强奸罪、猥亵罪，被判处有期徒刑 16 年 6 个月。②

案例四：2011 年六一儿童节的前一天，怀集县某小学三年级王某某等 4 名女同学到河边采摘艾叶时，被一名中学生和两名小学生强奸。③

案例五：刘某，20 岁，浙江人，毕业于合肥某高校。2011 年 7 月，刘某借助 QQ 聊天方式，将五六名 10 岁小男孩诱骗到家中进行猥亵。刘某因涉嫌猥亵儿童罪，被公安机关刑事拘留。④

案例六：17 岁的男学生高某被 35 岁的女教师承诺保送省重点大学"诱奸"，身心备受摧残，当高某以被"强奸"为由报案时，警方却以无法立案予以拒绝……走投无路之下，高某最终选择了"私了"，获得 1 万元精神损害金。⑤

对于已经"大白于天下"的性侵害案件就如此严重，那么对于那些还未案发的性侵害案件是否真如有些专家所说的还有"漏斗效应"⑥，我们不得而知，但我们知道性侵害正威胁着未成年人的健康成长、家庭幸福、社会稳定和

---

① 《最高法发布 5 件性侵害未成年人犯罪典型案》，载网易新闻，http：//news. 163. com/15/0528/21/AQNUN895. html。

② 《陕西富平小学教师猥亵强奸多名女生》，载 http：//edu. hsw. cn/2008 - 07/23/content _ 10161432. htm. 2012 年 5 月 16 日。

③ 《一名中学生两名小学生涉嫌强奸四名小学女生》，载 http：//legal/people. com. cn/GB/14930040. html. 2012 年 5 月 16 日。

④ 《男子猥亵多名男童被拘留》，载 http：//health. people. com. cn/GB/16302326. html. 2012 年 5 月 22 日。

⑤ 《女教师强奸男生奇案》，载 http：//women. sohu. com/20071225/n254294207. html. 2012 年 5 月 16 日。

⑥ "漏斗效应"：有人把受到性侵害不报案的被害人，称作石头底下的"蚂蚁"，意识是不翻开石头则罢，一翻开石头才发现，有那么多的"蚂蚁"需要处理。

国家的未来。因此，面对全国3亿多的未成年人①，面对如此严峻的态势，有必要构建惩治机制，严惩性侵害未成年人犯罪，为未成年人营造良好的社会环境，保护他们茁壮成长。

2. 保护未成年人性权益不受侵犯的需要

1989年11月20日，第44届联合国大会通过了《儿童权利公约》，我国于1992年成为《儿童权利公约》的第110个缔约国，它为解决儿童基本权利问题和一系列影响儿童的重大事项提供了一个规范框架，表达了儿童待遇、儿童保护和儿童参与的基本价值，敦促我们从根本上重新思考根深蒂固的关于儿童、家庭、社会和国际法的观念。② 其中，对于儿童性权益的保护体现在该公约第34条的规定，"缔约国承担保护儿童免遭一切形式的色情剥削和性侵犯之害，为此目的，缔约国尤其应采取一切适当的国家、双边和多边措施，以防止：a）引诱或强迫儿童从事任何非法的性活动；b）利用儿童卖淫或从事其他非法的性行为；c）儿童进行淫秽表演和充当淫秽题材"。

改革开放以来，我国保护未成年人权益的法律体系日益健全，司法保护力度不断增强，未成年人权益保护工作取得积极进展。但是，未成年人身心发育尚不成熟、易受犯罪侵害，特别是遭受性侵害现象突出，这是当前世界各国共同面临的严峻问题。在我国，对未成年人实施奸淫、猥亵以及诱骗、组织卖淫等性侵害犯罪时有发生，这些犯罪给未成年人身心健康造成严重伤害。③ 因此，有必要进一步完善预防机制，提升未成年人防范性侵害的意识，免受性侵害。

3. 进行多层次、全方位系统研究惩治和预防机制的需要

虽然2013年"两高两部"已对性侵害重拳出击，联合颁布了《关于依法惩治性侵害未成年人犯罪的意见》，既是向性侵不法犯罪分子果断亮剑，也是为未成年人撑起一顶坚实的法律"保护伞"。但是惩治与预防性侵害是一项艰巨复杂的"系统工程"，需要调动全社会各种积极因素和可能调动的力量。所以，这一重任不是法律自身所能承载的，不能单靠法律"单打独斗"，而应使用多种手段有机结合、相互配合，形成一个动静结合的多层次、全方位的综合惩治和预防体系，而这也恰恰是目前理论研究所缺乏的。本文从检察机关视角构建与完善我国现行性侵害未成年人犯罪的惩治、预防、保障三位一体的工作

---

① 参见黄尔梅主编：《性侵害未成年人犯罪司法政策案例指导与理解适用》，人民法院出版社2014年版，第173页。

② 参见白佳梅主编：《法治视野下的人权问题》，北京大学出版社2003年版，第303页。

③ 参见黄尔梅主编：《性侵害未成年人犯罪司法政策案例指导与理解适用》，人民法院出版社2014年版，第173页。

机制，以期进一步促进对未成年被害人合法权益的保护从而达到抛砖引玉的效果。

二、性侵害未成年犯罪案件中对被害人的保护现状及分析

（一）立法上存在的问题

1. 性侵害未成年人犯罪体系不完整

"两高两部"《关于依法惩治性侵害未成年人犯罪意见》第 1 条即明确该意见所称性侵害未成年人犯罪，包括刑法第 236 条、第 237 条、第 358 条、第 359 条、第 360 条第 2 款规定的针对未成年人实施的强奸罪，强制猥亵、侮辱妇女罪，猥亵儿童罪，组织卖淫罪，强迫卖淫罪，引诱、容留、介绍卖淫罪，引诱幼女卖淫罪等 8 个罪名。可见，《关于依法惩治性侵害未成年人犯罪意见》主要关注的只是强奸、猥亵、卖淫等直接性侵未成年人的犯罪行为，还未将我国刑法中规定的与未成年人性权利相关的罪名如针对未成年人实施的引诱未成年人聚众淫乱罪、组织淫秽表演罪、传播淫秽物品罪等包括进去。此外，《关于依法惩治性侵害未成年人犯罪意见》也没有重视性侵未成年人犯罪的周边犯罪行为，而提供儿童色情制品等周边违法行为，可能会促进或助长性侵未成年人犯罪的发生。因此，为更加有效地预防性侵未成年人犯罪，将性侵未成年人犯罪的规制范围扩大，即通过立法来加重惩罚直接性侵未成年人的行为以及性侵未成年人的周边违法行为。

2. 现行法律对规制性侵害不够严密

首先，对性侵害犯罪的认识有待深化。以强奸罪为例，现行刑法以两性生殖器官相交为性交特征，即男性生殖器插入女性生殖器内的"插入说"为强奸罪的既遂；男性对幼女的强奸则以男性生殖器接触幼女生殖器的"接触说"为强奸幼女的既遂。也就是说，性交是以男性生殖器插入或者接触女性生殖器为特征的。但是，在现代社会性行为方式和性侵害方式已呈现出多元化的趋势下，无论是"插入说"还是"接触说"都无法解释男性强奸男性以及女性强奸女性的社会现象。因此，性交的外延应该有所扩展，以适应新形势下惩治犯罪、维护社会秩序的需要。性交不仅应包括男性生殖器"插入"或者"接触"女性生殖器，还包括男性对男性的鸡奸、女性用器物插入女性生殖器、口交以及其他的变态性行为。因此，要解决对未成年人的性侵害必须首先改变对性侵害的认识，拓展传统的性交概念的外延，与时俱进性侵犯的立法概念。

其次，强奸罪的侵害主体和对象规定相对狭窄。我国刑法上将强奸罪的主体认定为特殊主体，只能是男性。同时，我国把强奸罪的犯罪对象也仅设定为

女性或幼女，对于男童遭受男性强奸或遭受女性强奸的情况则只能以猥亵儿童罪或故意伤害罪的罪名定罪处罚，但猥亵儿童罪的刑罚幅度大大低于强奸罪的刑罚，而男童在遭受强奸后的身心受损的程度并不亚于女童。由于强奸罪侵害主体和对象的规定过于狭窄导致对儿童遭受性侵害后不能得到平等法律保护。

3. 诉讼权利不对等

目前，我国对未成年犯罪嫌疑人（被告人）及未成年被害人的权利保障不对等，表现在同样作为当事人的未成年被害人，其应当享有的权利并未在法律法规中予以体现，现有的规定又不够全面、缺乏可操作性。如法律没有赋予被害人及被告人同等的独立上诉权，只能行使抗诉请求权；刑事诉讼法对辩护律师的权利、义务、责任都有深入、具体的规定，反之对被害人委托的诉讼代理人的规定则寥寥无几，诉讼代理人与辩护人在权限范围上不对等；被害人的诉讼参与权、知情权规定都不够明确；被害人的法律援助未有具体法律规定，缺乏高位法的依据使被害未成年人法律援助在各地发展不平衡，且在落实中又偏重于对涉罪未成年人提供法律援助等。

4. 缺乏对被性侵害儿童精神赔偿抚慰机制

《刑法》第36条规定："由于犯罪行为而使被害人遭受经济损失的，对犯罪分子除依法给予刑事处罚外，并应根据情况判处赔偿经济损失"。《最高人民法院关于刑事附带民事诉讼范围问题的规定》第1条规定："因人身权利受到犯罪侵犯而遭受物质损失的，可以提起附带民事诉讼。对于被害人因犯罪行为遭受精神损失而提起附带民事诉讼的，人民法院不予受理。"可见，我国对性侵害犯罪的被害人的精神赔偿缺乏立法规定。同时，我国也未建立儿童性侵害心理治疗抚慰机制，没有相应的机构或专业人员为遭受性侵害的儿童提供心理咨询治疗服务，致使受害儿童心理援助的需求得不到解决。

5. 未成年被害人救济机制不健全

根据现有的法律规定，性侵案件中未成年被害人不能提起精神损害赔偿请求，而目前我国司法救助制度尚不健全，未成年被害人通过司法救助获得经济补偿的渠道也并不畅通，在犯罪嫌疑人经济困难、无力赔偿的情况下，未成年被害人很难得到经济补偿。

（二）实践中凸显的问题——以S市D区性侵害犯罪案件办理情况进行分析

在司法实践中，由于公、检、法对于证据规则的认识、执行和遵循角度存在差异，导致对性侵害未成年人犯罪案件的证据收集及证据认定存有困难。

1. 证据收集难

关于证据收集难这一问题主要表现在以下几个方面：

第一，有力证明案件事实的物证等采集困难。在幼童或者智力障碍女性受性侵害案件中，被害人往往不知道自己被侵害，有的甚至认为犯罪嫌疑人是在"陪自己玩"，因此在很长一段时间没有将此事告知自己的监护人。如此一来，等到监护人发现被害人被性侵害的事实时，犯罪现场已被破坏。而在另一些性侵害案件中，尤其是熟人作案的性侵害案件，被害人受到侵害后，往往会因羞耻而忍气吞声，未及时报案，妄想通过"私了"的方式同犯罪嫌疑人进行交涉，在得不到满意的结果后才最终无奈地选择报案，而在此时，最能反映性侵害犯罪案件的物证往往已经灭失，若再到医院检查，因被害人受侵害事件与检查时间间隔过长，且被害人身体有所恢复，所以对被害人所遭受的暴力存在与否或程度大小，已经不能通过专业检查得到最真实的结论了。

第二，可以作为直接证据的证人证言较少。性侵害一般发生在隐蔽场所，现场只有犯罪嫌疑人和受害人二人，没有可知案件发生过程的人，无法收集可作为直接证据的证人证言，使证据多处于"一对一"的状态，一旦重要物证未及时提取或灭失，则容易导致指控犯罪的证据力度不够。这种情况尤其在性侵行为持续较长时间的案件中比较突出。

第三，未成年被害人的陈述证明力不够强。有的被害人如智力障碍或者幼童无法清楚地描述自己受侵害的事实，导致陈述证明力受到一定程度的质疑；有的被害人在精神上背负心理创伤和社会舆论的双重压力，不愿对侦查机关讲细节、说详情，从而使许多细节证据无法获取；还有些被害幼女的法定代理人出于各种原因，存在指使幼女改变陈述的情况。

第四，侦查人员与未成年被害人之间存在沟通障碍。一种情形是侦查人员发问方式过于成人化，未成年人不能理解侦查人员问题的意思，往往通过未成年人的父母进行翻译，这就容易使陈述受到父母意志的影响。另一种情形是侦查人员对未成年人语言记录过于成人化。部分侦查人员习惯性地将未成年被害人尤其是幼女或智力有障碍的未成年被害人的口语化描述直接转化为极为专业性的用语，如在询问笔录中经常可见"我被猥亵了""他的生殖器"等词汇。显然，类似这种笔录并没有真实地表达被害人的意思，从而影响了该份证据的证明力大小。

第五，犯罪嫌疑人"零口供"或者翻供情况屡见不鲜。性侵害未成年人犯罪案件中，当其他证据较少时，犯罪嫌疑人口供在证据链接中有着不可替代的作用，但很多情况下，犯罪嫌疑人往往会对案件事实坚决否认，百般抵赖。这是由于在此类案件中，犯罪嫌疑人有很大的心理优势，认为自己做的事情只有"天知、地知、你知、我知"，没有其他有力证据可证明案件事实，因此企图蒙混过关。在这种情况下，公安机关只能尽量突破犯罪嫌疑人的心理防线来取得犯罪嫌疑人口供，而这样取得的口供往往稳定性不强，后期翻供情形多发。在以审判为中心的诉讼制度改革进程中，这种倚重犯罪嫌疑人口供的案件办理难度更是大大加大。

第六，取证合法性不受重视。如上所述，性侵害未成年人犯罪案件主要依靠言词证据，因此对未成年被害人言词证据的取证合法性就显得尤为重要，但实践中往往会因取证程序的合法性不受重视而出现瑕疵证据。如检察院办理的性侵案件中，出现过被害女童做询问时没有女性工作人员在场；性侵案件中法定代理人往往是案件证人之一，但对未成年被害人做询问时，让尚未完成证人笔录制作的法定代理人到场参与询问等情况。

2. 证据认定难

如上文所述，性侵害犯罪案件翻供情节屡见不鲜，即使在侦查机关作出过有罪供述，犯罪嫌疑人在检察机关的翻供比例也非常高，加上该类案件证据相对单薄，对现有证据如何认定和采信，直接影响案件的定罪和定性。

首先，主观意图难以认定。性侵害犯罪案件中，犯罪嫌疑人往往否认自己的强奸意图，辩解仅仅想猥亵被害人。这种情形在以下三类案件中较为常见：一是强奸未遂、中止的案件；二是相关物证灭失，无法鉴定的案件；三是生物物证鉴定出来没有犯罪嫌疑人信息的案件。在上述类型的案件中，由于证据多处于犯罪嫌疑人供述与被害人陈述"一对一"的情形，很难认定犯罪嫌疑人的强奸目的，往往对现有证据的采信，便成了案件定性的关键。

其次，行为性质难以界定。犯罪嫌疑人行为性质难以界定主要存在于以下两类案件：一是熟人作案，但被害人并未及时报警的案件；二是被害人本身从事的是性服务行业的案件。在这两类案件中，犯罪嫌疑人往往辩称被害人是自愿的，或者其与被害人系性交易行为，只是因为交易价格没有谈拢，被害人才冤枉自己强奸。

3. 指控难

以审判为中心强调直接言词证据原则，侦查机关收集的各种证据都要经过"呈堂"，关键的证人、鉴定人要出庭作证，庭审实质化必然导致控辩双方质证意见的激烈碰撞。性侵害案件本身的隐蔽性就给辩方留有很大的辩护空间，而性侵害案件又涉及多学科知识，控方如果对物证提取、检验、鉴定不了解，对 DNA 技术、未成年人思维、心理、言行不熟悉，对某些性犯罪者特质、手法、心理状况、触发条件不明了，没有一双"火眼金睛"，很可能指控不力。如有时即便有奸入行为处女膜也未必破裂；无精症者即便作案精液中也提取不到 DNA；幼儿证言即便矛盾却未必虚假；三四岁儿童即便年幼也能陈述清楚简单的被害经过等。这些都是对公诉人业务能力和庭审素质的极大考验。

4. 处理难

性侵害未成年人案件司法实践中依靠言词证据居多，而言词证据的真实性需要审查。在疑难案件中，矛盾的言词证据一旦缺乏其他证据佐证，司法人员往往面临两难选择，如果定罪，万一错案怎么办，如果不定罪，是否放纵了犯罪，被害人权益也无法保护。很多审判人员对此犹豫不决，法院内部往往也存在分歧，难以形成统一定论。面对这种证据状况，辩护方通常会认为没有达到刑事诉讼证明标准，公诉方会认为这是性侵害案件特有的证据特点，审判人员进退两难，即使定案，也不意味着争论的结束。有的案件，被害方可能会经年累月信访上访，被告方可能会长年累月申诉喊冤。

由于以上（并不限于以上）种种原因导致司法实践中性侵害未成年人犯罪案件办理复杂而棘手，从而影响对犯罪嫌疑人的指控及对未成年被害人的保护。

三、惩治与预防性侵害未成年人犯罪机制的域外考察

性侵害未成年人犯罪既涉及对性犯罪的规制又要考虑到对未成年人的特殊保护。由于欧美地区国家与亚洲地区国家在性价值观上的差异，以及英美法系与大陆法系法律传统等的不同，在性犯罪的规制、惩处上也有所区别。但各国在未成年人的保护尤其是儿童的保护上基本是一致，截至 2015 年底全球已有 196 个国家成为《儿童权利公约》（以下简称《公约》）缔约国，《公约》强调每一位儿童的人权必须被重视和保护，各国政府有义务履行保护职责，如《公约》第 19 条规定："各国应保护儿童免受身心摧残、伤害或凌辱，忽视、虐待或剥削，包括性侵犯。"在性侵害未成年人犯罪问题上，各国通过本国立法、判例以及司法实践惩处性侵害犯罪人、建立起性侵害预防机制等多方面保护性犯罪未成年被害者。他山之石可以攻玉，下面通过对比域外比较有代表性的国家或地区，尤其是文化传统与我国相近的亚洲国家及地区，在惩治与预防性侵害未成年人犯罪上的相关做法，结合我国国情，理性借鉴域外立法与实践，以期为构建出中国特色的惩治与预防性侵害未成年人犯罪机制提供蓝图。

（一）欧美国家

1. 美国

由于美国例外论的政治传统以及联邦主义的法律体系等因素[1]，美国迟迟

---

① 比如在美国有 25 个州将判处死刑的最低年龄设定在 17 周岁，而在《儿童权利公约》中儿童的定义是 18 周岁以下的任何人，处于 17 周岁与 18 周岁间的人群仍应受特殊保护，这与美国本国法律条文相冲突。

没有加入《儿童权利公约》。但这并不意味着美国对未成年人就没有特殊的保护，相反，作为判例法国家，美国通过一个个针对儿童的性暴力侵害犯罪案件，不断完善着其性犯罪的立法，由此形成了一系列保护未成年人遭受性侵犯的惩治、预防与保护体系。

在对未成年人性侵犯方面，早在 1972 年，美国就将教师对未成年女生的骚扰视为构成"性别歧视"的非法行为，经过 40 多年的法律实践，美国规范校园性骚扰的法律机制已经相当完善。① 1994 年，为了纪念美国新泽西州年仅 7 岁惨遭邻居性侵害死去的男孩梅根康卡，新泽西州立法机关制定实施了"犯罪登记与社区公告法"，该法案要求已确定有罪的性犯罪人必须向执法机关登记，并根据性犯罪人对社区可能造成的危险程度、对其身份信息的变更等提供各种层次的社区公告，以提醒社区公众提高警惕，预防犯罪的发生，这就是"梅根法"。1996 年 5 月，联邦"梅根法"正式生效，1996 年，美国 50 个州全部制定了各自的"梅根法"，标志着性犯罪登记与公告制度正式在美国全境确立。②

在美国，从性犯罪人的刑事政策处遇上来看，对于性犯罪的预防也无非"梅根法"、民事禁闭与化学阉割三种方式。民事禁闭不同于刑罚和医疗，可与刑罚一同判决，待刑罚执行完毕后交由社会机构执行，实质是对危险的性暴力侵害犯罪人与社会进行隔离的一项保安措施，效果与不定期监禁无异，以期达到矫正的目的。而化学阉割以期通过药物对犯罪人性功能的抑制来达到阻止再犯的效果。③ "梅根法"通过对性犯罪人的登记与公告，以期让公众知晓犯罪人的危险性，从而使社区居民提高警惕预防性侵犯，尤其是性侵犯未成年人的发生，现今越来越多的美国人认为，与保护性犯罪人的权利相比保护社区居民的安全尤其是未成年人的安全更加重要，因此"梅根法"较好地平衡了各方权利与利益的刑事政策，通过调动行政、社区、个人等各方面的力量，对特殊人员进行管理与监控，特殊预防的效果还是非常值得肯定的。④

---

① 参见吴亮：《美国对教师骚扰未成年女生案件的调查与处理》，载《比较教育研究》2014 年第 3 期。

② 参见刘军：《性犯罪记录之社区公告制度评析——以美国"梅根法"为线索》，载《法学论坛》2014 年第 2 期。

③ 参见刘军：《性犯罪记录之社区公告制度评析——以美国"梅根法"为线索》，载《法学论坛》2014 年第 2 期。

④ 参见刘军：《性犯罪记录之社区公告制度评析——以美国"梅根法"为线索》，载《法学论坛》2014 年第 2 期。

2. 英国

英国是一个十分重视刑事被害人权利保护的国家，其在 1996 年制定《被害人宪章》①，规定了国内各司法机关在刑事诉讼各阶段应对刑事案件被害人提供支援和服务的内容。例如，检察官和警察在对嫌疑人处分时要考虑被害人的利益。

除了重视一般被害人的保护，英国还特别重视性犯罪被害人特别是强奸罪被害人的特殊权利保护。在强奸罪被害人特别保护方面，英国法律规定，对于强奸罪中的被告人实行强制辩护制度，即当被害人出庭接受盘问时，被告人本人回避，由其律师代替对强奸罪被害人的盘问。英国于 90 年代中期开始实施针对被害人尤其是强奸罪被害人作证的改革，通过《青少年司法法案》《1999年刑事案件证据法案》等法律法规，英国引入了一系列在庭审程序和证据规则方面的新举措，加强对性犯罪被害人，尤其是未成年被害人的保护，主要包括：第一，允许被害人在屏风后向法庭提供证人证言，不在法庭上与被告见面；第二，采纳被害人以录音录像的形式向法庭提供证人证言；第三，允许被害人在与法庭相邻的房间内通过闭路电视向法庭提供证人证言；第四，注意清理法庭外走廊等地方的闲杂人员，确保被害人作证时隐私权利的保护；第五，法官和律师不带假发、不穿法袍和律师袍，以降低法庭庄严气氛对被害人的影响；第六，采纳在正式庭审程序前质证被害人证言的录像；第七，允许被害人委托代理人与法庭和被告方律师沟通。②

（二）亚洲国家

1. 日本

为有效防止性侵未成年人犯罪，日本通过刑法与特别刑法的相互配合，在防止性侵未成年人的犯罪行为上已经形成了一个全方位、多层次、极具操作性的法律规制体系，而且经过司法实践检验，已经起到了较好的刑事政策效果。

日本是大陆法系国家，其通过立法规制性侵未成年人犯罪，在刑事法律上大致可分为两大类：一类是刑法和特别刑法上的关于保护所有人的性犯罪规定。如日本《刑法典》对未成年人的性保护主要体现在该法第二十二章"猥亵、奸淫和重婚罪"中的针对侵害性自由犯罪以及侵害性风俗犯罪的规定中，由于这两类的犯罪对象并没有限定为成年人，因而这些保护规定当然适用于未成年人被性侵的场合。《关于规制跟踪行为等法律》《防止骚扰条例》中亦有

---

① 《被害人宪章》又称《关于犯罪被害人的支援基准的宪章》。
② 参见袁锦凡：《刑事诉讼对性犯罪被害人的保护研究——以强奸罪被害人为视角的分析》，西南政法大学 2011 年博士学位论文。

针对性犯罪的相关规定。另一类是特别刑法中专门针对性侵未成年人犯罪的规定。这主要体现在《买春儿童、儿童色情处罚法》中规定了 6 种专门保护儿童的措施，如搜查、审判中的保护、关于媒体报道的禁止、保护身心遭受有害影响儿童、改善针对身心遭受有害影响儿童的保护体制、推进国际合作等。《儿童福祉法》以及日本各地方政府的《青少年保护育成条例》等相关法律条文规定中，规定如禁止与儿童发生淫行①行为、禁止儿童从事淫行行为等。规制利用网上介绍异性的业务引诱儿童的法律。这几部法律共同为日本的未成年人不被性侵害提供了法律保护网，它们在具体内容上虽然有部分重合的地方，但也都有自身的特色。②

2. 韩国

韩国属大陆法系国家，但受美国法律影响较深，在性犯罪上特别是强奸罪被害人保护上做了特别规定。

韩国的《性犯罪惩治及其被害人保护法》对性犯罪被害人在侦查与审判阶段的保护规定了具体措施。例如，对被害人个人的保护、对被害人身份公开的限制、秘密提供证人证言等，为了使法院及侦查机关允许性犯罪被害人在庭审中作证或侦查询问时由其信赖的陪护人员陪同，韩国 1997 年对该法进行了修改。实践中，为了防止被害人作证遭受第二次侵害，韩国《性犯罪被害人询问指南》规定对于性犯罪被害人的陈述以及侦查询问过程进行视频记录。2002 年韩国对本国《刑事诉讼法》进行了修改，规定如使用证人陪护人员、证人作证时使用屏风遮蔽，采用闭路电视作证，对作证过程进行录像记录。此后，韩国通过闭路电视进行作证的方式第一次适用于性犯罪的被害人。

2010 年，韩国针对儿童青少年性犯罪的施害人重拳出击，于 6 月 29 日通过"对于以儿童为对象进行性犯罪者，为了防止重犯或习惯犯罪的治疗和预防法案"（又称化学阉割法案），根据该法案，对儿童性犯罪的初犯重犯者，一律进行化学阉割。而且，对一贯有恋童恶癖的人，在公开网络上公布其照片和详细的身份信息，这类似于美国的"梅根法"。从中可以看出韩国对性犯罪尤其是针对青少年的性犯罪非常严苛的态度，其通过对犯罪人化学阉割达到从源头防止性侵未成年人犯罪的再次发生，实现了对性犯罪被害人的保护。③

---

① "淫行"指不合礼制、纵欲放荡的行为。

② 参见刘建利：《日本性侵未成年人犯罪的法律规制及其对我国的启示》，载《青少年犯罪问题》2014 年第 1 期。

③ 参见袁锦凡：《刑事诉讼对性犯罪被害人的保护研究——以强奸罪被害人为视角的分析》，西南政法大学 2011 年博士学位论文。

（三）域外惩治与预防性侵害未成年人犯罪机制评析

上述各国在惩治与预防性侵害未成年人犯罪上都具有地域特色，具体规制手段也各有侧重。美国以判例确立了对性犯罪人的登记与公告制度；英国在庭审程序和证据规则方面引入特殊程序以加强对强奸罪未成年被害人的保护；日本在性侵害未成年人方面通过刑法与特别刑法的相互配合形成了严密的保护体系；韩国立法规定对性侵儿童的初犯、重犯者一律进行化学阉割。可见，加重惩处性侵未成年人犯罪、保护未成年被害人等方面各国、各地具有高度的一致性，具体而言都有以下几个特点。

第一，顺应国际化潮流，不断完善本国法律。除美国之外，上述各国都是联合国《儿童权利公约》的缔约国，都能将国际条约内容及时内化为本国法律。例如，2004 年日本对《买春儿童、儿童色情处罚法》进行了修改，背景之一就是日本签署了《关于买卖儿童、买春儿童以及儿童色情等涉及儿童权利的条约的选择议定书》和《网络犯罪条约》这两个国际条约，因此有必要通过修正国内立法，以履行国际条约的义务。

第二，加大惩处力度，严惩性侵未成年人犯罪。虽然国际保护犯罪人人权的呼声越来越高，但在性侵未成年人犯罪上，严惩犯罪人仍然是各国、地区的普遍做法。例如，美国的"梅根法"中的登记、公告制度有可能存在披露犯罪人隐私、侵犯犯罪人迁徙自由权等问题存在，但在未成年人利益面前，美国法律仍选择严惩犯罪人乃至冒有侵害人权的危险。在立法方面，各国也通过制定特别刑法、性犯罪加重情形等严惩性侵未成年人的犯罪人。此外，比较极端，如韩国采用"化学阉割"的方式惩处性侵未成人的犯罪分子。

第三，制定特殊程序，加强保护性侵犯罪中的未成年被害人。在注重处罚性侵未成年人犯罪的同时，各国、地区也强调采取保护被性侵未成年被害人的措施。由于未成年被害人大多缺乏对性知识的了解或正确理解，在性侵害中外部身体伤痕多表现不明显，但性器官受伤和精神伤害严重，有些被害人被害后遗症表现明显[1]，因此为避免司法调查、取证、审查等过程中反复回忆、描述被害经历等而加深其精神痛苦，各国都在司法办案中采取特别程序。英国则在庭审程序和证据规则方面采取新举措，加强对未成年被害人的保护。此外，以"梅根法"为代表的性犯罪记录公告制度也在很大程度上减少和预防性侵犯罪人的再犯可能，从而间接保护未成年人安全。

---

① 参见蔡文霞：《论性侵害未成年犯罪被害人的权益保护——对〈关于依法惩治性侵害未成年犯罪的意见〉的反思》，载《中国青年社会科学》2015 年第 6 期。

四、惩治与预防性侵害未成年人犯罪机制的构建——以 S 市 D 区人民检察院实践为例

性侵害未成年人犯罪案件时有发生，对未成年人身心健康及其家庭均造成严重伤害，社会影响恶劣。惩治与预防性侵害未成年人犯罪，除需不断完善我国相关立法之外，还需全社会齐抓共管，形成全方位、多层次的综合惩防体系。从检察机关视角来看，以 S 市 D 区人民检察院为例，该院结合辖区内性侵害未成年人犯罪的发案情况，立足检察职能，从严惩治性侵未成年人犯罪，积极与相关职能部门协商合作，共同构建以坚持保护被性侵未成年被害人为中心点，以从严惩治性侵案件、积极预防性侵案件、提供社会保障为结构面的"一点三面"惩防机制，不断提高未成年人辨识犯罪和自我保护能力，预防和减少性侵未成年人犯罪案件的发生。该院在构建惩防性侵害未成年人犯罪机制上进行了部分探索和实践，以期为进一步完善相关惩防体系建设作一些有益的尝试。

（一）构建性侵害未成年人犯罪惩治机制

1. 遵循办案基本原则

（1）最低限度容忍原则。对于性侵害未成年人犯罪，应当依法从严惩治。成年行为人对未成年人实施犯罪，因双方的地位天然不对等，其犯罪行为更容易得手，而被害人更容易受到伤害，与此相对应行为人也应承担比其他犯罪更大的法律风险和后果。因此，法律给予未成年人更为严格的保护，给予针对未成年人实施犯罪的行为人更加严厉的惩罚。

（2）坚持优先保护原则。对处于弱势地位的未成年人群体进行特殊保护，是国际社会公认的一项现代国家的重要公共义务。联合国《儿童权利公约》第 3 条第 1 款规定："关于儿童的一切行动，不论由公私社会福利机构、法院、行政当局或立法机构执行，均应以儿童的最大利益为一种首要考虑"。我国作为缔约国，应当积极履行儿童利益最大化原则。

（3）坚持最高限度保护原则。对未成年被害人坚持不伤害给予最高限度保护原则。对未成年被害人的询问应坚持全面询问，并以"一次询问"为原则，避免重复询问给被害人造成"二次伤害"。应当由熟悉未成年人心理，具备询问技巧及取证能力的专业人员在让未成年被害人感到安全的环境中对其开展取证，并进行同步录音录像，同时给予未成年被害人最大限度的保护和帮助。

（4）坚持隐私保护原则。联合国《儿童权利公约》第 16 条规定："儿童

的隐私、家庭、住宅或通信不受任意或非法干涉，其荣誉和名誉不受非法攻击。"我国《未成年保护法》第 56 条第 2 款规定："公安机关、人民检察院、人民法院办理未成年人遭受性侵害的刑事案件应当保护被害人的名誉。"案件办理过程中应当对未成年被害人的隐私予以充分保护，尊重其人格尊严，呵护其自尊心，维护其正常的生活学习环境。

（5）坚持双向保护原则。根据《关于依法惩治性侵害未成年人犯罪的意见》第 4 条的规定，对于未成年人实施性侵未成年人犯罪的，应当坚持双向保护原则，在依法保护未成年被害人的合法权益时，也要依法保护未成年犯罪嫌疑人、未成年被告人的合法权益。最高人民检察院下发的《关于进一步加强未成年人刑事检察工作的决定》明确规定检察机关办理未成年人案件时应注重矛盾化解，坚持双向保护。一方面要加强对被告人认罪服法教育，促其认罪悔罪；另一方面要注重对未成年被害人的同等保护，充分维护其合法权益。

2. 建立案件专办机制

公安机关、检察院、法院可创设归口办理性侵未成年人案件的专办机制，公安机关可由熟悉未成年人身心特点的专业人员办理此类案件，检察院可由未成年人刑事检察科办理、法院在有条件的地区可由少年庭审理也可以尝试探索由刑庭设立专人或者专门合议庭办理机制，从严惩治性侵害未成年人犯罪，震慑犯罪行为。以 S 市 D 区人民检察院实践为例：

（1）区检察院创设专办机制，确保办理性侵未成年人案件质量。区检察院检委会通过制定相关《工作意见》，明确由熟悉未成年人身心特点的未检科办理性侵未成年人犯罪案件，负责案件的审查逮捕、审查起诉、诉讼监督、犯罪预防等工作，建立健全案件受理和内部流转机制，并对办案规则做特别规定，从严惩治性侵未成年人的犯罪分子，同时给予未成年被害人切实保护。

（2）推动区公安分局、区法院建立性侵案件专办模式，完善惩治专办机制。推动区公安分局办理被害人为未成年人的性侵犯罪案件中建立专办机制，在案审中心、刑侦支队、治安支队、案件数量较多的派出所成立办案组办理性侵未成年人刑事案件，案件数量较少的派出所设立专人专办机制。区法院在刑庭建立专办机制指定专门的合议庭或由专人负责办理性侵未成年人刑事案件。

（3）区检察院、区公安分局、区法院建立定期或不定期协商沟通机制，就办案规则、注意事项等达成共识，对性侵未成年犯罪案件，依法从严治罪，并通过严格办案程序，保护案件隐私，注重维护被害未成年人的合法权益和心理健康，坚决避免给未成年被害人带来"次生伤害"。

3. 健全线索发现机制

实践中，性侵案件被害人往往羞于报案，存在不报案或者报案不及时的情况，性侵未成年人犯罪案件这一情况更为普遍，未成年被害人年纪小，案发后往往不能及时在第一时间向家长或者其他有关部门反映情况，导致性侵未成年人案件难以及早进入司法程序，对取证固证带来一定难度。所以应当建立健全性侵未成年人犯罪案件线索发现机制，依托社会力量，通过各类维权平台以及学校、社区、医院等有关部门建立严密的监督防控体系，及时发现未成年被害人遭受性侵害的事实。以 S 市 D 区人民检察院实践为例：

一是畅通检察院内设部门线索移送机制，积极发挥控申接待室、各个社区检察室对外接待窗口的作用，对于来访人员反映有关性侵未成年人的案件线索及时移送未检科，由未检科介入调查，对于符合立案标准的案件，及时督促公安机关立案侦查；二是通过学校、妇联、街道社区等部门加大宣传力度，依托区人民检察院与区教育局共同开创的检校共管平台、区青保维权热线、未成年人心理健康倾听热线、团区委青少年服务台、区妇联知心小屋及白玉兰开心家园等关爱维权平台定期收集信息材料，对于可能存在性侵未成年人犯罪的线索及时移送公安机关督促立案，从严惩治，扩展案件线索移送平台，确保司法救济有效性；三是与区卫生系统加强协作，明确区内各大医院的急诊及妇科等相关部门，在发现未成年人存在被性侵的情况时，应给予未成年被害人及时救治与保护，并将线索及时告知公安机关或者检察院未检部门。

4. 规范案件取证机制

（1）提前介入，引导侦查。性侵未成年人的案件中，往往因为未成年被害人年幼无知、耻于诉说，或遭遇加害人物质引诱等原因，导致案件证据不易及时收集固定，通常书证、物证等客观证据少，言词证据又缺乏精确性，所以检察机关应当对性侵未成年人的案件提前介入，引导侦查取证。检察机关在第一时间的提前介入，有助于引导侦查机关围绕起诉指控所需对被害人开展全面询问，确保依法、及时、全面收集固定证据，确保案件质量。

（2）推动公安建立一站式取证场所。推动公安在基层办案点建立一站式取证专用场所，在对未成年被害人取证的第一线模拟家居环境，营造安全亲切的谈话氛围。配备全程同步录音录像设备，避免反复询问；设置监控室，可以熟悉未成年人心理的专业人员全程掌握未成年被害人心理状况给予疏导和帮助。

（3）规范取证流程。对于未成年被害人的取证工作应当设置严格的取证流程。现场需核实相关人员到场情况，未成年被害人必须在法定代理人或者合适成年人的陪同下进入一站式询问室，未成年被害人系女性时，由女性工作人员在场；心理疏导员及医疗人员到场支持。询问前，应当告知被害人及其法定代理人诉讼过程中的权利义务；对未成年被害人开展询问之前，建议由询问人员会同专业合适成年人、心理咨询师共同了解被害人处境、家庭状况及心理状况，给予询问人员专业意见。询问时，询问人员一般不着制服；使用能被未成年人理解和认知的语言；询问不仅要查明案件事实，还应当深入了解未成年人因犯罪行为在身体、心理、生活等方面所遭受的不良影响，并注重对其合法权益的保护。询问后，应当根据未成年被害人对事情表现出的反应，给予适当的疏导；并可以适时与未成年被害人的法定代理人或者成年亲属进行沟通交流，修复家庭关系，帮助被害家庭从阴影中摆脱出来。

以 S 市 D 区人民检察院实践为例：S 市 D 区人民检察院推动公安机关在三个基层派出所及案审中心建立未成年被害人一站式取证专用场所，一站式取证场所由询问室及相连的监控室组成，询问室装修风格温馨，色彩选用柔和，采用圆桌谈话，配备全程同步录音录像设备，询问室内配备了医用急救箱，以防突发事件。监控室设置在询问室隔壁，心理疏导员可以通过监控室在适当的时候给予被害人心理疏导。检察院对性侵未成年人案件及时提前介入，并联合制定询问规则，积极开展监督，切实保护未成年被害人身心健康。

5. 未成年被害人出庭支持机制

审判为中心的刑事诉讼司法理念，第一要求就是事实证据调查在法庭，性侵害未成年人案件由于其本身的隐私性，证据不易收集，且经常遇到犯罪嫌疑人不认罪或先认后翻供的情况，未成年被害人出庭必然会对支持公诉起到积极关键的作用，但其出庭支持接受询问，必然对其身心带来一定影响，故应为未成年被害人出庭设置必要的规则，以减轻其在出庭作证支持控告犯罪嫌疑人的罪行过程中面对的压力。

其一，以出庭支持公诉为例外原则，一般而言为了避免反复询问对未成年被害人带来二次伤害，所以性侵未成年人犯罪案件，一般以不出庭为原则，出庭为例外。

其二，优化作证方式，提高隐蔽性，减少对未成年被害人带来心理伤害。既可以尝试使用屏风或者视频技术通过网络镜头开展法庭调查的询问，也可以尝试通过科技手段模糊肖像、变更声音等方式增强隐蔽性，提高对未成年被害人的保护；在侦查阶段制作过全程录音录像的，优先播放录音录像代替未成年被害人出庭。

其三，应当召开庭前会议。对未成年被害人出庭的案件，法庭应当召开庭前会议，控辩双方应进行充分沟通，对法庭调查及质证的内容和方式研究与预判，应充分考量未成年被害人的心理承受能力，且法庭应当强调参与庭审的人员均应积极保护未成年被害人的隐私权、名誉权；并在庭审之前充分向未成年被害人说明情况，以消除其顾虑，减轻其心理压力。

（二）构建性侵害未成年人犯罪预防机制

频频爆出各类性侵未成年犯罪的新闻，聚焦了社会的关注，预防性侵未成年人犯罪成为全社会的呼吁。检察机关未检部门应当立足本职工作，结合办案，配合相关职能部门，面向未成年群体，通过宣传、教育等方式，应从未成年人、监护人、社会、公权力机构等多方层面构建立体式、全方位的性侵害未成年人犯罪预防机制，提高未成年人自我保护能力，优化成长环境。预防未成年人遭受性侵害，为未成年人提供一个阳光、健康的成长环境，需要多角度、多层次进行努力。以 S 市 D 区人民检察院实践为例，主要开展以下工作：

1. 严惩治结合矫治，开展再犯预防

（1）严格司法，从严惩处性侵未成年人犯罪案件。体现"最低限度容忍"的指导思想，依据《关于依法惩治性侵未成年人犯罪的意见》从重从严惩治性侵未成年人犯罪，竖起坚实的法律保护屏障，从而震慑犯罪分子，降低其再犯可能性。

（2）引入心理矫治，防止再犯。性侵未成年人案件中，多数犯罪嫌疑人存在性观念扭曲等心理问题，可视个案情况邀请专业能力较强的心理咨询师对犯罪嫌疑人开展心理疏导或者心理矫治，尝试调整犯罪嫌疑人不健康的性观念，让犯罪嫌疑人了解自己，逐步接纳自己，引导其控制自己情绪和行为。

（3）对被害人开展心理疏导，提高其自身防范能力。S 市 D 区人民检察院在办理性侵未成年人犯罪案件中，根据实际情况对被侵害未成年人积极开展心理疏导，在帮助其从受害阴影中恢复身心及心理健康的同时，传授自我保护的相关知识，提高其对侵害行为的防范意识，避免再次受到侵害。

2. 构建预警联系机制，开展特殊预防

以办案单位区检察院为预警启动点，链接区教育局、区妇联、区未保办三条专线，以"一点三线"，对未成年人个体、家庭、社会提出预警防范信号，开展有针对性的特殊预防。

（1）及时发送预警信号。检察院在办理性侵未成年人犯罪案件过程中，加强对案件情况的分析，掌握案发的规律和特点，将案件中了解行为人实施犯罪的诱骗手法、未成年被害人自我保护缺失情况以及家庭监护人保护不到位等情形及时通知区教育局、区妇联、区未保办，发送防范漏洞预警信号。

（2）针对预警开展专项特殊预防。第一，区教育局接受预警信号后，针对区检察院发现的未成年被害学生在自身保护方面缺失的情况或者受诱骗等情况通过学校这一平台对未成年个体及时开展专题预防，如网络交友不慎引发被害案件的情况，应当针对如何规范使用网络聊天软件开展警示教育等，强化未成年人个体自我保护能力。

第二，区妇联接受预警信号后，通过各镇、街道、社区的妇女之家，提高未成年人家庭父母的防范意识，提升家庭预防效果。

第三，区未保办接预警后，在各镇、街道、社区开展有针对性的预防宣传工作，增强社会预防效果。

第四，跟踪反馈信息确保预防效果。检察院在发出预警信号后，定期向区教育局、区妇联、区未保办了解特殊预防开展情况，获取反馈信息，对相关落实情况提出监督意见。

3. 坚持整合资源，强化全方位多层次一般预防

（1）提升自我保护能力。开展相关安全技能培训，传授未成年个体安全与自我保护的技能，注重引导未成年个体预防性侵害。

第一，区检察院总结行为人惯用的诱骗手法，设计未成年人喜爱的卡通漫画形象，采用图文结合的形式传输自我防范知识，告知未成年人在哪些情形之下应当自我保护，防止性侵害发生。

第二，针对未成年被害人年幼者居多这一特点，联合区教育局，以区内民办或者农民工幼儿园大班及小学一二年级学生为重点教育对象，组织区内有经验的心理老师，轮流在各个学校内开展主题教育课程，教会孩子如何自爱自护，如何应对各种生活中常见的性骚扰等基础健康知识，提高未成年人辨识犯罪和自我保护的能力。

第三，根据案例改编制作微电影，在初中、高中及中职技校中宣传播放，结合模拟法庭、案例展示等方式开展性犯罪预防教育，警示未成年人，减少性犯罪的发生。

（2）加强家庭保护力度。儿童保护应以家庭为中心，未成年人被性侵害，家长监护防范不到位是一个重要原因，预防性侵未成年人案件的发生，加强家庭保护尤为重要。一方面，通过教育平台在各个家长围绕如何陪同孩子健康成长普及预防知识，培养家长防范性侵案件的警觉意识。另一方面通过区妇联强化母亲在防范性侵案件中起到的积极作用。性侵案件被害人多为女童，被害人羞于启齿或意识不强不利于案件侦破，母亲在与女儿的沟通交流中，对于传输自我保护知识能起到至关重要的作用，故通过区妇联"妇女之家"这一平台，深入家庭开展预防，切实提高家庭保护力度。

（3）积极营造社会保护良好氛围。第一，S市D区人民检察院结合实践中性侵案件中反映的共性问题，制作公益短片，并通过区电视台、区公交系统的移动媒体、区各大广场的大屏幕投放公益短片，扩大宣传范围，提醒民众对于案件中反映出来的共性问题予以警觉，提高全民意识，提升社会保护的良好氛围。

第二，S市D区人民检察院积极与各个社区、乡镇共建活动，如开展以青春期女孩为目标人群的"关爱青春女孩"活动项目，围绕女孩成长，引导少女个体及其家庭提高保护意识，立足社区，把家庭教育、学校教育、社会教育整合起来，在社区内形成合力，呵护花季少女健康成长。

第三，借助区级送法下乡、法制宣传等公共宣传活动，增设性侵未成年人案件展板的巡展，定期定点开展公共宣传，起到警示作用，进一步增强预防效果。

（三）完善对未成年被害人的救助保护机制

未成年人本就是弱势群体接受特殊保护，未成年被害人在性侵案件中遭受的伤害是多重性的，更需要特殊的救助保护机制，修复未成年被害人身体、精神、心灵，帮助其恢复正常生活，重塑其内心安全感。因此，在构建惩治与预防性侵害未成年人犯罪机制的同时，应当积极完善对未成年被害人的救助保护机制。

1. 开拓法律援助，助力维权

法律已明确规定对未成年犯罪嫌疑人必须落实法律援助，但依据现有规定，对于受到侵害的未成年被害人却并未做类似规定。然而在刑事诉讼过程中，不难发现未成年被害人及其家属也迫切的需要专业人士给予法律上的指导，从立案最初想要了解对方的侵害行为触犯了什么法律，构成什么罪，到每个诉讼环节代表了什么，每个阶段的权利义务又该如何解读，以及对提起民事赔偿的诉讼程序也是急需专业认识提供法律帮助的。但现有制度对未成年被害人并未倾斜，高昂的律师费让许多未成年被害人家庭望而却步。S市D区人民检察院针对这一情况，尝试通过与区法律援助中心的沟通，简化未成年被害人申请法律援助的申请手续，理顺了受理流程，尝试降低受理门槛，并在审查起诉阶段第一时间告知未成年被害人及其法定代理人申请法律援助的权利，积极为未成年被害人及其法定代理人落实法律专业人员的援助。目前S市D区人民检察院办理的性侵未成年人犯罪案件中，对于未成年被害人及其家属提出法律援助申请的，以基本达到100％的落实率。

2. 全程心理支持，护航心灵

首先，S市D区人民检察院在构建一站式取证机制时，配套设置了心理救助机制。确保了侦查阶段给予未成年被害人心理救助。该机制要求在一站式取证场所内，对未成年被害人开始询问前，由心理专业人员对未成年被害人开展心理疏导，并评估其是否适合接受询问，并向询问人员提出建议。在询问过程中，心理专业人员在监控室观察未成年被害人的情绪及反应，必要时及时提醒询问人员调整发问方式，当出现不适宜继续询问的情况时，通知询问人员暂停询问，给予被害人心理帮助。询问结束后，由心理专业人员根据未成年被害人所表现的心理特征，对其心理损伤程度进行评估，开展针对性疏导。

其次，审查起诉阶段，检察院承办人应主动向被害人家属了解未成年被害人的生活现状，对进一步需要心理辅导的未成年被害人，在征求法定代理人意见后，及时向区未成年心理咨询中心申请心理辅导，进一步帮助其修复心灵；对于需要再次询问的情况，严格按照一站式取证机制中心理救助机制开展询问。

最后，审判阶段，对需要未成年被害人出庭支持公诉的情况，先行由心理专业人员对未成年被害人心理状况进行评估，并给予放松和疏导；开庭时经法庭及其本人和法定代理人允许，可由心理专业人士通过科技手段观察未成年被害人庭审时心理波动，根据状况随时向法庭提出休庭建议，并给予辅助心理治疗。

3. 开展医疗救助，呵护花蕾

在性侵未成年人的案件中，未成年被害人的身体健康容易遭受严重的伤害，往往需要进行验伤鉴定，并及时医疗救治。在性侵未成年案件的各个刑事诉讼环节，可以尝试探索各环节办理案件的部门与卫生部门协商制定协作机制，在刑事诉讼过程中，为未成年被害人开辟绿色通道，立案初始侦查部门联合医疗机构第一时间对未成年被害人身体状况给予专业检查，积极予以治疗，避免伤害加剧，并及时开展提取体液、毛发等生物样本的工作，迅速开展取证固证工作，力争一次性完成。在后续刑事诉讼环节中，负责审查案件的检察机关以及审判案件的法院，应当随时关注被害人伤势进展情况，对于影响案件定罪量刑需要进一步鉴定的，及时开展鉴定工作，对于需要持续救治的，会同医疗机构积极开展救治工作。有条件的地区，可以会同地方政府相关部门，设立未成年被害人救助基金，对于经济困难又需要紧急救治的未成年被害人通过救助基金予以先行支付，对于刑事程序终结后，无法获得赔偿，家庭经济困难的未成年被害人家庭，医疗费用可由救助基金予以支付。

4. 其他救助保护

在性侵未成年人犯罪案件中，未成年被害人受到侵害的身体需要及时治疗，受到创伤的心理需要得到安慰和保护，但经常会出现犯罪嫌疑人、被告人无法支付医疗费、补偿费的情况，对于经济困难的未成年被害人家庭而言，不仅延误了治疗，对被害人造成进一步伤害，更会让一个普通家庭陷入困境。目前并没有较为完善的社会救助体系可以帮助到未成年被害人及其家庭，所以在办理这类案件中，刑事诉讼各环节承办单位均应当积极为未成年被害人拓展救助补偿渠道，帮助未成年被害人及其家庭。

　　对未成年被害人因被侵害造成人身伤害，不能及时获得赔付，但又需要医治、生活困难的未成年被害人，优先为其申请被害人司法救助，为其治疗费用解燃眉之急；对不符合司法救助条件，或者经救助后仍有困难的被害人家庭，会同教育、民政、妇联、团委、社会团体、企业等给予帮助，提升救助效果。

　　构建未成年被害人保障救助机制，需要一定的物质基础，也牵涉政府各职能部门以及社会各界的支持，需要全社会的共同努力。

未成年人案件刑事诉讼期间实行
国家监护制度之初探[*]

郭　晶　曲姣姣[**]

摘　要：近年来，未成年人权益受侵的案件几度引起社会高度关注，从南京虐童到袁厉害收养弃婴，及至震惊全国被各类自媒体集体刷屏的杨改兰案件，同时向我们提出一个严峻的问题：什么人才有资格监护未成年人？什么情况下监护人的资格应予以剥夺？未成年人被适格监护的问题，正日益成为一个不可回避的社会问题。

众所周知，犯罪是孤立的个人对抗社会的行为，是国家以公权力对之进行惩罚的行为，因而，公平、公正地适用法律，对犯罪嫌疑人作出适当的判罚是各国刑事司法中最为重要的问题。作为未成年人，一旦成为国家司法的对象时，其权利是否被合适正当的保护，尤其反映出一个国家法制文明的程度，而适格监护人的存在正是其中最为重要的一环，这不仅涉及对于犯罪行为的调查、取证、定罪，更关系到对犯罪宽宥的程度衡量，监护人在此时的适格与否，直接影响到未成年人的社会回归可能性。也制约着刑事诉讼的进程。因此，在刑事诉讼期间，如何实施国家监护制度无疑成为当前未成年人刑事犯罪领域必须面对的课题。

本文从未成年人刑事诉讼期间的国家监护制度设计为切入点，通过对我国国家监护制度现状、存在问题的分析，探讨建立我国未成年人案件刑事诉讼期间国家监护制度的必要性和可行性，结合国外先进经验的比较，全面阐述我国未成年人案件刑事诉讼期间国家监护制度的设计和构想。

关键词：未成年人　刑事诉讼期间　国家监护

---

　*　本文荣获 2015—2016 年度女检察官检察理论研究课题二等奖。

　**　课题组主持人：郭晶；课题组成员：曲姣姣。作者单位：上海市长宁区人民检察院。

一、我国未成年人国家监护制度的现状

（一）国家监护制度的起源

监护制度是一项古老的法律制度，起源于古罗马法，公元前 450 年的《十二铜表法》中最早对其作出了规定。随着社会的发展，监护的目的发生了改变，从最初侧重家族权益的维护转向侧重当事人权益的维护，其功能逐渐从家族权利跟踪向个人利益保护转变。从监护的理念来看，罗马法已经完成了从"为监护人的监护"，到"为被监护人的监护"的转变。[①]

现代监护法的历史划分，一般以第二次世界大战为"分水岭"。"二战"以后，各国的监护制度立法无不把"儿童最大利益原则"作为未成年人监护的核心原则。国家权力愈加深入地介入监护制度中，监护的国家职能性、救助性更加明显。国家监护主义已成共识，至此监护制度完成了历史上的第二次重要转变——从家族监护向国家监护的转变。[②]

（二）国家监护制度的概念

广义的国家监护（state custody or state guardianship）是指：国家以公权力对原属于私法领域的监护事务的全面介入。"从世界范围来看，国家公权力全面介入了监护人的资格及其选任、监护的开始、监护人履行职责情况、监护的设立、变更、终止等诸多方面。"狭义的国家监护则解释为：有亲权监护人而监护不当的情况下，基于保护被监护人的合法权益，以国家干预的方式剥夺法定监护人的监护权，将其强制转移到国家指定的机构或个人，即"国家强制监护"。

国家监护制度的方式通常有两种：一是国家监督，即对所有未成年人的监护人予以监督。若未成年人的监护人监护不力，但能积极改过，愿意认真履行监护职责的，仍由其对未成年人实施监护，国家专门机构要分不同情形给予指导、协助、监督，是一种国家间接性监护的形式。二是直接代行监护权。是指对于丧失亲权监护或亲权监护不利于未成年人的健康成长的情形，可由国家指定专门监护机构直接代行监护职能，即"国家代位监护"。

一般而言，在未成年人的监护制度的实施中，各国都以实现未成年人利益

---

① 叶承芳：《未成年人国家监护制度构成要素研究》，载《人民论坛·学术前沿》2011 年第 6 期。

② 钱晓萍：《论国家对未成年人监护义务的实现——以解决未成年人流浪问题为目标》，载《青年法苑》2011 年第 1 期。

最大化为原则，以家庭监护为主，国家监护为辅。① 以达到国家对未成年人成长监护的目的，通常而言，未成年人的国家监护总体上包含以下三个层面：

第一层是一般的监护监督义务。在绝大多数情况下，未成年人还是与被监护人有亲缘关系，实行家庭监护。国家对家庭监护进行监督，即国家对未成年人的家庭监护给予必要的监督，以确保未成年人监护的质量，使家庭监护达到监护制度设立的目的。

第二层是监护补足或辅助义务。"当未成年人的家庭监护难以完成对未成年人的监护任务（包括不能监护和监护不利两种情况）时，就应当采取措施，弥补家庭个体监护的不足"，在国家帮助下完成家庭监护的任务。

第三层是法定情况下实施国家"直接"或代位监护，当未成年人因各种原因暂时或永久脱离家庭监护（如流浪儿童），出现"监护空白"时，由国家代位监护（国家直接选任第三人或有资格的机构进行监护）。

（三）我国未成年人国家监护制度的现状和问题

我国现行立法中并未对未成年人国家监护制度进行专门的单独规定，而是分别散见于《民法通则》《婚姻法》等多部法律之中。1991 年颁布的《未成年人保护法》也没有对未成年人的监护制度作出基础性的专门规定。

1. 我国未成年人监护制度的法律规定

目前我国法律体系中涉及未成年人国家监护制度的有以下法律：

《民法通则》第 16 条规定："未成年人的父母是未成年人的监护人。未成年人的父母已经死亡或者没有监护能力的，由下列人员中有监护能力的人担任监护人：（一）祖父母、外祖父母；（二）兄、姐；（三）关系密切的其他亲属、朋友愿意承担监护责任，经未成年人的父、母的所在单位或者未成年人住所地的居民委员会、村民委员会同意的。对担任监护人有争议的，由未成年人的父、母的所在单位或者未成年人住所地的居民委员会、村民委员会在近亲属中指定。对指定不服提起诉讼的，由人民法院裁决。没有第一款、第二款规定的监护人的，由未成年人的父、母的所在单位或者未成年人住所地的居民委员会、村民委员会或者民政部门担任监护人。"第 18 条规定："监护人应当履行监护职责，保护被监护人的人身、财产及其他合法权益，除为被监护人的利益外，不得处理被监护人的财产。监护人依法履行监护的权利，受法律保护。监护人不履行监护职责或者侵害被监护人的合法权益的，应当承担责任；给被监护人造成财产损失的，应当赔偿损失。人民法院可以根据有关人员或者有关单

---

① 肖建国：《中国少年法概论》，中国矿业大学出版社 1993 年版。

位的申请，撤销监护人的资格。"

《婚姻法》第 28 条规定："有负担能力的祖父母、外祖父母，对于父母已经死亡或父母无力抚养的未成年的孙子女、外孙子女，有抚养的义务。有负担能力的孙子女、外孙子女，对于子女已经死亡或子女无力赡养的祖父母、外祖父母，有赡养的义务。"第 29 条规定："有负担能力的兄、姐，对于父母已经死亡或父母无力抚养的未成年的弟、妹，有扶养的义务。由兄、姐扶养长大的有负担能力的弟、妹，对于缺乏劳动能力又缺乏生活来源的兄、姐，有扶养的义务。"

《未成年人保护法》第 6 条规定："保护未成年人，是国家机关、武装力量、政党、社会团体、企业事业组织、城乡基层群众性自治组织、未成年人的监护人和其他成年公民的共同责任……"第 12 条规定："……有关国家机关和社会组织应当为未成年人的父母或者其他监护人提供家庭教育指导。"第 62 条规定："父母或者其他监护人不依法履行监护职责，或者侵害未成年人合法权益的，由其所在单位或者居民委员会、村民委员会予以劝诫、制止；构成违反治安管理行为的，由公安机关依法给予行政处罚。"

2. 我国现行未成年人监护制度存在的缺陷

总体上讲，我国现行的未成年人监护制度是以家庭监护为主，国家监护为辅，但在这一架构下，国家监护制度却存在明显的结构上的断层和操作性上的欠缺，主要存在以下几方面的问题：

第一，法律规定和社会现实的日常脱节。无论是《民法通则》《未成年人保护法》，还是《婚姻法》中都提到"未成年人父母所在单位、居民委员会、村民委员会或民政部门充当监护人"，这一规定带有浓厚的计划经济色彩，与我国目前社会与家庭关系发展的状况显然脱节。改革开放之后，各种所有制经济的出现，使个人与所谓"单位"的联系日益松散，计划经济体制下的终身制已彻底瓦解。"单位"不再是个人生活中心，更多的个人与单位是纯粹的雇佣关系，用人单位对个人的家庭情况等信息的了解也日益淡化，公民个体从改革开放前的"单位人"转变成为"社会人"。想要依托未成年人父母单位成为监护人，可能性极其渺茫。此外，户籍制度的改革和人口流动性的增大使得原有的居民组织和基层组织本身就面临实际掌控力下滑的局面，而居民委员会和村民委员会担任监护人，既无专门经费也无专门人员，即便担任了监护人，也很难保证被监护人得到有效监护并健康成长。① 而民政部门特别是专门的儿童福利机构倒是可以成为合格的监护人，但因为我国法律对此规定过于笼统，既

---

① 李霞：《监护制度比较研究》，山东大学出版社 2004 年版。

没有规定民政部门担任监护人的具体条件，也没有规定执行部门和相应的程序，使这一规定流于形式。

另外，《民法通则》对于"祖父母、外祖父母、成年兄姐"的规定也已经不符合现代社会的家庭构成。随着社会和经济及家庭结构的发展变化（大家族、大家庭已经很少）和独生子女政策，父母死亡或者丧失监护能力的未成年人经常因各种原因而处境尴尬。[①] 祖父母、外祖父母往往年事已高，经济状况普遍弱于子女辈，监护能力大大受限；独生子女政策使得兄姐较少，即使有也很少有能够从年龄和经济上承担监护责任的兄、姐；其他亲属和朋友，如叔叔、伯伯、舅舅、姨姨等在法律上没有抚养义务，而独生子女政策也直接导致这类亲戚的消亡。如果被监护人没有足够财产，往往因为抚养未成年人的费用太高（生活费、学费、侵权责任等），而不愿充当监护人或不能很好地履行监护职责。[②]

第二，泛化的责任主体导致责任主体的实际缺失。根据目前的法律规定，未成年人的"祖父母、外祖父母、成年兄姐""父母及其他监护人的单位""居委会、村民委员会或民政部门"都可以成为监护人，这样的制度设计看似从上到下、面面俱到，但实则缺乏真正的实施者。法律规定的同一阶位的监护人众多，不分前后，不设条件，没有具体明晰的判断标准，导致监督职责无法落实到具体的部门、具体的个人。责任主体越是看似齐全、完善，实际上越是没有明细的界定标准，越容易产生相互推诿，都管等于都不管，最终导致责任主体的实际缺失。

第三，适格标准无据，导致监督的实效丧失。我国法律对合格监护能力的判断没有规定具体的标准和情形，《最高人民法院关于贯彻执行〈民法通则〉若干问题的意见》也仅作了原则性的规定："认定监护人的监护能力，应当根据监护人的身体健康状况、经济条件，以及与被监护人在生活上的联系状况等因素确定。"实践中，监护往往只是一种纯天然的自然选择结果。对于有监护人的未成年人，几乎不存在监护人适格与否的认定，对监护义务的履行也缺乏制约和判断的现实，一些监护人尽管因身体或经济状况已不能很好地履行监护职责，不能有效地管教和保护未成年人，但却无法辞退监护人的责任，也根本不存在更换监护人的可能性，使国家对监护人的监督完全丧失，监护状态听任自流。这种看似有实质无的监护状态极大地影响被监护人的健康成长和合法权益。

---

① 谢在全等：《物权·亲属编》，中国政法大学出版社 2002 年版。
② 赵叶红：《完善未成年人国家监护制度的思考》，载《行政管理》2014 年第 10 期。

第四，启动程序缺位致使监护权的撤销无从入手。我国法律同样没有对撤销监护权进行规定，既没有对不履行监护职责和侵害被监护人合法权益的具体情形进行规定，也没有规定有权或有责任以申请撤销监护人资格的人员及单位的范围，导致了国家监督名存实亡。

而且，在存在诸多未成年人监护责任主体的情况下，由谁来实际担任也是一个现实问题，否则就难以避免部门之间的相互推诿。实践中责任主体的指定如何启动？由谁牵头启动？启动后能否进行责任落实？这些问题都亟待解决。即使确定某一单位或组织为监护人，也需要有启动的程序和申请人，而该程序也没有相关法律进行规定。[①]

综上，我国未成年人监护制度实则还停留在原始的、以家庭和亲属血缘关系为唯一支撑点的状态下，国家监护制度仅在立法上有所体现，但在现实中却无法得到实施。另外，未成年人犯罪率大幅攀升，未成年人的监护人缺失、不适格等问题是重要的诱因之一，解决该问题已经刻不容缓。

二、建立未成年人刑事诉讼期间国家监护机制的必要性和可行性

下图是笔者截取的上海市司法机关办理案件中 778 名未成年犯罪嫌疑人的数据，可以看出，高达 72.6% 的未成年犯罪嫌疑人处于监护人监护不力的状态。

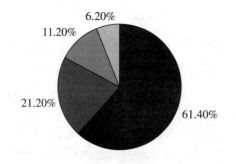

图1　未成年犯罪嫌疑人就业情况

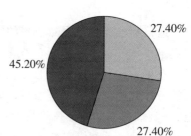

图2　未成年犯罪嫌疑人监护情况

① 魏增产：《国家监护主义的一个窗口——〈监护制度比较研究〉评》，载《北京科技大学学报》（社会科学版）2010 年第 3 期。

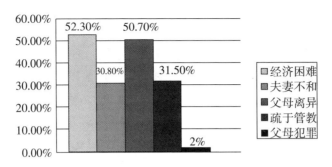

图3 未成年犯罪嫌疑人家庭情况

(一) 建立未成年人刑事诉讼期间国家监护机制的必要性

客观而言, 国家监护制度是有多重属性的, 包含政治、经济、社会关系、亲权关系等多个方面, 受制于我国目前的政治经济情况, 全面推行国家监护制度尚缺乏可行性。相比而言, 以现实经济和社会发展为依托, 分阶段实现国家监护更为可行。刑事诉讼期间未成年人的国家监护制度是整体国家监护制度的组成部分, 一方面其本质上涉及国家监护的方方面面, 另一方面又是未成年人最需要国家监护和保护的关键点。可以说, 实行刑事诉讼期间未成年人的国家监护, 既是全面推行国家监护的缩影, 也是全面推行国家监护的先行军。

第一, 大量流动人口的管理需要。改革开放以后, 市场经济发展中一个重要的体现就是人口的流动性骤然增加, 尤其是大量农村务工人员的进城, 这其中必然导致流动人口的骤增。以上海市为例, 2015 年的未成年犯罪嫌疑人中, 外来流动人员 1204 人, 占被审查起诉的未成年人总数的 81.7%。这就导致在刑事诉讼期间, 部分犯罪嫌疑人的监护人远在外地, 司法人员与监护人联系不便, 甚至根本都无法找到监护人, 或者即使找到监护人, 也存在监护人不肯出面、对犯罪嫌疑人不肯理睬等极端情况。[①] 这就导致了未成年人案件刑事诉讼无法正常进行。

刑事诉讼本身也有严格的时间限定, 因而面对接受刑事处罚的未成年人, 及时为其寻找和配置适格的监护人, 确保未成年人的利益体现和刑事诉讼的有效进行是现代刑事法制的客观要求, 也是法治国家的必然之举, 更是法律公正和严肃实施的必备要素。尤其是对附条件不起诉的嫌疑人, 缺乏适格监护人, 既不利于从其立场上对之利益保护最大化, 又不能辅助司法机关进行

---

① 崔澜、刘娟:《我国监护制度立法: 现状评价、完善构想和公法保障》, 载《理论探索》2006年第4期, 第146页。

案后帮教，不利于对青少年的感化挽救，容易让未成年犯罪嫌疑人再次误入歧途。

第二，问题家庭的监护资格撤销是罪错未成年人刑事处理的必备条件。现代社会中家庭监护严重不利于未成年人的状况并不是少数，艾滋家庭、恶性犯罪家庭等严重有害于未成年人的家庭监护客观存在着，构成对未成年人合法权益的深层次伤害。在未成年人案例中，一些未成年人根本就得不到监护，因而开始走向犯罪道路。对于未成年人应当实施教育为主、惩罚为辅的刑事政策，这决定了对于犯罪未成年人的重大处理必然伴随着教育挽救的进一步措施，这无疑需要家庭以及监护人的努力与配合。然而生活中，监护人和被监护人的分离和监护实际无效，使刑事诉讼中的国家监护无法回避。

（二）建立未成年人刑事诉讼期间国家监护制度的可行性

"二战"之后，未成年人犯罪处罚的理念发生了很大变化，引入了国家公力机制，加强了国家公力干预和监督，确认了国家监护责任。这些先进理念的产生，也是建立在外部环境和平、科技、社会、经济高速发展的背景下。同时，我国的社会经济发展和法治理念不断提升，这些都为刑事诉讼领域未成年人国家监护制度的引入提供了积极的可能性。

第一，经济的高速发展为实行未成年人刑事诉讼期间国家监护制度提供了经济保障。随着国家财力的不断增强，政府的公共服务职能得以强化，政府机构有能力把帮助青少年，尤其是失足青少年的计划和方案放在优先地位，并应拨付足够资金及其他资源，以有效地提供服务、设施和配备人员。[1] 国际社会上也有专门的青少年发展组织，可以将资金进行商业化运作，通过各种方式增加资金来源渠道，从而为未成年人刑事诉讼期间的国家监护制度提供持续充足的资金支撑。

第二，社会的不断进步为实行未成年人刑事诉讼期间国家监护制度建立了理念基础。随着社会的不断进步，人们越来越注重对青少年的培养，也越来越注重对失足青少年的挽救和感化。有很多社会组织、慈善团体对于青少年、尤其是失足青少年问题十分关注。社会的理念在进步，也成为实行未成年人刑事诉讼期间国家监护制度的土壤，只有人们愿意接受、帮助失足青少年，才能真正地推行刑事诉讼期间的国家监护制度，使之不流于形式。人们的关爱才能更好地将这些误入歧途的未成年人拉回生活的正轨。

第三，立法的不断发展为未成年人国家监护提供了法律基础。《未成年人

---

[1] 李超、毕荣博：《从未成年人保护看国家监护制度的构建》，载《青少年犯罪问题》2004 年第4 期。

保护法》的颁布、地区性未成年人刑事司法规定的颁布和出台，都为实现未成年人国家监护提供了坚实的法律基础。修改后刑事诉讼法特别程序中增设的附条件不起诉、社会调查、犯罪记录封存等制度，也都是先进立法理念的具体体现。

第四，司法实践方面，沿海发达地区的经济、文化、法制背景，提供了试点未成年人刑事诉讼期间的国家监护制度的可行性。主要有以下几方面原因：一是沿海发达地区，经济发展快、城市化水平高，无论是政府还是个体都有较雄厚的财力储备；二是发达地区的社会管理规范，未成年人刑事检察工作起步早、发展快、成效好，对涉罪未成年人的特殊执法理念已转化为自觉的执法行为，机构专门化、队伍专业化得到很大的发展，捕、诉、监、防一体化的工作模式已经形成，帮教社会化的工作体系普遍建立；三是法律从业人员多，专业性强，发达地区社会环境好，人口素质高，法治基础优于其他地区，适合推行、试点新的制度以及新的法律；四是农村人口大量涌入城市，失去有效监护而犯罪的未成年人较多。很多青少年离开父母，在发达地区谋求生活，脱离了监护人的管教，很容易误入歧途。这也是目前沿海城市青少年犯罪率较高的重要原因。一旦这些脱离监护人的青少年违反法律，进入司法程序，就会出现在刑事诉讼期间缺乏适格监护人的情况；五是沿海发达地区有更好的社会基础支撑。对于未成年人犯罪案件，无论是案件诉讼过程还是诉讼后社会矫正工作都需要社会力量的参与，如开展社会调查、合适成年人参与、参与陪审、提供心理测试和咨询、提供法律援助、交付社会观护、提供国家监护机构和人员等，这些都需要有足够的社会基础支撑，沿海发达地区正符合这些要求。

三、域外未成年人国家监护制度的理论和实践

"二战"以后，国家作为"法律上的陌生人"的代表进入了孩子们的生活，树立了未成年人国家监护制度的榜样。《联合国儿童权利公约》第 20 条规定，"暂时或永久脱离家庭环境的儿童，或为其最大利益不得在这种环境中继续生活的儿童，应有权得到国家的特别保护和协助。缔约国应按照本国法律确保此类儿童得到其他方式的照顾"。故世界各国在未成年人国家监护上作出了各自的规定，其中具有理论和实践探索的主要有：

（一）英国

英国关于未成年人监护的政府机构有两个：英国收养和寄养联合会以及地区儿童保护委员会。它们的职责主要是：第一，发展和协调地方为保护未成年

人开展多机构的联合工作和程序；第二，在出现未成年人非正常死亡的情形下，承担调查未成年人受虐待的情况；第三，对地方政府的未成年人保护工作进行评价；第四，提高未成年人收养、寄养在照料、医疗等方面的标准。

英国设有保护法院和公设监护人。保护法院的权力包括：要求报告的权力；宣告的权力；持续性代理权方面的权力；持续性代理权运作时的权力；指派代理权的权力；审理本人自选代理人案件。由大法官指派的公设监护人，承担着持续性代理和法院任命的代理人的登记；对法院任命的代理人的监督；指示并依靠保护法院视察员的访问调查；报告书、会计报告的受领和检讨；不瞒事项的处理等。

（二）荷兰

联合国儿童基金会 2011 年对世界各国儿童幸福指数进行综合评估，荷兰儿童幸福指数排名第一。荷兰 18 岁以下未成年人约 400 万，5% 属于需要特殊关照群体（如违法犯罪、遭受家庭暴力等）。

荷兰没有专门的儿童法院，但有专门的儿童法官。在荷兰，一方面，一个家庭因主观或客观原因无法有效履行监护职责时，可以申请自愿放弃孩子的监护权；另一方面，对于监护人严重侵害未成年人权益的情形，未成年人保护局在接到举报信息后可以直接到场将未成年人带离家庭，同时申请未成年人人身安全保护裁定。未成年人保护局通过委托 NGO，对这些家庭开展监护情况进行评估和教育辅导，并以 1 年为限，希望孩子能够回归家庭。孩子是否适合在原来的家庭中继续生活，由法院最终作出判决，未成年人保护局提交的报告将作为法院判决的重要依据。法院一旦判决撤销父母监护权或同意父母放弃监护权，孩子的抚养权将归属未成年人保护局。因荷兰没有政府设立的福利机构，未成年人保护局主要通过家庭寄养、市政府雇用私营机构抚养两种方式养育儿童，家庭寄养更为普遍，荷兰目前约有 2 万个儿童在寄养家庭中生活。对于侵害特别严重的情形，法院可以永久剥夺父母的监护权，由未成年人保护局开展送养工作。①

（三）法国

《法国民法典》经过 200 多年的发展，尤其是 20 世纪 60 年代以后一系列的重大修改，未成年人监护制度发生了根本性的变革和内容创新，引入了国家公力机制，加强了国家公力干预和监督，确认了国家监护责任，在一定意义上

---

① 方芳：《关于赴荷兰、英国考察未成年人保护工作的情况报告》，载《预防青少年犯罪研究》2016 年第 3 期。

解决了亲属私力监护的不足。其监护模式具体表现在以下几个方面：

第一，《法国民法典》专条声明："监护是对儿童的保护，属于公共性质的责任。"（第 427 条）

第二，《法国民法典》明示："如无人监护，在监护涉及未成年人时，监护法官得将其交由国家负担，或者在涉及未成年人时，交由社会援助儿童部门。"（第 433 条）

第三，国家司法介入父母亲权之中。"家事法官在决定将子女暂时交给第三人照管的同时，得决定该第三人应当提出监护的请求。"（第 373－4 条）在某些法定情形之下，"家事法官均得为儿童之利益，作出决定，将对儿童的监护权转移给社会儿童援助部门。"（377－1 条）

第四，《法国民法典》专门用一节九条规定国家采取教育性救助措施，以弥补家庭个体监护之不足。"少年法官对有关教育性救助的一切事由均有管辖权，对少年法官的决定可以向上诉法院提出上诉。"（第 375－1 条）法官代表国家，被赋予几乎无所不包的干预监护事务的权力和职责。

（四）德国

1. 德国政府在未成年人监护中的职责

根据《德国民法典》的规定，父母对未成年子女负有人身和财产照顾的权利和义务，但《德国民法典》通篇显示出国家在监护制度中的作用，充分体现了公权力在监护领域的全面渗透。在德国，代表国家履行监护职责的主体主要有青少年福利局（以下简称少年局）、家庭法院等机构。少年局是德国青少年照顾事务的政府机构，隶属于行政区和直辖市政府，各州、县对口设立少年局，与分管成年人的"照顾署"性质相同。少年局具体负责青少年事务，是国家对未成年人监护的主体，代表国家履行监护的实际职责。[1]

德国少年局对儿童的监护体现在以下几个方面：第一，作为辅助人。少年局依父母一方的书面申请，在下列事务方面成为未成年人的辅助人：（1）父亲身份的确定；（2）扶养请求权的主张，以及对此种请求权的处分；（3）若未成年人在第三人处有偿得到照料的，辅助人有权从扶养义务人所为的给付中向该第三人进行清偿。第二，作为官方监护人。[2] 家庭法院必须在听取少年局的意见后，挑选监护人。若没有合适的人担任独任监护人，少年局也可以被选

---

① 陈翰丹、陈伯礼：《论未成年人国家监护制度中的政府主导责任》，载《社会科学研究》2014 年第 2 期。

② 朱红梅：《监护的公法化：德国未成年人国家监护制度对我国的启示》，载《太原师范学院学报》（社会科学版）2007 年第 6 期。

任为监护人。第三，作为监护监督人。监护监督人可在监护人之外进行选任。当然，少年局也可以作为监护监督人，若少年局系监护人，不得被选任为监护监督人。第四，协助的义务。家庭法院必须在指明监护人和监护监督人的情况下，将监护的命令以及人员变更和监护的终止通知少年局。若被监护人的惯常居所被迁至另一少年局的辖区，监护人必须将迁居事项通知原惯常居所地的少年局，后者必须将迁居事项通知新的惯常居所地少年局。此外，《德国儿童与青少年救助法》规定，各地少年局有委托照管儿童和对儿童采取临时保护措施的责任。在钱财管理及监管费用方面，德国的规定也较为详细。同时，家庭法院对未成年人监护的实现也起着重要的作用，无论是父母对未成年子女的照顾还是监护人的选任，抑或是监护人及监护监督人行使监护职责的情况，都处于家庭法院的监控和主导之下。同时，为更好地保障儿童权益，德国还建立了青少年事务委员会、青少年教养机关、医疗保护机构等各种社会保护机构。

2. 德国未成年人政府监护实践的启示

德国政府对未成年人国家监护的实践，可以为我们提供如下启示：第一，德国政府提倡政府和家庭之间的通力合作，以家庭为中心，政府充分发挥服务职能，用提供服务、资助的形式干预和监管父母对子女的管束、虐待等不当监护行为。该模式也被称为"家庭服务模式"。第二，国家监护具有补充性。只有在父或母无遗嘱指定监护的情况下，才可能由家庭法院指定监护，且只有在无适宜的个体监护人或社团监护人的情形下，少年局才可被选任为监护人。第三，在明确政府职责的情况下，非政府组织也广泛参与。在德国，除了少年局等政府机构主导国家监护责任外，大量的非政府机构也积极参与未成年人权益保护事宜。第四，国家对未成年人保护提供资金保障。在被监护人无资财的情况下，国库为未成年人的国家监护提供必要的资金。未成年人监护的资金保障从德国的儿童院的构成中也可见一斑。德国的儿童院主要分三种：第一种是公立性质的；第二种是由公益组织建立的非营利性机构，约占八成；第三种是大约一成的儿童院为公司性质。第五，确立了监护监督人制度，其主要职责是协助父母和监护人履行监护职责，对监护人进行监督，向监护法院提出护理、监护、协助和监察方面的建议，并向监护法院报告上述人员的情况。

四、建立我国刑事诉讼期间未成年人国家监护制度的构想

综观我国未成年人监护制度的现状，立法的滞后性无疑是最大的问题所在。如果能对我国法律体系中有关未成年人监护的内容进行一次彻底清理，借鉴西方国家已有的经验，制定一部特别法——《未成年人监护法》，对未成年人监护问题的操作流程、条件作出系统、具体、详细的规定，真正具有现实的

操作性，建立起以家庭监护为常态和国家监护为补充的未成年人监护制度将会是非常理想的状态。但在我国总体经济和社会发展尚不能达到发达程度的情况下，截取刑事诉讼这一段期间，对其中面对国家刑法调查，又缺失有效监护的未成年人给予相对适当的国家监护，以保障其权益的实现和身心发展，是目前的当务之急。

（一）明确未成年人刑事诉讼期间国家监护的主体

《民法通则》第 16 条第 3 款规定："没有第一款、第二款规定的监护人的，由未成年人的父、母所在单位或者未成年人住所地的居民委员会、村民委员会或者民政部门担任监护人。"可以相对修改为："没有第一款、第二款规定的监护人的，由民政部门担任监护人。"如前所述，单位、居委会、村委会等组织没有能力承担未成年人的监护职责。立法应明确在未成年人父母或者其他亲属没有能力监护时由国家出资，民政部门代表承担监护责任，便于对不适格监护人的评判以及撤销监护资格程序的启动。同时也使未成年人国家监护制度有真正的落脚点。①

根据《中华人民共和国立法法》第 63 条规定，"省、自治区、直辖市的人民代表大会及其常务委员会根据本行政区域的具体情况和实际需要，在不同宪法、法律、行政法规相抵触的前提下，可以制定地方性法规"。法律发达地区可以走在立法前列，从立法根源上确保未成年人国家监护制度的实施。

（二）建立不适格监护的撤销制度

临时监护制度是针对监护人不能适格履行自己监护义务的未成年犯罪嫌疑人，对于这些不适格的监护人，应当建立撤销他们监护权利的相关制度。

监护制度要达到保障未成年人正当权益的目的，使其受到应有的、健康的监护。目前可以考虑建立两个机制：一是限制监护权，对未成年人的家庭监护进行检查督促，使家庭个体监护达到适当和充分、保持必要的质量。二是未成年人国家"代位"监护机制，对法定情况下的未成年人实施国家代位监护，由国家选任第三人或有资格的机构对未成年人进行有效监护。可以由检察院提起剥夺监护权，法院批准，由检察院代为执行。对于不适格的家庭监护人，要坚决地撤销他们的监护权，避免对未成年人的进一步伤害。

对监护能力不足的不适格监护人应当分两种情况处理：一是监护人由于穷困、疾病等原因客观不能胜任监护职责；二是一些监护人因各种原因主动放弃

---

① 余寅同：《论未成年人第一监护人缺失时的国家监护义务》，载《法制与社会》2009 年第 6 期。

监护职责，将被监护人遗弃街头。对于前者，由国家履行监护辅助义务，通过民政部门，在经济、医疗、教育等诸方面给予亲权监护人帮助。对于后者，民政部门说服教育监护人，解决监护人的思想问题，使未成年犯罪嫌疑人能够尽早回归家庭；如效果不理想，国家可按不同情形追究其法律责任（包括刑事责任），将其法定监护权强制转移到国家所设立的保护机构。这种转移将导致原监护人对于被监护人的所有监护权的丧失，但并不导致其所承担的抚养义务的必然丧失。对无适格监护人的未成年人（包括孤儿、无法查明家庭地址的儿童）由国家直接监护。在民政部门设立的儿童福利机构根据其自身情况采取集中收养、家庭寄养等安置措施。在为未成年犯罪嫌疑人提供生存庇护的同时，重点对其进行心理辅导与行为矫治，为其回归社会奠定基础。"

（三）实行诉讼临时监护制度

在现行立法无法一步到位的情况下，对于面临刑事诉讼同时确实没有适格监护人的未成年人，应当在现行法律框架下，相对确定一个常设的，可以作为实际行为的职能部门作为启动国家监护相关事项的连接点，既便于司法部门的实际操作，也能切实保护未成年人的利益。[①]

所有的未成年犯罪嫌疑人，在未找到适格的法定监护人之前，都应归入代表国家的特设机构（如未成年人救助保护中心、儿童福利院）的临时监护之下。未成年犯罪嫌疑人心智身体尚未发育成熟，往往具有较强的逆反心理，而且处于刑事诉讼过程中，心态更加不稳定，临时监护制度非常必要。尤其是对于附条件不起诉的嫌犯，放归社会后，需要进行案后帮教，此时临时监护就能够起到很好的作用。

考虑到避免交叉感染，可以考虑由民政部门下属的未成年救助保护中心、儿童福利院作为监护主体，在这些部门下设专门机构，由专人担任未成年犯罪嫌疑人的临时监护人。未成年犯罪嫌疑人毕竟和普通未成年人不同，在思想、行为各方面需要进行更多的教化，也需要这些监护机构以及监护专人花费更多的心思，通过帮助入学、帮助就业或者内设课程等方式，来帮助未成年犯罪嫌疑人重新走入社会。

（四）完善合适成年人介入制度

在英国，由于费肯特案引发了英国公众对于未成年人刑事诉讼程序的关注，1981 年，菲利普皇家委员会发布了报告，报告强调："未成年人可能不能很好地理解讯问的重要性或他们自己所说的内容，并且可能比成年人更受到他

---

① 齐艳英：《对未成年人监护制度的几点认识》，载《法学论丛》2006 年第 6 期。

人建议的影响。他们可能需要成年人在场的支持，一些友好的成年人，以建议和帮助他们作出自己的决定。"① 之后，英国《1984 年警察于刑事证据法》正式确立了合适成年人到场制度。

合适成年人制度是指针对刑事诉讼期间，未成年嫌犯的父母往往难以通知或无法到场的情况下，通知有关的机关或团体指派未保干部、团干部、教师、专业社工等，作为诉讼参与人到场参与讯问或审判。2003 年开始，合适成年人制度已经引入我国。上海、厦门等地陆续建立了有自身特色的合适成年人制度，并从审查起诉阶段延伸至逮捕阶段。

修改后刑事诉讼法的颁布，也强化了合适成年人制度在实践中的应用。根据修改后刑事诉讼法的规定，讯问、审判未成年人时，首先要通知到场的应当是未成年人的法定代理人，只有法定代理人无法通知、不能到场或者是共犯的，才可以通知其他合适成年人。讯问在押未成年人时，未成年人的法定代理人或合适成年人应当陪同在侧，未成年人的讯问笔录中均有法定代理人或合适成年人的签字认可，这都是对未成年犯罪嫌疑人权利的保障。

根据以往的办案实践，对于合适成年人队伍，也需要对合适成年人的最佳人选、合适成年人参与诉讼的时间和次数、合适成年人的培训和交流等问题进行进一步的研究和讨论。

（五）健全未成年人社会观护机制

所谓观护体系工作，就是指检察机关与综治、预防、青少年保护、社区矫正等职能部门协作配合，通过政府购买服务、组织专门社团、吸纳志愿者、发动有社会责任感的企事业单位等途径，整合派出所、矫正组织、居（村）委会等基层组织，共青团、妇联等人民团体，工读学校、企事业等单位，社工组织、志愿者团体等社会力量，在各区县的街道（镇）、社区设立观护点，并形成工作体系，开展对涉罪未成年人的监管、帮教、考察、矫正等工作。检察机关在对涉罪未成年人作出相对不捕、取保候审、诉前考察或相对不起诉决定后，为确保诉讼顺利进行或司法处理效果，将其交由居住地观护点牵头组成专门小组开展观护工作。参与观护工作的企业、工读学校、救助中心、社区活动中心等，可以为涉罪未成年人提供食宿及文化知识学习、法制教育、劳动技能培训等帮教条件，为在沪无监护条件、无固定住所、无固定收入的轻微涉罪未成年人适用非羁押强制措施以及考察、帮教创造条件。近年来，我国发达地区法院对少年司法领域展开了诸多主动的探索，一些国外对犯罪少年的处遇方式

---

① 姚建龙：《权利的细微关怀："合适成年人"参与未成年人刑事诉讼制度的移植与本土化》，北京大学出版社 2010 年版，第 11—16 页。

被引进来，其中具有代表性的是长宁区法院对少年犯罪人所适用的监管令和社会服务令，同时，各地法院少年法庭开展审判延伸工作，也取得了明显的成效，例如建立"失足未成年人帮教基地"，上海高院开展的观护回访工作，广州中院面向社会聘请社会观护员、社会调查员，北京海淀区法院开展亲职教育工作等一系列的探索，丰富和发展了我国少年司法制度。

性犯罪未成年被害人询问工作机制的构建*

赵广静　赵晓敏**

摘　要： 实践中，侦查机关在询问性犯罪案件未成年被害人时，往往存在询问地点不当、询问人员不适格、询问方式太随意等诸多问题，极易对未成年被害人造成二次伤害。借鉴域外"一站式询问"的工作方式，积极汲取语言学、儿童心理学的研究成果，在此类案件中引入"检察指导侦查"，对构建符合我国司法实际的工作机制具有重要意义。

关键字： 性犯罪　未成年被害人　询问　检察指导侦查

性犯罪①一般发生在较私密的空间，依法准确认定事实通常依赖于行为人与被害人的言词证据。为查清犯罪事实、固定证据就必然要求被害人不断回忆并说出性侵害的细节信息，不当询问很可能给被害人，特别是未成年被害人造成二次伤害。近年来，国家对未成年人的保护力度不断增强，陆续出台了一系列保护未成年人合法权益的规范性文件，其中《未成年人保护法》确立了"给予未成年人特殊、优先保护"的基本原则，《关于进一步建立和完善办理未成年人刑事案件配套工作体系的若干意见》（以下简称《配套意见》）及修改后《刑事诉讼法》要求办理未成年人刑事案件时应按照最有利于未成年人和适合未成年人身心特点的方式进行。我国对未成年人的保护经历了从着重强调保障未成年犯罪嫌疑人、被告人合法权益到兼顾保障未成年被害人合法权益的过程。与日趋完善的未成年犯罪嫌疑人、被告人法律保障程序相比，对未成年被害人，特别是性犯罪未成年被害人的权利保障略显不足。为避免不当刑事司法程序对未成年被害人造成"二次伤害"，2013 年 10 月最高人民法院、最

---

　*　本文荣获 2015—2016 年度女检察官检察理论研究课题二等奖。

　**　课题组主持人：赵广静；课题组成员：赵晓敏。作者单位：北京市石景山区人民检察院。

　①　2013 年 10 月最高人民法院、最高人民检察院、公安部、司法部《关于依法惩处性侵害未成年人犯罪的意见》第 1 条规定：本性侵意见所称性侵害未成年人犯罪，包括针对未成年人实施的强奸罪、强制猥亵、侮辱妇女罪，猥亵儿童罪，强迫卖淫罪，引诱、容留、介绍卖淫罪，引诱幼女卖淫罪，嫖宿幼女罪等。由于 S 院 7 年间未收到后三类案件，故本文统计数据中未涉及后三类罪名。

高人民检察院、公安部、司法部联合出台了《关于依法惩处性侵害未成年人犯罪的意见》（以下简称《性侵意见》），该意见将"不伤害原则"确立为询问性犯罪未成年被害人的基本原则，并围绕该原则，从询问地点、询问方式和询问次数等方面做出了具体规定。但实践中囿于人力、设施、场地等条件的不足，严重制约了上述规定的执行，对性犯罪未成年被害人的保护效果大打折扣。

一、性犯罪未成年被害人询问情况的现状

我们对 S 检察院自 2007 年至 2014 年办理的全部 49 件目标案件 60 名被害人分析发现，检察机关在审查起诉阶段仅对 10 名被害人进行过询问，占被害人总数的 16.7%，对未成年被害人的询问多集中于公安机关的侦查阶段。目前，审查起诉阶段对未成年被害人的询问比较规范，相比而言，对照法律规定，公安机关的询问仍存在差强人意之处。

（一）询问地点

相关司法解释要求，询问未成年被害人应选择适合未成年人身心特点的场所进行。

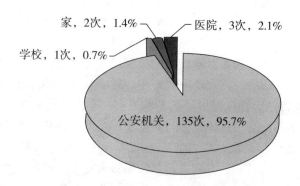

图 1　60 名被害人 141 次询问的所在地点

图 1 显示，目标案件 141 次询问中有 135 次在公安机关内部进行，占询问总数的 95.7%，未能充分体现对未成年被害人在询问地点选择上的特殊对待。S 区公安机关没有针对未成年人设置的专门谈话室，对未成年被害人的询问多在办公室或普通询问室进行，上述地点氛围比较严肃，容易使被害人产生紧张、抵触情绪，直接影响取证效果。

（二）询问人员

1. 无法保证专门人员询问

《公安机关办理刑事案件程序规定》要求，公安机关应设置专门机构或配

备专职人员办理未成年人刑事案件。对目标案件分析发现，公安机关从接受报案、立案侦查到预审阶段，承办人都是随机安排，并未按照法律要求指定专人办理。（见表1）

表1　2010—2014年办理性侵害未成年人犯罪案件的承办组数

序号	年份（年）	案件数（件）	承办组数（组）
1	2010	10	8
2	2011	10	7
3	2012	1	1
4	2013	5	3
5	2014	11	7

2. 无法保证有女性工作人员参与询问

《配套意见》要求，询问性犯罪被害人，一般应当由女性办案人员进行或有女性办案人员在场。目标案件中60名被害人的141次询问，仅在派出所初查阶段对其中9名被害人进行的14次询问中有1名女性办案人员参与，占询问总数的9.9%；预审阶段的询问全部由2名男性办案人员完成。《性侵意见》出台后，将该规定修改为"未成年被害人系女性的，应当有女性工作人员参与。"比照该意见，目标案件中54名女性被害人共接受126次询问，仅在派出所初查阶段对其中8名被害人进行的13次询问中有1名女性办案人员参与，占询问总数的10.3%。

（三）询问方式

《性侵意见》出台前，相关司法解释只要求办理未成人刑事案件，应按照最有利于未成年人和适合未成年人身心特点的方式进行，对询问次数、询问人员更换及问题设置等均无明确规定。目标案件中，办案人员在询问未成年被害人时基本能保证使用和缓的语气，提前与被害人及其父母沟通。但是，对性犯罪未成年被害人的保护，单有和缓语气和事前沟通是远远不够的。

1. 多人多次询问

图2显示，接受过2次以上询问的被害人达63.3%，其中接受过3次以上询问的被害人达40%。

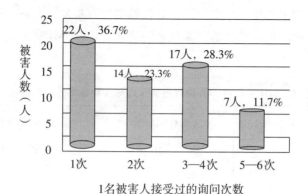

图2　接受过不同询问次数的被害人数及比例分布

目标案件中，还存在不同承办组①对同一被害人进行多次询问的情况（见图3）。如曹某强奸案，自7月16日至次年3月27日被害人共接受过4组办案人员进行的5次询问；闫某强迫卖淫案，连同退回公安机关补充侦查进行的1次询问在内被害人共接受过4组办案人员进行的6次询问。

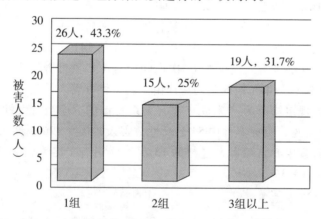

图3　接受过不同承办组询问的被害人数及比例分布

对目标案件中接受过2次以上询问的38名被害人119份询问笔录进行分析，发现多次询问存在以下原因。（见表2）

----

① 本文所指的"组"是指2名办案人员为1组，对同一被害人进行询问的，其中1名询问人员变化，即将其算作2个承办组。

表2　因不同原因接受多次询问的被害人数①统计

序号	多次询问的原因	被害人数
1	被害人主动要求更改笔录内容	3
2	报案时被害人未主动提及遭受性侵害	5
3	犯罪嫌疑人供述与被害人陈述不一致，需核实	23
4	为固定言词证据而重复询问	21
5	因先前询问有遗漏需再次补充询问	29

因被害人原因或证据发生变化而进行的再次询问是必要的，但如表2所示的多数多次询问是可以避免的。如苏某强奸案，被害人于7月22日14时许第1次接受询问，对被侵害过程进行详细陈述，于当日22时许接受的第2次询问仅为补充其第一次被强奸的细节；再如于某强制猥亵妇女案，被害人第1次、第2次询问笔录内容基本一致，第3次询问仅针对前两次笔录中提及的行为人强迫被害人口交的情节补充询问。这些情况都是可以通过类案经验积累、前期周密准备及与被害人有效沟通的基础上加以避免的。

2. 问题设置不合理

目标案件中，办案人员对12岁以下被害人多使用开放式问题进行询问，待被害人全面陈述后，对其中模糊之处再用儿童语言加以确认；而对13岁以上被害人，办案人员的询问方式基本与成年人一致。但即便是第一种情况，仔细推敲，笔录中仍存在一些问题。

（1）句式选择不当。从语言学角度可将司法实践中常用的疑问句分为特指问句、选择问句、正反问句、是非问句②，按照问话对答话的制约强度由弱到强的次序是：特指问句、选择问句、正反问句、是非问句。③有时办案人员也会使用祈使句表示询问，如"说说事情经过""接着讲"等。一般情况下，用宽式特指问句让被害人陈述事情经过，窄式特指问句确认案件细节。目标案件中，对句式运用存在的问题主要表现为句式开放度选择不当。

---

① 因对同一被害人的多次询问可能同时存在以上几种原因，故此处统计存在重复情况。目标案件中，也可能存在因被害人在询问过程中需要休息或调整情绪而进行再次询问的情况，但此种原因无法直接从询问笔录中显示，为保证数据严谨性对该原因不做统计分析。

② 特指问句也有宽式和窄式之分，其中宽式特指问句"你怎么被欺负了？"窄式特指问句"司机用什么往你肛门里插？"选择问句"他尿尿的地方进你尿尿的地方没有？"正反问句"你是否跟他提出过要钱的要求？"是非问句"以上说的属实吗？"

③ 王洁：《控辩式法庭审判互动语言探索》，载《语言文字应用》2004年第3期，第75—82页。

有些问题开放度过宽。4—7岁的儿童，已经能较清楚地陈述事件，但逻辑顺序仍不如年长儿童或成年人，需要适当引导。被害人处于该年龄段的13件目标案件，侦查人员均以"说说事情经过"作为询问开篇，这种过于开放的问题，很容易让被害人无从回答，难以获得有效信息。但从询问笔录看，年仅4岁的被害人也可以按时间发展有序陈述事情经过，这与此年龄段被害人应有的表达能力存在一定差距，难免让人质疑笔录的真实性。

有些问题开放度过窄。除程序性告知外，应尽量少用选择问句、正反问句、是非问句进行关于案情的提问，上述三种问句很可能被认为有引供、诱供的嫌疑。如于某强制猥亵妇女案，"他是穿着裤衩让你摸还是脱了裤衩让你摸?"该选择问句对性侵害细节的提示过于明显，限制了回答的范围。"他是否每次都射精?"该正反问句是在前文没有提及"射精"的情况下出现的，隐含前提是行为人实施猥亵行为时有时会射精。这两个问句都存在引供、诱供的嫌疑。

（2）问题重复。性侵害对未成年被害人来说多是难以启齿的经历。对被害人已经明确陈述的问题，尽量不要再次单独确认。从心理学角度讲，重复问题会让人感到不受重视，对方未仔细倾听，进而产生厌烦情绪。如张某强迫卖淫案，被害人在第4次询问中已多次表明"他们让我去卖淫我肯定不愿意去"，办案人员仍然重复问"这次卖淫你是自愿的吗?"得到的回答"我说过卖淫我肯定不愿意去。"从被害人的回答中已经能感觉到她的厌烦和抵触。

3. 词语选择不当

（1）敏感词语过多。性犯罪案件常涉及的敏感词语或词组有：强奸、猥亵、卖淫、用嘴嗑、射精、生殖器、阴茎、阴道、安全套、嫖客等。以强迫卖淫案为例，目标案件中共有4名被强迫卖淫的被害人，侦查人员在询问中频繁使用带有"卖淫"字样的词语，问题设置与对成年卖淫女的询问无异（见表3）。被强迫卖淫与自愿卖淫存在本质差别，被害人又系未成年少女，每一个带有"卖淫"字样的词语都会极大损伤被害人的自尊心。

表3 "卖淫"在问话中出现的词频

序号	被害人	询问总数	带有"卖淫"字样词语出现的词频
1	陈某	5	24
2	赵某	5	27
3	王某	3	11
4	李某	6	22

（2）带有语用意义①的词语选择不当。询问中常见的此类不当词语有副词"究竟/到底"、疑问代词"为什么"、连词"既然"等，这些词语的不当使用，会直接导致问题的语用意义发生变化。"到底/究竟"常用在疑问句中，表进一步追究。如刘某强奸案，一次询问中使用了6次"到底"，如"你到底怎么去的地下室？"显示问话人的语用意义是不信任和斥责。"既然"引导问句时，前句强调一个客观事实的存在，后句表述在这种情况下又存在另一种矛盾情况，可表现问话人的不满情绪。②如霍某强奸案，"既然你不愿意，那他强奸你后你为什么不报警？"办案人员用"既然……那……"引导了一个反问句，反问的基本形式是否定，语用意义是质疑或不信任。以"为什么"引导疑问句，在特定语境下同样会给被询问人以受指责的感觉。

不当司法行为给未成年被害人造成的心理伤害，可能比性侵害本身更大，甚至可能使被害人转变成加害人。③南非前总统曼德拉说"没有什么比我们对待孩子的态度更能深刻折射这个社会的核心价值追求了。"司法程序不仅要给被害人以法律正义，更要通过我们的工作帮助他们尽快从性侵害的阴影中摆脱。在我国社会机构尚不健全的情况下，检察机关作为为数不多的可以同时与行为人、未成年被害人"零距离"接触的公共组织，利用行使国家追诉权和法律监督权的"职务便利"，适时为未成年被害人提供充分的权利保障，满足其安全需求，对于保护未成年人正常社会化过程进而保证整个社会肌体的可持续发展而言，无疑具有无法估量的社会价值。④

二、性犯罪未成年被害人询问方面的可鉴经验

（一）我国台湾地区

针对遭受性侵害的儿童，我国台湾地区开展了积极的实践探索，先后颁布了防治和处理性侵害案件的一系列规定，明确规定了询问性犯罪案件未成年被害人，要由资深稳重、平实温和、经过专业培训或讲习的已婚女性办案人员进行，以恳切态度耐心为之，以一次询问为原则，非有必要，不得再次询问。对

---

① 语用意义，是指在语言意义基础上，因说话人和语境的不同而产生的意义，它是跟具体语境和说话人的直接语用意图发生了特定的联系后产生的。参见何自然：《语用学概论》，湖南教育出版社1988年版，第24页。

② 钟小勇、张霖：《"既然"句和"因为"句主观性差异探》，载《汉语学习》2013年第4期，第35—40页。

③ 杨正万：《刑事被害人问题研究——从诉讼角度的观察》，中国人民公安大学出版社2002年版，第361页。

④ 张利兆主编：《检察视野中的未成年人维权》，中国检察出版社2004年版，第237—238页。

于智障或陈述有困难的未成年被害人，应给予充分陈述的机会，详细调查。除此之外，我国台湾地区还建立了保护未成年被害人的专门社会机构，由专业人员为遭受侵害的未成年被害人提供法律援助、身体救治和心理疏导。一般情况下，警察和检察官会与专业人员合作，在完成办案的同时对未成年被害人进行救助。我国台湾地区儿童性侵害防治组织还建立专门网站，对遭受性侵害儿童的心理状况、如何与被害儿童进行沟通、如何帮助儿童说出伤害等一系列问题进行了说明。①

（二）我国香港地区

我国香港地区的办案人员也以同样的理念办理性侵害未成年人案件，"以保护未成年人为本，多专业多机构共同合作"为基本模式，以保护未成年人最大利益为核心。根据未成年人生理、心理特点，我国香港地区办案人员在调查访问未成年人时一般在专门的"家居录影室"进行。"家居录影室"选用普通民用住房，地址对外完全保密，室内装饰模拟现实家庭环境，设有客厅、会谈室、监控室、检查室、洗手间五部分，以营造一种安全舒适亲切的氛围，使来到这里接受调查访问的未成年被害人能够相对轻松地陈述被侵害过程。我国香港地区的司法程序以"一站式调查取证"为原则，避免多人多次询问给未成年被害人造成伤害。除此之外，还吸收有儿童保护经验的社会福利署社工、临床心理学家等多方专业人士共同办理，以照顾未成年被害人的生理特点及心理特点，对未成年被害人给予多方面的人文关怀，降低性侵害给未成年人带来的负面影响。②

（三）欧洲委员会部分成员国

2007年欧洲委员会（以下简称欧委会）制定了《儿童保护——防止儿童性剥削和性侵害公约》。目前，欧委会47个成员国中有39个已签署了该公约，公约于2010年7月1日正式生效，这是欧委会将不同形式的儿童性侵犯列入刑罚范围的第一个法律文件。③公约特别规定了对儿童询问时的注意事项：一是对遭受性侵害的儿童询问不能无理由延误，询问应当在专门为儿童设置或改造的场所进行，询问人员必须是经过专门培训的专业人员，且自始至终应为同

---

① 参考我国台湾地区"儿童性侵害防治"网，http：//childsafe. isu. edu. tw/f/f2＿30. asp，2014年6月19日。

② 马忠红：《香港警方办理未成年人遭受性侵害案件的做法及启示》，载《中国青年研究》2006年第9期，第49—51页。

③ 最高人民法院刑事审判第一庭编著：《性侵害未成年人犯罪司法政策——案例指导与理解适用》，人民法院出版社2014年版，第419页。

一人进行所有询问，应尽量减少对儿童的询问次数，对儿童询问时应有法定代理人或其他合适成年人在场；二是要确保对受害儿童的所有询问进行合法规范的录像，且保证这些录像可以在法庭审理时作为证据使用。①

通观其他国家和地区对性犯罪未成年被害人的保护，共性做法归纳为以下几方面：第一，坚持"儿童最大利益原则"，以保护未成年人为核心；第二，以一次询问为原则，避免多人多次询问；第三，询问地点应适合未成年人身心特点；第四，对询问过程全程录像，以备后续司法程序使用，减少刑事司法程序对未成年被害人的干扰；第五，询问人员应为熟悉未成年人身心特点且经过专门培训的专业人士；第六，多机构分工配合，给予未成年被害人多方面人文关怀。鉴于我国未成年被害人保护工作起步不久，尚缺乏有效的实践经验，因此，我们应在充分借鉴其他国家和地区成功经验的基础上，立足于我国司法实践，科学地完善我国现有询问机制。

三、性犯罪未成年被害人询问机制的完善

虽然我国陆续出台了《配套意见》《性侵意见》等司法解释，但这些指导意见尚未上升到法律层面，未得到司法机关的充分重视，且上述意见只是原则性规定，具体操作上还有待细化。从目前情况看，贯彻一次性询问原则、避免不当司法程序给未成年被害人造成二次伤害的可行途径，就是在办理性侵害未成年人犯罪案件中引入检察机关介入侦查、引导取证的工作机制，通过强化检察院对公安机关的监督与制约规范其询问行为，实现检察院在保护未成年被害人方面的可能作为。

因此，将该工作机制定位为：办理性侵害未成年被害人犯罪案件时，在符合修改后《刑事诉讼法》对检警关系规定的基础上，检察院在侦查初期的询问环节提前介入，引导侦查人员依法搜集案件证据及背景信息、合理适当设置询问提纲、规范使用询问语言，以一次性询问为原则，通过同步录音录像将所有询问过程留存，以备后续司法程序使用，力求在最佳时间使用最佳方式获得最有效信息，避免多人多次反复询问对未成年被害人造成二次伤害。整个侦查过程仍由公安机关进行，检察院不能代替或主导侦查。

（一）理论基础及合法性依据

1. 新型检警关系

萨维尼与乌登指出，作为法律守护人，检察机关的职权及于警察的活动。

---

① 摘录自欧洲委员会《儿童保护——防止儿童性剥削和性侵害公约》。

检察机关对警察的侦查进行指导并进行法律监督，是检察机关最古老的任务之一。[①] 大陆法系国家的检察官对司法警察的侦查活动具有主导权，即指挥权，司法警察处于被支配地位，这种检警关系被称为"检警一体"，这种工作机制的称谓类似于我国刑事诉讼理论界和实务界积极探索和推行的"检察指导侦查"。[②] 鉴于实践中公安机关存在取证质量不高的问题，人民检察院经过多年探索形成了检察机关介入侦查、引导取证的工作机制，弥补了检警关系封闭性带来的缺陷。《人民检察院刑事诉讼规则（试行）》第361条将这种工作机制加以明确，指出对于重大、疑难、复杂案件，人民检察院认为确有必要时，可以派员适时介入侦查活动，对收集证据、适用法律提出意见，监督侦查活动是否合法。主要方式包括：参加公安机关对于重大案件的讨论，参与询问犯罪嫌疑人、询问证人活动，提前审阅有关的案件材料，参与现场勘验、检查等。[③] 这一工作机制的运行在实践中渐趋成熟，为我们在办理此类案件时引入该工作机制提供了理论基础。

2. 特殊、优先保护原则

联合国宪章指出，在有关儿童的行为中，无论是公共还是私人福利机构、法庭、行政机构或立法机构，儿童利益都应当放在首位。[④] 联合国《儿童权利公约》是人类历史上第一个具有约束力的关于未成年人保护的共同性法律文件，确立了"儿童最大利益原则"，逐渐成为国家社会处理儿童事务时应当遵守的基本原则。[⑤] 1990年我国成为《儿童权利公约》签约国，并通过一系列法律文件的制定不断增强对未成年人的保护力度。其中《未成年人保护法》确立了"给予未成年人特殊、优先保护"的原则，《性侵意见》将"特殊、优先保护原则"确立为办理性侵害未成年人案件应当贯彻的基本原则，并进一步明确对与性犯罪有关的事实，应当进行全面询问，以一次询问为原则，尽可能避免反复询问。"儿童最大利益原则"、对未成年人"特殊、优先保护原则"、一次性询问原则等，为引入该工作机制提供了合法性依据。

虽然性侵害未成年人犯罪案件不一定都是重大疑难复杂案件，但基于

---

① 魏武：《法德检察制度》，中国检察出版社2008年版，第188页。

② 苏凌、冯保卫：《检警一体化与检察指导侦查机制比较研究》，载《国家检察官学院学报》2002年（第10卷）第5期，第88—92页。

③ 参见孙谦主编：《〈人民检察院刑事诉讼规则（试行）〉理解与适用》，中国检察出版社2012年版，第285页。

④ 根据联合国《儿童权利公约》的界定，"儿童系指18周岁以下的任何人"。这一年龄界定与我国《未成年人保护法》《刑事诉讼法》等相关法律、法规对未成年人年龄的界定一致。

⑤ 最高人民法院刑事审判第一庭编著：《性侵害未成年人犯罪司法政策——案例指导与理解适用》，人民法院出版社2014年版，第182页。

"儿童最大利益原则""特殊、优先保护原则"，对性犯罪未成年被害人，我们也应当"特事特办"，由未成年人案件检察处适格检察官提前介入，引导侦查人员进行一次性、全面、适宜的询问，最大限度地减少刑事司法程序对未成年被害人可能造成的二次伤害。

（二）现实需求

从前文的数据分析及调查走访发现，S区公安机关专门人员匮乏、有针对性培训不足、场地与设备等基础条件不具备，对未成年被害人保护意识欠缺，取证能力有待提高，这些都是短时间内难以解决的问题。相比而言，S检察院自2007年设立未成年人案件办案组，2012年成立未成年人案件检察处，选任熟悉未成年人身心特点、经验丰富的检察官，且接受了关于未成年人案件办理的系统培训，其中一名检察官已经获得心理咨询师资格证，2014年该院配备了专门的布置温馨、环境舒适的未成年人谈话室及心理疏导室，具备了检察院介入侦查、引导取证的现实条件。

（三）初步设想

对于性侵害未成年人犯罪案件，应秉持一个原则：无论案件大小、情节轻重、对被害人身体伤害程度大小，在对被害人调查取证时均应履行下列四个程序，以给予被害人最大限度的人文关怀。

1. 初步筛查

被害人到公安机关报案时，接警民警进行第一次询问，了解基本情况，初步判定是否为性侵害未成年人犯罪案件。若确有犯罪行为存在，应立即上报公安分局法制处，由法制处联系检察院未成年人案件检察处，尽快组织正式询问。公安机关要及时联系法医，第一时间对被害人身体进行检查，及时收集并固定相关证据。

2. 制定询问方案

在组织正式询问前，接警民警要根据案件线索，初步搜集相关背景资料和案件证据。检察官指导侦查人员根据被害人年龄、性别、对生理健康知识的了解情况、家庭状况、与父母家人的关系、与行为人的关系、表述能力等情况，确定询问被害人的时间、方法，制定询问提纲，确定询问策略。

3. 调查询问，确定适合成年人

询问地点应根据被害人的要求，选择其有安全感、轻松的环境进行；若被害人无法提供上述地点，可借用检察院未成年人谈话室或心理疏导室进行询问。一般情况下，应由侦查人员按照事先准备的询问提纲进行询问；只有在公安机关要求且确有必要的情况下，由检察官与侦查人员共同询问，侦查人员为主询问人，检察官只能在侦查人员未询问到的关键问题上补充询问。被害人为女性的，应保证至少有一名女性办案人员参与询问。整个询问过程要同步录音录像，录像过程应符合相关视听资料制作规范，询问结束后将存储设备依法、及时封存，以备后续司法程序使用。

4. 及时评估个案

公安机关要及时根据询问情况确定如何开展进一步调查行动。同时，未成年人案件检察处应联合公安机关、社工、心理医生等专业人员根据询问情况制定心理疏导方案，对未成年被害人进行心理状况评估，在不打扰其日常生活的情况下跟踪被害人的心理变化，进行适时适当的心理疏导。

四、询问技巧与规则的配套设计

建立上述工作机制的基础上，检察官如何指导公安机关进行询问、在询问中如何贯彻"不伤害原则"，成为我们必须解决的又一问题。我们结合儿童心理学、语言学的相关理论，在借鉴其他国家和地区关于性犯罪未成年被害人询问经验的基础上，设计了一套可操作性较强的询问技巧及规则。

（一）态度、语气及肢体动作

首先，以认真的态度，争取被害人的信任。未成年人内心比较敏感，他/她能够感受出，你是真诚待他/她还是敷衍讨好。让被害人明白你是关心他/她、希望帮助他/她解决问题的，告诉他/她也有很多别的孩子也遇到过同样的事情，同时强调你会对整件事保密。

其次，仔细、耐心聆听，不要漫不经心，不要重复谈过的问题；保持平和的表情，不要过度反应，避免用愤怒的语气或言语指责行为人，不要批评被害人的父母。另外，如果被害人对行为人有感情，指责行为人可能会破坏刚刚建立起来的信任关系。

最后，使用和缓的语气及适当的肢体语言。询问过程中尽量给被害人以安全感，选择恰当的语言，即使怀疑被害人撒谎或陈述前后矛盾，也不要以质问或指责的语气发问，应通过合理技巧适当引导。避免双手交叉抱肩、叉腰或用手指着被害人，这样会给被害人盛气凌人的感觉，增加对话双方的距离感。不要为了增加亲近感而触摸被害人，要尊重被害人身体的自主权；不要拿东西给被害人吃，也不要许诺给被害人玩具等物品，这样会给他/她一种贿赂的感觉。

（二）问题设置及其他注意事项

1. 恰当选择句式

除程序性的基础问题外，尽量使用开放式问题，开放式问题有助于未成年人自主、完整地描述事情经过。避免使用封闭式、对性侵害过程描述过于细致的问题。尽量使用短句、简单句，避免使用长句、复杂句，一句话蕴含的信息量不宜过多。为查清某一细节，可适当缩小问题开放度，但尽量少用选择问句。

根据儿童记忆方面的研究发现，儿童有能力扮演目击者的角色。从6岁开始，在对与个人相关的重要事件上，儿童自由记忆的准确性就可以媲美成年人。但儿童接受提问时，容易受到别人的影响，当被问到一些误导性问题时，很容易被提问者吓到并因此改变答案。这种暗示感受性取决于很多因素，包括提问方式、问题类型、提问者被认为所处的地位等。[1] 封闭的问题容易诱导被害人通过提问者的语气揣测答案。此外，未成年人特别是幼童，理解力和注意力较成年人弱，在长句、复杂句的理解上比较困难，很可能出现所答非所问的情况。

2. 适当引导并进行必要的心理疏导

引导方式及选用词语应与被害人的理解能力相适应。被害人用自己的语言描述性器官或与"性"有关的动作时，要帮助其确认具体的位置和动作，澄清模糊陈述。询问时，特别是对身体器官或性侵害动作的描述上，要使用儿童的语言。仔细观察被害人何时沉默或有特别的肢体动作、何时眼圈红掉泪或凝视远方等，及时根据被害人的情绪变化调整自己的语气和后续问题。如果被害人在叙述过程中停顿下来，要根据其语气和神态的变化揣测他/她是在等待你的反应还是陷入痛苦回忆不愿再继续，进而决定是鼓励他/她继续说下去，还是适时转化话题以让他/她调整情绪。同时记载上述情绪变化，了解未成年被害人言语背后的含义，以便后期证据的审查。询问结束后，要根据询问中了解的情况及被害人对事情的反应，对被害人的心理状态进行评估，以确定如何进行心理疏导。

3. 其他注意事项

对于14—17岁的未成年被害人，其理解能力、表达能力与成年人无异，且具有基本生理卫生常识，与这一年龄段的被害人沟通时不会存在太大障碍，但此阶段的未成年人心理比较敏感，询问过程中要注意保护他们的自尊心，在提问时应减少使用直白的、与性有关的敏感词语。在询问中需以某些敏感词语作为限定的，在前文已经提及、不会产生歧义的情况下可以承前省略。询问结束后，可适当与被害人家人进行沟通。父母或其他监护人对被害人的态度，直

---

① 参见〔英〕鲁道夫·谢弗：《儿童心理学》，王莉译，电子工业出版社2012年版，第241—242页。

接影响被害人后期康复，要告诉他们孩子康复过程中的注意事项，例如，不要再以这件事警示或指责孩子，多与孩子交流。确保父母或其他适合成年人在询问现场听到被害人对案发经过的复述时不致产生激动的反应，从而干扰被害人在询问过程中的情绪，影响询问效果。

（三）借助辅助工具或其他表述方式

1. 玩偶娃娃①

以下几种情形，可以使用玩偶娃娃作为辅助：被害人语言表达能力弱，无法描绘侵害经过，如幼童和智障者；被害人的描述过于混乱，需要澄清；需进一步了解更多侵害细节；被害人不愿说明，抗拒用口语表达。如张某强奸案中，4 岁的被害人称犯罪嫌疑人露出了"鸡溜儿"，当办案人员向其确认"什么是鸡溜儿？"被害人回答"我不知道。"办案人员问"他还做了什么？"被害人回答"我不知道了，我说不清楚。"这种情况下，就可以借助玩偶娃娃帮助被害人确认性侵害的细节或呈现性侵害过程。

2. 绘图

儿童心理学研究成果显示，儿童在不同年龄段具有不同的能力，一般情况下，4 岁以上的儿童已具有完整的绘图能力和技巧，7 岁或 8 岁儿童的图画可以展现出所画物体的细节特征。② 当被害人不愿或不能清楚描述被侵犯的动作时，也可以让被害人以绘画的方式表述，再借助图画进一步确认。

五、结语

司法程序是环环相扣的一个整体。在此类案件中引入检察院介入侦查、引导取证的工作机制，作为完善检察权运行机制的有益尝试，将对未成年被害人询问的规范执法前推到报案的初始阶段，在获得有效信息的同时最大限度避免不当司法程序给未成年被害人带来的二次伤害。通过强化对公安机关的法律监督与制约，实现检察院在保护未成年被害人方面的应有作为。在专业的社会机构辅助不足的情况下，我们只能力求通过司法程序帮助未成年被害人尽快走出阴影，健康快乐的成长。

---

① 参见我国台湾地区"儿童性侵害防治"网，http：//childsafe. isu. edu. tw/f/f2＿30. asp，2014 年 6 月 19 日。

② 参见 ［英］鲁道夫·谢弗：《儿童心理学》，王莉译，电子工业出版社 2012 年版，第 222—223 页。

论性犯罪中未成年被害人的权益保障[*]

瞿鑫馨^{**}

摘　要：随着社会的发展和网络的普及，近年来媒体曝光的针对未成年人的性侵案件越来越多，国际国内形势均不容乐观。未成年被害人遭遇性侵有来自自身心理的、家庭的、社会的各个方面的原因。在实务工作当中，我们应当做好性侵案发生前的预防工作、刑事诉讼过程中的权益保障工作以及事后的救济工作，依法全面保障性侵案中未成年被害人的合法权益。

关键词：未成年被害人　性侵案　权益保障

未成年人遭遇性侵在世界各国都是普遍存在的社会现象。美国各州有专门的针对互联网色情信息侵害未成年人的条款，最大限度地抵制互联网色情信息对未成年人的负面影响。其他各国就这一社会现象也相继出台了专门的法律条款加以严惩和预防。

我国《刑法》就猥亵儿童、奸淫幼女等犯罪行为作出了具体规定，《刑事诉讼法》强调对未成年被害人要加以特殊保护。值得注意的是，由于我国特有国情，在广大农村地区青壮年外出务工，农村女童的监护现状令人堪忧。由于监督保护不到位，农村女童遭遇性侵的案例屡见不鲜，给这些未成年被害人的身心蒙上了挥之不去的阴影，也给她们的家庭带来了毁灭性的打击。

笔者身处基层检察工作一线，在办案中发现这些案件的发生有一些共同的特征，在将犯罪分子绳之于法的同时，背后的社会原因更加值得我们去思考、去总结、去预防，从而让未成年少女能够健康快乐的成长，拥有光明灿烂的未来。

---

　*　本文荣获 2015—2016 年度女检察官检察理论研究课题三等奖。

　**　课题组主持人：瞿鑫馨，江西省井冈山市人民检察院侦监公诉科检察员；课题组成员：魏敏，江西省井冈山市人民检察院控申科检察员；刘婧，江西省井冈山市人民检察院案管办书记员。

一、性侵害未成年人犯罪的现状和特征

（一）国际、国内性侵害未成年人犯罪的现状

1. 各国性侵未成年人犯罪呈多发态势

随着社会的发展和网络信息的普及，近年来，被媒体曝光的未成年人遭遇性侵犯事件越来越多。据哈佛大学肯尼迪政治学院的一项学术研究显示，在全球范围内，约 19% 的未成年人面临被性侵害的危险。其中，非洲是未成年人被性侵事件最多发的地区，被性侵比例高达 34.4%，而大洋洲也是重灾区，未成年人遭性侵率达 23.9%，近 4 个未成年人中就有 1 个遭受性侵伤害。

韩国曾以真实事件为蓝本改编了《素媛》《熔炉》等以未成年人遭遇性侵为题材的电影，据媒体报道，日本警方 2012 年检举的针对未成年人的性犯罪案件有 937 例，而韩国 2000 年至 2010 年共发生 9278 起针对儿童和青少年的性犯罪案件。[①]

表 1　全球未成年人遭性侵率概况[②]

	非洲	大洋洲	美洲	亚洲	欧洲
未成年人遭性侵率	34.4%	23.9%	15.8%	10.1%	9.2%

2. 我国性侵未成年人案件的现状

2013 年 5 月，20 天内媒体曝光了至少 8 起发生在校园内的猥亵性侵幼女案，其中包括备受关注的海南小学校长带女生开房一案，一时间舆论哗然，在短短 20 天内 8 起性侵幼女案件的集中曝光令人触目惊心。

从数据上看，中国未成年人受性侵犯的概率低于世界平均水平，但由于传统贞洁观念的影响，在中国性侵被害人及其家属多数都选择了沉默，使部分犯罪人的罪行得以隐匿。一旦媒体和民众对该类事件的关注度提升，就会使这些案件集体浮出水面。

我国最高人民法院刑事审判一庭庭长周峰就人民法院严厉打击性侵害未成年人犯罪情况接受最高人民法院网、人民网在线访谈时提到，2008—2013 年，全国法院审结猥亵儿童犯罪案件共计 12247 件，年均 2000 多件，呈逐年上升

---

① 汤嘉琛：《正视那些隐蔽的罪恶和伤害》，载《北京青年报》2014 年 1 月 3 日。

② 《全球约 1/5 未成年人遭性侵：非洲危险，中国隐蔽》，载网易数读，http：//data.163.com/14/0106/00/9HS70IPG00014MTN.html，2014 年 1 月 6 日。

趋势，其中，2008 年为 1381 件，2010 年为 1721 件，2013 年为 2300 件。关于奸淫幼女、强迫未成年少女卖淫犯罪的发案情况，由于没有单独司法统计项，暂时无法统计具体数据。2013 年，最高人民法院从全国各级法院征集了 320多件性侵害未成年人的典型案例，其中奸淫幼女案件占了将近一半，江苏省高院对近 6 年来侵犯未成年权益案件进行统计调研，也印证了这一结论。所以，全国奸淫幼女案件总量可能不会少于猥亵儿童犯罪案件。①

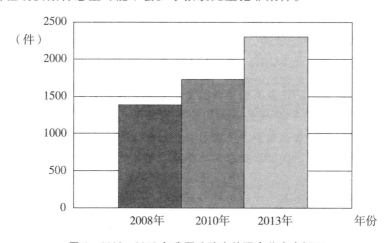

图 1 2008—2013 年我国法院审结猥亵儿童案概况

（二）性侵害未成年人犯罪的特点

1. 犯罪人特点

（1）熟人、亲友作案比例较大。在性侵害未成年人犯罪案件当中，令人意外的是，熟人、亲友作案的比例甚至高于陌生人作案的比例。有些施害者甚至还是与被害人具有监护关系的至亲，如媒体曾曝光过多起继父、养父性侵继女、养女的事件。而被害人的其他亲友、熟人往往利用往来被害人家中或与被害人接触的便利条件，利用被害未成年人的信赖而欺骗、引诱、威胁、恐吓未成年人，达到其性侵目的。

（2）教师作案现象不容忽视。在媒体曝光的发生在校园内的性侵幼女案件当中，很多都是教师作案的情况。而且有些案件中教师甚至长期性侵幼女或性侵多名幼女，严重影响了幼女的身心健康，造成了恶劣的社会影响。

教师与学生之间具有师生关系，学生对于老师往往有着较强的依赖、信赖

---

① 《最高法刑一庭周峰就人民法院严厉打击性侵害未成年人犯罪网谈全文》，载天涯社区，ht-tp：//bbs. tianya. cn/post – free – 4177011 – 1. shtml，2014 年 3 月 8 日。

心理，接触的时间也比较长，教师利用职务之便性侵幼女应当受到法律严厉打击。

2. 被害人特点：被害人为留守儿童的比例较大

在我国农村地区，留守儿童长期处于离开父母、缺乏看管的状态，在农村未成年人遭遇性侵案件当中，有很多都是留守儿童。他们中多数由祖父母、外祖父母监护抚养，祖父母、外祖父母年老体弱，并不能很好地行使监护职责，这就给人以可乘之机。施害人往往通过引诱、施以好处从而建立与幼女之间的信赖关系，进而寻求时机对幼女实施性侵行为。媒体曾曝光过一起案例，在该案例中被害幼女长期遭受性侵并致其怀孕 8 个月而无人知晓，而施害者却是其同宗同族的叔叔，该被害幼女即为留守儿童，父母常年务工，由其 80 余岁的奶奶抚养，奶奶就其遭受性侵及怀孕一事毫不知情。

3. 发案时间特点：课余时间及假期高发

就发案时间而言，暑期是高峰时期，在农村地区暑期孩子们并不会参加各种培训班、辅导班，也没有丰富的娱乐生活，父母往往依然在外地务工，很多孩子都处于无人看管的状态当中，因此统计数据显示未成年人尤其是农村女童暑期被性侵的案例比较多。

而在课余时间，个别有着不法意图的教师往往以为学生补课为借口接近幼女，以期达到性侵目的。在教师性侵幼女的案例当中，很多都发生在课余时间，地点往往发生在学校的职工宿舍等供教师休息的场所当中。

二、性侵案未成年被害人被害原因

（一）自身心理原因

德国杰出的犯罪学专家汉斯·冯·亨蒂在《论犯罪人与被害人的相互关系》一文中，首次提出并阐释了犯罪人与被害人互动的观点。他认为：被害人在犯罪的发生与犯罪预防过程中不再只是一个被动的客体，而是一个积极的主体。"积极的"犯罪人与"消极的"被害人是相辅相成的伙伴。事实上被害人影响并塑造了他的犯罪。[①]

1. 无知心理

未成年被害人由于年龄小、缺乏社会阅历和辨别能力容易受到犯罪人的蛊惑。在性侵案件当中，大部分未成年被害人对两性关系缺乏认知，甚至"自

---

① 刘元：《论未成年被害人的被害原因及预防》，载《河北公安警察职业学院学报》2005 年（第5卷）第3期。

愿"与犯罪人发生性关系。我国法律规定未满 14 周岁的幼女并不具有性的自主决定权，其原因也是因为幼女对性不具有或者不充分具有认知能力。

2. 缺乏警惕心理和独立判断能力

当前中国家庭独生子女居多，他们从小在溺爱中成长，很少自己做判断或自己做决定，过着"衣来伸手饭来张口"的生活。温馨甜蜜的家庭氛围，父母亲人周全的保护让很多未成年人对生活充满了不切实际的幻想。他们认为，世界是纯粹和美好的，缺乏对人的警惕心理。同时由于他们很少自己做决定，具有较强的依赖心理，缺乏独立判断能力，别有用心者施以小恩小惠就很容易使他们上钩。

3. 好奇心理

未成年人普遍好奇心比较强，兴趣广泛爱模仿，喜欢探索未知事物。他们对性的认知是非常少的，而未成年人对性的好奇心理也容易被不法分子利用。

4. 逆来顺受的懦弱心理

在对未成年被害人性侵案中，很多未成年被害人在遭遇威胁、恐吓、甚至侵犯后心里紧张、羞愧，不敢告诉父母。在实务当中存在未成年被害人长期忍受犯罪嫌疑人性侵不告知家人的案例。这是由于未成年人具有意志不坚定，胆小怕事，心理承受能力差的懦弱心理。这些弱点无形中会强化犯罪者的犯罪心理，增加自己被害的可能性。

（二）家庭原因

1. 监护原因，包括不监护和不当监护

未成年人的监护人通常由父母、成年兄姐、祖父母、外祖父母等担任，保护未成年人的合法权益免受不法侵害是监护人首要的监护责任。监护人怠于行使或不当行使监护职责，将使未成年人遭遇不法侵害的风险增加。

笔者所办理的两起未成年人被性侵案说明了这一点。如未成年人 A 父母离异，父亲获罪入狱，母亲另嫁他人，她随母亲和继父一起生活，母亲与继父婚后生育一子便对其置之不理，怠于行使监护职责。年仅 13 岁的她多次见网友，与网友自愿发生性关系。在此案例中其母亲与继父是该未成年人 A 的监护人，他们怠于行使监护职责是未成年人 A 多次遭遇不法侵害的重要原因。

又如未成年人 B 暑假期间跟随母亲和小姨、表哥到外婆家过暑假，其母亲和小姨让 12 岁的她与 15 岁的表哥晚上睡一床，暑假期间多次与表哥发生性关系，案件的发生与其母和小姨的不当监护直接相关。

2. 家庭环境原因

父母是孩子的第一任老师，家庭是未成年人的第一课堂。父母的言传身教和家庭氛围对孩子心理的影响是显而易见的，家庭环境恶劣会加大未成年人遭遇不法侵害的危险。主要表现在以下几个方面：

（1）离异单亲家庭。这类家庭通常比较复杂，离异或单亲家庭的孩子性格往往不完整，缺乏安全感，有些偏激。家庭结构残缺往往导致对未成年人的教育也存在残缺性。

如未成年人 C 在其 11 岁时父母离异，家庭遭遇变故。C 随母亲一起生活，其母在其 12 岁时谈了一个男朋友，C 非常排斥母亲和新男友交往，性格越来越暴躁和偏激。由于无法排遣心中的苦闷 C 长期沉溺于网吧与网络游戏当中，后在网友的挑唆下离家出走去约见网友，后被网友强奸。在该案例中父母离异后母亲交往新男友这一家庭变故对未成年人 C 的心理造成了巨大的冲击，内心的苦闷无法宣泄使其沉迷于网络游戏并将情感付诸于网络虚拟环境当中，这是其被害的重要原因。

（2）溺爱环境。当今中国独生子女家庭越来越多，家庭成员对未成年子女过于溺爱使他们缺乏对善恶独立判断的能力，无主见，容易被违法分子利用而上当受骗。

（3）缺乏沟通。有些父母认为孩子还小，什么都不懂，父母仅凭自己个人的情感、认知来教育自己的子女，缺乏双向的沟通。父母与孩子之间缺乏沟通就无法了解孩子内心想法，久而久之孩子就认为父母不懂自己，只知道命令和打骂。孩子对父母就只剩下畏惧。

在未成年人遭遇性侵的案例当中，很多未成年人遭遇不法分子威胁、恐吓的时候不敢告知家人，甚至很多未成年人在遭受性侵后欺骗、隐瞒家人受到伤害的事实，这就是父母与孩子之间缺乏沟通的典型表现。

（4）片面教育。这也是中国家庭普遍存在的现象。很多中国父母都有着望子成龙、望女成凤的心理，他们只重视对孩子智力的开发、学业的关注而忽视其他，过于急功近利。殊不知德育观、安全观的教育也十分重要。很多父母对于两性关系羞于与孩子提及，更别说告知孩子如何避免他人的性侵犯。很多父母都缺乏安全意识，甚至在有些情况下未成年子女的危险状态是父母的不当监护造成的。我们现在提倡素质教育，素质教育不仅仅是学校的事，作为家长也应当全面培养教育孩子。

（5）留守儿童问题。在我国广大农村地区，越来越多的青壮年劳动力涌向城市务工，而出于经济、入学等原因，很多孩子成为了留守儿童，与年迈的祖父母、外祖父母一起生活。祖父母、外祖父母由于自身年迈且与未成年孩子之间年龄差距过大，他们对孩子的教育是缺失的、不完整的。而且由于重男轻女等封建思想的影响，有些家长对农村女童成长重视度不够，而这给了不法分子以可乘之机。事实上实务当中留守农村女童在被性侵案中占有相当大的比例。

（三）社会原因

1. 网络媒体原因

在网络媒体日渐普及的今天，大量的网络信息充斥着人们的生活，而网络监管却依然存在漏洞。一些不法网站大张旗鼓地宣扬色情内容，对青少年的身心健康发展埋下隐患。

如未成年人 D（女，12 岁）与未成年人 E（男，13 岁）为某中学同班同学，放学回家后经常一起玩耍，后 E 邀 D 一同前往家中玩电脑。二人在 E 家中观看网络色情电影并发生性关系。D 意外怀孕，给 D 的学习和生活带来了很大影响，后 D 父母不得不背井离乡带 D 转学。在此案例当中，网络色情信息的负面影响是直接诱因，使年仅 12 岁的未成年少女意外怀孕，给其身心带来了很大影响。

2. 学校教育失于片面

同家庭教育一样，很多学校、老师也把注意力集中在教学成果、升学率上，对学生的安全教育显得很薄弱。而对于两性教育更加缺失，特别是在农村地区，老师和家长谈性色变，缺乏让未成年孩子了解性知识的意识。司法实践中的未成年涉案少男少女往往缺乏性知识，对两性关系充满了好奇，这种好奇心理也在一定程度上促使他们急于尝试"夏娃之果"。

3. 制度原因

（1）《未成年人保护法》《关于依法惩治性侵害未成年人犯罪的意见》宣传、施行力度不够。从法律角度看，虽然我们已有《未成年人保护法》，2013年 10 月 23 日又印发了《关于依法惩治性侵害未成年人犯罪的意见》，但宣传力度不够，不仅农村地区，城市当中很多人都并不知晓《未成年人保护法》和《关于依法惩治性侵害未成年人犯罪的意见》的具体内容，何谈依法保障未成年人的合法权益？

（2）缺乏专门的未成年人权益保障机构。我国并没有一个专门、专业的未成年人权益保障机构来保障未成年人的权益，当然如果是在校学生在校期间，学校则当然充当保障未成年人合法权益的责任。但不容忽视的是并非所有的未成年人都是在校学生，也有部分未成年人提早辍学步入社会。在校学生假期安全问题也同样值得关注。在家庭监护缺失的情况下，让专门的未成年人权益保障机构来保障未成年人的合法权益是必要的。另外对于无家可归、无监护人的未成年人，应当由专门的未成年人权益保障机构承担监护责任。但是我国目前的社会监护机构经费少、工作人员不足，监护能力有限，这些都是需要解决的问题。

（3）对未成年被害人的救济机制不成熟。我国社会对于遭遇性侵的未成年人的保护还不是很到位，农村地区更加伴有贞洁阴影，被害的未成年人往往要通过举家外迁转学才能摆脱社会舆论的压力。

三、性侵案未成年被害人权益保障措施

认识到了未成年人被性侵案件的现状和特点，了解了未成年人被性侵的原因，探求性侵案中未成年被害人权益保障措施显得尤为重要。值得一提的是，在电影《熔炉》上映一个月之后，韩国国会就迅速通过了被称为"熔炉法"的《性暴力犯罪处罚特别法部分修订法律案》，对之前性侵量刑标准偏低的法律进行了修订。而在美国，1994年和2005年发生的未成年人遭性侵事件，分别推动政府颁布了著名的《梅根法案》和《杰西卡法案》。根据这些法律，有性侵前科的人将被终生严格监控，不得再担任和孩子有关的工作，也不得踏入孩子聚集的场所，他们的个人信息也会被终生公示，供所有人随时查询。[①] 笔者认为我国关于性侵案未成年被害人权益保障的法案依然稍显不足，亟待完善，同时还应当从以下几个方面切实保障性犯罪中未成年被害人的合法权益：

（一）做好犯罪前的预防工作

1. 家庭预防

家庭是未成年人人生的第一站，父母是未成年人的法定监护人，对未成年人有监护和抚养教育的责任义务。父母应当妥善行使好教育监护责任，不应当仅仅重视智力教育，还应当教育自己的孩子如何远离性侵害的危险，告诉自己的孩子面对性侵要敢于说不，不要选择沉默。

2. 学校预防

除家庭外，学校是未成年人学习的场所，未成年人多数时间是在学校度过的，与家庭一样，学校也被认为是未成年人权益保护的重要领地。学校应当采取措施坚决清除将黑手伸向未成年人的害群之马，同时还应当教育未成年人如何避免受到性侵，学校还应当开设适当的课程向未成年人传播两性知识，让未成人了解两性关系并没有那么神秘，让他们了解如何捍卫自己的正当权益，避免受到不法侵害。

此外，学校还应当加强与家长的联系，定期安排一些课程，让子女与家长一起学习，减少彼此之间的代沟，同时加强学校与各社区的联系，以便了解每

---

① 汤嘉琛：《正视那些隐蔽的罪恶和伤害》，载《北京青年报》2014年1月3日。

个学生的家庭情况，对于特殊家庭如离异或单亲家庭的未成年人，可以在心理上进行辅助教育，在学习上给予特殊帮助，帮助其抵制不法侵害。

3. 社会预防、制度预防

人是社会的人，虽然未成年人在其成长过程中大部分时间都是在家庭和学校中度过的，然而家庭和学校并非完全封闭式的环境，必然受到社会各种有利或不利因素的影响，因此，社会预防也非常重要。

我国当前未成年人的社会权益保障力量还非常薄弱，对于特殊家庭未成年人、留守儿童等，社会应当承担起权益保障职责，适时给予心理治疗、心理干预或监护，切实保障未成年人的权益。

针对当前互联网信息的普及，国家应当增大对互联网色情信息的打击力度，以免对未成年人的身心健康造成不利影响。然而网络并非是一无是处的，未成年人通过网络可以了解世界，获取知识，一味地阻止未成年人接触网络是因噎废食。市场上很多商家有开发学生电脑，针对学生群体开发，屏蔽了网络媒体的负面信息，这是一个很好的思路。另外还可以多开发些寓教于乐的专门适合未成年人的软件和网站，或者开发些可以屏蔽掉不利于青少年浏览信息的绿色软件，最大限度地让未成年人从网络中汲取知识和营养。

（二）在刑事诉讼过程中切实保障性侵案未成年被害人的合法权益

1. 侦查阶段

性侵案未成年被害人比较特殊和敏感，在案件的侦查询问阶段我们可以借鉴发达国家和地区的做法，采取一次会谈原则①，以避免未成年被害人因为反复的回忆、描述被侵害的过程而加深精神痛苦。

根据这一原则警察应当在一个询问地点一次询问完所有与案件有关的问题，当然在询问时应当依法通知未成年被害人的法定代理人或合适成年人到场。

询问地点应当尽量选择未成年被害人熟悉、安静、温馨的地点进行，尽量不要选择嘈杂或有干扰的地点进行，最好也不要选择在专门的办案所用的询问室进行询问，询问时应当安排女干警在场进行询问。

出于调查取证的需要，在对未成年被害人进行身体检查时，应当配备专业的最好是女性法医人员，设立专门的未成年被害人检查室，尽可能迅速地对未成年被害人进行伤害检验，以调取证据，并且未成年人的法定监护人或其他合适成年人应当在场。在调查取证时，要突出重点，避免二次取证。

---

① 罗红兵、梁晓琴：《刑事未成年被害人保护探析》，载《四川警察学院学报》2008 年第 2 期。

2. 审查起诉阶段

（1）申请法律援助。在诉讼过程中对未成年被告人的法律援助措施已经趋于成熟，然而未成年被害人申请法律援助的情况却比较少，重视度也不够。

法律援助律师如能介入到案件当中，将能够给予未成年被害人及其家属提供法律咨询，更好地保障未成年被害人的权益。

（2）听取未成年被害人及其家属、诉讼代理人的意见。未成年被害人是受到犯罪行为直接侵害的人，案件自始至终都是围绕着追究犯罪和保护被害人合法权益而进行。案件的处理与被害人的利益息息相关。在办案过程中公诉机关和主办检察官应当积极听取未成年被害人及其家属、诉讼代理人的意见，了解他们对案件办理的要求。

（3）不起诉知情权。检察机关在审查案件后，如果决定不起诉，应及时告知未成年被害人及其监护人，并听取他们的意见，再作出最终决定。在未成年被害人及其监护人、诉讼代理人等提出不同意不起诉决定的意见时，检察机关应当就他们所提出的意见进行审查，依然认为应当作出不起诉决定的，应当依法将不起诉理由告知未成年被害人及其监护人，并告知他们如有异议可以依法向上一级人民检察院申诉或直接向人民法院起诉。

3. 法院审理阶段

在需要未成年被害人就其遭遇性侵的事实向法庭陈述的情形下，可以采取视频作证或者在法庭中用屏风等遮挡的方式让未成年被害人作证，当然这要在其精神和身体条件允许的情况下进行。采取视频作证或者屏风遮挡方式作证是为了避免未成年被害人见到被告人而造成心理上的二次伤害。

（三）事后救济机制的建立

1. 心理安抚

相比于身体所受的伤害，心理的创伤往往影响了不幸遭遇性侵的未成年被害人的一生。在未成年被害人遭遇性侵后，应当安排心理咨询师进行心理干预，倾听他们内心的声音。

而学校和家长也应当学习必要的心理学知识，积极主动地和未成年被害人进行沟通。

有些时候遗忘与时间是最好的心理安抚师，司法机关及诉讼参与人应当对被害人遭受性侵的事实予以保密，知情的亲友及教师也应当做好保密工作，以免未成年被害人在遭遇性侵后还要忍受舆论的压力与折磨。

2. 经济救济

当未成年被害人因为犯罪分子的性侵行为而遭受身体伤害的时候，国家应当承担起救治未成年被害人的责任，以免给其家庭造成经济上的压力。

此外心理咨询费用以及后续护理费用也应当由国家承担，特定情况下未成年被害人不适合在原学校完成学业而需要转学的，转学及择校费用国家也应当给予一定补助。

上述救济工作应当明确由特定的未成年被害人权益保障机构来进行，机构的经费来源可以采取国家划拨与社会捐助相结合的方式筹集。

童年本该是美好的、纯净的，花季本应是多彩的、绚烂的。性侵未成年人犯罪无情地摧残了祖国花朵们绽放的美丽，给这些孩子带来了伴随一生的、挥之不去的阴霾。我们痛恨犯罪分子的罪恶行径，主张严惩他们的犯罪行为。与此同时，应当看到对犯罪分子的依法惩治和对被害人的权益保障是法治的二元命题，彼此并不矛盾。对未成年被害人权益保障同样是社会正义、法律公正的应有内涵。我们应当做好性侵案发生前的预防工作，刑事诉讼过程中的权益保障工作以及事后的救济工作，依法全面保障性侵案中未成年被害人的合法权益。

司法公信力不足背景下未成年人附条件不起诉机制的有效性问题探索[*]

张智慧　刘　耘[**]

摘　要： 刑事诉讼法实施以来，从实践看需要进一步完善未成年人附条件不起诉制度。现行未成年人附条件不起诉机制存在立法缺陷、司法缺陷。未成年人附条件不起诉制度运行障碍问题成因即启动机制、保障机制，要从法律地位、适用范围、适用条件、执行程序、法律监督程序等方面完善。

关键词： 未成年人　附条件不起诉　机制　运行保障　完善

一、引言

随着刑罚观的变革、诉讼经济理念的生成和恢复性司法理念的深入，起诉便宜主义逐渐成为世界刑事法治大势所趋。附条件不起诉是起诉便宜主义的体现，是不起诉制度的一种。

自 1992 年，由上海市长宁区人民检察院率先探索暂缓起诉制度以来[①]，我国一些基层人民检察院，包括石家庄市长安区人民检察院、南京市浦口区人民检察院、北京市海淀区人民检察院等基层检察院先后探索、实施了暂缓起诉改革[②]。2008 年起，北京市海淀区人民检察院开始实施附条件不起诉改革，并采取了检察机关牵头负责的考察帮教模式[③]。近年来，宁波市北仑区人民检察院探索实施了适用于成年人、未成年人在内全体犯罪嫌疑人类型化的附条件不

---

[*] 本文荣获 2015—2016 年度女检察官检察理论研究课题三等奖。

[**] 课题组主持人：张智慧，新疆生产建设兵团检察院党组成员、副检察长；课题组成员：刘耘，新疆生产建设兵团第十二师检察分院。

[①] 1992 年，由上海市长宁区人民检察院率先探索暂缓起诉制度，对一名涉嫌盗窃的未成年人延缓起诉，并附之 3 个月的考察期。最后，由于该犯罪嫌疑人在考察期内表现良好，被长宁区人民检察院作出"免予起诉"决定。

[②] 刘永红：《暂缓起诉的实践探索与制度构建》，四川大学 2006 年硕士学位论文。

[③] 北京市海淀区人民检察院公诉课题组：《附条件不起诉制度实证研究》，载《国家检察官学院学报》2009 年（第 17 卷）第 6 期。

起诉制度①。在基层不懈实践探索的同时，附条件不起诉也进入了我国的立法视野。2012 年 3 月修改后的刑事诉讼法在未成年人刑事诉讼程序中首次确立了附条件不起诉制度②。有关制度集中规定在刑事诉讼法第 271 条至第 273 条。

根据修改后刑事诉讼法规定，检察机关可对未成年犯罪嫌疑人作出附条件不起诉的决定，旨在加强教育挽救失足未成年人，推进未成年人刑事司法处遇的轻刑化、非刑罚化。

徒法不足以自行。就像硬币的正反面，在附条件不起诉制度缺乏法律明文规定、司法公信力不足、新媒体兴起等时代背景下，权利意识驱使部分公众对未成年人附条件不起诉法治的改革投去质疑的目光。从基层检察机关的实践来看，近年内一些检察机关开展的未成年人附条件不起诉改革引起了各方的激烈争议。

从修改后刑事诉讼法实施以来的情况及之前的探索实践来看，未成年人附条件不起诉制度还需进一步完善，尤为关键的是，相应的配套机制亟须建立健全，这就需要我们加快进行未成年人附条件不起诉的制度设计。

二、现行未成年人附条件不起诉机制有效性分析

附条件不起诉是指"检察机关对于行为已经构成犯罪，但情节较轻的犯罪嫌疑人，附条件和附期限地暂时不予起诉，后根据被不起诉人的表现来决定是否终止诉讼程序"③。未成年人附条件不起诉是指在"审查起诉阶段，检察机关在法律赋予的自由裁量权范围内，综合考虑犯罪行为的社会危害性与犯罪嫌疑人的人身危险性之后，对未成年犯罪嫌疑人作出暂时不起诉的决定。检察机关在作出暂不起诉决定的同时规定相应的考验期，要求其在考验期内履行一定的义务，并视其在考验期内的表现以决定最终是否提起公诉的一种法律制度。"④

附条件不起诉概念的要点主要有：（1）属于检察裁量权，由检察机关作

---

① 陈光中：《关于附条件不起诉问题的思考》，载《人民检察》2007 年第 24 期。

② 2012 年 3 月 14 日第十一届全国人大第五次会议通过的《关于修改〈中华人民共和国刑事诉讼法〉的决定》，基于对未成年人保护优先原则、国家亲权理论、恢复性司法理论、刑罚个别化理念等理论的实践和深化，为了更好地体现宽严相济的刑事政策，更充分地维护和保障未成年人的诉讼权利和其他合法权益，《刑事诉讼法》在总结吸收实践成果的基础上，针对未成年人刑事案件的特点，对办案方针、原则、诉讼环节的特别程序作出规定，并新增设置了附条件不起诉制度。

③ 兰耀军：《论附条件不起诉》，载《法律科学》2006 年第 5 期。

④ 赵凡：《论未成年人附条件不起诉制度——以〈中华人民共和国刑事诉讼法修正案〉为视角》，载《西南政法大学学报》2012 年（第 14 卷）第 4 期。

出附条件不起诉决定。（2）适用范围是涉嫌《刑法》分则第四章、第五章、第六章可能判处一年有期徒刑以下刑罚的犯罪嫌疑人。（3）具体表现形式符合起诉条件，但是附条件和附期限地暂时不予起诉，而由检察机关根据犯罪附条件不起诉人在考察期内的表现决定是否起诉。从目前我国刑事诉讼实践看，修改后刑事诉讼法第271条对未成年人犯罪案件开展附条件不起诉的适用对象、适用条件、适用程序等进行了规定，但是由于规定的不完善及缺乏具体的实施细则和操作规范，而且修改后刑事诉讼法规定的附条件不起诉条件和范围与多年的检察改革实践也存在较大出入，司法办案部门在实践中适用附条件不起诉出现诸多问题。

（一）立法缺陷：法律制度存在不完善

我国附条件不起诉有关制度的规定，主要集中在《刑事诉讼法》第271条至第273条。首先，第271条规定了适用范围是刑法第四、五、六章规定的犯罪，可能判处1年有期徒刑以下刑罚，符合起诉条件，但有悔罪表现。同时，第271条还规定了公安机关复议、复核、被害人申诉和犯罪嫌疑人提出异议的权利和程序，并规定检察机关作出决定前应听取公安机关、被害人的意见。其次，第272条对考察监督机关、考验期限、内容等作出具体规定，即检察院对附条件不起诉人进行监督考察，考验期限为6个月以上1年以下，被附条件不起诉人应遵守以下规定：遵守法律法规，服从监督；按规定报告活动情况；离开居住市、县或者迁居，应当报经考察机关批准；按照考察机关要求接受矫治和教育。最后，第273条规定了附条件不起诉程序终结的正反两方面条件，如果考验期内实施新罪或发现漏罪、违反治安管理规定或者考察机关有关附条件不起诉的监督管理规定，情节严重的，检察机关应撤销附条件不起诉决定，提起公诉；没有上述情形，考验期满，检察机关作出不起诉决定。

1. 适用案件范围过于狭窄：附条件不起诉法定罪名与未成年人涉案罪名相脱节

从我国修改后刑事诉讼法第271条可以看出，这一制度的适用范围较为局限，具体表现在：

第一，罪名相对而言比较集中。未成年人附条件不起诉的罪名主要集中在刑法分则第四章、第五章、第六章规定的这三大类的罪名。虽然未成年犯罪嫌疑人触犯这几章规定的概率较大，但是，依据调查和统计发现，现实中所发生的案件远不止于这几类。从近年来未成年犯罪类型看，未成年人犯罪日趋多样化、复杂化，涉嫌罪名已突破了传统的盗窃、抢劫等侵财型犯罪和一般伤害犯罪，涉毒型、淫欲型、暴力型、聚众型、经济型犯罪时有发生。如未成年人高某某和藏某某为帮朋友曲某泄私愤，在曲某指使下将点燃的汽油瓶掷向被害人轮胎店，烧毁价值 2450 元财物，法院以二人构成放火罪判处有期徒刑 2 年，缓刑 3 年。这起案件发生均是由于未成年人贪图刺激好玩冲动所致，案发后未成年人家长均积极赔偿了被害人损失，获得了谅解，而且 3 名犯罪未成年人也具备教育矫正条件，如果适用附条件不起诉处理可能会取得更好的社会效果①。

第二，刑罚的限定性。我国法律规定，只有在判处刑罚不超过 1 年有期徒刑的未成年人才可以、才有可能适用这项优惠制度。但是对刑事诉讼法第 271 条和《刑法》分则第四章、第五章、第六章进行梳理，我们可以看到，对于可以适用附条件不起诉的罪名，未成年人被判处的刑罚，一般都是在 1 年以上，即使出现了从轻、减轻等处罚决定，也极少出现 1 年以下的刑罚。而符合在法定刑 1 年以下的犯罪，只有刑法中的侵犯通信自由罪和偷越国边境罪。不难看出，修改后刑事诉讼法如此规定，对该制度的适用设定了过于严格的门槛，反而捆绑了它的适用空间，导致真正能够进入该程序的案件少之又少，不利于对未成年人的教育、挽救，制度的价值也无法充分实现。

2. 附条件不起诉与相对不起诉程序选择面临困惑

从实践看，适用相对不起诉的犯罪嫌疑人也可以适用附条件不起诉，这就造成了二者适用界限的重合。如新疆生产建设兵团第五师博乐垦区检察院办理的徐某盗窃案，一种意见认为徐某是未成年人，盗窃数额 4572 元，且第二天案发就将赃物归还失主，并积极向失主赔礼道歉，取得了失主的谅解，可直接作相对不起诉；另一种意见认为徐某是无固定职业的未成年人，不对其考察帮教无法保证不起诉的效果，应适用附条件不起诉。

刑事诉讼法修改并未对此予以解决，从目前修改后刑法实行情况来看，依旧存在程序选择的困惑。首先，附条件不起诉与相对不起诉的适用范围重合。修改后刑事诉讼法规定，未成年人附条件不起诉的范围是触犯《刑法》分则第四章、第五章、第六章规定的犯罪，可能判处 1 年有期徒刑以下刑罚，符合起诉条件，但有悔罪表现的未成年犯罪嫌疑人。而司法实践中，一般对可能判处 3 年以下有期徒刑的犯罪嫌疑人，若符合"犯罪情节轻微、不需要判处刑罚"的条件，均可作出相对不起诉处理。这就导致适用附条件不起诉的案件也可以适用相对不起诉。其次，附条件不起诉与相对不起诉的逻辑关系混乱。一方面，相对不起诉是直接对犯罪嫌疑人作出不起诉处理，不再追究犯罪；而附条件不起诉是检察机关对犯罪嫌疑人暂不予以起诉，在经过考察期，完成所附条件后，视其在考察期内表现再决定是否起诉。可见，适用相对不起诉的罪行应比适用

---

① 撒莉：《未成年人附条件不起诉制度研究——以乌海地区实证为视角》，内蒙古大学 2014 年法律硕士学位论文。

附条件不起诉的罪行更轻，前者的适用应比后者更慎重、范围更小。但根据修改后刑事诉讼法规定，却是附条件不起诉适用范围更严苛，这就可能会导致司法实践中，适用相对不起诉的案件多于适用附条件不起诉的案件，以致对适用附条件不起诉犯罪嫌疑人的权利得不到平等对待。另一方面，附条件不起诉考察期限满之后，若对犯罪嫌疑人作出不起诉决定，适用何种形式的不起诉存在困扰。根据《刑事诉讼法》第 15 条、第 171 条第 4 款、第 173 条第 1 款、第 2 款之规定，我国不起诉分为绝对不起诉、相对不起诉和存疑不起诉三种形式。附条件不起诉人经过考验期后被检察机关作出不起诉，皆不属以上三种不起诉。

3. 考察机制不健全，对附条件不起诉人的帮教缺乏社会支持

刑事诉讼法明确规定，未成年人附条件不起诉考察期内，由检察机关对未成年人实施考察教育，但没有相关法律法规对街道、学校有关单位在考察帮教中的地位、职责作出硬性的明确规定。存在诸多的问题：

（1）考验期主体制度存在问题。人民检察院既是对附条件不起诉制度的唯一决定主体，又是对犯罪嫌疑人在考验期履行义务的唯一监督主体，存在很多不便的因素。

第一，检察机关本身就担负着极其繁重的诉讼业务，而具体的考察帮教工作又是一项系统的、需要多方协调沟通并及时跟踪的工作，需要经常和未成年人以及家长、老师、社区联系沟通，掌握被不起诉未成年人的日常行为动向。但是，让已经在忙于刑事案件的工作人员，再去承担对被不起诉的未成年人的具体考察帮扶工作，将耗费许多的时间和精力，势必会加剧司法资源的紧缺，而使考察帮扶工作不能有效落实。

第二，被不起诉人所在社区、学校等社会资源参与力度不够，不能够真正起到帮教的作用，检察机关客观上不可能时刻对被不起诉人的表现加以关注，而众多的社会资源也未能发挥这方面的作用[①]。

第三，修改后刑事诉讼法以及相关法律法规中，没有规定监督考察主体和有关人员没有尽到监督考察职责时，应该承担什么样的法律后果。因此，在实践的过程中会出现人民检察院及其他主体在考验期内缺乏责任意识，监督意识淡化，难以完全履行应履行的义务及有关责任。

（2）考验期帮助教育的内容不明确，帮教形式过于单一。在 6 个月到 1 年的考察期之内，检察机关不仅要考察被不起诉人的日常行为，更应该对其从思想的高度进行教育。现实中的帮扶教育不外乎就是在学校好好学习、好好表现，主动帮助同学、老师承担或者做些力所能及的事；参加社区劳动；参加志

---

① 孙力：《暂缓起诉制度研究》，中国检察出版社 2009 年版。

愿者服务等活动。但仍然是以每月定期汇报为主，没有做到个案矫正①。

（3）缺乏专业工作人员。对被不起诉的未成年犯罪嫌疑人的考察，重点是对他们的教育帮扶。教育帮扶工作往往需要的是更加人性化的工作技能，比如心理学、心理咨询、社会学等专业知识。在对未成年人帮扶的过程中，第一步就是要建立相互之间的信任，而这种柔和的沟通技巧，以及后期要如何对被不起诉未成年人进行各种正面的引导、就业指导等，都与检察官们之前的工作不同，检察机关凭借自己的力量确实难以完成②。

由此再次引发了有限的司法资源与附条件不起诉制度之间的矛盾。而针对这样一种情况，法律尚未给出明确具体的说明，所以没有统一的标准。

（4）缺乏科学有效的效果评估机制。对于被不起诉人考察期的效果评估，应主要从具体措施的有效性和其本身状况的改善两方面出发，分别从个人层面、环境层面、被不起诉人与环境的交互作用来进行实际效果的评价。

但是，我国目前还没有建立起统一的考量标准，实践中也由于没有相关资料和考核指标导致操作不规范，不能得出是否对于被不起诉人真正起到了教育作用，也无法评价帮教工作的实际情况。这样就很容易导致监护人处于对被监护人的溺爱等原因隐瞒未成年人不遵守规定的行为，导致帮教考察工作流于形式，难以保证矫治效果。由于帮教考察中的效果评估机制的缺位，导致实践中多数考察条件无法落实，其效果不容乐观。

4. 附设条件笼统抽象，流于形式，考察性不强

在我国未成年人附条件不起诉制度的核心，就是所附加的考核条件。条件能否完成是考核不起诉犯罪嫌疑人是否达到被不起诉要求的重要一环。检察机关通过考察监督未成年人在考验期内的表现来决定是否对其起诉。考验过程也是未成年人接受矫治教育的过程，因此，附设的条件应对矫治未成年人起到促进和制约作用。

首先，刑事诉讼法规定的附设条件共四条③，而前三条与被判处管制、缓刑的罪犯以及被假释的罪犯所应该遵守的规定没有本质区别，都是一些原则性的规定，而且是对犯罪人最基本的要求，内容过于笼统，缺乏可操作性，这些义务的设定没有针对未成年人特殊群体的特殊性。只有第四条接受矫正和教育的规定属于未成年人附条件不起诉特有的规定。总体而言，这四项规定不能完

---

① 张丹：《检视与完善：我国未成年人附条件不起诉制度若干问题探讨》，载《中国刑事法杂志》2013 年第 7 期。

② 马姝：《社区治理中的相关法律问题研究》，载《河南社会科学》2005 年第 7 期。

③ 内容包括：遵守法律法规，接受监督；按照考察机关的规定报告自己的活动情况；离开居住的市、县或者迁居，应当报经考察机关批准以及按照要求接受矫正和教育的义务。

全体现对未成年人考察帮教的特殊性。其次，刑事诉讼法附设条件制约力不强。第四条规定仅要求未成年人接受矫正和教育，但对接受教育的态度、成效未作要求。而刑事诉讼法第273条也仅规定在未成年人犯新罪、发现漏罪或不服从监督管理情节严重的情形下，检察机关应当撤销附条件不起诉，提起公诉。正是由于法律规定的考察义务缺乏针对性和可操作性，容易使该制度流于形式，起不到对附条件不起诉的未成年人教育感化、挽救，防止再次犯罪的积极作用。这将导致未成年人能轻易完成附设条件，得到的矫正和教育不彻底，可能再次走上犯罪道路。

5. 救济机制不科学，对被害人权益保护不利

根据刑事诉讼法第271条规定，我们可以从中看出，对于被害人和公安机关来说，是否采取附条件不起诉的决定显然是偏向于事后救济，相应地对于被害人和公安机关的事前参与度重视不够。刑事诉讼法对附条件不起诉案件被害人救济程序作出规定，主要分为两部分，一是检察机关作出附条件不起诉决定前要先听取被害人意见；二是被害人收到相关法律文书后，若有异议可向上一级检察院申诉或直接向法院起诉。但此救济程序尚存在以下两点问题：

（1）对被害人行使申诉权的规定不明确。刑事诉讼法第271条规定，对附条件不起诉的决定，被害人申诉适用本法第176条规定，但第176条规定关于被害人申诉的内容是"对于有被害人的案件，决定不起诉的，人民检察院应当将不起诉决定书送达被害人。被害人如果不服，可以自收到决定书后七日以内向上一级人民检察院申诉"。根据这条规定，存在不同理解，可能导致被害人行使申诉权的时间及次数存在分歧，也就是说，被害人究竟是在收到附条件不起诉决定书还是在收到考验期满后作出的不起诉决定书，可以提出申诉？还是在检察机关"作出暂时不予起诉"和"在考验期满后作出不起诉"二次决定后都能分别提出申诉还是只能提出一次申诉？实践中还存在执法不一的情况。

（2）不利于保护被害人权利。刑事诉讼法虽然对检察机关听取被害人意见做了明确规定，但对被害人提出意见是否能够充分被检察机关所考虑，一些有理有据的被害人意见是否能够真正影响到检察机关的决策等问题，并未予以明确。被害人只有在检察机关作出决定后才具有申诉的权利，由于检察机关终极性决定具有正式性，一般难以改变，这可能会造成被害人权利遭受强大公权力的侵害。

6. 监督机制不全面，程序烦琐

起诉便宜主义是附条件不起诉的理论基础，这扩张了检察官的自由裁量权，是检察机关权利的延伸。与此同时，我们还可以预见到，权力的扩张可能

带来司法专横和司法腐败的危险。所以我国修改后的刑事诉讼法中对附条件不起诉的监督制约机制并不合理。

（1）对"悔罪表现"这一词，并没有合理明确的规定。"悔罪表现"是明显的心理活动，不同的人悔罪表现也会千差万别，而不同的考察者，对于悔罪的行为也会产生不同的看法，这就造成了颇为主观的感受，需要法律来加以界定。但法律对于悔罪表现并没有相关的统一标准，目前作出附条件不起诉决定的案件中，部分案件还存在检察机关办案人员仅凭个人的主观标准而决定，这显然是非常主观的行为，可能导致自由裁量权的滥用，这对法律的稳定性将会产生一定的影响。

（2）内部程序烦琐，效力下降。根据刑事诉讼法及高检院相关司法解释规定，作出附条件不起诉决定以及最终作出不起诉都需要经过部门负责人、检察长或检察委员会讨论决定两道程序，最后还要有一个考察帮教程序，程序的烦琐将会导致工作效率低下。因此，程序的烦琐已经成为影响承办人使用附条件不起诉意愿消极的主要因素之一。

（3）外部制约机制不足。对检察机关附条件不起诉的外部监督一方面是通过公安机关，另一方面则是通过被害人。但上文已经说到，被害人和公安机关的法定监督作用，只在检察机关作出不起诉决定之前有所体现，也就是说检察机关在作出决定前会听取被害人和公安机关的不同意见，但是在作出附条件不起诉决定时，还是检察机关自己说了算，这明显使检察官自由裁量权得不到有效的制约。所以附条件不起诉改革者曾遭遇的舆论争议，焦点就在于裁量不起诉的监督仅来自作出决定的检察机关内部，监督的效力遭到公众质疑。

因此，如何既简化程序又强化监督，提升检察机关裁量不起诉行为的公信力，需要进一步研究解决。

（二）司法缺陷

1. 适用附条件不起诉制度缺乏对未成年人犯罪原因等因素的考量

司法实践中，大多数的未成年人犯罪几乎都与家庭、学校教育、社会环境等多方面因素有关。家庭教育中，过度的溺爱放任、畸形的家庭环境、简单粗暴的教育方式等都可能使正处于人生生理、心理发展关键阶段的未成年人因得不到正确引导，逐渐养成不良习惯，继而走上犯罪道路。学校教育中，普遍存在重文化知识传授、轻思想道德教育，重学习成绩的提高、轻社会责任感的培养，重基础知识教育、轻心理健康和人格完善的风气[①]，相当一部分未成年人

---

① 董毅、王瑞林：《云南省未成年人犯罪情况调查》，载《中国刑事法杂志》2001 年第 8 期，第 93 页。

因学习成绩等原因，过早离开学校成为社会无业人员；有的即便人在校园亦因缺乏必要的法制道德教育，极易受到不良影响而误入歧途。社会环境中，由于社会转型和经济结构变革，现代人价值观念受到极大冲击，社会道德水准普遍下降，加重了不良社会环境氛围和未成年人心理的不平衡，也是导致未成年人违法犯罪的重要原因。

数据显示，犯罪未成年人文化程度普遍偏低，且多数为辍学无业人员，一部分为在校学生，这样的未成年人难以对自己的手段方式、作用对象、事物发展的因果关系、社会危害性等有较为清晰的认识和判断，一旦受外界刺激和诱惑极易发生犯罪，可以说这些犯罪的发生与家庭、学校、社会有一定的关系，因而从教育、感化、挽救未成年人司法方针出发，对有较强可塑性和矫正可能性的未成年人应尽量避免刑事惩罚性措施，尽可能多地适用附条件不起诉教育性措施。对未成年人犯罪应当综合考量其犯罪动机、手段、情节、后果、犯罪时的主观状态、家庭经济及帮教状况等，而刑事诉讼法第271条仅规定了附条件不起诉适用的法定罪名、刑期、悔罪表现，没有综合考虑涉罪未成年人的具体情况，导致司法实践中附条件不起诉适用矛盾。有些案件虽然符合附条件不起诉法定情形，但却缺乏相应的监护管教条件而不能适用；有的系在校学生，具备相应的帮教矫治条件，却因不完全符合附条件不起诉法定条件而不能适用，最终硬性起诉到法院适用刑罚性措施。如焦某某、沈某某赌博案，两名犯罪嫌疑人均系北大资源研究学院的大一学生，假期因受中学同学陈某某蛊惑，在旅馆组织他人参与赌博，非法获利5万元。案发后因家庭经济状况等因素，未能及时退赔所有赃款，因欠缺悔罪表现这一法定要件，最终被起诉到法院判处拘役刑罚，终身背负前科的阴影。

2. 附条件不起诉适用率低

未成年人附条件不起诉制度重要的功能价值就是降低未成年人的批捕、起诉率。但在实践中，由于附条件不起诉相对于相对不起诉的程序烦琐，投入的精力多，多数承办人在二者没有太大差别情况下，基本上适用相对不起诉，这样即减少后续程序，又节约诉讼资源，还提高工作效率。所以实践中适用附条件不起诉的未成年人案件占起诉总案件数的比例偏低，未成年附条件不起诉程序使用率偏低将大大影响了该制度价值功能的发挥。

刑事诉讼法修改后，对附条件不起诉适用对象和案件范围进行了限定，而且规定了较烦琐的适用程序，一方面，在实践中未成年人案件在刑事犯罪总量中所占比例较低，受附条件不起诉案件范围和刑期的限制，可分流的案件数量将十分有限，无法起到应有的作用；另一方面，修改后刑事诉讼法规定的检察机关适用附条件不起诉处理的审查、审批、监督等程序烦琐复杂，附条件不起诉适用率反而下降。按照刑事诉讼法规定，检察机关审查起诉期限为一个月，未成年人适用附条件不起诉时应当听取公安机关、被害人的意见，要进行必要的社会调查，同时要提交各种会议讨论、经检察长或检委会审批决定，必要时还要举行听证会等程序，因此一般情况下作出一项附条件不起诉会牵扯大量的时间和精力以及司法资源的消耗，既违反了未成年人要求快速办理的原则，也给司法实践中适用附条件不起诉带来困惑，因而刑事诉讼法修改后的几年来，检察机关还存在重起诉、轻不诉，能起诉就不做不起诉，能做相对不起诉就不做附条件不起诉的状况，使检察机关适用附条件不起诉的案件大大减少，影响了检察机关不起诉裁量权的有效发挥。

不起诉裁量权是法律特别授予或认可的检察官对于起诉与否的选择权。检察机关通过行使不起诉裁量权，对案件实施分流，既有助于贯彻宽严相济刑事政策，也可以减轻审判机关的案件压力，提高案件质量和工作效率。但是，长期以来，由于受附条件不起诉适用条件的限制，以及检察机关内部工作制度的影响，制约了检察机关行使不起诉权的积极性，司法实践中普遍存在构罪即诉、不起诉率偏低现象。虽然近年来在宽严相济刑事政策的指导下，强调对于未成年人、偶犯、初犯、过失犯罪等情况，可诉可不诉的不诉，不起诉案件数有所上升，且实务界对附条件不起诉进行了大胆尝试，但由于不起诉制度本身的局限，附条件不起诉案件仍然普遍偏低，这一现状已经严重影响了我国检察机关不起诉裁量权的存在价值。

3. 对"判处一年以下有期徒刑"的不同理解可能造成执法不统一

刑事诉讼法规定，未成年人附条件不起诉的适用条件之一是刑法第四、五、六章规定的可能被判处一年以下有期徒刑，这一看似操作性很强的规定在办案实践中也遇到了问题。由于刑事诉讼法未明确"可能判处一年以下有期徒刑"是宣告刑还是法定刑，高检院司法解释也未对此作出明确规定，必然导致不同地方检察机关对"可能判处一年以下有期徒刑"规定的理解有分歧，造成执法不统一。笔者据本地实践及调研资料收集发现，绝大多数检察机关在办案中采取"一年以下有期徒刑"是宣告刑的理解。但问题又随之而来，刑法中很多轻罪条款规定的法定刑是"三年以下""三年以上"，并不会对具体量刑作出规定，因此检察承办人判定未成年人宣告刑是否为"一年以下有期徒刑"缺乏明确的标准，而仅依据法院以往判例、办案经验来作出判定，亦会导致执法标准不统一，导致涉罪未成年人司法处遇的不平等。

4. 附条件不起诉适用范围过窄

我国现行司法实践中，对可能判处 3 年以下有期徒刑刑罚、具有悔罪表现、初犯、偶犯等情节的，检察机关可以作出相对不起诉决定。根据相对不起诉与附条件不起诉的逻辑关系，相对不起诉适用应比附条件不起诉更严苛，而目前刑事诉讼法规定的未成年人附条件不起诉适用范围过于狭窄，致使附条件不起诉比相对不起诉条件更苛刻。一方面，适用罪名过少，刑法第二章中交通肇事罪、重大责任事故罪，刑法第三章中绝大多数经济犯罪罪名均未被纳入适用范围，虽然未成年人触犯这些罪名的案件不多，但并非没有，不能将这些罪名一概排除在适用范围之外。另一方面，适用的刑期规定过于严苛，在过去的办案实践中，可能判处 1 年以下有期徒刑的未成年人，如果具备一定帮教条件，且认罪、悔罪的，一般也都会适用相对不起诉或缓刑。总之，适用范围过窄，不利于充分发挥附条件不起诉的价值功能，降低未成年人起诉率、羁押率，加强对未成年人的教育、感化、挽救。

5. 造成外来未成年人司法处遇不公

虽然刑事诉讼法未将具备帮教条件作为适用附条件不起诉的要件之一，但司法实践中，如果罪错未成年人不具备帮教条件，而任由其流入社会，不仅可能使他们再次犯罪，甚至可能影响社会的安全稳定。因此，检察机关在实际办案中，对一些父母怠于管教、已退学、无就业能力和固定住所、在社会游荡的外来未成年人，由于他们不具备帮教条件，无法实施诉前帮教，而不得不对其予以羁押、起诉，使他们失去了附条件不起诉的机会。关押可能导致羁押场所内的"交叉感染"，定罪量刑后又易使未成年人带上"罪犯"的标签，对其后续人生造成重大不利的影响。对外来流动未成年人司法处遇的不公，不利于平等保护未成年人的权利。

三、未成年人附条件不起诉制度运行障碍问题成因剖析

法治就是良法善治，良法即完善的法律制度，善治即制度得到有效执行。修改后刑事诉讼法在未成年人刑事诉讼中确立了附条件不起诉制度，有利于加强对未成年人的司法保护，体现了我国刑事法治理念的进步，但目前该制度的运行却面临不少问题，究其原因不外乎两点：一是制度还不完善；二是与制度配套的工作机制还未建立。制度如同蓝图，机制则是完成蓝图的具体工艺。一方面，制度本身存在不明确、不合理之处必然导致价值无法实现；另一方面，制度如果没有相应的工作机制作保障，就会成为无法兑现的空文。修改后刑事诉讼法对未成年人附条件不起诉制度只是作了粗线条的规定，尚需进一步明确、完善，但最关键的还是制度具体如何实施，这需要我们设计一套系统完整的工作机制来贯彻该项制度。

具体来说，就是对未成年人附条件不起诉制度运行过程中工作机制方面存在的问题分析：

（一）未成年人附条件不起诉程序启动机制

附条件不起诉适用率低的原因主要有以下两个方面：一是绝大多数犯罪的未成年人均为外来流动人口，在本地不具备帮教条件。而附条件不起诉的最主要特点就是实施诉前帮教考察，并以帮教效果来衡量是否予以起诉，帮教条件的缺失最终使相当多的未成年人失去附条件不起诉的机会。二是承办人适用附条件不起诉的积极性不高。附条件不起诉要求的诉前考察帮教周期较长，需要承办人投入相当多的精力，导致案件久拖不决、积案上升，对承办人造成一定压力。在案多人少矛盾下，承办人因为工作量增加而适用积极性不高，更倾向于起诉或直接作出相对不起诉决定。因此，提升附条件不起诉的适用率，应首先从问题的症结即外地成年人缺乏帮教条件和承办人积极性不高入手，完善帮教机制和业绩考核机制，切实发挥工作机制的引导作用。

（二）附条件不起诉考察帮教机制分析

考察帮教是未成年人附条件不起诉制度实施的最主要、最关键的组成部分。

涉及未成年人附条件不起诉帮教考察等方面的问题，主要表现为检察机关对未成年人的帮教考察流于形式、实效堪忧。问题的症结有二：一是检察机关资源有限，独力难支；二是既缺乏社会系统支持又缺乏工作机制支撑。对此，上海市的社会观护模式值得借鉴，必须要建立由检察机关牵头、社会基层组织、志愿者、社团分工合作的社会化帮教考察机制，才能真正为附条件不起诉未成年人提供诉前考察、帮教纠正的社会平台。其次，针对附设条件流于形式的问题，必须要建立对未成年人身心情况全方面的考察评价机制，加强附设条件对未成年人的约束力。

（三）附条件不起诉案件被害人权利保障分析

要解决未成年人附条件不起诉案件被害人权利可能遭受侵害的问题，最根本也是最有效的手段就是完善被害人权利保障机制，要在被害人诉讼权利告知、听取被害人意见、审查反馈、被害人申述等各环节切实构建相关工作机制，维护被害人的权利。

（四）附条件不起诉监督机制缺陷分析

按照修改后刑事诉讼法的规定，检察机关既是作出不起诉决定的机关，又是监督考察的实施者，考察期满后还是是否起诉的决定者。掌握着整个不起诉制度过程中的大小权力，无疑使既当了裁判员，又当了运动员，极容易影响司法的中立性①。

为增强检察执法办案的透明度和公信力，减少社会公众对附条件不起诉的质疑和争论，关键是要加强监督制约机制建设，既要强化内部的监督制约，也要加强检务公开，接受外部监督。这就需要积极构建相关的监督制约机制，发挥工作机制促进工作规范的功能作用。

四、完善未成年人附条件不起诉机制的思考

任何刑事司法制度和刑事司法理念，都不是随心所欲的创作②，都是固有传统文化、权力组织模式和政策实施型司法程序模式下由特定政治背景催生的新事物③。未成年人附条件不起诉制度应运而生，就是在恢复性国际司法趋势以及和谐社会政治大背景、宽严相济刑事政策下刑事司法变革的新事物。

（一）未成年人附条件不起诉制度完善思考

1. 明确附条件不起诉的法律地位

首先，要明确附条件不起诉是并列于相对不起诉、存疑不起诉的另一种裁量不起诉形式。其次，要明确附条件不起诉适用范围较相对不起诉更宽泛，因此相对不起诉可直接作出不起诉决定，而附条件不起诉则需经过一段考察期，供检察机关决定最终是否起诉。总之，要在刑事诉讼法规定中对附条件不起诉的法律地位、逻辑关系加以体现。一是建议刑事诉讼法在总章部分明确规定，未成年人附条件不起诉作为裁量不起诉的形式之一。如此，才有助于明确未成年附条件不起诉人完成所附条件，经过考察期后，检察机关予以不起诉的形式，不是相对不起诉，而是附条件不起诉的有机组成部分。二是建议扩大未成年人附条件不起诉的适用范围。如此，才能体现对未成年人公平、公正的司法处遇。

2. 扩大未成年人附条件不起诉的适用范围

（1）适当扩大案件适用范围。从适用的罪名种类上看，目前我国的附条件不起诉制度适用的案件为刑法第四章侵犯人身和民主权利的犯罪，第五章财产性犯罪，第六章妨害社会管理秩序类犯罪，同时还要满足该罪的刑期是可能判处一年以下有期徒刑的。与我国规定不同的德国，是世界上实施附条件不起诉制度比较典型的国家之一。德国《刑事诉讼法》第153a条也规定了附条件

---

① 刘浪景、孝杰：《附条件不起诉制度的构建》，载《华东政法大学学报》2010年第5期。

② 邵宝文：《论刑事和解制度在我国的构建》，载黄立等主编：《刑事法治理念创新研究》，中国检察出版社2011年版，第432页。

③ ［美］达玛什卡：《司法和国家权力的多种面孔》，郑戈译，中国政法大学出版社2004年版。

不起诉制度①。考察在这个过程中行为人是否对被害人给予了一定数额的补偿、是否缴纳了罚款、是否做出相应的公益支出或是否承担相应的义务。从德国法律规定的内容上来看，检察机关在作出暂缓起诉决定时，要求被指控人所犯罪行是轻罪，这与我国法律规定相一致。但是随着该制度在现实中的运用和社会生活环境日新月异的变化，德国在该制度的适用也随之有了相应的推广和扩大，对于中等社会危害程度的犯罪案件有了广泛适用②，有时甚至在社会危害性非常严重的案件也会适用该制度。

（2）适当扩大犯罪主体适用范围。从各地的试点情况以及效果来看，未成年附条件不起诉的对象范围是可以扩大的，也是符合刑事司法法律的精神和实践需求的。

适用范围建议在现有基础上将未成年人附条件不起诉适用范围扩大为：除危害国家安全犯罪外，涉及刑法分则的所有罪名，符合起诉条件，有悔罪表现，可能判处 3 年有期徒刑以下刑罚的初犯、偶犯。也就是在现行适用范围的基础上，扩大未成年人初犯、偶犯适用附条件不起诉的范围。

根据历年各地法院所处理的未成年人犯罪案件数量来看，近 3 年来未成年人所触犯最多的前三种罪名显示，我国未成年人触犯的刑事案件有侵犯财产刑犯罪向暴力型犯罪转化的趋势，并且所占的比重较大。所以，根据我国司法实践中的需要，只要有未成年犯罪嫌疑人犯罪情节较轻，主观恶性不大的情况，除危害国家安全犯罪外，无论是刑法分则哪一章规定的犯罪，罪名如何，所判处的刑罚怎样，都应该根据具体案件的不同情况，有选择地适当运用附条件不起诉制度③。

3. 明确未成年人附条件不起诉的适用条件

（1）统一对"可能判处一年有期徒刑以下刑罚"的理解。由于刑事诉讼法规定不明确，导致各地检察机关可能存在执法不统一的情况。建议在刑事诉讼法中明确规定，"可能判处一年有期徒刑以下刑罚"为宣告刑，即法院实际判处涉罪未成年人的刑罚。由于未成年人往往具有法定、酌定的减轻、从轻情节，故宣告刑通常比法定刑轻。如果"一年有期徒刑"为法定刑，则附条件

---

① 附条件不起诉，指以暂不予起诉为手段，法律规定一定的追诉保期间在这个期间内，检察官考察被害人与行为人之间的和解情况、和解执行情况以及不起诉后的生活为情况，以便决定是否再行起诉的制度。还规定了进用附条件不起诉必须具备的条件包括，犯罪嫌疑人必须同意中止诉讼并且同意公诉人提出的条件。

② 李河译：《德国刑事诉讼法》，中国政法大学出版社 1995 年版，第 326 页。

③ 刘识、王建荣：《比较与借鉴：暂缓起诉制度研究》，载《人民检察》2005 年第 5 期，第 39—42 页。

不起诉适用的范围将更窄，不仅有悖于相对不起诉的逻辑关系，也不利于发挥附条件不起诉帮教挽救未成年人的价值功用。如果将"一年有期徒刑"规定为宣告刑，也可能存在量刑标准不明确的问题，这就需要建立健全相关工作机制。

（2）明确"有悔罪表现"的具体标准。刑事诉讼法中附条件不起诉适用要件"有悔罪表现"规定过于原则、抽象，不利于在司法实践中操作把握，可能造成执法不统一，使每一个涉罪未成年人得不到公平公正对待。而且检察机关对附条件不起诉人是否"具有悔罪表现"的条件把握不当，可能导致犯罪嫌疑人未对被害人进行赔偿、未取得被害人谅解、未修复受损的社会关系等情况，这就极易发生被害人申诉甚至上访的局面，不仅使附条件不起诉的功用完全得不到发挥，还将加深公众对附条件不起诉的质疑。因此，建议将体现"有悔罪表现"的酌定量刑情节列入"两高"司法解释，并列明"有悔罪表现"的具体标准，只有具备这些酌定情节，才能适用附条件不起诉。建议列入司法解释的酌定量刑情节包括：第一，有刑法第27条或者第68条规定情形的；第二，具有良好的认罪态度（能如实供述自己的罪行，具有坦白情节）；第三，积极向被害人赔礼道歉、退赃退赔的；第四，其他有悔罪表现的情形。

需要说明的是，是否"有悔罪表现"是适用附条件不起诉的关键前提，直接关系附条件不起诉制度的功能发挥，故宜将"有悔罪表现"的具体标准列入"两高"司法解释，从制度层面加强规制。

4. 完善未成年人附条件不起诉的执行程序

虽然刑事诉讼法第272条、第273条规定了未成年人附条件不起诉的执行程序，但在现有法律规定的基础上，还应明确以下两点：

（1）明确所有附条件不起诉案件都应当进行未成年人社会调查。社会调查制度是少年司法制度的惯例，是未成年人刑事诉讼程序贯彻刑罚个别化和全面调查原则的具体表现，也是检察机关裁量是否适用附条件不起诉的重要依据。刑事诉讼法第268条规定，人民检察院办理未成年人刑事案件，根据情况可以对未成年犯罪嫌疑人、被告人的成长经历、犯罪原因、监护教育等情况进行调查。笔者认为，应在刑事诉讼法中明确，检察机关拟适用未成年人附条件不起诉的案件，应当进行社会调查。原因如下：未成年人社会调查报告是判断未成年人是否"具有悔罪表现"的重要依据，也是考察机关探寻未成年人犯罪根源，制定针对性的考察方案，对未成年人实行个别化干预的重要方式和手段。笔者认为，未成年人调查报告的内容应以列举的方式在刑事诉讼法或最高检司法解释层面予以明确，并可以从"犯罪危险性、矫正可能性及保护相当性"等方面进行调查。具体来说主要包括：第一，未成年人成长经历，包括成长环境、成长履历，成长过程中有无发生被犯罪侵害、人格遭侮辱等重大事件，成长过程中受何人的影响最大等。第二，未成年人家庭情况，包括父母是否离异、父母感情是否融洽、父母管教方式方法等。第三，未成年人个性心理特征，包括其个性优缺点、有无良好兴趣、有无特殊嗜好、人生"三观"等。第四，悔罪表现，包括是否赔偿被害人损失，是否向被害人赔礼道歉等。第五，平时表现，包括有无犯罪前科，学习、工作表现，与同学朋友之间关系是否融洽等。

（2）明确帮教考察的责任单位。现行刑事诉讼法规定，检察机关是附条件不起诉未成年人的考察监督机关，但是根据现行实践情况，检察机关帮教精力和资源有限，不可能独力开展监督帮教。因此，建议将检察机关定位为帮教监督的牵头负责单位，将附条件不起诉未成年人所在学校、单位、街道、社区以及所在辖区的妇联、团委、司法局等部门作为帮教考察活动的具体落实单位。为使检察机关的牵头协调效率更高，推动形成未成年人保护的社会合力，建议第一步先在《未成年人保护法》等行政法规中明确相关帮教责任单位的义务、工作职责，但从长期看，还是应该将帮教考察的责任单位列入刑事诉讼法法条中，并明确规定责任、义务，为未成年人帮教挽救社会体系的形成提供法律支持。

5. 完善被害人救济及异议程序

首先，建议在高检院对刑事诉讼法的司法解释层面，对检察机关在作出附条件不起诉决定前听取被害人意见这一条款进行细化，明确规定听取被害人意见应由两名检察人员在场，并记录在案，对被害人有异议的应启动听证程序，加强被害人意见对检察机关作出裁量决定的制约和限制，防止听取被害人意见程序流于形式，切实尊重被害人意见，做好释法说理工作，避免因执法办案方式不当引发新的矛盾。

其次，现行《刑事诉讼法》第271条规定"公安机关要求复议、提请复核或者被害人申诉的，适用本法第一百七十五条、第一百七十六条的规定"，笔者在前面章节已进行分析，在被害人申诉权行使时间及次数上可能导致分歧，因此，建议以刑事诉讼法专门条文的形式明确规定：第一，检察机关在作出暂时不予起诉和考验期满后不起诉决定前，均应听取被害人的意见。第二，附条件不起诉案件被害人在分别收到附条件不起诉决定书及考验期满后作出的不起诉决定书之日起7日内，有权向上一级检察院申诉或直接向法院起诉。

6. 完善法律监督程序

由于附条件不起诉属于检察裁量权，在当前司法机关不同程度地遭遇信任危机的情况下，附条件不起诉曾引起激烈的舆论争议，因此，建议在刑事诉讼法条文中确立备案程序、听证程序的适用范围和操作流程，增强对附条件不起诉的内外部监督，通过执法过程的公开化、透明化及完善自身监督来消解公众的质疑情绪。第一，上级检察机关备案程序，即基层检察院对检委会讨论意见分歧大、案情疑难复杂、经过听证反对意见多的拟作出未成年人附条件不起诉的案件，将案件审查报告及汇报材料报送上级检察院，由上级检察院未检部门进行审查后提出意见。第二，听证审查对于公安机关或被害人对附条件不起诉存异议，社会影响较大或者人民检察院认为确有必要的案件，经检察长决定，应当通知公安机关侦查人员、被害人及其诉讼代理人、未成年犯罪嫌疑人及其法定代理人或合适成年人、辩护人及法律专家、人民监督员、社会帮教组织成员到场，以不公开听证会的形式，听取各方阐述观点及理由。实行上述监督制度要把握针对不同情况区分对待的原则，将被害人异议案件作为听证的重点，既注重发挥制度的监督制约作用，又注重避免程序烦琐。

7. 加快建设少年司法制度

少年司法制度是一国司法文明程度的标志和体现。美国、德国、日本等不少国家都纷纷建立了少年司法制度。降低未成年人羁押率、起诉率，对罪错未成年人实行非监禁化、非刑罚化，加强对罪错未成年人的帮教挽救是少年司法制度的价值旨归。本次刑事诉讼法修改，在特别程序一章中建立未成年人诉讼程序，对我国少年司法制度建设意义深远。其中，未成年人附条件不起诉制度借鉴了德国的少年刑罚缓科制度，其功能价值是促进对未成年人的司法处置非刑罚化，体现了少年司法制度的本质要求。非刑罚化的司法处置强调以完善的矫治帮教手段来代替刑罚。德国、美国等均建立了非常完善的刑罚转处体系，德国模式的帮教体系依托司法体系而建立，美国模式的帮教体系则是司法体系和社会组织、团体的结合。因此，要解决附条件不起诉帮教考察实效堪忧的问题，最根本的出路还是加快少年司法制度建设，建立未成年人刑罚转处体系。

（二）未成年人附条件不起诉制度相关工作机制完善构想

1. 完善未成年人附条件不起诉程序启动机制

第一，建立个罪适用条件类型化处理模式，增强程序适用的可操作性。建议借鉴宁波北仑检察院对常见罪名的类型化处理模式，对盗窃、抢夺、抢劫、寻衅滋事、非法拘禁、敲诈勒索等常见罪名规定适用附条件不起诉的肯定性条件和否定性条件，使办案实践对附条件不起诉的适用条件把握更具可操作性。具体来说，可以从犯罪数额、次数、社会危害性、退赃情况、是否具有自首情节、是否为初犯、偶犯等方面规定肯定性条件，从是否具有前科方面规定否定性条件。如盗窃罪，肯定性条件可包括犯罪数额不超过起刑标准的 3 倍即9000 元、盗窃次数不超过 3 次、所窃财物已全部归还被害人、不能返还的已赔偿被害人等，否定性条件包括累犯、前科等。否定性和肯定性条件，使承办人更易把握附条件不起诉的适用范围。如果未成年犯罪嫌疑人具备否定性条件，则直接排除适用附条件不起诉；如果具备肯定性条件就应考虑是否适用附条件不起诉。当然，肯定性条件和否定性条件并不是考虑是否适用附条件不起诉的唯一标准，但类型化处理无疑将有助于统一各地检察机关对附条件不起诉的适用，更具可操作性，实现司法公平公正。其次，类型化处理的肯定性和否定性条件内容要以未成年人刑事案件办案实践为基础，力求准确实用，建议先在一些地区进行试点探索。最后，类型化处理可行性体现在：一是未成年人犯罪常见罪名较少，对常见罪名规定肯定和否定条件具有较强可行性。二是宁波北仑检察院的实践表明该机制有助于规范附条件不起诉的适用，并积累了一定的实践经验。

第二，建立针对未成年人刑事案件量刑的法检通报机制，统一对程序适用条件的理解把握。量刑幅度是附条件不起诉制度适用的重要条件，如前所述笔者认为应以宣告刑期作为适用条件。鉴于宣告刑并不在法典中明确存在，而是可能宣告的刑期，因此建议加强检、法之间沟通联系，建立未成年人刑事案件量刑标准通报机制，由法院将未成年人刑事案件量刑的量化标准通报检察院，由检察院制定出台量刑标准制度文件，并定期更新，使承办人更易把握附条件不起诉的适用，也促使执法统一。由于各地对犯罪数额的不同标准，因此，建议在省级检察院、法院的层面，建立未成年人刑事案件量刑通报机制。建立此项工作机制的可行性体现在：最高人民法院已制定出台《人民法院量刑指导意见（试行）》，对量刑起点、量刑情节和量化幅度都作出明确的规范性规定，因此建立未成年人刑事案件的量刑量化标准是可行的。

第三，建立未成年人刑事案件专人专办制度，提升未成年人附条件不起诉的适用率。由于未成年人刑事诉讼特别程序不同于刑事诉讼的一般程序，且对办案、帮教要求较高，从实践来看，不少地方检察机关都已成立此部门，且对帮教挽救未成年人成效十分明显。

2. 完善未成年人附条件不起诉考察帮教机制

第一，建立健全未成年人社会调查工作机制，提高帮教的针对性。未成年人社会调查制度明确附条件不起诉案件必须调查和调查什么的问题。未成年人社会调查工作机制主要解决的是谁来调查、怎样调查的问题。首先，关于谁来调查的问题，由于各地实际不同，因此未成年人社会调查工作机制不宜以法律制度的形式强制推行某一种模式，目前各地探索实施的三种社会调查模式各有特点，应由各地检察机关根据不同的实际自行决定。其次，关于怎样调查的问题，笔者认为应当全面进行调查，同时采取边调查边保护的方式。具体来说，应包括：其一，通过实地走访未成年人家长、亲友、学校老师、朋友同学以及被害人了解未成年人的成长经历、家庭环境、平时表现、悔罪态度等。其二，可以请专业人士对未成年人进行身心状况的评估，准确把握未成年人的个性特点，包括个性优缺点、矫正可能性、犯罪的心理根源等。其三，无论采取何种模式的社会调查，调查人员均应在走访调查的同时，通过与未成年人交流、谈心或鼓励未成年人亲友对其实施劝导的形式，一方面对其开展及时的开导教育，另一方面为其提供积极的社会支持，营造积极、宽容的社会环境。其四，调查人员最后必须出具社会调查报告，检察机关应装入案卷，作为裁量是否附条件不起诉的重要依据。

第二，建立针对附条件不起诉人的社会化帮教考察机制，有助于提高帮教实效。应在检察机关负责牵头附条件不起诉人考察帮教的基础上，建立健全社会化的帮教考察机制。上海市的未成年人观护体系是建立社会化帮教考察机制的最终目标，可以借鉴上海市做法，吸纳富有社会责任感和观护能力强的企事业单位、工读学校、救助中心、社区活动中心等作为社团成员，为观护对象提供食宿及文化知识学习、法制教育、劳动技能培训等帮教条件。选择一些热心公益、有一定帮教能力的社工或志愿者作为观护帮教人员，在检察机关的监督和观护帮教组织的管理下，对未成年人被附条件不起诉人进行日常教育考察、帮教矫正，监督未成年人的日常表现和心理动向，并将情况即时反馈给检察官。同时，检察官应当定期听取未成年人的报告，及时了解考察期内被附条件不起诉人的表现。但目前来说，各地情况不一，未成年人观护体系建设不可能一蹴而就。因此，建议先在县或区级层面，由检察机关推动，争取县、区政法委的支持，联合街道、乡镇、妇联、团委、教育等相关部门，以共同制定制度文件的形式，在县、区一级建立未成年人考察帮教领导小组，由相关部门、单位分管领导任组员。

第三，建立对未成年人的考察评判机制，有助于确保附设条件不流于形式。附设条件完成情况直接决定检察机关是否起诉未成年人，但现行刑事诉讼法缺乏考察评判的规定。这极易导致附条件不起诉制度流于形式，不能真正对罪错未成年人发挥帮教挽救的功用，甚至可能会使一些未成年人认为自己是未成年人而可以为所欲为，结果再次走上犯罪道路。建议各级检察机关建立健全对附条件不起诉未成年人帮教考察成效的评判机制。应以刑事诉讼法第272条第3款第4项为点，细化"接受矫治和教育"的标准，可具体规定为：（一）接受教育或训诫；（二）参加公益劳动；（三）接受瘾癖戒除、心理辅导等矫治措施；（四）参加有益身心健康的青少年集体活动；（五）不得进入特定场所、接触特定人员或者从事特定活动；（六）不得有《中华人民共和国预防未成年人犯罪法》第 14 条、第 34 条所规定的不良行为或严重不良行为；（七）其他教育和矫治措施。并由考察小组成员单位一一对照各项标准逐条打分，达不到基本分则作出起诉处理。

第四，建立对考察帮教成员的评判和激励机制，有助于促进落实各方职责。为增强帮教考察的实效，除了要在法规及司法解释层面明确帮教考察单位、人员的职责外，还应在工作机制层面建立对帮教考察人员履职情况的监督评判机制。一是应在县、区政法委的统筹协调下，建立县、区一级的未成年人帮教考察领导小组，并将该机构成员的工作职责、表现纳入区级目标考核体系；二是检察机关应对协助考察的观护帮教人员进行监督和指导，强化协助考察人员的责任意识，使其对未成年犯罪嫌疑人负责，对未成年犯罪嫌疑人的父母负责，对领导小组负责；三是对认真负责帮教成效明显，应当予以奖励，以激励帮教人员工作的积极性和创新性；四是如果检察机关发现观护帮教人员有不履行监督考察职责等情况，应立即建议领导小组成员单位更换观护帮教人员，并对原观护帮教人员实行问责制。

3. 完善被害人权利保障机制

第一，建立附条件不起诉听证机制。前文论述了在刑事诉讼法层面确立听证程序的基本内容和必要性，在此，将着重从工作机制层面进行具体的制度设计。首先，适用范围是被害人对拟作附条件不起诉处理持异议的案件。不对所有附条件不起诉案件实行此项机制是基于办案效率以及案多人少的考虑，听证程序耗时久、牵扯的工作多，若对全部案件实行听证，必将对承办人适用附条件不起诉造成更多的办案压力。其次，听证程序由承办人启动，但在启动前必须经过两次听取被害人意见，在承办人第一次听取被害人意见得知被害人存在异议时，应首先进行释法说理。3—5 日后由承办人第二次听取被害人意见，若被害人依旧存在异议，则启动听证程序。承办人听取被害人意见的活动应全部记录装卷。再次，听证人员由检委会负责邀请，主要由被害人及其法定代理人、委托代理人、犯罪嫌疑人及其法定代理人、辩护人、专家学者、人民监督员等组成。听证程序先由承办人陈述案情，再由被害人、犯罪嫌疑人及参与听证的人员发表意见并进行辩论。最后，由检察机关作出是否予以附条件不起诉的决定并说明理由。值得注意的是，听证程序实行不公开模式，以最大限度地保护未成年人的身心健康。

第二，建立刑事和解前置机制。刑事和解是指在刑事诉讼中，加害人以认罪、赔偿、道歉等形式与被害人达成和解后，国家专门机关对加害人不追究责任、免除处罚或者从轻处罚的一种制度。其目的是为了恢复被加害人所破坏的社会关系，弥补被害人所受到的伤害，以恢复加害人和被害人之间的和睦关系，并使加害人改过自新，回归社会。[①]

4. 完善执法监督及执法品格培养机制

未成年人附条件不起诉制度蕴含极大的检察裁量空间，检察官在适用该制度时，与一般承办案件相较，需要对犯罪情节、案件性质、悔罪表现、司法资源付出更多的考虑，作出更为艰难的选择和决断。因此，完善执法监督机制，加强对执法行为的监督制约，对促进检察官正确作出选择和判断，正确行使起诉裁量权具有十分重要的现实意义。

另外，还要注重培育检察官执法品格。执法理念是执法实践的思想基础和行动指南，执法品格是执法个体最基本、最朴素的执法观念，是执法者面对情理法冲突时对公平正义的自觉选择，优良的执法品格是促进制度、机制落实的关键一环。各级检察机关要注重培育检察官的廉洁、为民、公正、勤奋等执法品格，有助于保障未成年人附条件不起诉制度及相应工作机制的落实。

---

① 向朝阳、马静华：《刑事和解的价值构造及中国模式的构建》，载《中国法学》2003 年第 6 期，第 113 页。

未成年人刑事案件社会调查制度的适用及完善[*]

苏彩英　张小红　张　硼^{**}

摘　要： 社会调查是我国修改后刑事诉讼法确立的一项未成年人特殊制度，体现了对未成年人的特殊保护。然而，社会调查制度在目前的司法实践中存在诸多问题，影响了该制度效果的有效发挥。对此，建议建立由司法行政机关作为受委托主体，公、检、法作为委托主体开展社会调查的工作机制，规范、合理的社会调查报告内容体系及社会调查员的准入、培训、考核机制，以及互相协作的异地社会调查协作机制等，进一步完善社会调查制度。

关键词： 社会调查　存在的问题　完善

本文拟以我国修改后刑事诉讼法对于涉罪未成年人社会调查的规定为基础，从目前社会调查工作实际出发，通过考察国内外社会调查制度的运行情况，分析研究当前我国社会调查制度本身及实践中存在的主要问题，探索完善社会调查制度的途径。研究过程中，课题组向未检工作率先发展的上海市 18 个检察院以及山西省 12 个检察院未检（公诉）部门进行了问卷调查、当面访谈、电话询问、工作文件研究，对高检院公诉厅《公诉工作情况》之《未检工作专刊》中各省、市、区县检察院的先进工作经验进行了认真学习研究，邀请我国未成年人刑事司法问题理论专家、北京师范大学刑事法律科学研究院副院长宋英辉、上海市人民检察院未检处处长樊荣庆进行论证指导，对有关学术专著、论文进行了认真阅研，以期探寻我国现行的未成年人社会调查制度存在的问题和解决的路径。

---

　*　本文荣获 2015—2016 年度女检察官检察理论研究课题三等奖。

　**　课题组主持人：苏彩英，太原市人民检察院未成年人刑事检察处处长，检察员，检察委员会委员；课题组成员：张小红，太原市人民检察院未成年人刑事检察处助理检察员；张硼，山西大学法学硕士研究生。

一、社会调查制度概述

（一）我国社会调查制度现状

新中国成立后首次以立法形式确立社会调查制度是在 2012 年，修改后的《刑事诉讼法》第 268 条规定："公安机关、人民检察院、人民法院办理未成年人犯罪案件，根据情况可以对未成年犯罪嫌疑人、被告人的成长经历、犯罪原因、监护教育等情况进行调查。"

更多关于我国现阶段社会调查的主体、内容、法律后果等的规定，集中规定在最高人民法院《关于适用〈中华人民共和国刑事诉讼法〉的解释》第 476 条、公安部《公安机关办理刑事案件程序规定》第 311 条、最高人民检察院《人民检察院刑事诉讼规则（试行）》第 486 条、中央综治委联合最高人民法院、最高人民检察院、公安部、司法部、团中央制定的《关于进一步建立和完善办理未成年人刑事案件配套工作体系的若干意见》第 3 条，结合上述规定我们可以看出：

1. 社会调查的主体。"社会调查由未成年犯罪嫌疑人、被告人户籍所在地或居住地的司法行政机关社区矫正工作部门负责。司法行政机关社区矫正工作部门可联合相关部门开展社会调查，或委托共青团组织以及其他社会组织协助调查。"同时，公安机关、检察机关、法院都"可以"开展，法院、检察院还可以委托有关社会团体、组织和机构进行社会调查，辩护人也可以提交相关材料。这说明，我国目前社会调查的主体较多。

2. 社会调查的内容。尽管上述司法文件的表述各不相同，但汇总起来，其内容包括：未成年被告人性格特点、家庭情况、社会交往、成长经历、犯罪原因、犯罪前后的表现、监护教育情况、是否具备有效监护条件或者社会帮教措施等。

3. 法律后果。主要规定为"在提请批准逮捕、移送审查起诉时，应当结合案情综合考虑""作为办案和教育的参考"。

4. 社会调查的形式和使用方式。上述规定都将社会调查的形式明确为"书面报告""书面形式""随案移送"。

综上，我们可以为我国目前的社会调查制度做这样的定义：社会调查制度，是指司法行政机关、公安机关、人民检察院、人民法院、辩护人在未成年人刑事案件办理中，对未成年犯罪嫌疑人、被告人的性格特点、家庭情况、社会交往、成长经历、犯罪原因、犯罪前后的表现、监护教育情况、是否具备有效监护条件或者社会帮教措施等情况进行全面调查，并制作书面社会调查报告，作为办案和教育的参考。

（二）对国内外社会调查制度及其实践的考察

1. 我国清朝末期。东三省颁布的《奉天高等审判庭幼年审判庭试办简章》明确规定，审问年幼者要注意家庭关系和社会背景的调查，还可以请医生诊断未成年人犯罪的原因。1935 年，南京国民政府颁行的《审理少年案件应注意事项》明确审理未成年人案件要进行社会调查，心理学或教育学专家为辅助，于特别情形，应使医生详加检查。[①]

2. 美国。社会调查分庭前调查和判刑前调查。根据各州规定，少年法院或少年法庭除设立少年法官外，另设缓刑官员。接到控告即由缓刑官员启动社会调查程序，目的不是为确定被告人是否有罪，而是为争取案件的非正式处理提供参考依据。只有严重罪错的才会被提出正式诉状，进入刑事诉讼程序。被起诉后，缓刑官展开进一步的判刑前社会调查。缓刑官要证实所收集信息的客观真实，做综合评价，撰写调查报告并提交少年法官。法院对被告人进行审理时，缓刑官要向法院展示被告人基本信息和情况，帮助法官做出既满足量刑的惩罚、威慑功能，又满足其矫正功能的公正量刑。[②]

3. 日本。未成年人案件由家庭裁判所专属管辖。受案后即开始庭前社会调查，以决定是属于刑事案件还是保护处分案件。家庭裁判所的每位法官配备 3—4 名调查官。调查官可传唤未成年人和相关人员到家庭法院进行陈述，也可直接到少年、保护人住所、工作单位、学校、听取其陈述，需要时还可向学校或工作单位提出书面照会，还应当掌握被害人情况，并进行询问调查。强调"特别要有效地运用少年鉴别所提供的关于医学、心理学、教育学、社会学以及其他专门知识的鉴定结果"[③]。调查后由调查官将调查报告及处理建议交家庭裁判所。如家庭裁判所做出刑事处分案件的决定，就由家庭裁判所审理。除了法官的许可，调查官必须出庭。法律还规定相关人员在调查中要严格保密。[④]

4. 德国。社会调查制度非常重要的特点，是警察受理未成年人违法案件后，通知当地的少年福利局，由其选派一名少年法官助理进行社会调查。该助

---

① 姚建龙：《历史视野中的少年司法改革——以未成年人检察为中心》，山东省首届未成年人刑事检察业务培训班上的讲稿。

② 陈立毅：《我国未成年人刑事案件社会调查制度研究》，载《中国刑事法杂志》2012 年第 6 期。

③ 宋英辉、何挺、王贞会等：《未成年人刑事司法改革研究》，北京大学出版社 2013 年版，第 42 页。

④ 陈立毅：《我国未成年人刑事案件社会调查制度研究》，载《中国刑事法杂志》2012 年第 6 期。

理为社会工作者，要就未成年人的生活环境、生理和心理特征、个性、行为的社会背景及犯罪情况等进行深入的调查研究，并告知少年检察官和法官。少年检察官在接受案件和社会调查报告后再进行审查，认为必要则向法院提起诉讼。法官认为刑事处罚没必要，而是给予规定强制性义务、警告等措施更适宜，或者被告人没有成熟，不负刑事责任时，可以宣告终止程序。法官认为有必要而继续庭审的，调查人员可以向法官就可能采取的处罚措施提供建议。同时，调查人员具有监督未成年罪犯执行指令和强制义务的权限，并且与监狱里的未成年罪犯保持联系，以便帮助他们在释放后能够重新融入社会。①

综观国内外未成年人刑事案件社会调查制度，尽管具体规定有所区别，但存在共同点：一是社会调查目的的特殊化。都是通过社会调查和评估来决定其是否违反了刑法，并将一部分案件排除在刑事司法体系外；对于进入刑事程序的，通过社会调查为法官定罪量刑提供依据。二是调查工作的专业化。这些国家成立专门机构或者设置专人对涉罪未成年人进行社会调查，运用医学、心理学、教育学、社会学等专业知识，保证调查的专业性。三是调查内容的全面性。调查者要对涉罪未成年人的人格特征、家庭环境、教育背景、犯罪原因等进行调查。其中的先进经验、做法对于完善我国现阶段的社会调查制度大有裨益。

办理涉罪未成年人案件适用社会调查制度非常必要，首先，由未成年人的特殊性决定的。未成年人具有"易感""易变"的特点，心理、生理尚未成熟，容易受到家庭、社会等客观环境中不良因素的影响、诱惑而违法犯罪；但也易于接受教育感化，重归正途。全面进行社会调查，细致探究犯罪的主客观原因，才能为办案机关作出适当处理提供准确依据，也才能找准"教育点""感化点"，进而采用科学、恰当的方式保证其顺利回归社会。其次，适用社会调查是贯彻处遇个别化原则的正当需要，也是我国履行国际义务的题中之义。联合国《少年司法最低限度标准规则》第5条规定："少年司法制度应强调少年的幸福，并应确保对少年犯作出的任何反应均应与罪犯和违法行为情况相称。"第16条规定："所有案件除涉及轻微违法行为的案件外，在主管当局作出判决前的最后处理之前，应对少年生活的背景和环境或犯罪的条件进行适当的调查，以便主管当局对案件作出明智的判决。"我国是该公约的成员国，理应贯彻这一规则。

---

① 陈立毅：《我国未成年人刑事案件社会调查制度研究》，载《中国刑事法杂志》2012年第6期。

二、我国现阶段社会调查制度实施中存在的问题

(一) 社会调查主体不统一

通过了解我国社会调查制度的现状，我们可以看出，我国现阶段社会调查主体具有多元化的特点，产生了一系列的不利后果：一是不同的调查主体基于其职责与角色定位，在调查过程中各有侧重，导致调查结果不一致，甚至相互矛盾冲突，影响了社会调查报告的可信度；二是多数主体专业性不高，调查报告质量不高，简单粗疏，形式化、表面化问题突出；三是多数主体认为社会调查不是自己一家的责任，有互相推诿倾向。

(二) 公、检、法机关对其他社会调查主体的委托机制缺失

实践中，公、检、法办案人员由于实际工作中办案工作量巨大，很难开展细致全面的社会调查；况且，由办案机关直接进行调查，公众易对调查结论的中立性和公正性产生质疑，对此在问卷中很多同志都有相同的看法；再者，根据中央综治委预防青少年违法犯罪领导小组等六部委《关于进一步建立和完善办理未成年人案件配套工作体系的若干意见》，"社会调查由未成年犯罪嫌疑人、被告人户籍所在地或居住地的司法行政机关社区矫正工作部门负责。司法行政机关社区矫正工作部门可联合相关部门开展社会调查，或委托共青团组织以及其他社会组织协助调查"。但修改后刑事诉讼法却只规定公、检、法机关"可以"进行调查，对委托其他社会调查主体进行社会调查的程序未予规定，导致实践中难以操作。

(三) 调查内容不够细化、明晰

《刑事诉讼法》第 270 条规定："公安机关、人民检察院、人民法院办理未成年人刑事案件，根据情况可以对未成年犯罪嫌疑人、被告人的成长经历、犯罪原因、监护教育等情况进行调查。"由于该条规定宽泛，各地根据自身情况进行了细化和补充，有的地方要求社会调查报告中应当对非羁押性强制措施的采取予以评估，有的地方要求应当对被害人意见进行调查，还有的地方要求对帮教条件进行调查。

(四) 调查程序、方法、形式及使用方法不明确，质量亟待提高

如调查是否必须两人进行、采取什么方法调查、调查员的选任、权利义务、可否申请回避、如何保护涉案未成年人隐私等均没有做规定，导致实践中的做法各异，随意性、多样性、主观性、缺乏针对性等问题突出，社会调查报告的参考性不强。问卷调查中发现，调查多数采取的是调查人员电话询问的方

式，且存在千篇一律的现象，缺乏针对被调查主体个性化的调查内容，缺乏对调查内容的深入挖掘、剖析和表述。就犯罪原因一项，调查结果多是"父母管教不严，家庭经济条件差"，就日常表现一项，调查结果往往是"表现良好"或者"表现一般"，报告形式多是百十来个字了事。使用方法上仅仅是"随案移送"，未规定接受法庭调查及质证等。

（五）对外地户籍涉罪未成年人异地社会调查存在困难

由于外地户籍涉罪未成年人多数是外来打工人员，一般都脱离监护人的看管，且社会关系复杂，因此开展社会调查难度较大。同时，由于社会调查主体之间的横向协作相对较少，缺少对外地户籍涉罪未成年人异地调查的途径，且受到经费、人员配备等条件的限制，跨地区开展调查难度大，直接导致在执法办案中非羁押措施、不起诉、缓刑适用率较低。

（六）社会调查制度设计与未成年人隐私保护存在矛盾

按照制度设计初衷，社会调查应当广泛向了解涉罪未成年人的人调查情况。但在司法实践中，询问的调查对象越多，配合调查的人知晓该未成年人涉罪事实也越多，导致对未成年人隐私权侵犯就越多。因此，如何能够妥善处理"既多了解又少泄露"的问题，是确保社会调查制度能够良好运行的关键。

三、完善社会调查制度的建议

（一）建立由司法行政机关作为受委托主体，公、检、法作为委托主体开展社会调查的工作机制

这是由社会调查本身所具有的一定司法权属性所决定的。由涉罪未成年人户籍所在地或者居住地的司法行政机关社区矫正工作部门负责社会调查，有利于全面调查和掌握涉罪未成年人的家庭情况、教育环境、成长经历等信息。同时，司法行政部门承担帮教职责，由其开展社会调查，有利于与后期的帮教考察、社区矫正等工作相衔接，提高司法效率，并维护司法的中立性和公正性。

（二）规范社会调查的启动时间、内容、程序、形式和使用方法

1. 调查启动时间。要完善社会调查的启动机制，建立侦查阶段即启动社会调查的制度，而且时间应当在立案、确定犯罪嫌疑人的当天，即委托未成年犯罪嫌疑人户籍所在地或经常居住地司法行政机关在接受委托 3 日内作出社会调查报告并报当地公安机关。这不仅符合刑事诉讼流程，而且能节约司法成本，使调查报告成为对涉罪未成年人是否羁押、起诉、适用缓刑等的重要考量因素，把对涉罪未成年人的教育、保护、挽救贯穿到整个刑事诉讼中。同时，

明确不进行社会调查的法律后果，例如不进行社会调查，案件不能作出处理。并进一步规定检察院只对新出现的情况和公安机关遗漏的情况进行补充，法院只对被告人或其代理人对调查报告有异议的内容进行补充，从而使刑事诉讼不同阶段的社会调查层层递进，不断完善。

2. 调查内容。建议将社会调查内容细化为：涉罪未成年人的年龄、受教育程度、学习成绩、健康状况、生活经历、兴趣爱好、交往对象、交往范围、是否为留守未成年人；犯罪前后的表现、思想状况、羁押期间的表现和目前的状态。同时，注重家庭背景调查，包括家庭成员的构成，监护人的学历、职业、收入，家庭和睦情况，父母对孩子的管教是否得当，父母是否有不良嗜好，尤其是未成年犯罪嫌疑人的家庭是否完整，父母是否离异、父母一方是否过世、父母一方是否被判刑入狱，等等；学校环境、居住环境，所在学校、家庭、工作单位的态度等。可考虑增加被害人意见、帮教条件、非羁押性强制措施风险评估等内容。社会调查员要充分发挥主观能动性，对调查内容进行必要的提炼、分析，形成个性化、针对性强的调查报告。

3. 调查程序。社会调查应明确说明是否由两个以上的社会调查员前往调查；是否有应当回避的情形；是否对调查的过程进行了正确的记录，如时间、地点及内容是否详细记录，是否注明未能调查事项的原因，是否对与案件有关的人员与机构的名称、住址进行了明确记载等。

4. 社会调查方法。在调查中，一方面要发挥传统调查方法的作用，即谈话、观察、电话、书信、填表等；另一方面要积极采用人格理论、心理学等领域的优秀研究成果，进行人格测量、心理测试等。调查过程中要注重多种方法相互配合使用，确保调查内容客观、真实、准确。

5. 调查报告形式。社会调查报告内容应包括两方面的内容，一方面是社会调查的书面记录和书面材料等原始资料，有的还可能包括心理、生理、人格等方面的测评结论；另一方面就是对有关原始材料进行整合、分析得出概括性调查结论，然后依据调查结论提出有针对性的处理意见。因此，一份规范的社会调查报告应当包括调查原始材料和调查结论及处理意见。

6. 规定使用方法。建议社会调查员在法庭审理案件中出席法庭，接受法庭对其报告的调查及质证，是社会调查报告的真实准确性得到提升，作用得到充分发挥。

（三）建立社会调查员的准入、培训、考核机制

社会调查员的资质和询问、判断能力，直接影响社会调查报告的准确可靠性。因此，要建立社会调查员的准入、培训、考核机制。社会调查员应当由具备法学、心理学、社会学等方面知识的专业人员担任，并加强专业化、全程

化、职业化建设，培训提高他们作为社会调查员在问题评估与帮教干预方面的能力，提升报告的质量，提高社会调查工作的整体水平。公安机关、人民检察院、人民法院还可以定期共同对社会调查报告进行评估，将社会调查报告的质量评价纳入社会调查管理部门对社会调查员的考评中。还可以让社会调查员参加法庭调查，必要时接受法庭询问、质证，提高他们的责任心和社会调查工作水平。

（四）建立异地社会调查协作机制

应建立外地户籍涉罪未成年人委托社会调查机制，使所有涉罪未成年人普遍适用社会调查，实现平等保护。具体是公安机关在立案、确定犯罪嫌疑人的当天，就委托外地户籍涉罪未成年人户籍所在地或经常居住地公安机关，由其当天委托当地司法行政机关在受理委托3日内作出社会调查报告并报当地公安机关，由当地公安机关当日将社会调查报告发至发出委托的公安机关，以便立案地公安机关可以迅速综合涉罪未成年人的相关情况，尽快作出是否进一步采取强制措施的决定。鉴于目前全国性的异地调查协作机制尚未建立，建议各地根据调查结果选择户籍分布较多的办案机关建立异地委托社会调查协作机制。如上海市检察机关与江苏省检察机关建立了检察机关未成年人刑事检察工作异地协作机制，明确对外地户籍未成年人委托社会调查。为便于对该制度的落实，建议以委托调查机关所在地"政府购买"的方式保障这一制度的落实。

（五）社会调查中注重隐私保护

上海市长宁区人民检察院在办案中早已发现并设法解决这一问题。他们通过区域内的公检法司联席会议明确，在社会调查过程中必须把隐私保护放在第一位，当两者发生冲突时首先考虑隐私保护，并在《长宁区社会调查工作管理办法》第6条社会调查员的义务中作了专门规定。目前，《人民检察院办理未成年人刑事案件的规定》等明确了调查员的保密义务，我们认为应进一步明确调查员违反规定保密义务应承担的法律后果，最大限度地保护涉罪未成年人名誉，助其正常回归社会。

涉罪未成年人社会观护体系的构建与完善[*]

吴　燕　陆海萍　周春燕[**]

摘　要：将涉罪未成年人置于社会进行观护，以替代羁押和监禁的传统矫治模式，已经成为国际少年司法的趋势和潮流，也更加符合我国对涉罪未成年人"教育为主，惩罚为辅"和"教育、感化、挽救"的方针和政策。本文在对涉罪未成年人社会观护体系必要性、可行性进行深入分析的基础上，通过对我国涉罪未成年人社会观护体系实践经验的梳理和反思，提出了建立规范化、长效化、制度化的涉罪未成年人社会观护体系的解决路径。

关键词：涉罪未成年人　观护　社会观护　观护体系

一、涉罪未成年人社会观护体系概述

观护，顾名思义，即观察看护之义，系英文 Probation 的中文译语，源自拉丁文语根 Probatio，本意指"一段期间的试验或证明"，最早用于教会对教友的考验。19 世纪，欧美社会的有识人士有感于刑事政策的严酷，加之对监狱效果的怀疑，遂有教育刑的主张，同时又认为刑事诉讼的犹豫执行制度若无任何适当的辅导监督，任其自由行动，对释放者也不易发生改悔向善的效用，于是将刑事法律的内涵赋予了 Probation。后经立法确认，观护成为一项暂缓判决或刑罚执行、考察涉罪人员的制度，并在少年司法中大加运用。如今，观护已经成为国际少年司法的趋势和潮流。

一直以来，我国未成年人相关法律制度中并未出现过"观护"一词，使用较多的是"矫治""管教""帮教"等用语。真正将"观护"一词用于未成年人特殊司法制度的是《联合国少年司法最低限度标准规则》（又称《北京规则》）中文官方版第 11 条的说明部分，即"观护办法，包括免除刑事司法诉讼程序并且经常转交社区支助部门，是许多法律制度中正规和非正

---

* 本文荣获 2015—2016 年度女检察官检察理论研究课题三等奖。

** 课题组主持人：吴燕；课题组成员：陆海萍、周春燕。作者单位：上海市人民检察院。

规的通常做法"。

从我国未成年人刑事司法实践来看，各地司法机关、政府机构及社会力量都在不断探索、试行各种观护办法，尤其是在上海、江苏、北京、重庆等地区已经逐步形成了常态化、机制化的工作制度，形成了具有中国特色的未成年人社会观护工作。根据我国的实践探索情况，涉罪未成年人社会观护体系，主要是指，对符合条件的涉罪未成年人采取非羁押措施，由政府机构、司法机关、社会力量等共同组成专门组织，对涉罪未成年人开展教育、考察、监督、矫正、保护、管理工作而形成的专门工作体系。

二、涉罪未成年人社会观护体系的价值探析

涉罪未成年人社会观护体系，通过对涉罪未成年人采取非监禁措施并将其置于自由社会，对其开展辅导、监督、观察等，以达到改善行为、预防再犯、保证诉讼顺利进行的目的，并为后续司法处理提供了依据。因此，构建涉罪未成年人社会观护体系，具有重要的司法价值，对社会综合治理也具有重要意义。

（一）保障刑事诉讼的顺利进行

涉罪未成年人社会观护体系，通过为被取保候审或监视居住的未成年人提供全方位的观护方案，包括制定各种有针对性的帮教措施，如采取思想交流、法制教育、生活辅导、职业培训等多种形式，对未成年人予以考察、教育、帮助和指导，使得未成年人在非监禁期间得到充分的关注和教育，可以弥补当前非羁押措施执行方式的不足，使得涉罪未成年人不至于在较长的取保候审、监视居住期间再次涉罪或脱逃，从而确保刑事诉讼的顺利进行。

（二）避免因羁押造成的交叉感染，保护未成年人的身心健康

现代少年司法制度超越传统报应主义观念，以保护未成年人身心健康及未来发展为最高价值目标，凸显教育和保护功能。涉罪未成年人社会观护体系的建立，恰恰符合这一司法理念。从涉罪未成年人社会观护适用的前提条件来看，社会观护以非羁押性强制措施的适用为前提，确保涉罪未成年人免受羁押，避免涉罪未成年人因缺乏良好的自我矫正和自我塑造能力而受到不良思想的浸染。从涉罪未成年人社会观护的内容来看，社会观护从未成年人的身心健康出发，以心理辅导、教育训诫、知识学习、职业培训等为主要内容，注重涉罪未成年人的身体、心理和人格的建设与塑造，有利于帮助涉罪未成年人树立正确的人生观和价值观，重新找回自尊心和自信心，确保他们能健康成长。

（三）有利于对涉嫌轻微犯罪的未成年人非刑罚化处理，避免标签效应

刑罚并不能有效控制和预防犯罪。刑罚带来的标签效应，使得罪犯改邪归正、浪子回头的概率愈加下降。涉罪未成年人社会观护体系的建立，体现了现代少年刑法制度的价值取向，为非刑罚化处理创造了条件。尤其对于初犯、偶犯和轻微犯罪的涉罪未成年人而言，社会观护给了他们一个在判处刑罚前接受教育考察并改正的机会，从而有助于司法机关对其非刑罚化处理，避免产生标签效应，更好地帮助未成年人回归正途。

（四）有利于实现平等司法保护

法律面前人人平等，是现代法治社会的基本原则。这要求实施法律时，对不同地区、不同民族、不同宗教的涉罪人员，必须提供相同的司法待遇。但是，在司法实践中，由于犯罪地缺乏有效的监护、帮教条件，或者监护、帮教条件被户籍制度所局限，使得较大一部分通过社会观护途径可以进行司法转处的异地涉罪未成年人被批准逮捕并起诉至法院判处监禁刑，这与司法平等保护原则极为不符。

因此，建立跨区域、多层次的涉罪未成年人社会观护体系，可以突破户籍限制，实现对涉罪未成年人的异地监护、帮教，为涉罪未成年人的特殊司法处遇和平等保护提供支持和保障。

（五）有利于形成家庭、学校、社会共同预防未成年人犯罪的格局，预防未成年人重新违法犯罪

从目前的实践来看，在涉罪未成年人社会观护体系中，司法机关会从法律角度提醒涉罪未成年人某些禁止性规定及违反规定的后果；社区、学校、企业、志愿者组织等会提供各种教育、培训机会；团委、妇联、专业社会工作组织、心理咨询机构等，则会提供心理疏导和进入社会前的辅导、帮教等；负责社会观护工作的政府专职部门，则会负责组织协调，并对社会观护工作予以监督和综合评定。

因此，社会观护工作意味着将涉罪未成年人纳入预防犯罪的工作体系中，通过整合各方资源，充分发挥各方人士在考察、教育工作中的专业化特点，有利于形成家庭、学校、社会共同预防未成年人犯罪的格局，并从源头上实现对犯罪的预防和控制。

三、构建涉罪未成年人社会观护体系的基本依据

（一）涉罪未成年人社会观护体系的法理依据

就法理层面而言，构建涉罪未成年人社会观护体系有充分的理论依据和政

策法律基础。

1. 理论依据

涉罪未成年人社会观护体系是以国家为主导对涉罪未成年人予以观察、矫正和保护，其理论依据根植于国家监护理论。

国家监护，来源于拉丁语"parens patriae"，其字面含义为 father of the country，也被翻译为"国家亲权"。国家监护原始概念最早可追溯至罗马法，"用来指称国家对其人民承担的责任"，"首先表现为国家在自然父亲缺位的时候顶替其角色，其次表现为为了国家的利益以国家亲权干预或阻却自然亲权"①。英国吸收罗马法的国家监护理论，在其法律和裁判中体现国家监护理念——"父母只是一家之主。而国王则是一国之君。他是他的国家和全体国民的家长。因此，他有责任也有权利保护她的臣民，特别是必须保护那些没有能力照管自己及财产的儿童。"② 到了 15 世纪前后，英国逐渐形成了"国家是少年儿童最高监护人，而不是惩办官吏"的衡平法法学理论。③ 作为英国殖民地时期的美国各州，在少年司法制度上承续了国家监护理念。

国家亲权理论发展至今，通常认为，有以下三个基本内涵：首先，认为国家居于未成年人最终监护人的地位，负有保护未成年人的职责，并应当积极行使这一职责；其次，强调国家亲权高于父母的亲权，即便未成年人父母健在，但是如果其缺乏保护子女的能力以及不履行或者不适当履行监护其子女职责的时候，国家可以超越父母的亲权而对未成年人进行强制性干预和保护；最后，主张国家在充任未成年人"父母"时，应当为了孩子的利益行事，即应以孩子的福利为本位。④

"未成年人司法制度的创制是国家亲权的必然逻辑"。⑤ 涉罪未成年人社会观护体系作为未成年人司法制度的一部分，正是建立在国家监护理论的基础上，在父母无法完全对未成年人进行有效监护和教导的情况下，国家以监护人的身份介入，派出其代表（少年保护官、社会观护员等）对涉罪未成年人进行引导、教育、保护和管理，使其重归社会。

---

① 徐国栋：《普通法中的国家亲权制度及其罗马法根源》，载《甘肃社会科学》2011 年第 1 期，转引自郝银钟：《遏制青少年犯罪新思维》，中国法制出版社 2012 年版，第 147 页。

② 康树华、郭翔主编：《青少年法学概论》，中国政法大学出版社 1988 年版，第 268—269 页。

③ 肖建国：《中国少年法概论》，中国矿业大学出版社 1993 年版，第 112 页。

④ 姚建龙：《国家亲权理论与未成年人司法——以美国未成年人司法为中心的研究》，载《法学杂志》2008 年第 3 期。

⑤ 郝银钟：《遏制青少年犯罪新思维》，中国法制出版社 2012 年版，第 150 页。

2. 政策依据

在我国刑事司法政策中，虽然没有明确使用"观护"这一表述，但是在相关政策对"观护"这一概念是予以认可和支持的。

首先，构建涉罪未成年人社会观护体系符合我国未成年人刑事司法"教育、感化、挽救""教育为主、惩罚为辅"的基本方针、政策。《中华人民共和国未成年人保护法》第54条规定，"对违法犯罪的未成年人，实行教育、感化、挽救的方针，坚持教育为主、惩罚为辅的原则。"对涉罪未成年人开展社会观护，集合各种社会力量对涉罪未成年人予以帮助、教育和指导，让涉罪未成年人在相对自由且不脱离社会的状态下接受观察、看护和管理，促使罪错未成年人认识到其罪行的严重性，重塑自己的人生观和价值观，培养重归社会的能力，这恰恰是"教育、感化、挽救"方针在实际工作中的具体表现。当然，社会观护在给罪错未成年人机会的同时，对于不接受观护，或者在观护过程中不遵守有关规定再次违法犯罪的未成年人，也以刑事处理作为最后手段，这也是"教育为主，惩罚为辅"原则的贯彻与落实。

其次，构建涉罪未成年人社会观护体系，符合中央政法委提出的"重点人群、特殊群体管理"的方针政策。未成年人是一个具有重要性、特殊性、弱势性的群体：一方面，未成年人是国家未来的建设者，是国家前途和命运的希望所在，是社会发展的生力军。"少年强则国强"充分说明未成年人群体的重要性；另一方面，未成年人存在生理和心理发展不平衡、心理结构内部认识因素和意志因素发展不平衡的客观状况，且未成年人知识结构不完整、社会阅历有限，具有认识局限性、易情绪性和易受诱惑性等特点，较容易发生冲动性犯罪、受教唆犯罪、群体性犯罪等。构建涉罪未成年人社会观护体系，充分体现出国家对于未成年人这一特殊群体的重视，在充分关注未成年人身心特点、发展特征的基础上，对涉罪未成年人开展有针对性的管理和处置模式，达到既保障未成年人健康发展，又促进社会良性循环的"双赢"效果。

3. 法律依据

（1）国际公约。国际社会对涉罪未成年人开展社会观护已经形成共识，并将这一共识写入了具有权威性和指导性的国际公约中。我国是这些公约的缔约国或者签署国，这些国际公约理所当然地成为我国的法律渊源，为我国建立涉罪未成年人社会观护体系提供法律支持。

第一，《联合国少年司法最低限度标准规则》（又称《北京规则》）第1条第3款规定："应充分注意采取积极措施，这些措施涉及充分调动所有可能的资源，包括家庭、志愿人员及其他社区团体以及学校和其他社区机构，以便促进少年的幸福，减少根据法律进行干预的必要，并在他们触犯法律时对他们加以有效、公平及合乎人道的处理。"《北京规则》在"说明"中指出："观护办法，包括免除刑事司法诉讼程序并且经常转交社区支助部门，是许多法律制度中正规和非正规的通常做法。这种办法能够防止少年司法中进一步采取的诉讼程序的消极作用（例如被定罪和判刑带来的烙印）。许多时候不干预可能是最佳的对策。因而，在一开始就采取观护办法而不转交替代性的（社会）部门可能是适当的对策。当罪行性质不严重，家庭、学校或进行非正规社会约束的其他机关已经以或可能会以适当的和建设性的方式做出反应时，情况尤其是如此。"并指出，观护办法可以在警察、检察机关或法院、仲裁庭、委员会或理事会等其他机构作出决定的任何阶段采用。可见，《北京规则》对观护等一切有利于未成年人的办法和措施是予以肯定和鼓励的。涉罪未成年人社会观护体系作为暂缓刑事处理、调动全社会力量对涉罪未成年人进行更加有效且合乎人道处理的制度措施，与《北京规则》的规定和精神完全吻合。

第二，《儿童权利公约》第 37 条规定，"缔约国应确保：……（b）不得非法或任意剥夺任何儿童的自由。对儿童的逮捕、拘留或监禁应符合法律规定并仅应作为最后手段，期限应为最短的适当时间。"第 40 条第 3 款规定，"缔约国应致力于促进规定或建立专门适用于被指称、指控或确认为触犯刑法的儿童的法律、程序、当局和机构，尤应：……（b）在适当和必要时，制定不对此类儿童诉诸司法程序的措施，但须充分尊重人权和法律保障。"第 40 条第 4 款规定，"应采用多种处理办法，诸如照管、指导和监督令、辅导、察看、寄养、教育和职业培训方案及不交由机构照管的其他办法，以确保处理儿童的方式符合其福祉并与其情况和违法行为相称。"涉罪未成年人社会观护体系恰恰是以降低司法处理为宗旨，对未成年人以非监禁方式开展教育、察看、指导，完全是《儿童权利公约》所期待的制度、措施。

第三，《联合国预防少年犯罪准则》（又称《利雅得准则》）第 6 条提出以社区为基础的预防少年犯罪方案，"在防止少年违法犯罪中，应发展以社区为基础的服务和方案，特别是在还没有设立任何机构的地方"。第 9 条、第 60 条提出利用全社会力量开展未成年人犯罪综合预防，"……（7）国家、州省和地方政府之间开展密切的跨学科合作，吸收私营部门、所针对社区的公民代表，劳工、儿童保育、卫生教育、社会、执法、司法机关等部门参加，采取协调一致共同行动防止少年违法和犯罪行为……""应做出努力并建立适当机制，以促进各经济、社会、教育和卫生机构和服务、司法系统、青少年、社区和发展机构及其他有关机构之间开展多学科和部门内的协调和配合"。涉罪未成年人社会观护体系，正是调动全社会力量并以社区为主要依托，对涉罪未成年人开展考察、教育和管理，预防再次犯罪，这与

《利雅得准则》的要求相吻合。

（2）国内法律及相关规定。我国法律中虽然没有"观护制度""观护体系"的提法，但是法律明确规定社会各界共同开展涉罪未成年人教育、感化、挽救工作，这成为构建涉罪未成年人社会观护体系的重要法律依据。

首先，我国相关法律明确规定了家庭、学校、政府、司法机关、社会各界在保护未成年人、预防未成年人犯罪中具有的法定职责，为集结全社会力量开展涉罪未成年人观护工作提供了明确的法律依据。例如，《中华人民共和国未成年人保护法》第 6 条规定，"保护未成年人，是国家机关、武装力量、政党、社会团体、企业事业组织、城乡基层群众性自治组织、未成年人的监护人和其他成年公民的共同责任……国家、社会、学校和家庭应当教育和帮助未成年人维护自己的合法权益，增强自我保护的意识和能力，增强社会责任感。"《中华人民共和国预防未成年人犯罪法》第 3 条规定，"预防未成年人犯罪，在各级人民政府组织领导下，实行综合治理。政府有关部门、司法机关、人民团体、有关社会团体、学校、家庭、城市居民委员会、农村村民委员会等各方面共同参与，各负其责，做好预防未成年人犯罪工作，为未成年人身心健康发展创造良好的社会环境。"

其次，我国相关法律就社会各界如何共同开展未成年人的教育、感化、挽救工作做了具体规定。例如，《中华人民共和国预防未成年人犯罪法》第 47 条规定，"未成年人的父母或者其他监护人和学校、城市居民委员会、农村村民委员会、对因不满十六周岁而不予刑事处罚、免予刑事处罚的未成年人，或者被判处非监禁刑罚、被判处刑罚宣告缓刑、被假释的未成年人，应当采取有效的帮教措施，协助司法机关做好对未成年人的教育、挽救工作。城市居民委员会、农村村民委员会可以聘请思想品德优秀，作风正派，热心未成年人教育工作的离退休人员或其他人员协助做好对前款规定的未成年人的教育、挽救工作。"2010 年，中央综治委预防青少年违法犯罪工作领导小组、最高人民法院、最高人民检察院、公安部、司法部、共青团中央联合下发的《关于进一步建立和完善办理未成年人刑事案件配套工作体系的若干意见》中明确，"各级公安机关、人民检察院、人民法院、司法行政机关应当在办理未成年人刑事案件的各个阶段积极采取有效措施，尊重和维护涉案未成年人的合法权益。未成年犯罪嫌疑人、被告人入所后服从管理、依法变更强制措施不致发生社会危险性，能够保证诉讼正常进行的，公安机关、人民检察院、人民法院应当及时变更强制措施；看守所应提请有关办案部门办理其他非羁押性强制措施。公安机关、人民检察院、人民法院、司法行政机关在办理未成年人刑事案件和执行刑罚时，应当结合具体案情，采取符合未成年人身心特点的方法，开展有针对性的教育、感化、挽救工作……应当配合有关部门落实社会帮教、就学就业和生活保障等事宜，并适时进行回访考察"。

最后，检察机关在相关办案规定、司法文件中明确要求联合政府、社会团体等力量对涉罪未成年人开展考察、教育、挽救。2012 年，最高人民检察院在《关于进一步加强未成年人刑事检察工作的决定》中指出，要着力促进政法机关办理未成年人刑事案件配套工作体系建设和未成年人犯罪社会化帮教预防体系建设，要加强与综治、共青团、关工委、妇联、民政、社工管理、学校、社区、企业等方面的联系配合，整合社会力量，促进党委领导、政府支持、社会协同、公众参与的未成年人权益保护、犯罪预防帮教社会化、一体化体系建设，实现对涉罪未成年人教育、感化、挽救的无缝衔接。有条件的地方要积极建议、促进建立健全社工制度、观护帮教制度等机制，引入社会力量参与对被不批捕、不起诉的未成年人进行帮教。2013 年 12 月 31 日，最高人民检察院在《人民检察院办理未成年人刑事案件的规定》第 6 条第 2 款规定，人民检察院应当加强同政府有关部门、共青团、妇联、工会等人民团体，学校、基层组织以及未成年人保护组织的联系和配合，加强对违法犯罪的未成年人的教育和挽救，共同做好未成年人犯罪预防工作。2014 年、2015 年最高人民检察院又相继下发了《关于进一步加强未成年人刑事检察工作的通知》和《检察机关加强未成年人司法保护八项措施》，均提出了检察机关要进一步加强与政府各部门、未成年人保护组织的联系，大力支持青少年事务社会工作专业人才队伍建设工作，以政府购买服务等方式，将社会调查、合适成年人参与未成年人刑事诉讼、心理疏导、观护帮教、附条件不起诉监督考察等工作，交由专业社会力量承担，逐步建立司法借助社会专业力量的长效机制。这些规定都为检察机关建立涉罪未成年人社会观护体系提供了政策支持和指导。

（二）其他国家和地区少年观护制度的借鉴

1. 英美法系国家的少年观护制度

美国是观护工作开展较早的国家。1841 年，被誉为"观护之父"（又称为"缓刑之父"）的波士顿鞋匠约翰·奥古斯塔（John Augustus）自愿向法院以担保方式暂缓司法诉讼并对一名犯罪的酗酒者进行监管改造，这可以视作美国观护工作的开始。[①] 美国的观护形式比较多样，主要根据未成年人犯罪的性质、社会危险程度做有针对性的观护方案。例如，犯罪轻微且需要父母关爱，但其父母不适合监护的未成年人，可以通过养育之家（Foster Homes）的形式

---

① 刘强编著：《美国犯罪未成年人的矫正制度概要》，中国人民公安大学出版社 2005 年版，第 25—26 页。

开展观护,即法院将未成年人安置到一个替代的养育家庭,让替代的"父母"照顾未成年人,短则几天,长则几年。① 家中有监护条件的未成年人,可以对其开展日处遇项目(Day Treatment Program)的观护,即让犯罪未成年人白天到社区的一个特定场所参加矫正项目,晚上返回自己家中,限定他们无计划的空闲时间。② 20世纪90年代,美国在观护制度中加入社区赔偿项目和社区服务等内容,进一步丰富观护形式。同时,还采用了政府购买服务的方式开展观护。③

英国的观护制度具有两个显著的特点:一是观护措施具有多样性。根据青少年行为性质的严重性,比较典型的观护措施有:(1)管护中心令(Attendance Centre Order),即未满21岁的犯罪青少年根据法院的要求按时到管护中心,在监督下接受教育,管护中心大多由警方管理,提供体育锻炼、克服困难练习等活动,兼顾惩罚和教育。(2)移交令(Referral Order),法庭发出该令后,"青少年犯罪工作队"(Youth offending team,YOT)负责为该少年成立一个少年犯事务委员会,委员会成员由YOT负责招聘及培训,最少包括两名从当地社区招聘的成员以及一名YOT小组的顾问,委员会与犯案青少年议定合约,其中包括向受害人或社会做出补偿安排,以及以避免再次犯罪为目标而制订的活动计划。(3)行为计划令(Action Plan Order),系由YOT制定一个帮助未成年人改正不良行为的计划,要求未成年人在3个月内遵守特定的行动计划,遵守监督员的指导。(4)社区服务令(Community Service Order),要求年龄在16—17岁的犯罪未成年人进行指定时数的社会工作,包括环境保护、做木工、为老年人和其他弱势群体服务等。(5)社区感化令(Community Rehab Order),年龄在16—17岁的青少年接受YOT感化人员为期6个月至3年的监管,要求其参加一些诸如修复犯罪行为危害、认识犯罪行为影响的活动或者"集中监督和监视"。上述观护措施可以单独或者重叠交叉使用。④ 二是观护组织机构的专业性以及观护组织机构之间的密切配合性。英国青少年观护工作的官方执行机构是观护局,设于罪犯管理局下,主要负责判决前对未成年被告人

① 刘强编著:《美国犯罪未成年人的矫正制度概要》,中国人民公安大学出版社2005年版,第92页。

② 刘强编著:《美国犯罪未成年人的矫正制度概要》,中国人民公安大学出版社2005年版,第105页。

③ 刘强编著:《美国犯罪未成年人的矫正制度概要》,中国人民公安大学出版社2005年版,第29页。

④ 刘强:《英国青少年社区刑罚执行制度及借鉴》,载《青少年犯罪问题》2012年第3期;郝银钟:《遏制青少年犯罪新思维》,中国法制出版社2012年版,第205—207页。

的调查报告，对犯罪未成年人制定管理方案并进行监督，与社会福利机构、医疗服务机构、劳工组织、企业家联合会以及其他社会团体建立紧密联系，共同开展心理治疗、技能培训、就业服务等社会观护工作。① 还有一个半官方的机构是"青少年司法执法委员会"（Youth Justice Board），于 1998 年由内政部出资且由内政大臣任命 10—12 名成员组成的非政府机构，负责对英格兰和威尔士青少年司法执法的政策研究、咨询和协调，负责跟踪观察观护工作的运作和实施，就制定 YOT 工作标准和未成年人安全等级等问题向内政部提出建议，发现和推广优良的社会观护做法。② 最后，英国观护工作中不可或缺并实际承担观护职责的组织是 YOT。YOT 有规范的工作章程，固定的办公地点，稳定的经费来源，成为官方监督和执行机构的有力补充。③ 上述三个机构组织并非英国观护机构的全部，但是无论是官方机构还是社会组织，都各司其职，并在所负责的领域内保持专业，同时官方机构与社会组织之间保持密切的配合与协作，以青少年的利益为最高宗旨，共同开展观护工作。

2. 大陆法系国家的少年观护制度

德国的观护制度就是教育处分的执行制度，即在执行教育处分的过程中体现对青少年的观护。教育处分包括两种：给予指示和教育帮助。所谓指示，是指调整和规范犯罪少年生活的各项要求和禁令，但不得对少年生活方式提出不可能实现之要求，其目的在于以此促进和确保对他的教育。《少年法院法》第10 条特别列举了 9 种指示，均与观护工作内容相一致。例如，遵守其有关居住地所应遵守事项的指示，这与刑事观护中被取保候审的青少年应履行的义务有相似性。所谓教育帮助，是常用的非居住性措施，由青少年福利局的社会工作者执行监管任务。④

日本法律制度以大陆法系为基础，但是"二战"后也吸收了许多美国的法律制度，兼容并蓄。日本的观护制度分为审前观护及审后观护。审前观护主要是指试验观察，即法官在办理青少年犯罪案件过程中，根据检察官和警察送来的书面材料无法决定对少年判处何种处分时，可在决定之前设定保留期间，即附上一些条件，让家庭裁判所的调查官在这期间观察这个少年在这种条件之下的生活状况和态度。在试验观察阶段，家庭裁判所调查官都要和少年进行很多的接触，进行辅导和教育，是一种很密切的"一对一"的教育活动。试验

---

① 刘强：《英国青少年社区刑罚执行制度及借鉴》，载《青少年犯罪问题》2012 年第 3 期。
② 刘强：《英国青少年社区刑罚执行制度及借鉴》，载《青少年犯罪问题》2012 年第 3 期。
③ 张潘仕：《英国的青少年犯罪与少年司法》，载《青少年犯罪问题》2002 年第 2 期。
④ 姚建龙：《少年刑法与刑法变革》，中国人民公安大学出版社 2005 年版，第 179—181 页。

观察结果出来后，如果觉得该少年身上的一些问题已经得到缓和或者已经解决，就不需要再剥夺他的自由了。法官可以在这个时候开庭审判作出不处分的决定，或作出一个适当的给予保护观察的决定。① 审后观护主要是指保护处分措施的执行，这与大陆法系国家观护制度相同。1948 年，日本的《少年法》规定了保护观察、移送教养院或养护设施、移送少年院三种保护处分措施。其中，保护观察具有显著的观护性质，即把少年放在社会里，由保护观察官和保护司进行监督、指导，使其不再重犯，在正常生活中悔罪自新。② 保护观察的处遇内容主要有遵守事项、指导监督及辅导援助。③ 日本专设保护观察所，负责保护观察措施的执行。④

　　3. 我国香港、台湾地区的少年观护制度

　　我国香港地区的少年观护制度在很大程度上吸收英国的制度和做法。例如，我国香港地区政府有关部门建立了由专业人员组成的青少年罪犯评估专家小组，负责向法院提供有关 25 岁以下青少年犯罪人的个人情况调查报告，并推荐最适合其本人的自新计划，供法庭判决时参考。我国香港地区的观护措施如感化令、感化院、社区服务令等，也与英国相类似。此外，我国香港地区少年观护制度也具有强烈的港式特色，即我国香港地区成熟的社工组织、社工服务制度，使得观护工作对社会力量的利用更加有效。

　　我国台湾地区的观护制度，具有更加鲜明的大陆法系特点。我国台湾地区"少年事件处理法"第 42 条规定："少年法庭审理事件，除为前二条处置者外，应对少年以裁定谕知下列之保护处分：（一）训诫，并得予以假日生活辅导。（二）交付保护管束并得命为劳动服务。（三）交付安置于适当之福利或教养机构辅导。（四）令入感化教育处所施以感化教育。"⑤ 可见，我国台湾地区的观护工作也是通过保护处分的执行而展开，这与德国和日本相似。

---

① 罗建河：《日本青少年犯罪的防治措施及其启示》，载《青少年犯罪问题》2011 年第 3 期。

② ［日］宫泽浩一：《少年违法犯罪与违法犯罪少年的处遇》，载［日］西原春夫主编：《日本刑事法的形成与特色》，法律出版社、成文堂1997 年版，第 195—196 页；转引自郝银钟：《遏制青少年犯罪新思维》，中国法制出版社 2012 年版，第 212 页。

③ 尹琳：《日本少年法研究》，中国人民公安大学出版社 2005 年版，第 169—170 页；转引自郝银钟：《遏制青少年犯罪新思维》，中国法制出版社 2012 年版，第 212 页。

④ 尹琳：《日本少年法研究》，中国人民公安大学出版社 2005 年版，第 169—170 页；转引自郝银钟：《遏制青少年犯罪新思维》，中国法制出版社 2012 年版，第 212 页。

⑤ 姚建龙：《少年刑法与刑法变革》，中国人民公安大学出版社 2005 年版，第 204 页

四、涉罪未成年人社会观护体系的探索与实践情况——以上海市为例

（一）涉罪未成年人社会观护体系的初创和建立

1992 年 5 月，上海市长宁区人民检察院率先开始探索观护员制度，为未成年犯在免诉以后的考察期或暂缓起诉对象在考验期中创造良好的改造环境。随后，以闵行区人民检察院为代表的各基层人民检察院在此基础上，结合实际情况开始了观护工作的探索。

2003 年 5 月，闵行区人民检察院与闵行区莘庄镇青保办在莘庄镇设置了首个未成年人取保候审观护点，试点招募志愿者对涉罪少年进行为期 3—6 个月的观护帮教，观护内容包括与涉罪未成年人谈心沟通，适时辅导涉罪未成年人学习，安排参加公益劳动，帮教人员及时记录其思想动态、学习劳动、权益保护等观护帮教情况。检察机关综合案件情况及涉罪未成年人在观护帮教期间的表现，对未成年人作出最终的司法决定。试点过程中，被纳入取保候审观护点的涉罪未成年人无一脱保、无一重新犯罪，成效明显。

2004 年，上海市检察机关根据市委"构建预防和减少犯罪体系"的总体部署，以政府出资购买社会服务、建立专业社工队伍为契机，提出了"办案专业化与帮教社会化相结合"的工作思路。闵行区院根据这一工作要求，推动建立了由区综治办牵头，区预防办、未保委、教育局、团区委、妇联、学校、社会工作者组织、志愿者组织、基层组织、社区、企业等各方力量共同参与的涉罪未成年人社会观护体系，观护体系覆盖全区 13 个街、镇、工业区。在3—6 个月观护期间，由检察机关案件承办人会同未成年犯罪嫌疑人家长、社工等帮教人员签订观护帮教协议，组成帮教小组，具体负责对未成年犯罪嫌疑人的观护帮教工作。各参与方按照各自的职能，做好协调配合与配套衔接工作，并借助社会力量开展帮教工作。其中综治、预防、未成年人保护委员会等党政职能部门负责牵头协调组织；在校涉罪未成年人的观护帮教工作，由教育局负责管理，学校教师、青保干部具体操作；非在校涉罪未成年人的观护帮教工作，则由团区委负责管理，具体由设置在各街、镇的社工站派遣专业社工进行帮教；居（村）委会、社区则协助检察机关、公安机关派出所、司法行政机关的司法所等开展日常监管工作，并配合开展帮教；妇联开展对涉罪未成年人家长的培训，完善其家庭教育；企业则配合对其涉罪未成年员工开展观护帮教，或者为"三无"涉罪未成年人提供食宿和帮教条件。

观护工作在闵行等区的试点运行取得了良好效果，并得到了上海市政法

委、市政协相关领导的高度肯定。在此基础上，上海市人民检察院要求各区县检察院结合本地区的特点，通过各种途径和方式，全面开展涉罪未成年人社会观护工作，并以全市各个观护点、观护站为基础，推动建立网络化社会观护体系。2010 年一季度，上海市各区、县均建立了社会观护体系，形成了覆盖全市所有街、镇的网络化社会帮教体系。

（二）涉罪未成年人社会观护体系的逐步规范

2010 年 8 月，上海市人民检察院制发《关于进一步规范涉罪未成年人社会观护工作机制的若干意见》，对观护工作的基本概念和原则、适用条件、帮教方式、操作流程和配合衔接机制等作出明确、细化的规定，同时制发观护工作文书，对其种类、格式、流转和制作要求予以明确，指导实践操作。

1. 明确定位和主要功能

明确涉罪未成年人社会观护体系就是未成年人刑事司法活动的社会支持体系和未成年人犯罪预防的社会保障平台这一功能定位，同时明确了三大功能：一是监管，即由观护帮教小组配合公安机关执行取保候审，有效防止未成年人重新违法犯罪或出现弃保脱逃等妨碍诉讼情形，为司法机关对其适用非羁押措施创造条件，打消顾虑；二是考察，即由观护帮教小组对未成年人的日常表现和矫正效果进行客观评估，为司法机关判断其人身危险性和判处刑罚的必要性，是否适用（附条件）不起诉、缓刑等司法处理决定提供依据；三是矫正，即通过帮教，使未成年人克服不良心理和行为，认同主流社会价值观，恢复正常生活，顺利回归社会，并不再危害社会。

2. 涉罪未成年人社会观护体系的基本组织架构

观护组织，是开展观护工作的直接力量，对观护人员承担组织、协调、管理和培训等职责，并指导观护人员开展日常教育考察、帮教矫正工作。观护组织一般隶属于各地区的社会治安综合治理等相关政府职能部门，可设置为观护站、观护点上下两级组织模式，由观护站统筹协调观护工作，并根据区域特点，在各街镇、社区内设置若干观护点。

具体而言，观护组织里由公安机关负责侦查阶段对观护对象资格的审查，指导观护工作并根据观护对象在观护期间的综合表现作出相应的处理决定；检察机关负责审查逮捕、审查起诉阶段对观护对象资格的审查，指导观护工作并根据观护对象在观护期间的综合表现作出相应的处理决定；团委负责对青少年事务社会工作者的观护工作提供指导，并协调镇（街道）团工委给予积极的支持；司法局负责对社区矫正社会工作者的观护工作提供指导，并协调镇（街道）司法所给予积极的支持；青保办负责协助有关职能部门共同做好观护工作。同时，也可以组建专门的观护社团组织，吸纳富有社会责任感和观护能力的企事业单位、工读学校、救助中心、社区活动中心、志愿者组织等作为社团成员，为观护对象提供食宿、文化知识学习、法治教育、劳动技能培训等帮教条件。

3. 涉罪未成年人社会观护体系的相关人员

"观护人员"，是指在社会观护组织的管理下，对涉罪未成年人进行日常教育考察、帮教矫正工作的人员，一般以青少年事务社会工作者作为主要成员，居（村）委会干部、社区民警、青保老师、共青团干部及志愿者等作为辅助成员。

青少年事务社会工作者是观护体系的主要力量，负责在观护期间对观护对象进行考察、帮助、教育。其工作主要包括：对社会观护体系辖区内涉嫌犯罪的未成年人开展社会调查；根据观护对象的实际情况，制订个案服务计划书；定期记录观护对象的思想动态、学习情况、劳动表现及在社区内的综合表现等情况；为观护对象提供学习辅导、工作见习等服务。社区矫正工作者也可以提前介入观护阶段，配合青少年事务社会工作者共同开展对观护对象的观护工作。

"观护对象"，也即观护体系工作的对象，主要指作案时未满18周岁，有证据证明其涉嫌犯罪，并具备适用非羁押强制措施条件的未成年人。具体包括三类：一是涉嫌犯罪且符合非羁押强制措施适用条件的未成年人；二是涉嫌犯罪且符合非羁押强制措施适用条件的暂居在观护体系辖区内的外省市籍未成年人；三是其他符合观护条件的未成年人。

4. 观护工作的流程和基本内容

（1）观护工作流程。涉罪未成年人社会观护工作流程分为观护资格的确认、文书的流转及衔接、对象的日常观护、评定考核、跟进帮教五个主要环节：

第一环节，观护资格的确认——由司法机关对涉罪未成年人作羁押必要性评估，审查其是否有采取非羁押强制措施的条件，并在征得观护组织同意后，对符合观护条件的涉罪未成年人作出观护的决定。

第二环节，文书的转接及衔接——司法机关对涉罪未成年人采取非羁押强制措施并作出观护决定后，将观护对象的基本资料及《帮教记录卡》等有关文书转交至观护站，由观护站接受后指派观护人员组建帮教小组，与观护对象签订观护帮教协议。

第三环节，对象的日常观护——观护人员负责观护对象的日常观护工作，观护期一般为3—6个月；日常观护是观护工作流程中的核心环节，具体内容包括：教育考察、心理矫正、行为矫正、团体活动、公益劳动、知识学习、技能培训等。

第四环节，评定考核——观护期满后，观护人员应根据观护对象在观护期间内的综合表现，制作观护帮教情况报告并提出处理建议，报经观护站审核后，提交检察机关。检察机关综合案件及观护帮教情况，对观护对象作出司法处理决定。

第五环节，跟进帮教——作出处理决定后，检察机关应及时将结果反馈观护站，便于跟进观护工作。被相对不起诉的观护对象，应由原观护人员继续开展跟进观护工作；被附条件不起诉的观护对象，可以由监督考察小组成员（可以是原观护人员）继续开展监督考察工作；被起诉后判处非监禁刑的观护对象，也可以转介至专门从事社区矫正工作的观护人员开展跟进观护工作。

（2）观护工作的基本内容。对观护对象的日常观护工作主要包括教育考察、心理矫正、行为矫正、团体活动与公益劳动、知识学习与技能培训五个方面。

第一，教育考察。由观护人员结合心理测评、社会调查等情况制订个性化的教育矫正工作计划，主要内容包括法治教育、思想道德教育、社会保障政策教育、认罪服法教育、心理健康教育、生活辅导、期满总结教育等。

教育考察，主要有集中教育和个别教育两种形式。集中教育可采用授课、读书、座谈、讨论、参观等形式，个别教育主要通过个别谈话、家庭走访等形式进行，电话方式仅限于特殊情况下使用。一般情况下，集中教育每月不少于1次，每次不少于1小时；个别教育每半个月不少于1次，每次不少于半小时；观护对象每半个月进行书面情况报告1次，每月精读一本好书并撰写一篇读后感，原则上不得外出或者迁居，如有特殊情况必须请假，有迁居的，需提前5个工作日向观护站、检察机关递交书面请假报告。

第二，心理矫正。由观护人员或专业心理咨询师，运用心理学专业方法和手段，通过沟通、疏导和心理干预、治疗等形式，矫正认知偏差和心理问题，帮助观护对象树立正确的人生观和价值观，缓解其与社会的对立情绪，消除融入社会的心理障碍。

观护人员自接收观护对象后，应对其进行专业的心理测评，了解观护对象的心理状态和人格特质，并以此为基础制订科学合理的矫正计划。对心理测评不存在严重问题的观护对象，可由观护人员采取个别面谈的方式进行心理疏导，观护站根据实际情况，组织观护对象进行集体心理健康教育，通过心理学讲座、小组心理辅导等活动，普及心理健康知识；对经测评有明显心理疾病症状、严重行为偏差及存在心理危机的观护对象，则可转介至专业心理咨询师或心理医生进行危机干预处理或临床心理治疗，以消除观护对象的心理障碍，矫正其心理问题。

第三，团体活动与行为矫正。观护工作中的团体活动，其实质是团体治疗，将观护对象纳入正常青少年群体，或由不同类型观护对象组建的群体，开展各种团体活动，以实现行为矫正的最终目标。团体治疗所创造的特殊环境，让每个观护对象在团体中有机会去增强与他人沟通交流的能力，同时也被引导如何去做，如何去建立并遵守团体行为规范，以得到他人的肯定。此外，还可以借鉴社会工作中的"小组治疗模式"，将一些符合社会行为及反社会行为的观护对象容纳在一个小组内，通过游戏、公益劳动等活动，让组员之间进行交流和分享，使那些有反社会行为的观护对象能够反思自己的行为模式，有效减少及控制不良行为，增进团体的正面成长，有效实施行为矫正，预防、减少犯罪的再次发生。

第四，公益服务。采取集体公益服务的形式，每月固定的时间、固定的基地开展相关公益服务，如至敬老院关爱老年人，陪老人聊天，帮助老人做事；至阳光之家为智障人士提供服务，协助智障人士进行康复治疗、体能锻炼，帮助其融入社会；在法治宣传日、禁毒日、消防日等开展义务宣传服务以及参与公共场所清洁、环境保护等辅助性劳动。

第五，知识学习与技能培训。观护对象大多数受教育程度低、缺乏谋生技能，因此有必要依托政府学历、技能培训平台及特殊观护基地成员单位的资源，为观护对象提供文化知识、法律知识、劳动技能的培训机会或工作实习岗位，帮助观护对象在观护期内学会一项劳动技能，提高其社会生存能力，减少因生活无着而造成的再次犯罪。在上海市实践中，接受观护的未成年人均可与普通社区青少年一样，纳入政府学历技能培训项目、就业服务计划；对在本地无监护人、无固定住所、无经济来源的观护对象则可纳入特殊观护基地进行帮教，并为其提供免费工作实习的机会。

（三）涉罪未成年人社会观护体系的效果评估

就上海市的实践探索情况来看，观护体系的建设卓有成效，截至2015年6月，上海市检察机关在全市共有观护总站17个，观护点215个，建立观护基地58个，已有2984名涉罪未成年人被纳入观护体系帮教，其中非沪籍涉罪未成年人2294人，占76.9%。随着观护体系的不断完善，涉罪未成年人的非羁押率、不诉率逐年上升，2007年至2014年，涉罪非沪籍未成年人的人数下降了18.2%，非羁押率提高了14.4个百分点，不起诉率提高了21个百分点。

（四）涉罪未成年人社会观护体系的问题与反思

1. 观护对象的适用具有局限性

目前，观护工作主要针对涉嫌犯罪且符合非羁押强制措施适用条件的未成年人而开展。但是，不少涉罪未成年人由于缺乏有效的保证措施无法适用非羁押措施，从而难以被纳入观护体系，不能成为适格的观护对象。例如，不少来沪未成年人犯罪后无力缴纳保证金，又无法提供保证人，因不具备取保候审条件而无法被纳入观护体系。虽然刑事诉讼法规定了监视居住作为取保候审的替代措施，但由于监视居住需要耗费大量的人力、物力，因而实践中较少适用；另外，监视居住对象不得离开住所或指定的居所，难以对其开展社会化的帮教，因此，监视居住措施同样无法破解观护对象适用局限性的难题。

2. 观护人员的稳定性和专业性难以保证

观护帮教是一项专业性要求极高的工作，需要观护人员具有社会责任感，熟悉未成年人身心特点，还要掌握法学、心理学、教育学、社会学等方面的知识，因而建立一支稳定的专业化观护队伍是观护工作得以规范、有效开展的基本保证。以上海市为例，涉罪未成年人的观护工作主要依赖于青少年事务社工队伍。但由于薪资待遇、职业保障等方面的问题，社工队伍的流动性较大，社工工作调动或离职后，需要对服务对象进行转介，给观护工作的成效带来了负面影响。并且，社工组织主要采用政府购买服务的形式运作，而政府机关购买社工服务的初衷是为了本市户籍居民提供服务，因此也主要以本地户籍人口为基数确定社工数量。在来沪未成年人犯罪率逐年增长的形势下，出现了社工数量配比不足及向来沪未成年人提供服务的积极性不高等现象。

3. 缺少专门的观护组织、机构

我国的社会观护制度大多借鉴英、美等国成熟经验，并结合国情，将参与社会观护组织分为决定机关和执行机构两大类。在决定机关的设置上，我国与英美等国并无太大差异，均是由司法部门承担。在执行机构上，相较于英美等国家设立专门机关的较为完善的执行机构体系，我国至今未确立统一的执行机构，而是由各地检察机关根据工作需求联系相关部门开展观护，强制性及规范性均受到影响。

4. 尚未建立涉罪未成年人社会观护的法律制度

我国现行法律制度中，无论是国家立法层面还是地方立法层面，无论是刑事立法还是未成年人保护的相关立法，均无观护工作的相关规定，即使是一些专门性的配套衔接规定，也语焉不详。尽管各地对观护制度进行了各种探索，但目前的观护工作处于缺乏约束力、各地模式不一致、职能定位不同的境地。观护工作的发展面临着法律"瓶颈"。例如，有些地方要求观护对象不得离开基地，有些地方对于观护对象的活动范围限制是不得离开其所居住的区县；有些地方的观护工作侧重点在于管理，有些地方更注重观护对象的社会调查结果、观护帮教的综合表现。再如，一些公安机关承办人员就因为观护工作耗费太多心力并致诉讼期限大大延长，因此对将涉罪未成年人纳入观护体系帮教持消极态度。

五、涉罪未成年人社会观护体系的完善与展望

在我国，与观护制度有关的实践已经获得了良好的效果，但也面临一些困境。同时，国外少年观护制度积累的经验教训值得我们借鉴。因此，笔者拟结合上海市近 20 年的司法实践，借鉴相关国家的经验，就我国涉罪未成年人社会观护体系的发展和完善提出建议和展望。

（一）涉罪未成年人社会观护体系的规范化建设

1. 强化与涉罪未成年人社会观护体系的相关配套工作制度的衔接机制

一是社会调查和心理测评机制。在观护帮教开展前，可以根据青少年的主观恶性和犯罪情节，先通过心理测试和社会调查报告来确定涉罪未成年人的观护方式。

二是隐私保护机制。在观护过程中，尤其要引起重视的是涉罪未成年人的隐私保护问题。《联合国儿童权利公约》规定：缔约国尤应确保，被指称、指控或认为触犯刑法的儿童的隐私在诉讼的所有阶段均得到充分尊重。在观护帮教过程中，隐私保护一直是一大难题。因为无论是前期的社会调查工作还是后期的帮教考察工作，均牵涉一定的社会人员，整个观护周期往往也比较长，这就需要所有的工作人员均以高度的责任心避免相关信息泄露。为达到保护隐私的目的，可以签订保密协议，在观护场所的选择上也可以做些保护性的设计，例如避免在涉罪未成年人居住的社区进行观护等。

三是合适保证人制度。为了破解对不能提供保证人，也无力缴纳保证金但犯罪情节轻微的未成年人的非羁押难题，还可以采取由观护机构提供保证人的方式为涉罪未成年人创造观护条件。如上海市检察机关正在探索实行的"无利害关系人担任保证人"的合适保证人制度。

四是国家监护机制。当涉罪未成年人的家庭难以完成对未成年人的监护任务时（包括未成年人犯罪与家庭有密切关系的，以及家庭不能监护或监护不力），则启动国家监护程序，经评估后由国家选任无利害关系第三人或有资格的机构对未成年人进行有效监护。

2. 健全涉罪未成年人社会观护的工作方式

涉罪未成年人社会观护的内容犯罪总是受到自身人格、家庭教育、学校或社区环境等因素的交叉影响，这些因素彼此作用，也影响着其再次犯罪的可能性。为了确保观护工作的成效，有必要结合上述关键因素，设置符合涉罪未成年人身心特点和有针对性的观护方式和内容。

就观护方式的选择而言，针对家庭和社区环境良好，只是出于青春期身心矛盾冲突引发的未成年人犯罪，如聚众斗殴的积极参加者，不需要过度的帮教矫治，只需要引导其承担行为后果，并吸取教训，将这一事件转化为成长的动力；对于因自身人格因素导致犯罪的未成年人，则必须辅以心理疏导和行为矫治，纠正其心理行为模式；对出于恶劣家庭环境而导致犯罪的未成年人，则应加强家庭教育指导，确有必要的，也可以采取将其暂时带离家庭环境，交由相关机构进行监护教育的观护模式；对因不良社会环境而诱发犯罪的未成年人，则可通过将其置于环境良好的观护基地或设置相应行为禁止令的方式，使其脱离不良环境。

3. 整合各地资源，实现平等观护

实践中，观护工作的适用范围往往受限于家庭监护状况和社会帮教条件，难以实现对来沪涉罪未成年人平等保护的目标。例如，沿海经济发达的大城市普遍存在随着外来人口大量迁入而引起的外来流浪未成年人犯罪居高不下的问题，这些未成年人往往因为在案发地缺乏监护条件而无法纳入观护体系。对此，我们认为可以参考上海市某些区域的做法，"以属地观护为主体、就近协作为补充"，建立"就地观护、跨区协作、异地委托"的三层立体式涉罪未成年人社会观护体系。对那些符合取保候审条件、无前科劣迹、在本地无固定住址的外来未成年人，如果监护人提出回原籍观护并自愿签立监护保证书，可以联系、委托居住地的相关职能部门，如团委、妇联、青保办、法律援助律师、志愿者团体等派员担任社会观护人员对其进行观护帮教，使未成年人尽可能得到家庭的照料和保护。对于那些在原籍没有观护条件的外来流浪未成年人，案发地要通过积极建立可提供食宿的特殊观护基地，创造条件对其开展观护帮教。此外，为了配合国家监护程序，还需要培育和设立能够安置涉罪未成年人的临时家庭或临时机构。

4. 建立高素质观护队伍，实现相关职能部门间的协作配合机制

涉罪未成年人往往在家庭关爱、人际交往等方面都有所缺失，并因而在人格上普遍存在低自尊、缺乏自信等问题。观护人员要通过辅导、观察、保护、管束等来达成改善其行为、预防再犯、保证诉讼顺利进行等目的，可想而知工作负荷大、难度高。这就需要观护人员具有比较全面的能力水平和较大能量的

爱心和热忱，甚至对于其心量的宽广接纳、个性的弹性包容均有一定的要求。例如，有的未成年人需要观护人员给予衣食住行全方位的指导，并在第一时间帮助其解决危机。在这种情况下，观护人员必须全身心地投入工作，而且必须具备应付突发事件的综合能力和吸引青少年的人格魅力。另外观护人员的年龄、性别、特长等配比也要合理，这样可以针对不同的观护对象选择最合适的观护人员。例如，对于来沪流浪涉罪未成年人来说，由于缺失父母、家庭等监护及社会支持系统，可能就会需要一名已婚并有子女、责任心很强、具有一定社会阅历、经验丰富的中年观护人员来承担监护责任。但是，对于父母管教比较严厉，因结交不良团伙而涉罪的本地未成年人而言，一名充满朝气活力，了解时尚潮流，熟悉网络语言，能够吸引未成年人亲近的年轻观护人员可能更能走入未成年人的内心，给予其正面的影响。

要满足以上条件，光靠志愿者的爱心奉献还不够，必须要建立专业化的观护人员队伍。目前，我国专业社工队伍正在逐步扩大，但是在政策体系、配套制度、岗位设置、人才队伍建设等方面还存在不少"瓶颈"问题，其中最为突出的就是职业保障问题。在德国等欧美国家，从事涉罪未成年人观护帮教的专业社工的工资一般在税后每月 3000 欧元以上，在当地亦属高薪。反观我国，社工收入仍在低位徘徊致使人才流失严重。因此，必须提高专业观护人员的待遇，从而确保涉罪未成年人观护帮教工作的成效。

5. 提高未成年人司法人员的专业化水平

司法人员的专业资格和个人素养是确保公正有效地执行少年司法的一个重要因素。经过多年来的未成年人司法专业化探索，我国已经基本拥有了一支专业化办理未成年人案件的司法队伍：法院有少年庭、检察院有未检部门，有些地方的公安机关有未成年人案件专办民警，也建立了未成年人援助律师队伍。但是，未成年人社会观护制度不仅专业性强，而且对非羁押、不起诉、判缓刑等司法处遇的执行对象和制度设计都具有一定的选择性，这将带给相关的司法人员过大的自由裁量权，可能导致不公平现象，甚至引发公众司法腐败的质疑。这就需要除了在制度设计上引入监督制约机制外，还要严格警官、检察官、法官、律师的遴选，提高司法人员的素质。借鉴西方发达国家严格的法官、检察官遴选和培训制度，改进办理未成年人案件司法人员的聘用、晋升、专业和职业培训工作，进一步提高专业化水平，保障有效履职，避免权力滥用。

6. 司法机关和社会组织在观护工作中加强协调和配合

我国司法机关所拥有较为强大的公权力，造成现有观护体系中司法机关占主导地位的局面，公检法不仅可以决定对未成年人是否适用观护帮教，也拥有掌控观护过程及决定观护起止期限的权力。但是，观护制度的建立和实施需要国家力量和社会力量的通力合作，只有公力和私力互相支持与合作，才能使该制度发挥应有的功效。司法机关和社会组织在观护工作中分工不同，但地位同样重要，随着观护制度的健全，社会组织的重要性会进一步凸显。因此，司法机关要加强与社会组织的协调和配合，按照专业分工的原则，做到各司其职，避免角色冲突。

（二）构建涉罪未成年人社会观护体系的长效机制

建构我国涉罪未成年人社会观护体系应当在实践基础上不断完善，形成长效机制。具体而言，可以通过三项机制建设逐步形成切实有效的观护体系，即在观护组织的建立上，需要有准入机制；在观护工作的运行上，需要有鼓励支持机制；在观护成效的保障上，需要有检察监督机制。

1. 建立运营机制，规范观护组织的设立

观护组织其实质是代表国家履行对未成年人的监护职责，因此有必要以政府为主导的观护运营机构。首先，可以借鉴西方国家的成熟经验，建立专门的"观护工作委员会"作为执行机构，负责管理和指导各乡、镇、街道的观护站、观护点和观护基地。"观护工作委员会"可以帮助各观护站、观护点和观护基地建立和完善工作规范，解决观护工作中出现的困难，监督观护企业或组织的运行和观护人员的工作开展，并培训观护人员。其次，建立以政府出资为依托，辅之以民间资金的参与的资金保障机制。一方面，对涉罪未成年人的教育矫治是国家责任，不能完全推给社会，所以要由国家给予经费保障，以保障观护机制的长效性、稳定性和可靠性；另一方面，观护工作需要充分调动社会组织的力量，引入民间资金支持，既可以缓解政府的压力，也为社会慈善人士提供了一个正规、有效的慈善资金流出渠道。

2. 建设鼓励支持机制，保障观护组织的运行

目前，全国各地的观护机构大部分由爱心企业或社会组织承担，总体数量偏少、发展也很不平衡。有的参与观护时间早，无论是观护人员的配置还是观护场所的建设都比较完备，而且通过长期的经验积累，已经形成了比较规范有效的观护机制。但绝大多数的观护机构还处于起步摸索阶段，如不能形成良好的运作模式，可能会知难而退。因此，地方政府和司法机关应当给予这些社会观护机构以更多的支持，帮助他们建立良好的观护模式。另外，考虑到相关爱心企业承担了额外的社会责任，在人力、物力上都有较大的投入，地方政府可以考虑给予一些政策方面的倾斜，例如给予税收优惠等。特别是对于那些运行良好的单位，还应当予以资助和表彰，鼓励其热心公益、奉献爱心的行为，帮助其赢得更好的商誉，这样也可以鼓励其他企业或组织更为主动地参与到观护体系之中。

3. 建设培育监督机制，促进观护组织的成长

观护制度依靠具有极高素质和知识水准的观护人员开展具体的观护帮教工作，如果观护人员的能力素质不足，就可能造成失误和拖沓，甚至可能影响对被观护人的权益保障。这就需要建立监督机制，以降低过于依赖"人"而引发的负面效应，并指导解决各观护站、观护点、观护基地在观护工作中出现的困难，运用定期检查、不定期抽查等方式，对观护组织开展监督，确保观护体系良性发展。

国际非营利组织专家莱斯特·萨拉蒙认为，社会组织成长的最有决定性的因素是它所能锻造的同国家的关系，在得到政府足够的法律和财政支持的同时，又保持相当程度的独立性和自主性[①]。政府既是购买者、监督者，又是制度供给者。当前阶段，政府有责任对观护组织加强分类指导：一是在组织形式上，观护组织可以加入地区社会组织联合会，及时了解政府促进社会组织建设的政策信息和工作动态；二是在政策资源上，可以由社会参与部牵头，组织部、民政局、社工委、财政局、税务局、司法局等部门共同参加，加强对观护组织的一揽子支持性政策的研究，包括注册登记、运营补贴、税费减免、人才吸引、鼓励捐赠等；三是在日常工作中，建议由上述部门骨干力量组成专家指导团队，在观护组织运作之初的一年时间内加强对其规范化运作的指导，帮助其尽快成长。

（三）推动涉罪未成年人社会观护制度上升到立法

随着实践探索的不断深入，传统司法制度已经成为制约因素，只有制定有别于成年人的法律规定，以立法的形式加以确认，才能解决观护制度中机构设置、人员配备等体制问题，理顺各部门之间的协作关系，实现涉罪未成年人社会观护工作的体系化、法制化。

《联合国儿童权利公约》第 40 条第 4 款也要求缔约国对触法少年"应采用多种处理办法，诸如照管、指导和监督令、辅导、察看、寄养、教育和职业培训方案及不交由机构照管的其他办法，以确保处理儿童的方式符合其福祉并与其情况和违法行为相称"。在未成年人社会观护制度方面，可以参考我国台湾地区的经验，制定相关条例，以从根本上解决观护工作的机构设置和人员配备等问题，理顺各部门之间的协作模式。立法内容可涉及对涉罪未成年人的生活辅导、保护管束、劳动服务等保护处分，且为了不影响未成年人将来就学或就业，保护处分执行完毕经过一段期间后，相关刑事记录也予以消除。为保证

---

① 曾永和：《社会组织发展支持体系研究——以上海为例》，载《中共青岛市委党校·青岛行政学院学报》2011 年第 1 期，第 47 页。

审前交付观护的正当性，尽管从程序上不必拘泥于普通刑事诉讼的做法，但审前交付观护的案件可以交由法院审查其适当性和公正性。

总之，涉罪未成年人社会观护体系的完善和发展必须多管齐下、整合资源、优化环境，才能标本兼治。这一切都需要极大的投入，不仅需要各司法机关和相关部门尽心履职，还要积极依靠和培育社会力量，寻求更大量、更广泛的社会支持。

检察机关保障未成年被害人
合法权益工作机制探索[*]

高晓莉[**]

近年来，各种侵害未成年人的犯罪行为频繁发生，不仅严重侵犯了未成年人的人身安全，也影响了家庭与社会的和谐稳定。然而，实践中针对未成年被害人的司法保护却不尽如人意，检察机关作为国家的法律监督机关，承担着预防犯罪、保障人权的神圣职责，如何建立切实有效的工作机制，保障未成年被害人合法权益，预防和减少侵害未成年人情况的发生，是值得我们深入探索的课题。

一、保障未成年被害人合法权益是检察机关的一项重要职能

未成年被害人，系指被违法犯罪行为侵害的未满 18 周岁的人。与成年人相比，未成年人生理、心理尚未发育成熟，易激动，好冲动，喜欢追求时尚，对事物后果考虑不足，对自身身体条件等较自信，缺乏安全防范意识，对犯罪警惕性较低，容易成为犯罪行为的侵害对象，而成为刑事犯罪尤其是杀人、伤害犯罪的被害人。目前，针对未成年人的犯罪行为主要集中在恶意伤害、性侵、抢劫、抢夺、盗窃等犯罪行为，占总数的 66%。而且性侵犯罪与家庭暴力虐童案件呈隐蔽性，被害案件多为"暗数"，不被人知晓。

未成年被害人属于社会弱势群体，作为犯罪行为直接侵害的对象，他们所遭受的不仅是身体上的伤害，其心理同时也受到严重创伤。可能表现为失眠、抑郁，精神恍惚、不愿意与人交往、接触，性格也由此变得孤僻和封闭，严重的出现精神萎靡、举止失常，甚至离家出走。这些未成年被害人多是独生子女，一人受害，几代人、多个家庭为之纠结。家庭是社会的基本细胞，家庭不得幸福安宁，社会也难以和谐稳定。因此，充分保障未成年被害人合法权益，

＊ 本文系 2015—2016 年度女检察官检察理论研究课题成果。

＊＊ 课题组主持人：高晓莉，陕西省人民检察院助理检察员，国家检察官学院陕西分院教师。

修复被犯罪行为破坏的社会关系，对于化解社会矛盾，消除未成年被害人的恐惧、仇恨心理，维护家庭与社会的和谐稳定具有重要的现实意义。

修改后的《刑事诉讼法》《未成年人保护法》《预防未成年人犯罪法》明确规定了检察机关在预防未成年人犯罪方面的地位和作用，检察机关不仅仅是预防未成年人犯罪的重要力量，同样，也应成为防范未成年人遭受不法侵害的一支重要力量。防范未成年人身心健康免受犯罪侵害，同预防未成年人犯罪同样重要，是保护未成年人合法权益的一体两面。检察机关作为国家法律监督机关，负有侦查、诉讼监督、审查起诉、预防等职能，其工作贯穿侦查、批捕、起诉、审判、执行等刑事诉讼全过程，相对于公安、法院仅仅涉及诉前或者诉后，检察机关开展未成年人被害人合法权益保障更具有及时性、连贯性。因此，在刑事诉讼中充分发挥检察职能作用，依法保障未成年被害人的合法权益，是检察机关义不容辞的使命和职责。

二、相关规定及司法实践中保障未成年被害人合法权益存在的问题

未成年被害人作为刑事案件中一个特殊的受害群体，既有作为一般被害人的共性，适用刑事被害人保护的一般原则，又有未成年被害人适用的独有原则。然而目前针对未成年被害人合法权益保障的法律法规尚不健全，体制机制仍不完善，具体表现在：

（一）针对未成年被害人诉讼权益保护的规定相对薄弱

生理、心理发展不成熟等特点是区别未成年人刑事案件和普通刑事案件的关键，这就使得对被害人是未成年人的刑事案件的审理不同于普通刑事案件，因而，法律应当有对其诉讼权益保障的特别规定。2012 年修订的刑事诉讼法专门增设未成年人刑事案件诉讼程序，明确了犯罪记录封存、附条件不起诉、社会调查、讯问时合适成年人到场等制度，然而这些制度都是针对未成年犯罪嫌疑人而言的，对于遭受犯罪行为侵害的另一方当事人——未成年被害人的立法保护却相对薄弱。实践中，未成年被害人诉讼参与权和案件知情权被忽视，告知权过去简单，缺乏可操作性，不能使未成年被害人及法定代理人、监护人及时获得案件进展的相关情况。例如，酌定不起诉及附条件不起诉中，办案检察官一般只根据法律规定及经验决定是否起诉，很少考虑被害人对不起诉事实及过程是否了解。此外，没有获得独立的上诉权，无提起精神损害赔偿的权利等，也严重制约了被害人权利的有效行使。

（二）针对未成年被害人隐私权、名誉权的保护措施相对欠缺

未成年被害人年龄小，身体发育尚未成熟、心智尚未健全，受犯罪行为侵害后恢复较难，容易留下心理创伤。司法实践中，缺乏从未成年被害人的心理和生理特点出发，采取特殊的保护措施。例如，部分办案干警着制服、开警车到被害人住所、学校进行调查取证，无形中使得被害人的隐私被老师、同学、亲属等相识的人所知晓，不得不忍受周围人的流言蜚语；一些不负责任的媒体和个别办案人员出于种种目的和原因，将被害人姓名等案件信息予以披露，严重侵犯被害人的名誉权和隐私权；部分办案人员为获得某个关键证据，反复、多次询问未成年被害人，致使其一遍又一遍回忆、复述被犯罪行为侵害的过程和细节，加上个别干警询问言词不当，极易加剧未成年被害人的心理痛苦，造成"第二次伤害"。另外，性侵害未成年人案件中，被害人家属由于顾虑名誉、加害人威胁利诱等原因，不愿意配合警方调查取证，被害人因年幼无知，不知道如何保存证据和及时报案，致使主要证据消失，此类案件容易成为"隐案"，公安机关以证据不足不立案或者延迟立案，罪犯逍遥法外。

（三）针对未成年被害人保护的援助机制相对缺乏

修改后的刑事诉讼法对未成年刑事被害人的法律援助尚无明确规定，相关部门主要依据国务院《法律援助条例》第 11 条第 2 项："公诉案件中的被害人及其法定代理人或者近亲属，自案件移送审查起诉之日起，因经济困难没有委托诉讼代理人的，可以向法律援助机构申请法律援助"的规定对被害人实施救助。对于未成年被害人来说，在刑事诉讼中尤为需要法律上的帮助。一方面，未成年被害人不管在生理上还是在心理上尚未发育成熟，其身体及心理上均遭受了巨大的创伤，在刑事诉讼中处于明显的弱者地位。为其提供刑事法律援助，充分体现了国家对刑事诉讼中处于弱势地位的未成年被害人的法律保护。另一方面，不仅是未成年被害人，即使是其已成年的父母及其他法定代理人或者近亲属，均存在法律知识的欠缺，对于刑事诉讼中可能面临的专业问题，其自身显然难以有效应对。如果有法律援助律师帮助，将有效避免在诉讼中遭受第二次伤害。

然而实践中，公诉案件中未成年被害人获得法律援助仅占很小的比例。可以说，相对未成年被追诉人而言，未成年被害人的刑事法律援助仍处于严重缺位的状态。尤其是留守儿童、城市外来务工人员子女，由于家庭监护的缺失及经济困难，在遭受犯罪行为侵害后没有条件聘请律师为其提供法律帮助可能会失去最大限度获得经济赔偿、维护自身合法权益的机会。

此外，如前所述，犯罪行为对被害人的心理伤害不言而喻，许多未成年被

害人由于心理创伤未能及时救治导致精神失常、人格分裂，甚至发生"恶逆变"，走上犯罪报复的道路。据统计，美国有64％的未成年被害人在成年后变成违法者，而未遭受过犯罪侵害的其他未成年人在成年后变成违法者的只有22％。目前司法实践中尚未建立未成年被害人心理干预机制，没有专业机构为未成年被害人提供心理咨询。

（四）针对未成年被害人的司法救助制度不够健全

我国已建立刑事被害人救助制度，但无针对未成年被害人的专门规定。而且救助范围、对象等不能适应保护未成年被害人的需要。根据刑事诉讼法的规定，由于被告人的犯罪行为遭受物质损失的，被害人可以提起刑事附带民事诉讼。然而实践中，关于附带民事诉讼部分是否赔偿、赔偿多少，由被告人的赔偿能力来决定，法院只是将赔偿作为一个酌定的量刑情节。相当多的被告人因为没有赔偿能力或者不愿意履行法院判决，导致未成年被害人无法获得相应的赔偿，这样容易引发被害人的不满和绝望情绪，造成新的社会不稳定因素。而目前对未成年人的司法救助，主要是帮助未成年被告人回归社会的，对未成年被害人而言规定不够健全，根据《关于依法惩治性侵害未成年人犯罪的意见》，仅对未成年被害人因性侵犯罪而造成人身损害不能及时获得有效赔偿、生活困难的，才可以获得司法救助，对其他类型犯罪行为没有相关规定。

三、发挥检察职能作用，保障未成年被害人合法权益机制探索

未成年人的健康成长关系着国家未来和民族希望，关系着社会和谐稳定和千家万户的幸福安宁。检察机关作为国家法律监督机关，其职责涉及未成年人刑事案件诉讼的全过程。在检察工作中，应当不断创新工作理念和工作机制，充分发挥检察职能作用，加强对未成年被害人合法权益的保护。

（一）更新执法理念，注重保障未成年被害人诉讼权益

坚持双向保护原则。随着司法实践的不断发展，刑事诉讼程序中保护被告人权利的一元化理念已不适应兼顾公平与正义的需求，同时保护被害人与被告人权益的二元化理念成为发展的新趋势。检察机关要更新执法理念，坚持同等保护未成年犯罪嫌疑人、被告人与未成年被害人；坚持及时、快速办理原则。未成年人刑事案件，处理被害人为未成年人的案件时，在确保公正的情况下尽量缩短办案时间，及时结案，避免推延给被害人带来新的伤害。对于重大、疑难、复杂或者社会影响大的案件，检察机关应当派员介入侦查、监督引导取证，确保依法、及时、全面收集固定证据；检察机关审查案件后，决定不起诉的，应当增设询问被害人环节及告知制度，充分听取被害人及监护人的意见。

建立量刑建议未成年被害人参与制度。审查起诉阶段，及时告知未成年被害人及监护人有权提出量刑意见，以便让未成年被害人亲身体验惩罚侵犯其合法权益的犯罪嫌疑人的感觉，减轻对其身心的伤害，进而树立正确的社会正义观。加大对公安机关不立案或者撤销案件的监督，检察机关经审查认为不当的，可以要求公安机关书面说明不立案理由并要求公安机关立案。

（二）规范执法行为，切实保护未成年被害人隐私、名誉等权利

在《关于依法惩治性侵害未成年人犯罪的意见》中对办理未成年受害人案件规定了许多保护措施，既要求文明、规范，又要求在执法中保护未成年被害人的隐私。介于目前针对未成年被害人的保护措施比较少，这样的规定值得推广到所有未成年被害人的案件中去。

1. 注重改进询问方式。询问未成年被害人，应当坚持不伤害原则，尊重被害人的意愿，选择让被害人感觉到舒心、精神上宽慰的场所进行，避免在被害人熟悉的场所如学校、家庭进行询问；应当考虑未成年人的身心特点，采取和缓的方式进行，并根据其心理状态和情绪表现，及时调整询问时间和方式，询问女性未成年被害人，应当由女性检察人员参加；询问应当在有被害人父母、家人、老师或者其他合适成年人陪同下进行。

2. 注意固定言词证据。由于受到犯罪行为的侵害，未成年被害人心理相对脆弱敏感，甚至焦虑、恐慌。对于被害人的询问尽量一次到位，未检部门要推动公安机关建立"一站式"取证制度并设立专用场所，力求一次性完成询问、检查等取证工作，并同步录音录像，避免各诉讼程序反复询问，对被害人造成"二次伤害"。

3. 注重隐私保护。检察干警到未成年被害人及亲属所在学校、单位、居住地调查取证的，应当避免驾驶警车、穿制服或者其他可能暴露被害人隐私的方式；强调案件承办人的保密责任和义务，要求承办人非因工作需要不得泄露被害人的基本信息；检察机关可以通过纠正违法、检察建议等方式监督网络、报纸等媒体的宣传行为，保护未成年被害人的姓名、相貌、就读学校等信息不被泄露。

（三）完善针对未成年被害人的援助机制，帮助其恢复正常学习生活

《最高人民检察院关于进一步加强未成年人刑事检察工作的决定》指出，要建立健全法律援助制度和听取律师意见制度。检察机关要监督公安机关、人民法院保障未成年人获得法律帮助，并将法律援助对象范围扩大到未成年被害人。实践中，应当确立检察机关保障未成年被害人获得及时有效法律援助的制度。检察机关自案件受理之日起三日内，应当告知未成年被害人及法定代理人

或者近亲属有权委托诉讼代理人。对因经济困难等原因需要申请法律援助的，应当帮助其申请。检察机关应当商请法律援助机构依法指派熟悉相关业务的律师提供法律援助。对于遭受性侵害的女性未成年被害人，应当安排女性律师为其提供法律援助。在提供法律援助的同时，对被害人进行心理矫治，加强与专业机构的协作，组建心理咨询专家团队，共同做好未成年被害人的心理安抚、疏导工作，帮助他们摆脱抑郁和封闭，走出情绪的低谷，引导他们健康、快乐成长。

（四）健全未成年被害人司法救助制度，尽最大可能减轻被害人损失

根据最高人民检察院下发的《关于进一步做好刑事被害人救助工作的通知》，检察机关进行刑事被害人救助要坚持公平公正的原则，切实保护被害人的合法权益，使得对被害人的伤害降到最低限度；由于有限的赔偿金及国家被害人救助制度的本质决定了不可能对所有刑事被害人都给予补偿，只能在被害人确实无法从被告人及其他相关民事途径获得赔偿情况下才能启动，赔偿数额以解决被害人的生活困难为先。所以应考虑对未成年被害人优先赔偿。

当前检察机关未成年被害人救助工作的重点是不起诉案件重伤残疾或者死亡的未成年被害人及近亲属。对于拟作不起诉的案件，公诉部门要认真审查核实相关情况，对于符合救助条件的，应及时提出救助意见送刑事申诉部门确认。在检察机关作出不起诉决定后6个月内，被害人及其近亲属可提出救助申请；申诉部门根据被害人或者公诉部门审查移送被害人救助情况予以审核，重点审查被害人医疗情况或者人身损害情况、实际支出的医疗费用、后续治疗康复费用是否真实，是否确实无法从加害人、保险机构获得经济补偿。申诉部门核对、确认后对符合救助条件的，提出具体救助方案提交刑事未成年人救助委员会。刑事未成年被害人救助委员会由检察长领导，检委会委员组成，作出是否对未成年被害人进行救助的书面决定，并决定救助形式及具体救助金额。最后，由申诉部门报政法委审批同意救助后，根据决定金额及时将钱款发放给被害人及其近亲属。

论被附条件不起诉未成年人的监督考察与矫治教育[*]

崔文红　彭　迪[**]

摘　要： 附条件不起诉监督考察与教育矫治的司法实践中存在两个严重的问题：一是将监督考察之主体与矫治教育主体混为一谈的问题，二是用"帮教"一词涵盖"监督考察""矫治教育"和"帮扶"。本文以司法论的基本立场出发，从规范分析、案件办理和工作机制建设等角度，提出被附条件不起诉人的考验期内有接受监督考察、矫治教育的义务，同时享有申请帮扶的公民权利，应当尽量少用或不用"帮教"的概念笼统涵盖三者。同时，提出检察机关是监督考察的主体，但是矫治教育的实施主体，矫治教育的任务应当主要有监护人、专门组织和专业机构承担。对被附条件不起诉未成年人的监督考察与矫治教育应当适度分离。

关键词： 附条件不起诉　监督考察　矫治教育

2012 年 3 月刑事诉讼法修改后，我国增设了未成年人附条件不起诉制度。附条件不起诉是指对一些犯轻罪的未成年人，有悔罪表现，人民检察院决定暂不起诉，对其进行监督考察，根据其表现，再决定是否起诉的制度。[①] 监督考察与矫治教育是附条件不起诉制度的核心环节，如果不能落实到位，附条件不起诉制度就可能流于形式。实践中各地检察机关都将对附条件不起诉对象的考察、改造作为运行该制度时最重要的考虑。

一、附条件不起诉制度监督考察与矫治教育的规范分析

修改后的《刑事诉讼法》第 271 条至第 273 条对被附条件不起诉未成年人的监督考察与教育矫治设定考察期、规定了监督考察机关、规定了考察期内

---

[*] 本文系 2015—2016 年度女检察官检察理论研究课题成果。

[**] 课题组主持人：崔文红，海南省人民检察院公诉处副处长；课题组成员：彭迪，海南省人民检察院公诉处检察员助理。

① 郎胜主编：《中华人民共和国刑事诉讼法释义》，法律出版社 2012 年版，第 593 页。

应当遵守的四项规定，以及撤销附条件不起诉决定的两种情形等。附条件不起诉的监督考察与教育矫治始于附条件不起诉义务的告知，终于附条件不起诉考察的结论作出，具体而言，包括以下几项：

（一）附设条件、考验期限与法律责任的告知义务

《人民检察院刑事诉讼规则（试行）》第 493 条第 2 款规定，人民检察院应当当面向未成年犯罪嫌疑人及其法定代理人宣布附条件不起诉决定，告知考验期限、在考验期限内应当遵守的规定以及违反规定应负的法律责任，并制作笔录附卷。《人民检察院刑事诉讼规则（试行）》属于司法解释范畴，在我国当前的立法体制下具有法律法规的效力。笔者认为，如果检察机关在宣布附条件不起诉决定中未依法履行告知义务，可以认定检察机关的司法活动存在程序性瑕疵。程序瑕疵会产生以下后果：被附条件不起诉人在未被告知考验期限内应当遵守的规定以及违反规定应负的法律责任的，在被告知前，其违反规定的行为不对监督考察的结果（即是否撤销附条件不起诉决定）产生影响。

（二）检察机关是对被附条件不起诉人监督考察的唯一主体

修改后《刑事诉讼法》第 272 条规定："在附条件不起诉的考验期内，由人民检察院对被附条件不起诉的未成年犯罪嫌疑人进行监督考察。未成年犯罪嫌疑人的监护人，应当对未成年犯罪嫌疑人加强管教，配合人民检察院做好监督考察工作。"《人民检察院刑事诉讼规则（试行）》第 496 条第 2 款规定，人民检察院可以会同未成年犯罪嫌疑人的监护人、所在学校、单位、居住地的村民委员会、居民委员会、未成年人保护组织等的有关人员，定期对未成年人进行考察、教育，实施跟踪帮教。有论文提出，对被不起诉人的监督考察应当以检察机关为主，监护人和未成年犯罪嫌疑人所在的学校、单位、居住地的村（居）委会为辅助单位。[①] 对此笔者不敢苟同。笔者认为，根据法律规定，附条件不起诉的监督考察机关只有检察机关，其他机关、组织不能代劳。被附条件不起诉未成年人的监护人、学校、工作单位和其他组织，都是监督考察的配合单位，这是因为这些人或组织最了解被附条件不起诉未成年人的生活和工作情况。这和干部任命考察具有某些相似性。在干部任命考察中，考察主体只能是组织部门，而被考察对象的同事、直接领导等人需要配合组织部门考察，因为与被考察对象共同工作的同事，最了解被考察人的情况。通过与被考察对象的同事座谈，能较为全面地了解被考察人的德、能、勤、绩、廉等情况，以决

---

① 马维新、黄胜：《附条件不起诉监督考察帮教机制存在的问题及完善对策》，载中国检察官协会编：《"新形势诉讼法适用下的未成年人检察制度"研讨会论文集》2013 年 5 月，第 440 页。

定是否对被考察对象的晋升、任命等。在被附条件不起诉人的监督考察中，检察机关是唯一考察主体，而"未成年犯罪嫌疑人的监护人、所在学校、单位、居住地的村民委员会、居民委员会、未成年人保护组织等的有关人员"是配合检察机关开展监督考察工作的，并不能直接代替检察机关实施监督考察。

（三）考验期是考察期限的规范表述

修改后《刑事诉讼法》第 272 条第 2 款规定："附条件不起诉的考验期为六个月以上一年以下，从人民检察院作出附条件不起诉的决定之日起计算。"不少地方出台的附条件不起诉制度实施细则和部分发表的论文，将被附条件不起诉人的考察期限笼统地表述为"考察期"，而法条的准确表述是"考验期"。使用准确的法律用语，是对立法的基本尊重，是法律职业精神的要求，也是法学研究交流的基本要求，毕竟学术交流必须依赖于相对统一的术语平台。规范的术语是进一步深化研究的前提。

（四）附设条件的基点与边界

《刑事诉讼法》第 272 条第 3 款规定："被附条件不起诉的未成年犯罪嫌疑人应当遵守下列规定：（一）遵守法律法规，服从监督；（二）按照考察机关的规定报告自己的活动情况；（三）离开所居住的市、县或者迁居，应当报经考察机关批准；（四）按照考察机关的要求接受矫治和教育。"本款规定的前三项①是附设条件的基点，也就是说，所有被附条件不起诉的对象所附设的条件都应当包含上述三项内容。而第四项"按照考察机关的要求接受矫治和教育"，则是检察机关的自由裁量权的范畴。如果检察机关为被附条件不起诉未成年人设定了一项或多项矫治和教育的措施，那么被附条件不起诉人就必须遵守。但如果检察机关未附设矫治和教育措施，则未成年犯罪嫌疑人则无须遵守。《人民检察院刑事诉讼规则（试行）》第 498 条对矫治和教育措施的范围作出了具体规定，"人民检察院可以要求被附条件不起诉的未成年人接受下列矫治和教育：（一）完成戒瘾治疗、心理辅导或者其他适当的处分措施；（二）向社区或者公益团体提供公益劳动；（三）不得进入特定场所，与特定的人员会面或者通信，从事特定的活动；（四）向被害人赔偿损失、赔礼道歉等；（五）接受相关教育；（六）遵守其他保护被害人安全以及预防再犯的禁止性规定"。本条规定表明，检察机关为被附条件不起诉未成年人附设条件时，可以附设的矫治和教育措施只能是上述类型和方式，不得超过规定的范围

---

① 即（一）遵守法律法规，服从监督；（二）按照考察机关的规定报告自己的活动情况；（三）离开所居住的市、县或者迁居，应当报经考察机关批准。

限制。综上所述，笔者认为对被附条件不起诉人附设的条件至少包含《刑事诉讼法》第 272 条第 3 款的前 3 项内容，这是附设条件的基点；检察机关还可以根据未成年犯罪嫌疑人的具体情况选择适用戒瘾治疗、禁止令、参加公益劳动等中的一项或多项作为附设条件，但必须符合《人民检察刑事诉讼规则（试行）》第 498 条六项规定的范围限制，这是附设条件的边界。

《附条件不起诉考察意见书》经审核后，报送检察决定是否起诉即可。《人民检察院刑事诉讼规则（试行）》第 499 条规定，考验期满，办案人员应当制作附条件不起诉考察意见书，提出起诉或者不起诉的意见，经部门负责人审核，报请检察长决定。这里的"检察长决定"应当是对起诉或不起诉的决定，而不是是否上检委会讨论的决定。附条件不起诉的试点工作起源自 1992 年，在全国各地的试点工作中，附条件不起诉考察决定的作出，一般都需要经过听证或经过检委会讨论决定。检察官选择对未成年人适用附条件不起诉，相对于适用简易程序直接起诉，要承担更为繁重的工作负担，趋简避繁的自然理性，可能会让检察官倾向与对未成年人选择不适用附条件不起诉。因此附条件不起诉的决定与监督考察、矫治教育的设计也需要考虑诉讼经济的问题，不能过于繁复，否则表面上保护了未成年人利益，实则会使检察官规避适用附条件不起诉，反而损害了未成年人利益。修改后的刑事诉讼法立足现实，在立法上简化了附条件不起诉的决定程序，增强了附条件不起诉制度的现实可操作性，提高了未成年刑事案件的诉讼效率。

（五）严格提起公诉的条件

《刑事诉讼法》第 273 条第 1 款规定："被附条件不起诉的未成年犯罪嫌疑人，在考验期内有下列情形之一的，人民检察院应当撤销附条件不起诉的决定，提起公诉：（一）实施新的犯罪或者发现决定附条件不起诉以前还有其他犯罪需要追诉的；（二）违反治安管理规定或者考察机关有关附条件不起诉的监督管理规定，情节严重的。"《人民检察院刑事诉讼规则（试行）》第 500 条对《刑事诉讼法》第 273 条第 1 款第 2 项细化为"（三）违法治安管理规定，造成严重后果，或者多次违反治安管理规定的；（四）违反考察机关有关附条件不起诉的监督管理规定，造成严重后果的，或者多次违反考察机关有关附条件不起诉的监督管理规定的"。从法条的规定看，违反了所附设的条件并不必然导致附条件不起诉决定的撤销，必须达到"造成严重后果或多次违反"的程度，才可能导致附条件不起诉决定的撤销。修改后的刑事诉讼法规定，对犯罪的未成年人实行"教育、感化、挽救"的六字方针、坚持"教育为主、惩罚为辅"的八字原则。上述规定无疑是对六字方针和八字原则的具体落实，体现了立法者对保护未成年人身心健康成长的优先考虑，是立法者在未成年人刑事案件中贯彻保护主义的一种尝试。

（六）不起诉决定的作出

《刑事诉讼法》第273条第2款规定，被附条件不起诉的未成年犯罪嫌疑人，在考验期内没有上述（第273条第1款）情形，考验期满的，人民检察院应当作出不起诉的决定。《人民检察院刑事诉讼规则（试行）》第501条规定，被附条件不起诉的未成年犯罪嫌疑人，在考验期内有没有本规则第500条规定的情形，考验期满的，人民检察院应当作出不起诉的决定。从法律规定看，被附条件不起诉人只要在考验期内，不存在重新提起公诉的情形，考验期满，即可作出不起诉的决定。换句话说，被附条件不起诉人在考验期内，可能存在违反附设条件的行为，但只要尚未达到撤销附条件不起诉决定的程度，考验期满，就应当作出不起诉的决定。

进行规范分析的目的，并不在于温习法律，而是在解读法律规范的同时，进一步指出目前附条件不起诉规范研究中存在的两个重要问题。

第一，将考察与帮教混为一谈，将监督考察与矫治教育混为一体。[①] 事实上，监督考察与帮教、矫治教育之间具有显著区别。从规范分析看，刑事诉讼法中并没有提及"帮教"，仅仅对"监督考察"与"矫治教育"作出了规定。《人民检察院刑事诉讼规则（试行）》第496条第2款规定，人民检察院可以会同有关人员，定期对未成年人进行考察、教育，实施跟踪帮教。[②]《人民检察院刑事诉讼规则（试行）》中的"帮教"，从字面意思看含有帮助教育之意，结合前后语境看，这里的"帮教"核心词是"教"，强调的是"教育"之意，因为教育本身就是一种帮助。笔者认为这里的"帮教"仍然表达的是要对被不起诉人实施矫治教育的含义。而在过去附条件不起诉制度试点工作经验中，"帮教"一方面是指"帮"，即对被附条件不起诉未成年犯罪嫌疑人进行帮助，如协助安排工作、安排住宿，协助改善家庭环境等，以解决犯罪嫌疑人生活、工作和家庭中的困难；另一方面是指"教"，即针对被附条件不起诉人的思想和行为问题实施矫治教育。那么，在修改后的刑事诉讼法语境下应如何理解"监督考察、矫治教育"与"帮教"的关系。从规范分析的角度，笔者认为被附条件不起诉人的考验期内有接受监督考察、矫治教育的义务，同时享有申请

---

① 如《附条件不起诉的监督考察机制》一文将监督考察与帮教作为可以替换的概念在全文中使用。参见潘媚、杨婷婷：《附条件不起诉的监督考察机制》，载中国检察官协会编：《"新形势诉讼法适用下的未成年人检察制度"研讨会论文集》2013年5月，第450页。

② 人民检察院可以会同未成年犯罪嫌疑人的监护人、所在学校、单位、居住地的村民委员会、居民委员会、未成年人保护组织等的有关人员，定期对未成年人进行考察、教育，实施跟踪帮教。

帮扶的公民权利。① 监督考察主要目的是考察被附条件不起诉人对附设义务的履行情况，而教育矫治的目的主要是对被附条件不起诉人的教育、矫治解开心理上的症结、纠正偏差的意识观念，促使拟被不起诉人成为人格健全、知法守法的合格公民。帮扶则是通过帮助和关心，解决被附条件不起诉人在经济和生活上的困难，促使其更好地改造。监督考察要解决的是是否要起诉的问题，矫治和教育解决的是一般性预防的问题。帮扶解决的是改善被附条件不起诉人生活环境的问题。监督考察的要求是不违反附加条件即合格，而矫治教育和帮扶的指向则是对培养一名合格公民的期待。监督考察活动与矫治教育以及帮扶在目的、性质、作用的等方面是不同的，在法律上具有不同的强制力、在实践中的操作也会不同。

第二，检察机关是监督考察的主体，法律并没有规定是"矫治和教育"的主体，矫治和教育的内容是监督考察的事项，但矫治、教育的责任是由检察官承担，还是由监护人、其他机构承担，需要深思。多数论文并未对此进行考虑，直接将矫治教育的工作任务分配给检察机关，作为监督考察工作的一部分。笔者认为，检察机关是监督考察的唯一主体，但不是矫治教育的主体，甚至不是矫治教育的辅助主体。这是基于矫治教育工作的一般规律的逻辑推理。无论是矫治还是教育，主体和矫治教育的对象之间必须有紧密而频繁的接触，才能发生教育的效果和矫治的作用，否则一次训诫，很难真正起到教育和矫治的目的。检察官客观上无法做到和被附条件不起诉人朝夕相处，因此，很难承担起矫治和教育的重担。矫治和教育的重要任务应该交给监护人、专业组织或团体。

二、附条件不起诉案件中监督考察与教育矫治工作存在的问题

规范分析的不深入、理论研究的不清晰，客观上也反映出实践操作上的盲点与误区。笔者通过互联网收集了一些案例材料，希望通过对真实案例的分析，发现当前附条件不起诉监督考察与矫治教育工作存在的一些问题。2013年5月17日笔者在百度中输入"附加不起诉考察"的词条，并查阅了前100条的相关内容。关于附条件不起诉的相关报道和讨论不可谓不多，但犯罪嫌疑人为未成年人且详细记录案件处理情况的报道并不多。在前100条内容中仅有8个案例材料可以追溯到对被附条件不起诉人的监督考察与矫治教育工作情况，且8个案例中6个是修改后刑事诉讼法颁布后的案件、2个是修改后刑事

---

① 大家习惯使用的"帮教"，包含"矫治教育"和"帮扶"两层含义。在修改后的刑事诉讼法语境下，从法律解释的基本要求出发，笔者建议在法学研究和司法实践中，少用或不用"帮教"的概念，而根据帮教行为的目的和性质分别适用"矫治教育"和"帮扶"的概念。

诉讼法实施前附条件不起诉试点的案例。窥一斑而知全豹，虽然数量有限，但从这些公开发布的案例中，也可以看到我国被附条件不起诉未成年人监督考察与矫治教育工作存在的一些问题。

八个附条件不起诉案件的监督考察与矫治教育情况如下：

	案由	年龄	地区	身份	考验期	考察内容（附设条件）
1①	盗窃	16岁	浙江	学生	6个月	1.遵守法律；2.定期汇报思想；3.认真完成社区矫正机构规定的各项事项。
2②	贩卖毒品	未成年	重庆	服务员	6个月	1.遵守法律法规；2.书面定期汇报了解其思想动态；3.完成好现在的工作，争取继续学业。
3③	盗窃	17岁	重庆	本地人	6个月	1.遵守法律；2.每两个月向长寿区人民检察院汇报近况并提交书面材料；3.参加3次社会公益活动。
4④	盗窃	未成年	福建	在校生	6个月	所在村和学校实施帮教。
5⑤	聚众斗殴	未成年	江苏	在校生	3个月	1.市人民检察院与学校和家长签订帮教协议，干警与学生结成帮教对子，对其学习情况和日常生活进行跟踪考察；2.邀请心理咨询师进行心理辅导。
6⑥	抢劫	未成年	山东		6个月	1.定期向考察帮教人汇报思想；2.考察帮教人每月与被考察帮教人谈话一次；3.被考察帮教人每月完成一份书面材料对自己的问题认真剖析。
7	故意伤害	17岁	福建	外来务工人员	6个月	1.遵守国家法律、法规和监视居住的有关规定；2.向检察机关提交书面悔过书；3.赔偿被害人损失，得到被害人谅解。
8⑦	抢劫	未成年	广东	学生	6个月	1.向被害人赔礼道歉，赔偿被害人损失；2.遵纪守法，严于律己，符合诉讼法关于取保候审的相关规定；3.明确目标，勤奋学习，遵守学校的相关纪律，在2010年中考中，考取普高或职高；4.思想上进，生活健康，每月写思想汇报，汇报当月思想、学习、生活情况，不去不良场所。

① 《一念之差16岁少年实施盗窃　考验期满检方决定不起诉》，载中国宁波网2013年5月3日。
② 《重庆细化未成年人附条件不起诉制度》，载《民主与法制时报》2012年7月23日。
③ 《重庆市现全国首例附条件不起诉案例》，载《重庆日报》2013年1月5日。
④ 《莆田城厢区首次尝试听证未成年嫌犯附条件不起诉》，载东南网2012年5月22日。
⑤ 《泰兴：附条件不起诉圆了他俩大学梦》，载《泰兴日报》2012年8月23日。
⑥ 《半年考验期悔罪自新少年嫌犯可免追刑责》，载《中国教育报》2013年2月2日。
⑦ 《新会区检察院的检察官正式向陈某宣布不予起诉》。

从上面的八个案例的监督考察内容，我们可以看出：

1. 附设条件针对性尚需增强。上述八个案例的监督考察内容主要有以下几项：一是遵守法律（1号、2号、3号、7号、8号案例均有此规定），二是定期汇报思想和活动（1号、2号、3号、6号、8号案例均有此规定），三是做义工（3号案例），四是完成学业或完成好工作（8号案例和2号案例），五是不去不良场所（8号案例），六是邀请心理咨询师进行心理辅导（5号案例）。上述八个案例罪名不尽相同，被附条件不起诉人生活、学习状况更是大相径庭，相应的教育矫治的方式本应有所区别。例如2号案例中，被附条件不起诉的犯罪嫌疑人是酒吧的服务员涉嫌在酒吧中贩卖毒品，在矫治教育中应要求其离开现在的工作环境，限制其出入酒吧、歌舞厅等可能引发再次犯罪的规定。2号案例中被附条件不起诉人的母亲为了让儿子改邪归正，放弃了自己的工作，同儿子一起摆了烧烤摊，让儿子远离原来的工作环境。

2. 考验期限有待延长。从上述八案例中，我们发现考察期一般都为6个月，其中5号案件的考验期为3个月。在5号案件中被附条件不起诉人是两个月后即将高考的高三学生，两名被附条件不起诉人均为初犯、在校成绩良好，考虑到两人均能考取本科院校，检察机关将考验期设置为3个月，使两名未成年人可以在大学报到前，解除被附设的条件，作出不起诉的决定。笔者并不排斥这种具体问题具体分析的工作方法，但从总体看，案件的考验期都在法律规定的最低限度上，值得司法实践部门深入反思。附条件不起诉是未成年人保护主义的体现，但同时也承担着一般性预防的任务，两者不可偏废。附条件不起诉的关键就在于考验期间对犯罪嫌疑人的监督考察，构建一个合理的监督考察与矫治教育期限，不仅直接影响犯罪嫌疑人的处理结果，而且也关系到附条件不起诉矫治教育的实施效果。考验期设置过短，可能导致矫治教育流于形式，从而难以实现一般性预防的要求、实现附条件不起诉制度设立的初衷。

3. 执法规范化有待提高。从上述案例中还可以看出附条件不起诉案件的监督考察与矫治教育实践中，法律公文的用语具有不规范性。第一，检察机关是监督考察机关，常被陈述为"考察机关"或"考察帮教人"。第二，监护人具有协助监督考察的义务，根据相关规定学校对在校学习的学生具有监管义务，但市人民检察院与学校和家长签订的是"帮教协议"。第三，被附条件不起诉人在考验期，就被称为"被考察帮教人"，监督考察人与矫治教育辅助人被称为"考察帮教人"。第四，矫治和教育本身就是一种对被附条件不起诉人的"帮助"，使用"帮教"简单明了、容易理解，但与法律规范存在一定程度的脱节，体现了附条件不起诉监督考察操作流程中的随意性与不规范性。笔者建议，在附条件不起诉监督考察和矫治教育中所适用的法律文书，如果法律已有明确规定，就采用法律规范的表述，如果法律没有规定，再灵活适用规范的汉语表达。首先，检察机关即便参与了矫治教育或帮扶，其身份和称谓仍然应当是"监督考察机关"，负责监督考察工作的检察官是"监督考察人员"，不能随检察机关工作内容的变化而适用多种称谓。称谓的多次转变，会导致理解的混乱。其次，被附条件不起诉人在考验期仍应统一称为"被附条件不起诉人"，直到考验期满，不在《矫治教育协议》中使用"被帮教人""被矫治教育人"等。最后，在修改后刑事诉讼法的语境下，监护人和学校承担的是矫治教育的任务，应当签订《矫治教育协议》，而不是《帮教协议》，"监督考察人"与"矫治教育人"不应当被笼统地称为"考察帮教人"。

三、附条件不起诉制度监督考察与教育矫治的司法完善

（一）方向的选择："包揽"抑或"分离"

修改后刑事诉讼法规定对附条件不起诉人在考验期内的监督考察由检察机关执行。这一规定明确了职责、避免了实践中各执法部门相互推诿扯皮的现象，但是这对检察机关来讲无疑是一个巨大的挑战。首先，检察机关的工作量大增。对检察机关而言，在适用未成年人附条件不起诉前，需对未成年人成长经历、犯罪原因、监护教育等情况进行广泛的社会调查，并以此为基础对未成年人设置合理的教育矫正措施；在作出附条件不起诉决定之后，需对未成年人进行监督考察。从总体上来看，未成年附条件不起诉案件中的工作量并没有减少，只不过是为了更好地实现对未成年人的教育矫治，更好地实现对未成年人犯罪的特别预防，而将法院、监狱的部分工作转移至检察院，从而使检察机关工作有所增加。[①] 据估计，办理一件未成年人附条件不起诉案件的工作量相当于办理 8 件普通刑事案件。[②] 以海南省为例，未成年人刑事案件占全部刑事案件的 10% 左右，而依据全国的数据缓刑案件占全部刑事案件的 60%，其中未成年缓刑案件在修改后刑事诉讼法中，可能适用附条件不起诉。也就是说，占全省刑事案件 6% 的未成年人刑事案件根据修改后刑事诉讼法可能适用附条件不起诉。如果按照 8 倍的工作量测算，原来 1 个人完成的工作，现在需要 8 个人完成，检察机关至少需要增加 42% 的检力，才能实现案件需求与检察资源

[①] 参见陈晓宇：《冲突与平衡：论未成年人附条件不起诉制度》，载《中国刑事法杂志》2012 年第 12 期，第 61 页。

[②] 周华，2013 年 5 月 13 日《海南省未成年人刑事检察工作研讨会》上的报告。这样的工作量测算结果的前提是把检察机关作为矫治教育的主体，而笔者所主张的是监督考察和矫治教育的适度分离。

之间的平衡。其次，检察机关作为法律监督部门，更多的是对其他执法部门执法行为是否合法进行监督，没有对嫌疑人直接监督考察的机构、职能和经验，这对检察机关无疑也是一种新的挑战。

笔者认为，附条件不起诉制度监督考察与矫治教育的司法完善，应当以监督考察与矫治教育职责的适度分离为逻辑起点，检察机关不应该也没有能力搞"一揽子"，包办被附条件不起诉未成年人的监督考核和矫治教育。两者的适度分离符合立法规定的精神，符合管理学关于监督考察主体与执行主体相分离的规定，检察机关不能既当运动员又当裁判员，适度分离也有利于附条件不起诉制度的可持续发展。

（二）监督考察具体问题回应

1. 细化监督考察内容。检察机关作为监督考察的主体，同时也是附条件不起诉决定作出的主体，是所附条件的设置主体，附条件不起可以分为作为义务和不作为义务。所附条件就是嫌疑人需要完成的行为和需要履行的义务，是考察机关对嫌疑人执行情况的考察标准和依据。因此，根据修改后刑事诉讼法和《人民检察院刑事诉讼规则（试行）》的规定，可将考察内容细化为作为义务与不作为义务两部分：[①]

（1）作为义务。作为义务，是指由检察机关明确要求被附条件不起诉人在考察期间应当严格遵守的行为规范，包括修改后《刑事诉讼法》第272条第3款规定的四条法定义务和选择适用的《人民检察院院刑事诉讼规则（试行）》第498条的酌定义务。一是严格遵守国家法律法规规定，坚决服从考察机关的考察监督，置于特定人的看护之下，定期向考察机关报告自己的思想和活动。二是完成一定量的公益劳动。在不影响接受学校教育的前提下，可以结合犯罪嫌疑人之前的工作性质设定一项或几项义务履行，进行一定量的公益活动。例如完成一定时间、一定数量的社区义务活动，或前往敬老院、福利中心等为老年人、孤儿等进行义工服务。三是根据自身实际情况和考察机关的要求，接受戒除毒瘾、网瘾等不良嗜好和习惯的治疗，接受心理辅导和精神治疗，矫正不健康的心理和行为。

（2）不作为义务。所谓不作为义务，是指由检察机关明确禁止被附条件不起诉人在考察期间不能为的行为。不作为义务一般包括：一是不得为任何有可能影响被害人、证人及其近亲属安全和正常生活的行为。二是不得从事与本次犯罪行为有关的职业或进行相关的职业活动。三是不得与实施本次犯罪时有

---

① 有人提出为应为义务和禁为义务。参见杨蕊：《附条件不起诉考察制度的构建探析——在〈刑事诉讼法〉修正案和比较法研究双重视角下》，载《天津法学》2012年第3期，第85页。

关联的人或者相关交际范围内的人进行接触和交往。四是不得进入考察内容中规定禁止进入的场所，如舞厅、歌厅、游戏厅、网吧等场所。

2. 制定个性化矫治教育方案。首先，对于检察院作附条件不起诉的案件，由承办检察官根据个案特点，和未成年犯罪嫌疑人身心发展规律和特点，选择合适的矫治教育方式，制定个性化《矫治计划》。例如四川省大英县人民检察院办理的王某抢劫案，根据王某为筹措上网费而实施抢劫的犯罪动机，在矫治计划中规定了，"禁止王某在矫治期内进入网吧，必须参加学校学习"的条件。其次，重视附设条件的合理设置，确保附条件不起诉的附设条件具有可操作性和针对性。例如某县人民检察院对附条件不起诉未成年人矫治教育工作进行了探索，提出矫治教育工作的原则：一是凡属于义务教育阶段应继续接受学校教育或者有意愿上学的未成年人，力争让其回归校园的原则；二是没有继续学习条件的未成年人，力争让其学习一门生活技能的原则；三是督促家长履行监护义务的原则；四是未成年人监督考察与矫治教育的不公开原则①。

3. 明确监督考察次数。修改后刑事诉讼法规定了附条件不起诉的考验期为六个月以上一年以下，但法律只是总体的规定，在考验期内考察几次，需要进一步细化、明确和落实。从立法者的本意来讲，该规定并不具有规范和局限检察机关监督考察方式的功能，检察机关的监督考察方式理应更加灵活、多元化和创新化，但监管方式的丰富和创新，并不意味着监管可以无节制的进行。为了更好地实现考察效果，同时防止考察的无期限进行，必须要为每一个适用附条件不起诉的嫌疑人规定一个具体的考察期限。但这个考察期限的设定，必须要与嫌疑人所犯案件性质、工作生活所处的具体时期等相适应。否则，考察期限过长，会导致不起诉的待定状态一直持续，不利于被损害法律和社会关系的正常恢复，也会导致嫌疑人心理压力过大、改造效果减弱；考察期限过短，则无法全面准确地对嫌疑人履行义务的情况进行考察，其悔过自新、自我约束的效果也会降低。但考验期内要考察几次，是一月一考察，还是一季度一考察？为使考察制度在规范化的同时具有一定的灵活性和变通性，可以赋予检察机关根据嫌疑人的具体表现情况缩短或延长嫌疑人考察期限的权力，监督考察一个月进行一次比较适当，这样能够更好地调动涉罪未成年人配合考察、真心悔过的积极性，也给不积极配合考察的嫌疑人敲响警钟。

4. 确定监督考察方式——走访。检察机关与派出所、未成年犯罪嫌疑人所在学校或社区、农村基层组织等单位一起构建帮教体系，加强对犯罪嫌疑人的矫正和改造。案件专门承办人须定期回访，听取矫治教育人、未成年犯罪嫌

---

① 参见李小燕：《附条件不起诉帮教可采用多种考察模式》，载《检察日报》2012年9月2日。

疑人所在基层组织和单位及其近邻、朋友的意见，及时了解、掌握犯罪嫌疑人考察期间的表现情况。

（三）教育矫治中的疑问及回应

1. 矫治教育工作需要更为全面的支持。目前的矫治教育工作主要由检察机关牵头，联合当地司法所、社区、村委会以及犯罪嫌疑人所在单位等来共同进行，但实践中存在以下两个问题：一是管理组织不够齐备，缺少类似企业、协会等长期合作的帮教基地，部分外来打工人员、失业人员由于没有固定职业和工作单位而无法落实矫治教育措施；二是由于上述单位并不具有管理考察的工作职能，没有制度规范，没有职责要求，全凭个人的参与度和兴趣度，影响了监督考察的质量。可否参考残疾人就业激励机制，通过税收优惠等激励措施，吸纳更多的企业、团体和组织参与对被附条件不起诉未成年犯罪嫌疑的教育矫治工作，值得检察机关和地方立法机关调研。

首先，通过附条件不起诉的适用，使犯罪嫌疑人免予被追诉，免予被贴标签，较早回归社会。这是附条件不起诉发挥犯罪特殊预防的最低限度的要求，在这一层面上不起诉所附加的条件往往是赔偿被害人损失，向国家或社区履行一定的给付，这种给付可能是金钱给付，也可能是行为给付，如社区服务。其次，通过附条件不起诉的适用对犯罪嫌疑人的人格施加影响，帮助其成为遵纪守法的社会公民。在这一层面上不起诉所附加的条件则是犯罪嫌疑人接受教育矫治、心理辅导、法制教育等内容。专门适用于未成年人刑事案件的附条件不起诉制度，在两个层面上对犯罪特殊预防发挥功效。[①] 从某种程度上讲，矫治教育对一般预防的意义和作用更大。

未成年犯罪嫌疑人的监护人、帮教委员会等是矫治教育的主体。如前文所述，笔者认为，从立法精神到司法实践，被附条件不起诉人的监督考察与矫治教育实现适度分离是必要而可行的。矫治教育的任务应当由监护人和社会团体承当更为合适。

一是帮教委员会负责矫治教育。海淀区人民检察院《对未成年犯罪嫌疑人帮教细则》规定："北京市海淀区人民检察院、北京市公安局海淀分局、共青团北京市海淀区委员会、北京市海淀区妇女联合会共同设立未成年犯罪嫌疑人帮教委员会，负责落实具体的帮教工作。"还规定了团委负责心理、思想和法制教育，妇联负责组织"家长学校"，派出所负责走访及谈心。

二是签订协议委托矫治教育。检察机关与不起诉对象监护人、学校、特邀

---

① 陈晓宇：《冲突与平衡：论未成年人附条件不起诉制度》，载《中国刑事法杂志》2012 年第 12 期，第 61 页。

辅导员签订《附条件不起诉矫治教育协议书》委托对被附条件不起诉对象进行矫治教育，可以委托社会观护工作站、青少年心理健康咨询中心等专业机构进行。首先，对监护人而言，要求未成年犯罪嫌疑人监护人关注未成年犯罪嫌疑人的生理、心理状况和行为习惯，敦促监护人以健康的思想、良好的品行和适当的方法教育和影响被不起诉人，引导其进行有益身心健康的活动，制止被附条件不起诉对象从事协议禁止的事情，按照规定进行思想、行为矫治。其次，注重发挥学校在矫治教育中的作用，以相关学校做平台，与学校做好沟通，对于检察机关作附条件不起诉的案件，矫治期间无条件接收被矫治对象，对其进行社会生活指导、心理健康辅导和青春期教育。现实中，在校生特别是高中生多会收到学校劝转劝退否则将被开除的通知。为避免档案中记入被开除这不光彩的一笔，影响孩子的未来，家长都会将孩子转出。能找到接收学校的，就转到新学校上学；不能找到接收学校的，孩子只能失学在家，成为新的社会闲散未成年人。建议同教育部门会签文件，对于接收检察机关附条件不起诉未成年人进行帮教的学校，在矫治期满后由检察机关作出配合情况鉴定，作为各学校年终考核评先评优的依据之一。最后，在未成年人帮教考察工作中借鉴检察机关聘请人民监督员和特邀检察员的成功经验，根据案情和确定的矫治方式，对每名帮教对象均聘请一名特邀辅导员协助检察机关对矫治对象进行教育，选聘对象优先考虑富有爱心和青少年工作经验的居委会、村委会干部，学校老师，片区民警等。在个案矫治终结之后，对选聘的辅导员由检察机关作出配合情况鉴定，送达其主管部门，作为其年终考评和晋职晋级的参考依据之一，以激发广大义务辅导员的工作热情，保障对附条件不起诉案件的未成年犯罪嫌疑人的帮教、矫治工作开展到位。承办检察官根据具体情况定期听取特邀辅导员的意见，并不定期进行抽查，保证反映情况的真实性。

2. 公益劳动的执行。附设一定量的公益劳动是被广泛采取的矫治教育措施，在公益劳动的执行中存在一些问题。一是公益劳动的确定与宣布。各地检察机关宣布对未成年犯罪嫌疑人进行义工矫治教育的做法不一致，有的口头宣布，有的书面通知；有的发"社会服务令"，有的发"社会公益劳动服务通知书"；有的在受理案件后初步判断有可能作出附条件不起诉决定，即征得未成年犯罪嫌疑人同意后，安排做义工，有的则在正式作出附条件不起诉决定后再通知开始做义工。笔者认为，义工惩教制度涉及未成年犯罪嫌疑人及其监护人和社区、福利院等相关机构和组织，应该有正式书面文书，可在附条件不起诉决定书中予以明确。同时，考虑到办案时限和尽可能迅速审结案件等问题，检察机关可在受理案件后初步判断是否有可能附条件不起诉，即安排未成年犯罪嫌疑人进行公益劳动，并在正式决定附条件不起诉时，综合考虑其前期做义工的情况合理确定义工期限。二是公益劳动事项的协调。实践中，由于附条件不起诉的考验期较长，且安排义务劳动、考察帮教需要做大量的协调工作，需要社区、博物馆、图书馆、敬老院等相关机构和组织的支持和配合，如果他们没有积极性，矫治教育就很可能流于形式。笔者认为，检察机关作为附条件不起诉工作的监督考察机关，被附条件不起诉人公益劳动的接收单位，应有检察机关联系协调安排。三是未成年犯罪嫌疑人做公益劳动的监督考察工作。如江西省永修县人民检察院制定的《关于办理未成年人刑事案件适用附条件不起诉实施办法》第 13 条第 2 款规定："附条件不起诉决定生效后，本院将对适用附条件不起诉的未成年犯罪嫌疑人进行定期或不定期考察。"建议建立检察机关未成年人犯罪案件承办机关与被不起诉未成年人所在社区、所在学校三方之间的长效沟通机制，通过定期家访、意见反馈、成长测评等多样化方式，保障被不起诉未成年人健康成长。①

四、结语

未成年人附条件不起诉制度的考验期要以检察机关为纽带，有效整合家庭、单位、学校、社区等多方面的矫治教育资源，将对被不起诉未成年人的教育、矫治融入帮扶活动。未成年犯罪嫌疑人主要分为在校生和社会闲散未成年人两类，而社会闲散未成年人又分为本地和外地两类。在校生的监督考察和矫治教育相对容易执行，而处于考验期的社会闲散未成年人多数缺少相关职业培训，没有一技之长，无法找到工作，一旦接触一些不良社会青年，就有可能再次犯罪。即便在考验期内安分守己，但相关监管不力，又没有具体的事情可以做，其再次犯罪的可能性仍然很大。所以，如何在考验期内既解决被附条件不起诉人的思想问题，又解决被附条件不起诉人的出路问题，在做好监督考察、矫治教育的同时做好帮扶工作，也是摆在考察人员面前的一大难题。

---

① 参见李丽：《浅析未成年人犯罪附条件不起诉制度》，载《山东法制报》2012 年 4 月 11 日。

社会生态系统理论在附条件不起诉制度中的应用[*]

天津市河东区人民检察院课题组[**]

摘　要： 未成年嫌疑人初入社会，可塑性大，良好的帮教矫正措施能够帮助其认识到自己行为的违法性以及给家庭、社会造成的危害，并且为其重新回归社会打下基础。现行法律法规对附条件不起诉的具体适用和流程进行了规范，但其中的监督考察机制尚存在主体责任划分不明晰、实践可操作性欠缺等问题。本文大胆引入社会生态系统理论概念，试图在社会生态系统视角下，对附条件不起诉监督考察制度及其具体模式进行思考和探讨，提出运用社会生态系统资源对被附条件不起诉人进行矫正帮教，进而进行考察评价的制度架构设想。

关键词： 社会生态系统　附条件不起诉　监督考察　矫正帮教

刑事诉讼法对附条件不起诉的适用范围、具体程序、救济途径等作出了规定，但较为抽象模糊。为此，最高人民检察院在 2012 年 10 月 16 日对《人民检察院刑事诉讼规则（试行）》进行了第二次修订。但就检察机关对被附条件不起诉人的监督考察制度设计而言，仍存在主体责任划分不明晰、实践可操作性欠缺等问题。为此，笔者结合未成年人犯罪原因，引入社会生态系统相关原理，对构建有中国特色的附条件不起诉监督考察制度提出初步设想。

一、社会生态系统理论——长于解析青少年犯罪问题的独特视角

社会系统理论，强调一个系统的整体比各个独立部分的总和大。该理论聚焦于系统的发展和转型，还有系统之间的互动和关系。[①] 使用该理论最基本的

---

　*　本文系 2015—2016 年度女检察官检察理论研究课题成果。

　**　课题组主持人：郑立泉，天津市河东区人民检察院检察长；课题组成员：刘曦，天津市河东区人民检察院政治处主任；杨蕊，天津市河东区人民检察院法律政策研究室主任；刘菁楠，天津市河东区人民检察院侦查监督科助理检察员。

　①　［英］Barbra Teater：《社会工作理论与方法》，余潇、刘艳霞等译，华东理工大学出版社 2013年版，第 28 页。

目标是评估和决定哪一个目标系统或子系统可以介入并带来积极改变。生态视角聚焦于环境中的人以及个体、家庭、小组、社区和他们所在的环境之间的不断互动。① 社会生态系统理论是系统理论的分支，其基本观点是人存在于系统之中，并与系统中各种不同的子系统持续地发生动态的相互作用，而其他的子系统之间也是不断发生相互作用的。

社会生态系统理论是关于社会工作的基础理论，是指导社会工作者理解和考察服务对象的行为、成长以及周围环境关系的基本方法和有效路径。社会生态系统理论强调，案主所遭遇的困境为"生活中的问题"，不是个人病态或性格的缺陷所致，在问题诊断干预时，强调多元面向、多元系统的理念。② 要将服务对象置于整个社会系统中来认知和考察，认为个人的心理、行为是其作为微观系统与中观系统、宏观系统相互影响、相互作用的结果。于整个社会而言，是由一个个系统之间相互影响、相互作用而成的全面生态系统。

社会生态系统理论强调人的成长是个人环境常年交流的结果，不是单一的个体因素可以主导的，受到各种因素的影响。其核心的概念有以下几项：③ 生命周期、人际关联、胜任力、角色、地位与栖息地以及适应力。该理论的基本假设包括一个人有能力与其所在的环境进行互动，能和其他人发生关系是与生俱来的能力；人在情境中是一个联合的交流系统，人类与环境在此系统中相互影响，形成一种互惠性的关系；要理解个人，必须将其置于其生长的自然环境及所在的情境之中；个人的人格是个人和环境常年交流的长期发展成果；所谓的问题，是指生活中的问题，要了解个人的问题要将个人置于其所生活的整体空间来理解；为了协助案主，工作者应随时准备干预案主所在生活空间的各个层面。④

在该理论指导下的社会工作者的基本工作方法同样秉持系统的相互联系性，一方面对服务对象自身及环境进行深入了解和分析，另一方面对其有联系的各个系统进行整体的、有步骤的、有重点的调配、干预，改善、提升服务对象与各种系统间的相互作用，从而促进其所处整体生态系统的稳定和个人的发

---

① ［英］Barbra Teater：《社会工作理论与方法》，余潇、刘艳霞等译，华东理工大学出版社 2013 年版，第 29 页。

② 首都综治委预防青少年违法犯罪专项组办公室、首都师范大学少年司法社会工作研究与服务中心：《涉嫌犯罪未成年人帮教工作理论与实务》，中国人民公安大学出版社 2014 年版，第 155 页。

③ Greene，R. R. and Ephress，P. H.（1991）：Human behavior theory and social work practice，New York，NY：aidine de Gruyter.

④ Greene，R. R. and Ephress，P. H.（1991）：Human behavior theory and social work practice，New York，NY：aidine de Gruyter.

展进步。

二、未成年人犯罪原因在社会生态系统理论中的映射

随着我国经济社会的快速发展，改革进入深水区，一些社会问题逐步凸显，青少年违法犯罪成为当今社会一个亟待研究解决的问题，其中对罪错青少年如何进行矫治挽救、有效预防其重新犯罪、引导其重新走上正确的人生道路显得尤为重要。这需要集司法机关、行政机关、教育机关、罪错青少年家庭及全社会之合力才能完成。

综观青少年违法犯罪的原因，主观因素主要是强调其本身的生理心理特点，青少年中普遍存在独立意向与认识的能力不协调发展；自尊心、好胜心强，但辨别是非和控制行为的能力差；要求和满足之间经常处于矛盾状态等特点，这使他们很容易接受反面的诱惑和影响等。[①] 在客观环境因素中，学校、家庭、朋辈群体等方面较为突出。

学校是未成年人学习组织规则、人际关系处理的地方。组织对个人影响可以是正面的，也可以是负面的。犯罪未成年人的道德观念是模糊的、混乱和颠倒的，他们的法制观念也是淡薄和不完整的，主要表现为不知法、不懂法。而很多学校还存在唯分数论、重智轻德等错误的教育观念，缺乏应有的法制教育以及心理疏导。对于一些存在不良行为的青少年不能采取有效的教育管理措施，放任其发展，致使其走上违法犯罪道路。

父母与孩子沟通不畅、家庭结构残缺、家庭氛围失睦等问题都会对未成年人造成不良影响，为他们走上违法犯罪道路埋下隐患。不完整的家庭使未成年人缺失应有的完整的教育模式，以至于这些未成年人心理失衡或个性畸形，心理调适方面受到困扰，容易在情感、品德、性格、行为等方面出现问题；而且不完整的家庭相对于完整的家庭来讲，缺乏对子女的严格监督，或者疏于对子女的管教，放纵他们的不良行为，或者过分的严格和惩罚，致使他们易于逃离家庭，而受不良社会环境的影响，走上违法犯罪的道路。[②] 一些家长由于自身素质的低下，很难控制自己的不良言行，也很难对子女进行正确的教育。未成

[①] 张晓秦、赵国玲：《当代中国的犯罪与治理》，北京大学出版社 2001 年版；万红燕：《当议青少年犯罪与家庭心理治疗》，载《求实》2003 年第 11 期；谢伟：《当前预防青少年犯罪的"着力点"》，载《青少年犯罪问题》2003 年第 1 期；刘能：《越轨社会学视角下的青少年犯罪》，载《青年研究》2003 年第 12 期；张姣妹、李锦昆：《家庭与青少年犯罪》，载《云南警官学院学报》2003 年第 3 期；王冬梅：《论青少年犯罪》，载《辽宁师专学报》（社会科学版）2003 年第 3 期；陈晓宏：《青少年犯罪的社区控制》，载《中共福建省委党校学报》2003 年第 12 期。

[②] 陈启：《未成年人犯罪的原因分析及其心理矫治》，郑州大学 2010 年硕士学位论文，第 18 页。

年人模仿性强，可塑性大，父母或兄长的不良言行易对他们产生负面的影响。

作为一个群体，群体对个体的压力会表现为顺从行为。朋辈关系中更注重双向沟通和交流，也有更多的互相帮助，并且把朋友忠诚看得较重。当群体决定做某件事情时，群体中的个体会由于受到群体压力而顺从，而不考虑此事是否符合自己的期望、社会的期望或可能的后果。未成年人易受江湖义气、哥们义气等不良意识支配，不良少年、犯罪少年之间很容易产生趋同性，纠合成一定的群体，并在其成员间巩固、强化着这种文化气息，互相包庇、互相利用，共同违法犯罪。

其实，青少年产生违法犯罪行为的主观原因即为自身所处的微观系统发生异化，而客观原因所指向的学校、家庭、社会等方面则是与青少年个体微观系统密切相连的中观系统、宏观系统的作用力、影响力存在缺失或发生偏离，甚至是产生副作用力。而同样的，预防和教育矫正措施也主要是针对原因分析的几个方面展开的。

由此我们可以看出，社会生态系统理论在分析青少年犯罪问题上有其得天独厚的理论基础，社会生态系统理论在深层次分析青少年犯罪原因、制定有针对性地帮教措施等方面有着独特而有效的契合点和切入点，因此在检察环节附条件不起诉制度中，结合对被附条件不起诉人的监督考察程序，引入社会生态系统理论进行理念、方法、措施方面的指导有其合理和创新之处。

三、现阶段附条件不起诉考察实施过程存在的问题

现阶段在未成年人犯罪的预防和帮教工作中，相关职能部门各自为政现象仍然明显，对于未成年犯罪嫌疑人的帮教工作难以形成合力。

部分未成年人在犯罪时已经不适应学校环境，靠打零工或者朋友间接济度日，缺乏约束和管教，进而走上犯罪道路。对于被附条件不起诉的未成年人，其之前就读的学校考虑对其他同学的影响很难再重新吸收其入学，加之工读学校尚不普及，能够继续完成基本学业的少之又少。涉罪未成年人缺乏必要的生存技能，用工单位不愿接收，仍然存在再犯罪隐患，学校及用工单位对未成年犯罪嫌疑人的矫正作用有待提高。

由于家庭生活和亲友之间的亲情和爱的联结有所缺失，目前涉嫌犯罪的未成年人中能够与家庭进行良性互动的相对较少。一些家长虽然在子女犯罪之后悔恨万分，但是早已丧失了对孩子的管控能力，在急躁情绪的影响下，可能会采取更为严厉的监护措施，反而容易激起罪错未成年人的反感和对抗，或者由于缺乏心理调适方面的专业知识，不能对罪错未成年人特殊使其较为强烈的心理需求给予恰当而及时的回应，导致监管效果不佳。

我国出台了多部保护未成年人合法权益的法律法规，意在为未成年人创造良好的生活环境，但是在实践操作中能够落实到位的有限，加之网络、媒体中不利于未成年人健康成长的暴力、色情等宣传仍然存在，在涉罪未成年人所在的社区中，仍然有不法分子对其进行有意渗透和无端滋扰，或者长期存在黄、赌、毒等不良行为，良好的文化氛围以及积极向上的社会环境尚未形成。

目前附条件不起诉考察实施过程中，监督主体与考察主体均由检察机关承担，虽然能够掌握被附条件不起诉未成年人的第一手资料，但是由于职能范围及人员限制，很难将工作做细、做实。对于辖区内居住地较为偏远的涉罪未成年人，集中进行帮教或以递交思想汇报的形式了解思想情况无形中增加了犯罪嫌疑人的家庭负担。

四、社会生态系统视角下附条件不起诉制度构建设想

社会生态系统理论强调人的成长是个人与环境常年交流的结果，不是单一的个体因素可以主导的，受到各种因素的影响。个人的行为是源于家庭、团体、组织与社区之间的互动形成的，其中包含着这些系统内含的文化因素，即使是案主个人的问题，干预其所在的宏观环境也是重要的，特别是与案主社会支持网络的建构。因此笔者建议，在检察环节附条件不起诉制度中，结合对未成年犯罪嫌疑人的监督考察程序，引入社会生态系统理论对其进行理念、方法、措施方面的指导，通过多个系统之间的相互影响、相互作用，切实提升对被附条件不起诉人的帮教效果，真正体现恢复性司法的价值所在。

（一）作为微观系统的被附条件不起诉人

1. 接受评估

社会生态系统理论主要适用于社会工作实务中的预估，它拓宽了理解帮教对象问题的视角。在评估人和环境的适应度时，必须将环境的地理因素和社会因素同时考虑进来，还要考虑到社会文化是如何影响这两者的相互作用的。对于被附条件不起诉人，应针对其个人系统、环境系统、刑事案件因素进行全面评估，包括收集其个人存在的问题与需求、对自身问题与需求的看法、出现问题行为的历史、其家庭及其他环境带来的影响、其与环境系统的互动情况、实施违法犯罪行为的原因、其对刑事案件的看法、环境系统在危急情况下的支持能力等信息。在研究、分析、整合上述信息的基础上，得出再犯危险程度的结论，并制订出有针对性的帮教计划，在监督考察期限内以其为纲领，共同实施。

2. 履行义务

对于被附条件不起诉人而言，其首先应当是一个涉嫌犯罪的人，其犯罪行

为可能被判处 1 年有期徒刑以下刑罚，且已经符合起诉条件。因此，使被附条件不起诉人为自己的罪错付出代价、为自己的犯罪行为感受到痛苦、为被害人遭受到的伤害感到愧疚应为必须任务。所以，在其所处的微观系统内，必须承受痛苦和压力，履行检察机关规定的各项义务。如遵守法律法规，服从监督；按照考察机关的规定报告自己的活动情况；离开所居住的市、县或者迁居，应当报经考察机关批准；向被害人赔偿损失、赔礼道歉等；不得进入特定场所，与特定的人员会见或者通信，从事特定的活动等。

3. 内在改变

惩戒不是最终目的，教育、感化、挽救并最终引导未成年犯自愿悔罪、成长发展才是司法机关的最高追求。可以引导被附条件不起诉人厘清和反思自己成长经历中的关键事件，探讨他们的想法和选择，以及每种选择和行动带来的后果，让他们自己决定是否改变、如何改变。[①] 从内因这一最重要的改变因素出发，改变其对问题的认知以及对法律的认知，进而改变其行为，实现其自身的转变与成长。

(二) 作为中观系统的辅助力量

1. 家庭系统

家庭是人类生活的基本单位，是社会组织的基本细胞，在青少年成长发育中起着十分重要的作用。监护人对于涉罪未成年人的监管更为重要，督促其严格遵守考察期间的各项规定，配合人民检察院做好监督考察工作是其应尽的义务。对于未成年犯罪嫌疑人来讲，不可能脱离家庭系统的介入而单独依靠其他系统开展监督帮教。

为更好地发挥监护人的监督作用，检察机关可以结合被附条件不起诉人的具体情况，有针对性地向监护人发出《管教意见书》。监护人可以利用与未成年犯罪嫌疑人长期共同生活的有利条件，从思想、生活、学习等多方面与未成年人深入沟通，形成良性互动的亲子关系。检察机关及考察辅助人员也要为家庭系统内的家庭成员提供一些必要的辅导和服务，需要调动所有家庭成员的积极性，分别引导每个成员产生想要改变的想法，并鼓励他们将想法付诸行动。同时引导涉罪未成年人改变以往对家庭的看法，提升其对家庭的责任感。正如有的学者认为，家庭中的沟通无处不在，在我们运用家庭社会工作方法时，非常需要关注家庭中的家庭沟通方式，我们应当帮助父母学会一些专业的沟通技

---

① 席小华、张洁：《涉嫌犯罪未成年人社会调查实务指南》，中国人民公安大学出版社 2012 年版，第 158 页。

巧，比如倾听的技巧、影响性技巧及疏导情绪的技巧等。[①]

2. 学校系统

从社会化角度来看，人类最重要的时期莫过于早期社会化，而学校在人类早期社会化中处于核心和关键作用。学校通过开展教学，以教师、学生等群体为联络纽带共同推动学生进入早期社会化，而以教学内容为主要方式、以师生、同学关系为互动渠道的社会化效果，在很大程度上影响着青少年是否会发生违法犯罪行为。同样，也在很大程度上影响着罪错在校生能否复归正常生活道路。

因此应发挥学校系统对被附条件不起诉人的积极影响作用，向了解案情的学校领导和老师说明涉罪未成年人的犯罪原因与真实想法，以及涉罪未成年人目前的改变意愿和状态，来宽解学校对涉罪未成年人的负面影响和失望情绪，为其提供继续读书的机会。在教学活动中，一方面加强法律和法制教育，通过法律知识、法律意识的传播和固化，将社会人必须遵守的社会规范传授给罪错在校生，使其内化为价值准则和人格核心。另一方面以教师的言传身教、身体力行为感召，通过学业辅导、心理调适、调动参与班级活动、公益活动等方式，召回被附条件不起诉人内心对正常学业生活的向往及对未来自身发展的信心。

3. 朋辈群体

涉罪未成年人所处的朋辈群体往往与他们有着类似的问题，他们能够给彼此带来安全体验。因此，一方面应把握其内部成员情况、群体中普遍存在的偏差认知，同时发挥以同学关系组成的社会支持系统的积极作用，由所在班级同学或学生干部带动被附条件不起诉人参加一些学校社团活动，如义工服务队、广播站、运动队等，使其充分感受到来自身边同辈人的认可和支持，重获自我认同感，引导涉罪未成年人自己选择积极向上的群体。另一方面要挖掘涉罪未成年人所处朋辈群体中可以相互影响的正能量，协助其建立正面群体规范，降低其对涉罪未成年人的负面影响。

未成年人在青春期容易与家长、老师疏离，更易于接受同龄群体的建议和认同。以小组为单位进行帮教，更加生动具体，有利于整个小组的成长。帮教过程主要可以运用治疗小组、教育小组以及成长小组。[②]

治疗小组是将犯同一罪行或者存在共同问题的未成年人组成小组，针对大

[①] 张文霞、朱东：《家庭社会工作》，社会科学文献出版社 2005 年版。

[②] 童陈军：《论社会工作理念与方法在未成年社区矫正中的运用》，华中师范大学 2006 年硕士学位论文，第 28 页。

家出现的相似情况或心中的困惑，使用相应的治疗模式，开展小组活动，到问题解决为止。教育小组的形式有读书会、集中学习等，目的在于为未成年犯普及文化知识，培养良好的学习习惯，掌握生存技能，为他们回归社会打下基础。成长小组主要是着眼于发展以及未成年人的长远利益，形式主要有就业培训小组、兴趣小组等。对于未成年犯，军事训练、户外拓展等项目不仅能够培养他们的纪律意识、团结意识，而且能够激发他们对生活的热情，以及对未来生活的憧憬。

（三）作为宏观系统的考察管理机关

1. 检察机关

从作出附条件不起诉决定，到关注跟踪考察情况，到最后根据考察结果作出或不起诉或起诉的决定，均是由检察机关完成，因此检察机关是附条件不起诉当然的考察主体。在整个监督考察过程中，检察机关处于主导地位，定期向帮教辅助人员（未成年嫌疑人监护人、学校老师和社会工作者等）了解情况，并对帮教事项进行具体指导。作为考察主体，检察机关办案人员要定期走访考察辅助单位人员，了解考察进展、听取意见建议，并制作笔录附卷，向犯罪嫌疑人发出《劝诫书》，要求其严格遵守规定，定期汇报情况。在所附期限内对所附条件的执行进行考察，执行情况良好，则不起诉；执行情况不佳，则起诉。

检察机关作为考察帮教主体，其肩负着整合资源构建附条件不起诉考察帮教网络的职责。对于经济条件允许且社会资源丰富地区，考察效果相对较易取得，但是对于发展相对滞后的地区，则需要检察机关与政府相关部门形成合力，共同打造完善的预防未成年人犯罪体系，充分利用公序良俗营造良好舆论氛围，发觉村镇、社区内群众及非政府机构的力量，为帮教对象制订更有针对性的帮教计划。

2. 司法行政人员

由于被附条件不起诉人履行规定义务、为特定行为、不为特定行为等均是以居住地为中心，考虑到公安机关和基层司法行政部门在现有监外执行监督中已发挥的积极作用，为更好地整合司法资源，给被附条件不起诉人提供更好的帮教环境，笔者认为，可以借鉴美国分流项目中缓刑局负责监管评估的做法，由犯罪嫌疑人居住地的公安机关和基层司法行政部门（司法所、社区矫正办公室）等辅助检察机关进行具体的考察和帮教工作，更为妥当。同时，可以将犯罪嫌疑人居住地所在社区（居委会）、未成年人保护组织等作为二级考察辅助单位，协助做好日常的考察、监督，集合更广泛的社会力量，帮助犯罪嫌疑人在考察期间取得较好的表现。

由于检察机关工作职能和范围的限制，由检察官亲力亲为完成对未成年嫌疑人的日常考察和帮教，不太现实。如上文所述，可以由犯罪嫌疑人居住地的公安机关和基层司法行政部门（司法所、社区矫正办公室）等辅助进行监督帮教，更便于开展工作、便于落实帮教措施，帮教效果也会更好。从目前来看，公安机关和基层司法行政部门在监外执行和社区矫正工作中发挥着巨大的不可替代的作用，而附条件不起诉与监外执行、社区矫正在工作内容上也有交叉和贴近的部分，因此将其作为附条件不起诉的辅助考察部门，实现了有限司法资源的合理整合和共享。

3. 社会工作者

近年来，社会工作和社会工作者越来越引起高度重视和广泛关注，其在促进社会和谐、维护社会稳定、开展社会管理创新等方面的作用越来越得到政府部门和全社会的认可。在对被附条件不起诉人的监督考察中，笔者认为社会工作者大有用武之地。

司法社工在整个犯罪矫治体系中，其功能不仅仅在于矫治，还贯穿于整个对罪犯进行司法矫正的各个方面和全过程，包括从罪犯审前的调查程序、审判、监禁到释放，都需要社会工作的介入。概括来说，司法社会工作的功能表现在：协助犯罪者增强向上的动机；接纳犯罪者的感受，缓解其情绪；提供信息并进行咨询；帮助其认知自己的处境，促使其理性的思考因犯罪而带来的就业、家庭责任等方面的问题；帮助其进行自我决定，协助进行行为矫正，促使其改变行为模式；帮助其进行家庭与社会环境的调适，进行转介工作。①

司法社工能够将犯罪学、心理学及相关知识运用到考察帮教工作中，具有较高的矫正能力和管理水平，在介入未成年犯考察帮教过程中，能够避免行政色彩过于浓重，更好地保护未成年人的权益，使其顺利回归社会。社会工作的专业方法，如社会调查中关于评估的理论以及一系列工作方法为收集资料并通过分析资料评估调查对象，确定问题等提供了有益的帮助。

对于一些社会闲散及外来务工的罪错未成年人，由于其帮教考察难度较大，可以借鉴日本的更生保护中观察所和我国上海市、无锡市、常州市的经验，在区域内热心社会公益事业、拥有与帮教工作相适应的人员与经济能力的企业和单位设立"管护基地"，由司法行政人员、社会工作者、"管护基地"和志愿者服务队伍为主开展监督帮教，协助检察机关做好具体的帮教、矫正工作。

---

① 朱眉华、文军：《社会工作实务手册》，社会科学文献出版社2006年版，第248页。

（四）多系统影响作用下的附条件不起诉案件处理结果

在设定的考察期限届满后，由帮教辅助人员和考察监督人员（含监护人、学校、司法行政人员、社会工作者等）等结合未成年犯罪嫌疑人的现实表现作出总结评价，并将相关资料报送至检察机关。

除了定性调查方法外，还可以借鉴社区矫正危险评估相关方法，采取一系列定量的方法，主要采用危险评估量表以及心理测验量表等，弥补定性方法易造成的主观臆断。如北京市采用社区矫正人员综合状态评估指标体系，从法学、社会学、心理学等学科视角，综合评判矫正对象的人身危险性。每套表格包含他评量表、自陈量表、自陈量表评分表、评估报告表。他评量表重点评估社区矫正人员的人身危险性及再犯可能性。自陈量表主要测定社区矫正人员在接受社区矫正态度、法律法规认知程度、个性心理素质、再社会化程度、回归社会趋向值等方面的主体综合状态。①

考验期届满，办案人员应当综合考察情况、考察辅助单位意见、家长意见，制作《考察报告》，并以此为根据，提出最终处理意见，制作附条件不起诉考察意见书，提出起诉或者不起诉的意见，经部门负责人审核，报请检察长决定。对于帮教对象的监督考察不应仅仅局限于程序的结束，更应关注实际的效果。针对考察期满作出不起诉决定的，可以定期回访，关注其是否有再犯罪情况，以及回归社会适应情况，必要时可以转介到相关部门进行后续追踪。针对作出起诉决定的，同样需要本着教育挽救的方针，与法院进行对接，使其在审判阶段以及庭后阶段得到良好的矫治，促使其尽早回归社会。

---

① 北京市司法局与首都师范大学联合开发《北京市社区矫正人员综合状态评估指标体系（试行）》。

未成年人刑事检察制度检视[*]

——"捕诉监防"一体化工作模式的健全与完善

顾　文[**]

少年司法制度的建设水平是一个国家法治文明程度和人权保障程度的重要标志之一。党的十八届三中、四中、五中全会对推进国家治理体系和治理能力现代化，提高社会治理法制化、现代化水平提出了明确要求，强调建立健全帮教特殊人群、预防违法犯罪的机制和制度化渠道。在依法治国方略实施的大背景下，加强未成年人检察工作，健全未成年人刑事检察制度，是检察机关参与推进国家治理能力和治理体系现代化的重要内容和载体。尤其是近年来，修改后的《中华人民共和国刑事诉讼法》的实施，最高人民检察院《关于进一步加强未成年人刑事检察工作的通知》的出台，全国各级未成年人检察机构的完善等，为未成年人检察制度的发展和完善提供了契机。本课题结合上海检察机关三十年来[①]的实践经验，尤其是修改后刑事诉讼法实施以来的情况，以及当前检察改革的要求，对进一步健全和完善未成年人刑事检察"捕诉监防"一体化工作模式提出设想。

一、未成年人司法制度基本概况和工作模式

《联合国少年司法最低限度标准规则》规定：应努力在每个国家司法管辖权范围内制定专门适用于少年犯的法律、规则和规定，并建立授权实施少年司法的机构和机关。在世界各国，少年案件处理机构多是专门的、独立的。我国修改后刑事诉讼法增设"未成年人刑事案件诉讼程序"专章，填补了专门立法的空白，对于少年司法制度的发展具有里程碑意义。对域外和国内未成年人

---

[*]　本文系 2015—2016 年度女检察官检察理论研究课题成果。

[**]　课题组主持人：顾文，上海市静安区人民检察院。

[①]　从 1986 年 6 月，上海市长宁区人民检察院在起诉科内设立"少年起诉组"，承担未成年人刑事案件的审查起诉、出庭公诉以及犯罪预防等职责。

司法制度现状开展研究，明确其与普通刑事司法制度的区别，是构建符合我国实际的未成年人司法制度的前提。

（一）国外未成年人司法制度基本概况和工作模式

少年司法制度初始于北美。1889 年，美国伊利诺伊州建立了世界上第一个少年法庭，标志着少年司法制度在人类社会正式诞生。其后发展于欧洲、日本，并在近 30 年来，逐渐拓展到各国。但是，各国少年司法制度各有差异、效果不同。主要特点是：

1. 突出表现为"大司法"模式。涉及的领域宽泛，既包括在我国属于行政执法中的问题，如未成年人的戒毒、轻罪处置，也包括民商事案件中对未成年人利益特殊保护问题，如未成年人监护权等。而在我国，由于司法的功能比较有限，相当一部分问题由行政部门处理。我国的未成年人司法，基本属于刑事司法，难以体现"少年利益最大化"。

2. 检察机关的地位不同。一般而言，未成年人司法是以法院为中心的，检察机关的未成年人司法的功能较弱。如德国对于未成年人戒毒项目，由法院主持，缓刑官、相关社会服务机关参与，检察机关一般不参与。而在我国，检察机关在未成年人司法中发挥重要的职能作用。这是因为法院对审前活动基本不参与，而检察机关的法律监督地位以及批捕、公诉职能的发挥，使得检察机关在审前活动中发挥重要作用，在审判活动中也履行重要职能。因此，我国检察机关对于未成年人刑事政策的贯彻，包括非罪化、非监禁化的实现，发挥着关键的作用。同时，检察机关的法律监督的角色与权能，为拓展工作空间、争取各方面支持创造了有利条件。

（二）国内未成年人司法制度基本概况和工作模式

我国未成年人司法制度主要受国外少年法基本理念影响。民国时期建立感化院及少年监狱，1935 年的刑法规定了感化教育及未成年人保护管束等保安处分措施，1946 年出台监狱行刑法，对少年监狱的设置、个别处遇的实行、保护教育的加强等做出了不同于成年人的规定。进入 20 世纪 80 年代初，25 周岁以下的人员犯罪占到了犯罪总人数的 60%—70%，由此，我国开始了未成年人犯罪研究和少年司法制度的探索。30 余年来，总体呈现以下特点：

1. 未成年人法律保护体系日趋完善。我国已加入联合国《儿童权利公约》，基本形成以宪法为核心，以《中华人民共和国未成年人保护法》和《中华人民共和国预防未成年人犯罪法》为主体，以刑法、刑事诉讼法、民法通则、民事诉讼法等其他法律法规为补充的未成年人法律体系。最高人民法院、最高人民检察院在总结少年法庭实践经验的基础上，也制定了审理未成年人刑事案件适用刑法和刑事诉讼法方面的司法解释，确立了相对统一的全国法院未成年人案件刑事司法尺度。一些地区，如上海市高法、市检察院、市公安局、市司法局也专门出台了《关于审理未成年人刑事案件若干法律适用问题的意见》，以准确理解和执行涉少刑事法律以及司法解释。

2. 未成年人司法制度尚未形成独立的体系。前述未成年人保护法、预防未成年人犯罪法是专门的法律，但是缺乏可操作性。刑法中缺乏对未成年人适用法律的明确规定，如最高人民法院《关于常见犯罪的量刑指导意见》（法发〔2013〕14 号）将未成年人犯罪等同于未遂犯、从犯、自首、立功等作为"量刑情节"①。而刑事诉讼法中"关于未成年人刑事诉讼"的规定，则依赖于各地自身的积极性，在实践中落实力度不一。总之，现行未成年人司法制度存在的不足主要表现为：一是未成年人本位意识不足，未将其当作一个独立的主体看待。二是对执法主体的职责规定缺乏规范性，保护未成年人机构的地位、法律责任不明确。三是权益保护不完整，将对未成年人权益保护等同于对其身体安全、健康的保护。

3. 未成年人专门司法机构和组织支持体系尚未形成。立法上已经明确，未成年人犯罪与成年人犯罪在处理原则和处理方式上有着显著区别，但是在现有的司法实践中，从侦查的源头开始，公安机关大都尚未建立与之相配套的未成年人刑事案件处理机构，有些地方专人办理尚未实现。就未成年人检察机关和审判组织机构而言，也存在指导机构不统一、审判机构不统一的情况。而案件审理后也没有形成专门的社会矫治体系，一方面对于未成年人很难达到与成年人分管分押的要求，另一方面在判决后的帮教、矫正及未成年缓刑犯、假释、保外就医等的监管上，公安机关没有指定专门机构，学校、社会的责任也比较模糊。

二、未成年人刑事诉讼的目的和价值

近年来的实践已经证明，认识未成年人犯罪刑事诉讼特殊目的和价值，妥

---

① 第三部分"常见量刑情节的适用"中规定：1. 对于未成年人犯罪，应当综合考虑未成年人对犯罪的认识能力、实施犯罪行为的动机和目的、犯罪时的年龄、是否初犯、偶犯、悔罪表现、个人成长经历和一贯表现等情况，予以从宽处罚。（1）已满十四周岁不满十六周岁的未成年人犯罪，减少基准刑的 30%—60%；（2）已满十六周岁不满十八周岁的未成年人犯罪，减少基准刑的 10%—50%。2. 对于未遂犯，综合考虑犯罪行为的实行程度、造成损害的大小、犯罪未得逞的原因等情况，可以比照既遂犯减少基准刑的 50%以下。3. 对于从犯，应当综合考虑其在共同犯罪中的地位、作用，以及是否实施犯罪行为等情况，予以从宽处罚，减少基准刑的 20%—50%；犯罪较轻的，减少基准刑的 50%以上或者依法免除处罚。

善处理传统诉讼目的和特殊诉讼目的的关系，正确把握惩罚犯罪与保障未成年人权益关系，是既实现公平正义又促进未成年人回归社会的有效保障。

（一）未成年人刑事诉讼具有特殊目的

刑事诉讼目的是指立法者预先设定的、进行刑事诉讼所要达到的目标[①]。根据我国刑事诉讼法的规定，刑事诉讼的主要目的是惩罚犯罪、维护社会稳定。就未成年人而言，犯罪也是对国家统治秩序的破坏，对未成年人实施的严重刑事犯罪，运用刑罚进行惩戒，是维护国家的统治秩序和民主政治制度的必然要求。同时，对案件中发现的教唆、引诱、胁迫、组织未成年人犯罪的幕后成年人，更应进行严厉打击，以维护社会和谐稳定。

与此同时，针对未成年人犯罪，具有特殊的诉讼目的：教育、感化、挽救涉罪未成年人。根据修改后刑事诉讼法的要求，在保证未成年人特殊的诉讼权利外，还要针对其身心特点、成长背景和犯罪原因等个性化因素，开展"教育、感化、挽救"，落实"教育为主、惩罚为辅"的要求。

（二）未成年人刑事诉讼具有多重价值

刑事诉讼价值，是指"刑事诉讼立法及其实施能够满足国家、社会及其一般成员的需要而具有的功能和属性"[②]。与成年人犯罪相比，未成年人法违法犯罪对象特殊、地位特殊。同时，办理未成年人犯罪还具有政策特殊、办案机关职能特殊的特点，因此未成年人刑事诉讼具有不同的价值。主要体现在：

一是惩罚犯罪与保障未成年人权益，保障未成年人权益优先。为了打击犯罪，司法机关被赋予侦查、起诉、审判权，上述刑事诉讼活动的开展，在一定程度上限制犯罪嫌疑人、被告人的权利。而保障人权价值的实现，又必然要求犯罪嫌疑人、被告人拥有一定权利从而对抗国家公权力。未成年人刑事诉讼中，司法机关既要考虑到其犯罪行为的严重程度和给社会造成的危害，又要采取措施保证其合法权益不受侵害，这也是"儿童最佳利益"的体现。同时，由于未成年人的特性，专门办理未成年人犯罪的司法机关还要加强对侵害未成年人案件的打击力度。2015 年，全国检察机关批准逮捕侵犯未成年人人身权利犯罪嫌疑人 1.9 万人，起诉 2.7 万人。[③]

二是实现公平正义与促进未成年人回归社会，促进未成年人回归社会优先。在办理未成年人刑事案件中，既要注重通过办理案件维护被害人的权益，实现社会对公正的期待，更要注重采取轻缓的刑事政策、多样化的处置方式和

---

① 龙宗智、杨建广主编：《刑事诉讼法》，高等教育出版社 2007 年版，第 65 页。
② 叶青主编：《刑事诉讼法学》，上海人民出版社 2004 年版。
③ 《宽容不纵容　关爱又严管》，载《人民日报》2016 年 7 月 6 日。

个性化的矫正方案，教育和改造未成年犯罪嫌疑人，为未成年人的改造和回归创造有利的环境。如近年来，上海市检察机关批准逮捕、提起公诉的未成年人数量以及占全部犯罪的比例明显下降，目前未成年人不捕率达29%以上，不起诉率为11%以上，明显高于刑事案件整体的不捕率、不诉率[①]。

（三）未成年人刑事诉讼目的和诉讼价值对检察工作的要求

未成年人刑事诉讼目的和诉讼价值的多样性，要求检察机关积极构建符合未成年人特点的办案模式。修订后的《刑事诉讼法》第266条明确要求"人民法院、人民检察院和公安机关办理未成年人刑事案件，应当保障未成年人行使其诉讼权利，保障未成年人得到法律帮助，并由熟悉未成年人身心特点的审判人员、检察人员、侦查人员承办"，检察机关更应积极完善未成年人办案模式，全面履行法律监督权，保证未成年人的合法权益。

1. 树立正确理念，建立符合未成年人特点的办案模式。牢固树立对未成年人特殊、优先保护的理念，坚持对涉罪未成年人与未成年被害人双向保护的原则，建立特殊的办案工作机制。

2. 突出案件办理，加强司法监督和救济。检察机关工作涵盖了整个司法过程，介入侦查、审判、刑罚执行全过程，承担着对刑事诉讼、民事诉讼、行政诉讼活动的监督职责，因此检察机关应当通过案件的办理，积极保护未成年人权益，推动少年司法制度的完善。

3. 加强预防体系建设，推动社会治理法制化。未成年人重新犯罪现象突出，是各国未成年人司法碰到的共同问题。如上海市近年来探索的"社会一条龙"，由检察机关推动社区工会、妇联、团委、教育部门、宣传部门、就业安置部门等与法院相互协调、落实帮教和解决就业、就读等问题，形成网络式的帮教体系。

三、未成年人刑事检察工作模式——"捕诉监防"一体化的实施及其需要关注的问题

一般认为，未成年人刑事案件诉讼程序的最主要的特点就是区别对待[②]。我国近年来未成年人刑事领域的检察实践也证明了上述观点。2006年，最高人民检察院通过了《人民检察院办理未成年人刑事案件的规定》，以司法解释

---

① 徐日丹：《未成年人检察工作30年：在不懈探索中坚定前行》，载《检察日报》2016年5月16日。

② 孙谦主编：《〈人民检察院刑事诉讼规则（试行）〉理解与适用》，中国检察出版社2012年版，第324页。

的形式确立了对未成年人犯罪特殊的办案制度。2011 年 7 月，最高人民检察院《关于进一步加强未成年人刑事检察工作的决定》中明确要求设立未成年人刑事检察独立机构的检察院，一般应实行"捕诉监防"一体化的工作模式，由同一承办人负责同一案件的批捕、起诉、诉讼监督和预防帮教工作，确立了完全不同于成年人刑事案件办理的模式。2012 年 5 月全国未成年人刑事检察工作会议的召开，2016 年 6 月全国未检工作三十周年会议的召开，都对未检机构和工作机制的建立健全起到了极大的促进作用。

（一）"捕诉监防"一体化模式的建立和发展

以上海市为例，为适应未成年人刑事案件的特点，从 1986 年由长宁区人民检察院率先在起诉科内设立了"少年起诉组"，至 1996 年全市所有基层检察院均成立了独立建制的未检部门，到 2009 年全市三级院成立独立建制的未检机构，其间未检办案工作模式也经历了变化和发展。少年起诉组时期，未检工作模式基本沿用成年人案件的审查起诉工作模式，即仅承担未成年人刑事案件的审查起诉和出庭公诉职责。独立建制的未检部门成立之后，未检的工作模式从采用"捕诉交叉"工作模式，即由不同的办案人员分别办理未成年人刑事案件的审查批捕与审查起诉工作，到后来演变为"捕诉一体"的工作模式，即未成年人刑事案件的审查批捕、审查起诉、出庭公诉等工作由同一办案小组或同一承办人员负责。同时，未成年人犯罪预防工作也从初期由各级未检部门主动承担起未成年人犯罪预防的社会性工作，到通过参与社会预防力量的整合，引导、推动社会逐步形成未成年人维权网络，不仅扩大了未检工作的社会影响，而且开创了本市未成年人犯罪预防工作的崭新局面[1]。实践证明，"捕诉防一体"的工作模式，对保证办案人员全面了解涉罪未成年人的犯罪原因和犯罪心理，开展教育、预防等特殊检察工作，落实"教育、感化、挽救"的方针有重要作用。2011 年以来，在相关专家[2]的呼吁和上海市部分区院试点的基础上，未检部门以未成年人社区矫正和刑罚执行变更为重点，逐步开展未成年人刑罚执行监督工作探索，向"捕、诉、监、防"一体化推进。

又如北京市海淀区人民检察院在吸收借鉴上海等地经验的基础上，于2010 年 9 月成立了北京市第一个独立建制的少年检察处，并将其工作模式确定为"4＋1＋N"，其中 4 指"侦监、公诉、监所、预防"，1 指司法社工，N指政府社会多方资源力量，努力形成涵盖司法、专业力量、社会力量三个层面

---

① 《上海未检工作创建 25 周年主报告》。

② 如姚建龙教授 2011 年在《检察日报》撰文指出，"未检一体化，应当包括机构职能一体化、办案模式一体化、司法一体化、社会支持一体化"。

的少年检察工作新模式[①]。再如河北省人民检察院于 2011 年 1 月 19 日设立了未成年人刑事检察处，要求各设区市院均设立未成年人刑事检察处，并规定专门机构自受理提请审查批准逮捕开始，要指定专门人员全程负责案件的社会调查、审查批捕、审查起诉、出庭支持公诉、刑罚执行、法律监督、教育矫正等工作，有针对性地开展预防和矫治，积极协调配合有关部门参与预防未成年人犯罪工作。[②] 截至 2016 年 3 月，各地检察机关共成立有编制的未成年人专门机构 1027 个，形成拥有 7000 余名专职未检干警的队伍[③]。

（二）"捕诉监防"一体化模式中需要关注的问题

结合最高人民检察院的规定，和各地在未成年人刑事检察工作中已经开展的相关司法实践看，有以下需要关注的问题：

1. "捕诉监防"一体化案件的适用范围。最高人民检察院《关于进一步加强未成年人决定》中规定"未成年人或者以未成年人为主的共同犯罪案件，由未成年人刑事检察部门受理"，"不以未成年人为主的共同犯罪案件、被害人是未成年人的案件以及在校成年学生的案件，可根据具体情况，确定是否由未成年人检察部门或者专人办理"。实践中，北京市海淀区人民检察院少年检察处成立之初，承办"25 周岁以下在校学生犯罪案件和被害人为未成年人的性侵、人身权利侵害案件"[④]，但是由于上述案件的总量大、人数多，2013 年初又逐渐缩小了办案范围，仍主要承办涉及未成年犯罪嫌疑人、被告人案件。2011 年，上海市部分基层检察机关探索实行未成年被害人案件由未检部门办理。2016 年 1 月，上海市出台《关于未成年人刑事检察部门办理成年人侵害未成年人犯罪案件的若干意见》，明确对于成年人性侵未成年人等特点案件由未检部门办理，对于成年人针对未成年人实施的涉及刑法分则第五章、第六章规定的犯罪案件也可以纳入未检部门办案范围。同时，明确对于上述案件中相关延长侦查羁押期限、请示答复、二审案件（死刑立即执行案件除外）等业务，由上级院未检部门办理。而对于上述案件是否均实行一体化办理，实践中存在争议。如有观点认为"鉴于对成年犯罪嫌疑人所适用的逮捕标准、刑事

---

① 王振峰、席小华主编：《4 + 1 + N：社会管理创新语境下的少年检察工作》，中国检察出版社 2011 年版，第 145 页。

② 河北省人民检察院：《建立专门机构推进未检工作深入开展》，2012 年全国未检会议经验交流材料。

③ 徐日丹：《未成年人检察工作 30 年：在不懈探索中坚定前行》，载《检察日报》2016 年 5 月 16 日。

④ 王振峰、席小华主编：《4 + 1 + N：社会管理创新语境下的少年检察工作》，中国检察出版社 2011 年版，第 149 页。

司法政策等与未成年犯罪嫌疑人不同，因此，涉及未成年被害人的案件不应列为捕诉合一的案件范围①。而在上海地区的目前实践中，实行未成年被害人案件专业化办理的机构，对此类案件均列为捕、诉合一的范围。

与此同时，最高人民法院《关于适用〈中华人民共和国刑事诉讼法〉的解释》第 463 条规定少年法庭受理案件范围，即"被告人实施被指控犯罪时不满十八周岁、人民法院立案时不满二十周岁的案件"，以及符合上述条件，"并被指控为首要分子或者主犯的共同犯罪案件"，对于"其他共同犯罪案件有未成年被告人的，或者其他涉及未成年人的刑事案件是否由少年法庭审理，由院长根据少年法庭工作的实际情况决定"，也导致了在检察机关由未成年人刑事检察部门办理的案件，在审判环节仍然由刑庭按照一般刑事案件办理，难以体现对涉罪未成年人和未成年被害人特殊的刑事司法政策。

2. 对未成年人刑事案件"批捕""起诉"环节刑事政策的把握。近年来，未成年人刑事案件中"可捕可不捕的不捕""可诉可不诉的不诉"的观念逐渐深入人心，从各地统计数据看，未成年人不捕、不诉率明显高于成年人并呈上升趋势。2007 年至 2011 年，全国检察机关共不批准逮捕未成年犯罪嫌疑人626747 人，不捕率为 14.23%，比同期成年人刑事案件的不捕率高 2.64 个百分点；共不起诉 17866 人，不起诉率为 3.72%，比同期成年人刑事案件不起诉率高 1.29 个百分点②。以上海市为例，2007 年至 2015 年，涉案未成年人的不捕率从 8.4% 上升到 29.4%，不诉率从 3.0% 上升到 34.0%。③ 但是，与此同时，仍然存在未成年人审前羁押率偏高、羁押变更率较小、羁押时间较长、羁押替代措施适用比例较少④等情况。实践中也发现，存在未成年人再犯、重犯比例明显高于成年人等需要引起重视的情况。因此，必须把握未成年人批捕、起诉的条件，在落实对未成年犯罪嫌疑人、被告人不捕、不诉等特殊检察措施的同时，又避免因"不教而宽"以及相关配套监督教育措施的缺乏，引发新的违法犯罪。

3. "监"的内涵及其实现方式。关于"监"的理解，主要存在将其认定为"法律监督""诉讼监督"还是"监所监督"的区别。如天津市《检察机关办理未成年人刑事案件若干问题的规定》中要求，"各基层人民检察院应当

---

① 王振峰、席小华主编：《4+1+N：社会管理创新语境下的少年检察工作》，中国检察出版社2011 年版，第 167 页。

② 《继往开来 锐意进取 努力开创未成年人刑事检察工作新局面》，最高人民检察院副检察长朱孝清 2012 年 5 月 23 日在全国检察机关未成年人刑事检察工作会议上的讲话。

③ 陈琼珂：《未成年人检察是一项有温度的工作》，载《解放日报》2016 年 6 月 2 日。

④ 吴燕：《未成年人审前羁押制度的构建》，载上海检察院内网。

设立办理未成年人刑事案件的专门机构，负责未成年人刑事案件的审查批捕、审查起诉、法律监督和犯罪预防，构建捕、诉、监、防一体化工作模式"，北京市海淀区"4＋1＋N"的模式中将"侦监、公诉、监所、预防"作为核心职能①。

同时，就如何理解"监所监督"也存在不同观点，有的认为应当以所内即"监内监督"为重点，有的认为应当以所外即"社区矫正监督"为重点。如上海市各基层院的实践中，有的注重从未成年人刑拘阶段就开展看守所检察监督，以减少未成年人审前羁押比例，有的则以接受社区矫正的未成年人为开展监所监督工作的重点。而 2011 年以后部分区院借鉴法院少年综合审判改革的经验，开始逐步打破检察机关内设机构分割办理未成年人案件的壁垒，将未成年人监所检察与社区矫正监督职能统归未检机构。如上海市长宁区人民检察院、浦东新区人民检察院通过检委会文件等形式，先后出台"未成年人检察一体化"的相关规定，将未成年人监所检察作为未成年人刑事检察部门的工作范围，以未成年人社区矫正和刑罚执行变更为重点，逐步建立有别于成年人的刑罚执行监督工作机制。2015 年 11 月，上海市人民检察院未成年人刑事检察处、青东农场检察院、未成年人犯管教所会签《关于进一步加强未成年人刑罚执行工作的意见》，明确未成年人刑罚执行的衔接、出入所教育、个别矫正、亲情会见等，以体现对未成年人的特殊保护。因此，亟须厘清未成年人检察工作中"监"的内涵及其具体要求，以及开展监所检察工作的重点及其方式。

4. "防"的重点。未成年人犯罪和犯罪预防一直是社会关注的热点。从近年来的相关新闻报道和检察实践来看，检察机关通过深入开展创建"优秀青少年维权岗"活动，积极推进对未成年人的法制宣传教育活动，主动走入学校、社区、农村和家庭，采取举办法制讲座、以案释法等形式，开展对未成年人的法制宣传教育。但是上述未成年人犯罪预防工作一定程度上存在过于全面、过于泛化的情况，虽然扩大了检察机关的影响，但是难以体现检察机关法律监督职能。主要原因在于一些执法机关在办案标准、机制构建等方面还存在不一致、不衔接等问题，与检察机关的相关工作难以做到有效衔接。如何结合检察机关的职能，立足办理的审查批捕、审查起诉案件，在党委和政府的领导、协调下加强与综治、教育、关工委、共青团、社会工作管理部门等相关职能部门和社会组织的联系与衔接，共同构筑未成年人犯罪的预防和教育挽救体

---

① 王振峰、席小华主编：《4＋1＋N：社会管理创新语境下的少年检察工作》，中国检察出版社2011 年版，第 171 页。

系，为未成年人健康成长营造良好环境，则是需要关注的重点。

四、未成年人检察工作模式——"捕诉监防"一体化的完善

党的十八届四中全会提出全面深化司法体制改革，给未成年人检察机构的设置、办案组织的构建提出新课题。全社会对未成年人保护工作重视程度提高，给未检提出了新任务。检察机关应遵循特殊理念，进一步完善"捕诉监防"一体化工作机制，以专业化建设为基础，以规范化建设为保障，以社会化配套体系建设为支撑，推进未检工作专业化规范化社会化协调发展。

（一）检察改革背景下未成年人刑事检察工作模式的总体应对

1. 树立正确的理念，强化未检工作专业化的思路引领。提升未检工作专业化水平，首要前提是树立正确的未成年人特殊司法理念、科学的未检工作发展理念以及与之相适应的工作评价导向。在未成年人司法理念上，牢固树立对未成年人特殊、优先保护的理念，坚持对涉罪未成年人与未成年被害人双向保护的原则。在未检工作发展理念上，坚持以依法办案为立足点，规范办理涉罪未成年人案件，严格落实未成年人特殊司法政策与特别程序制度，促进创新完善未成年人犯罪防治社会化支持体系，积极推进涉罪未成年人帮教、犯罪预防并促进相关法律政策与制度优化。在评价导向上，坚持以自身建设为保障，全面推进符合未成年人刑事司法规律、体现未检特色的办案模式、队伍素能以及基础保障建设，以自身规范化促进专业化。

2. 推动机构与职能规范化建设。《刑事诉讼法》和《人民检察院刑事诉讼规则（试行）》极大地完善了我国的未成年人刑事检察制度，确立了检察机关办理未成年人案件时强制辩护、社会调查、分案处理及合适成年人讯问在场等制度。立法的修改的确为我国未检工作带来极大的进步，也大大地增加了未成年人刑事案件的诉讼成本。只有把未检工作独立出来，实行专案专人专办的模式，整合捕、诉、防、监职能，才能更好地提高办案效率，更好地缓解日益增长的诉讼成本激增与普遍稀缺的司法资源之间的矛盾。设置未检工作专门机构，是未检工作专业化的重要保障。在未检部门独立设置的基础上，持续深化未检工作专业化机制建设，结合未检"捕诉监防"一体化办案要求，根据检察官员额制度改革，进一步充实未检办案力量是未检工作发展的要求。推进未检司法办案区建设，包括未检工作室、心理疏导室和听证宣告室，体现柔性司法的特质。

（二）"捕诉监防"一体化工作模式完善的具体路径

1. "捕诉监防"一体化模式适用范围。笔者认为未检部门办理的刑事案

件，均应当按照"捕诉监防"一体化的模式办理。主要理由是：

（1）从各地实践看，未检部门受理的在校学生犯罪案件、涉及未成年被害人的案件，占承办检察机关受案数的总体比例不高。如果实施捕诉分离或者其他方式，不利于保证案件的效率和未检总体工作格局的统一。

（2）对包括 25 岁以下成年在校生犯罪，实施特殊的办理模式，符合国际法和相关刑事政策的要求。如《国内法与国际法下的未成年人刑事责任决议》中指出，"人的青年状态可以延续到年轻的成年时期（二十五岁）"，"故立法也可以适用于未成年人的某种类似方式适用于年轻的成人①。"而德国等国家和我国部分地区也有类似实践，并取得良好的效果。

（3）对涉及未成年被害人的案件，坚持一体化办案模式，对了解、掌握被害人情况，保护被害人隐私，以及全程维护被害人合法权益，预防被害人逆变为"被告人"有重要作用。同时，笔者认为根据未成年犯罪嫌疑人、被告人刑事案件诉讼的要求，对于从维护未成年人权益角度设置的规定，如法定代理人到场、合适成年人参与、法律援助等，上述案件中的犯罪嫌疑人、被告人系成年人，推定其能够完全理解法律行为及其后果，可以不必执行此类特殊的维权规定。

2. 未成年人审查批捕、审查起诉工作的重点。主要针对捕前强制措施适用环节、强制措施变更环节以及体现未成年人特殊司法政策的分案起诉、附条件不起诉工作。

（1）如何把握未成年人羁押措施的适用。修改后《刑事诉讼法》第 269 条第 1 款规定"对于未成年犯罪嫌疑人、被告人，应当严格限制适用逮捕措施……"，这就要求检察机关审查逮捕未成年人时一定要区分情况，坚持严肃认真、谨慎处置的态度。从上海市检察机关来看，2010 年与公安机关会签《关于未成年人犯罪嫌疑人适用非羁押措施可行性评估办法》。修改后刑事诉讼法实施后，进一步严格掌握"社会危险性"条件，要求公安机关在报捕时提交逮捕必要性相关证据，在侦查机关没有提交羁押必要性证据或者证据不足的情况下，作为羁押审查机关的检察机关应当作出不予羁押的决定。同时，落实审查逮捕当面听取侦查人员（控方）和未成年犯罪嫌疑人及其法定代理人、辩护人（辩方）意见制度，使审查更具司法属性。

（2）如何开展未成年人羁押必要性评估工作。修改后《刑事诉讼法》第 93 条规定"犯罪嫌疑人、被告人被逮捕后，人民检察院仍应当对羁押的必要性进行审查"，对未成年人被适用逮捕措施的，检察机关要从人权保障出发，

---

① 张鸿巍：《少年司法通论》，人民出版社 2011 年版，第 110 页。

开展继续羁押必要性审查。实体方面可以把握三个标准，即罪行轻重、社会危险性和监护帮教条件。罪行轻重，即对于罪行较轻的未成年人，一般应当直接认定其符合无羁押必要的罪行条件；对于罪行较重的未成年人，但具有其他法定从宽情节或突出的酌定情节的，也可以认定其符合无羁押必要的罪行条件。社会危险性，即未成年人是否具有妨碍诉讼顺利进行或再次违法犯罪的现实可能性，对于有羁押必要的条件，应当主要采用列举式加以规定，并辅以概括式的兜底条款。此外，对于未成年人案件，应当将是否具备监护帮教条件作为羁押必要性的关键要素。程序方面有两种模式：一是依照职权开展审查。在批准逮捕或提起公诉后，检察机关主动对在押未成年人的羁押必要性进行跟踪审查。发现可能无继续羁押必要的，应当在发现之日起 7 日内作出审查决定。对于确属无羁押必要的，应当及时建议有关办案机关对其予以释放或者变更强制措施，并说明理由和依据。审查起诉阶段收案之日起 7 日内，应当对在押未成年人进行一次羁押必要性审查。审查起诉期间，可以继续开展羁押必要性审查。发现可能无继续羁押必要的，及时作出是否变更强制措施的决定，最大限度地减少不必要羁押对未成年犯罪嫌疑人带来的不利后果。二是依照申请开展审查。被申请羁押或申请变更羁押措施的犯罪嫌疑人一方提出自己不符合羁押法定条件或无羁押必要的意见或理由后，检察机关可以采取进行非羁押措施可行性评估、社会调查、心理测试、向羁押场所了解其在押期间的表现、不公开听证等方式，在收到申请之日起 7 日内作出审查决定。认为无继续羁押必要的，应当及时向有关办案机关制发释放或者变更强制措施的书面建议。认为有继续羁押必要的，应当在作出决定之日起 3 日内书面答复申请人，并说明理由和依据。

（3）如何实现分案起诉、分案审理。分案起诉是指将符合条件的未成年人与成年人共同犯罪的案件，对未成年被告人和成年被告人分别向人民法院提起公诉。分案审理一般指对未成年被告人与成年被告人分别向人民法院少年审判庭和刑事审判庭进行审理。对已经决定分案起诉、分案审理的未成年被告人案件和成年被告人案件，检察机关一般由同一检察员办理上述案件。为了保证案件法律适用的总体平衡，对于未成年人与成年人共同犯罪的案件，建议以分案审理为主要方向，避免不同法院的刑庭、少年庭分别处理带来同案不同判等问题。

（4）如何落实附条件不起诉要求。修改后《刑事诉讼法》第 271 条至第 273 条对未成年人犯罪案件开展附条件不起诉工作的适用对象、适用条件、适用程序和处置结果等进行了明确规定，要求检察机关对于符合条件的未成年人可以作出附条件不起诉决定，并开展相关工作，对于推进未成年人犯罪处置的多样化具有重要意义。但是，从新增条款看，附条件不起诉适用范围相对较小，仅为"可能判处一年有期徒刑以下刑罚"的人员；适用结果相对单一，除了实施新的犯罪等情节严重的以外，在考察期限届满后，"人民检察院应当作出不起诉决定"。而从上海等地近年的实践看，对符合初犯、偶犯、宣告刑可能在3年以下有期徒刑并具备有效监护条件的未成年人适用"诉前考察教育"，并根据考察情况分别作出提起公诉、相对不诉的决定。因此，根据修改后刑事诉讼法的规定，在适用附条件不起诉中需要注意：一是适用范围上，罪名限定在侵犯公民人身权利、民主权利，侵犯财产以及妨害社会管理秩序的犯罪案件；犯罪严重程度限定在犯罪嫌疑人可能被判处1年有期徒刑以下刑罚；同时，要求犯罪嫌疑人有悔罪表现。二是适用程序上，检察机关应当听取犯罪嫌疑人及其法定代理人、公安机关、被害人意见。其中犯罪嫌疑人及其法定代理人对附条件不起诉有异议的，检察机关应当作出起诉的决定；而公安机关、被害人有异议的，可以申请复议、复核或者申诉。三是适用结果上，除实施新的犯罪等严重情况，考验期限届满应当作出不起诉的决定。四是适用决定权上，由于适用结果的相对单一，检察机关在确定具体适用附条件不起诉的对象时，要坚持承办人、部门负责人、分管检察长三级审批制度，保证最终处理的不枉不纵。同时，应当遵守特定的义务。五是适用保障上，要通过不起诉达到对未成年犯罪嫌疑人法律教育的目的，需要附条件不起诉的适用选择、适用过程和结果宣布严肃、规范，对犯罪嫌疑人产生震撼，达到教育目的。

3. 开展未成年人诉讼监督工作的重点。对"监"的理解可以界定为诉讼监督，其重点：

（1）针对公安机关、审判机关、刑罚执行机关落实未成年人特殊刑事司法政策开展监督。主要包括对公安机关、审判机关、刑罚执行机关是否落实未成年人"教育为主、惩罚为辅"的原则和"非犯罪化、非刑罚化、非监禁化"的要求进行监督，及时纠正对未成年人不当的刑事追究、不必要的羁押和过重的量刑，以及刑罚执行中存在的疏漏。

（2）保障涉案未成年人的诉讼权利和合法权益。对未成年犯罪嫌疑人、被告人实行强制辩护，实行社会调查，讯问和审判时的合适成年人在场，以及犯罪记录封存等诉讼权利和合法权益的保护等进行监督。同时，未检部门可以从依托办案开展立案、侦查和审判监督，向未成年人刑罚执行阶段监督拓展；工作职能也可以从单一履行刑事检察职能，向"刑民一体化"拓展，将涉及未成年人的民事、行政申诉案件，纳入未成年人检察部门诉讼监督范围，综合保护未成年人合法权益。

根据修改后《刑事诉讼法》第269条第2款规定，"对被拘留、逮捕和执行刑罚的未成年人与成年人应当分别关押、分别管理、分别教育"，进一步强调了对未成年人的监管要求。由于看守所检察、社区矫正监督等职能，是由检察机关内部的监所检察、社区检察等部门承担，如何既能发挥未成年人刑事检察部门的专业化优势，又能有效形成部门之间的合力，成为需要研究的问题。笔者认为，基于未检部门的专业化优势，和办案中对未成年涉罪人员以及家属等的接触和了解，未检部门可以开展未成年人刑事执行检察工作，逐步覆盖看守所检察、监狱检察、收容教养和社区矫正监督工作，维护未成年人合法权益。现阶段可以采取分布推进、共同开展的方式，以未成年人适用刑拘措施监督、未成年人社区矫正等工作为切入点，探索未成年人监所检察工作的有效途径。

4. 未成年人检察犯罪预防的重点。未成年人检察预防工作既立足办案，贯穿于捕诉等工作的全过程，又需要依托其他社会力量，体现综合治理的效果。结合修改后刑事诉讼法的规定，注意把握：

（1）预防对象的重点。既要注意未成年涉罪人员的人身危险性以预防再犯，还要从未成年被害人的角度出发，预防其"逆变"为被告人。同时，对一些未达到刑事责任年龄的未成年人，通过通知学校、家长共同开展训诫等方式，避免其实施犯罪。

（2）充分发挥派驻基层检察室的作用。充分发挥派驻检察室贴近未成年人成长环境的地缘优势，积极指导开展社区矫正、社会调查、附条件不起诉考察等工作，更加全面、真实地了解涉罪未成年人的家庭状况、犯罪成因、个性特点、日常表现，提高适用法律、作出决定的精准度。

（3）预防体系的健全。未成年人刑事诉讼总体发展趋势，应定位在以预防为主，尽量减少司法干预，要确立预防为主、保护优先、重在教育的司法理念。就上海市而言，可以预防青少年违法犯罪专项组为依托，构建市区两级的未成年人司法服务体系，通过转介方式为未检部门司法办案提供专业化服务。检察机关在处理好检察职能与适当延伸社会职能的前提下，适当承担一些社会化工作，发挥保护者、教育者的角色。

审判中心背景下性侵未成年人
案件工作机制的完善[*]

——以未成年被害人保护为视角

金雅蓉　谷　莺[**]

　　审判中心主义在我国现实司法中的确认，标志着以审判为中心的刑事诉讼构造改革将成为此一轮司法改革的重要内容。审判中心主义除要求重构法庭程序外，也影响着刑事诉讼活动的方方面面，特别是直接言词原则的贯彻、犯罪嫌疑人、被告人主体性权利的进一步体现、辩护制度的进一步完善，都对以往以卷宗为中心的审查模式带来很大冲击。这一点在性犯罪特别是性侵未成年人案件办理中将尤为显现。审判中心主义其实质是无罪推定原则的正名，是犯罪嫌疑人、刑事被告人人权保障的强化，以使涉罪个体在与整个司法体系的角力中趋向平衡。但由此也引发了两个方面的疑虑：司法机关能否迅速适应审判中心主义带来的变革，在转变执法理念、工作惯势的同时，正确、有力打击和指控犯罪，维护被害人的合法权益？目前刑事被害人权益保护还存在诸多缺陷的情况下，犯罪嫌疑人、刑事被告人和被害人之间的权利天平是否会因一方的强化而更凸显另一方的不足？为解决上述疑虑，强调审判中心主义下刑事工作机制的完善和加强对被害人的同等保护成为当务之急。本文即以未成年被害人保护为视角，结合当前审判中心主义的背景，探索性侵未成年人案件特殊工作机制的完善。

一、审判中心主义提出的背景及内涵

　　近年来，多起重大冤假错案的披露，很大程度上影响了司法权威和司法威

---

　　[*]　本文系 2015—2016 年度女检察官检察理论研究课题成果。

　　[**]　课题组主持人：金雅蓉，上海市黄浦区人民检察院副检察长；课题组成员：谷莺，上海市黄浦区人民检察院未检科副科长；赵从萍，上海市黄浦区人民检察院未检科科员；莫莕菁，上海市黄浦区人民检察院未检科科长助理；吴海云，上海市黄浦区人民检察院未检科科员。

信，动摇了民众对法治的信心。学界更是把刑事司法程序比作"公安做饭""检察院端饭""法院吃饭"的流水线作业。因此改良刑事司法模式，根除冤假错案易发的土壤，形成符合中国法治发展进程的控辩审的三角架构，逐渐成为各方期待。党的十八届四中全会《决定》明确提出，要"推进以审判为中心的诉讼制度改革，确保侦查、起诉的案件事实证据经得起法律的检验。全面贯彻证据裁判规则，严格依法收集、固定、保存、审查、运用证据，完善证人、鉴定人出庭制度，保证庭审在查明事实、认定证据、保护诉权、公正裁判中发挥决定性作用"。

结合学界观点和司法实践，笔者认为审判中心主义应包含以下两方面的内涵和要求：一是在刑事诉讼各阶段之间的关系问题上，刑事审判阶段是整个刑事诉讼程序的中心。公、检、法三机关围绕审判中事实认定、证据标准、法律适用要求各司其职，未经审判，任何人不得被认为是犯罪，更不能被迫承受犯罪的待遇。二是在全部审判程序中，开庭审理（主要是一审程序）是中心。控、辩方平等对抗，审方居中裁判，通过法庭举证、质证和辩论说理，使案件得到公正的裁判。简而言之，审判中心诉讼模式下，宪法所规定的公、检、法之间分工负责、互相配合、互相制约的关系并没有改变，审前程序的侦、诉两种职能在执行控诉方面须形成合力，辩方在整个诉讼过程中依法充分行使诉讼权利，法官坚持审判中立，认真听取控辩双方意见。只有以上三种职能的充分发挥，才能切实做到以事实为中心，以法律为准绳。

二、审判中心主义影响下的司法发展趋势

审判中心主义要求对刑事案件的审理过程和裁判结果应当以庭审为中心，即事实证据调查在法庭、定罪量刑辩论在法庭、裁判结果形成于法庭。对庭审结构的重塑，必然会对当下以卷宗或以侦查为中心的诉讼模式带来冲击，也给司法实践发展带来新的课题。

（一）探索直接言词原则成为诉讼改革的方向之一

直接言词原则是大陆法系国家刑事诉讼的一项基本原则，是直接审理原则和言词审理原则的合称。严格的直接言词原则包括四层含义：一是法庭审判时，各诉讼主体必须亲自出席法庭，始终参与案件的全部审判活动。这是直接审理原则的最基本要求。正是基于这一要求，直接原则又被称为"在场原则"。[①] 二是裁判法官必须亲自参与案件的审理，未亲自参与案件审理的法官

---

① 林山田：《论刑事程序原则》，载《台大法学论丛》第 28 期，第 2 页。

无权制作裁判。三是法庭审判应尽可能接触原始证据材料，而不是接触第二手或者传闻的材料。如物证应尽量采用原件，人证应尽量询问亲自感知案件情况的人。四是只有法官在直接审理过程中直接调查所得的证据才能作为定案的根据。物证必须经过当庭辨认和质证，人证必须经过询问或讯问。实行直接言词原则，使法官通过耳闻目睹形成真实的心证，使相关的证据都能经过询问或交叉询问而排除虚假，确保其真实性和可信性，防止出现冤假错案。

（二）犯罪嫌疑人、被告人的主体性权利得到进一步确认和尊重

主体性权利是指主体权利中充分体现自觉、自决、自主的部分，充分地体现了作为主体的人格尊严、意志自由、平等和人身等权利不容侵犯的特质①。追求审判中心主义要求贯彻无罪推定原则，对犯罪嫌疑人、被告人在整个诉讼阶段的人权保障制度也将进一步完善。审判中心主义确立后，最高人民法院颁布的首个重要文件《关于全面深化人民法院改革的意见》中"禁止让刑事在押被告人或上诉人穿着识别服、马甲、囚服等具有监管机构标志的服装出庭受审"，彰显了法院在被告人人权保障方面的与时俱进。受此影响，一些与其本人相关的更重要的主体性权利会越来越被关注。例如，两大法系基于审判中心主义，都承认犯罪嫌疑人在侦查程序中一定程度的主体性，为此赋予其沉默权或者不受强制自证其罪的权利，犯罪嫌疑人对官方为查明案件事实而进行的侦查在法律上不仅没有协助的义务，相反，还有权获得律师的帮助，以保护自己的程序权利，并为审判阶段的辩护做好准备。②虽然我国目前没有明确建立沉默权制度，但是在相关法条中却能找到与之呼应的蛛丝马迹。如修改后《刑事诉讼法》第50条规定："审判人员、检察人员、侦查人员必须依照法定程序，……不得强迫任何人证实自己有罪……"该条文的价值内涵已经无限接近沉默权。另外修改后刑事诉讼法将"尊重和保护人权"纳入总则第二条，第一次明确犯罪嫌疑人在侦查阶段可以委托辩护人，这些不仅体现了司法的文明和进步，也是审判中心主义的大势所趋。因此，沉默权的建立，将成为审判中心主义对我国侦查程序预期影响中不可回避的方面。

（三）辩护制度将进一步完善

辩护职能是现代刑事诉讼三大职能之一，是防范冤假错案的重要手段。2012年修改后刑事诉讼法对辩护制度的有关规定作了重大改变，不仅扩大了被诉人的辩护权，而且积极遵循了宪法中的尊重和保障人权的原则，维护了犯

---

① 林林：《被追诉人的主体性权利论》，中国政法大学2006年博士学位论文，第39页。
② 孙长永：《审判中心主义及其对刑事程序的影响》，载《现代法学》1999年第8期，第94页。

罪嫌疑人的合法权益。但是，当前我国刑事辩护工作与司法发展进程仍有相当差距，表现在：刑辩不到位，尚有 50% —70% 的刑事审判辩护律师缺位；辩护律师到位的情况下，实体辩护和程序辩护方面仍有所欠缺；法律援助质量不高，被告人难以获得有效辩护。审判中心主义确立后，必然要求这些不足得到相应完善，刑事辩护工作进一步加强，庭审控辩双方的提出证据权、发问权、质证权进一步实质化。可以预见，控辩双方围绕案件事实、证据的质证过程将在庭审过程中得到最大化体现，双方在庭上的交锋将更加激烈。

（四）从实际出发的规制和贯彻

理论上说，审判中心主义的内涵和要求应普遍适用于一切刑事诉讼案件。但客观上，审判中心主义会带来法庭庭审程序烦琐、人力财力精力占用高、司法成本上升、效率降低等现实问题。我国基层司法部门的办案任务已经十分沉重，机械地适用审判中心主义也会带来人案矛盾的集中爆发。要知道迟来的正义就是非正义，要求所有案件证人、鉴定人出庭、逐一质证，显然也是另一种公正和效率的丧失。因此，从实际出发，对落实审判中心主义要求的案件应当有所区分和规制。笔者认为普通程序案件中对重要证人证言有异议的，被告人可能判处死刑、无期徒刑的案件，应当忠实贯彻审判中心主义，严格直接言词原则，做到证人出庭。另外，法庭认为有必要出庭的证人也应出庭作证。除此以外的案件，则遵循其精神，而非完全照搬其规则。按照这一规制，多数性侵未成年人案件因为犯罪嫌疑人口供的反复性、被害人证言易受质疑、被告人作无罪辩护等情况，成为严格贯彻审判中心主义的必须之选。

三、性侵未成年人案件查办现状和审判中心主义之间的冲突

审判中心主义对应的贯彻直接言词原则、强化保障人权、完善辩护制度等要求，必定会对依赖原有思维习惯、工作机制的刑事办案模式带来冲击，而这一点在性侵未成年人案件查办中尤为明显。

（一）直接言词原则与现行司法实践之间的冲突

1. 司法人员亲历性不足

审判中心主义和直接言词原则下，强调司法人员的亲历性，并且定案证据只有通过法庭质证才能得到确认。但是我国刑事诉讼实践一直以来采取的是以卷宗为核心，围绕卷宗推动各阶段诉讼活动进行的诉讼模式。虽然侦、审、诉阶段各自形成卷宗，但侦查卷宗基本主导了其他诉讼阶段对整个案件事实的认定。在高度重视卷宗、充分信任侦查的前提下，诉、判阶段的办案人员甚至可以在不接触证人、被害人、未亲眼见到赃物的情况下，作出对犯罪嫌疑人、被

告人的司法处理，这与直接言词原则在本质上是对立的。性犯罪是一种违反人性、侮辱人格的性掠夺行为，相比一般刑事犯罪对被害人造成的身体和人格的双重伤害更具摧毁性。其中未成年被害人中许多是不满 14 周岁的儿童，他们更是弱势中的弱者。司法人员只有直接接触这些被害人，才能内心确认他们指控犯罪时的状态，并且客观了解犯罪行为对他们身体、精神、经济各方面的影响，使判决更加合理和公正。

2. 证人出庭率低

证人出庭作证是现代刑事诉讼制度的普遍要求，也是直接言词原则的具体落实。1996 年刑事诉讼法修订后，庭审方式由讯问式向控辩式转变，证人出庭的重要性有所提升。但多年司法实践表明，证人上庭接受质证依然是制约我国庭审制度改革乃至司法改革的"瓶颈"问题。据调查我国刑事案件的证人出庭率，高的只有 8%，低的则不足 1%。证人出庭率低一方面受经济状况、社会文化状况、传统文化影响，另一方面法治发展和立法现状①也制约了这项制度。因此在党的十八届四中全会《决定》中明确提出了"完善证人、鉴定人出庭制度"的要求。对性侵案件来说，证人出庭还需要突破更多困境。主要是因为性侵未成年人案件熟人作案多，性侵场所多在熟悉环境中，因此证人与被害人或犯罪嫌疑人相识概率大，再加上对性隐私的难以启齿，进一步降低了证人的出庭意愿。在审判中心主义背景下，如何扭转这一困境成为今后在办理性侵未成年人案件中需要考虑的问题。

3. 被告人对质权和未成年被害人的保护

直接言词原则要求各诉讼主体亲自出席法庭，始终参与案件的全部审判活动。这一方面保障了被害人对刑事案件的参与权，另一方面也保障了被告人"面对面"对质的权利。但对性犯罪中的未成年被害人来说，其本身已经遭受犯罪之侵害，身体、心理、情感创伤尚未平复，如果必须在法庭上与直接的加害者面对面，并且作为质证对象接受对方意图摧毁其可信性的反对询问，这不仅不符合未成年人的身心承受能力，也极易对该类特殊被害人造成"二次伤害"。因此，在这类特殊案件中，保障被告人的对质权和保护未成年被害人特殊利益，确实难以兼顾。出于儿童利益最大化的考虑，《人民检察院办理未成年人刑事案件的规定》第 57 条第 2 款规定："公诉人一般不提请未成年证人、被害人出庭作证。"也有人提出，作为例外，针对一些重大案件或者被告人有可能被判处无期徒刑、死刑的案件，未成年被害人出庭作证有利于查明案情。

---

① 《刑事诉讼法》第 187 条和第 190 条规定，表明对证人出庭法律只有原则性规定，同时承认了未到庭证人的证言笔录具有证据能力。

同时，也应该给予未成年被害人自愿选择是否出庭作证的机会，因为这也是对其法律地位的保护。对此，笔者认为即使在受审判中心主义严格规制的英美法系国家，也承认了不出庭之儿童被害人陈述的可采性，作为传闻证据排除的例外①，我国司法实践中对被害人出庭尚未建立明确的程序规则，对未成年被害人出庭也不能操之过急，仍应以不出庭作证为原则，以出庭作证为例外。但是，为顺应司法改革的发展，必须尽早设计关于未成年被害人询问程序和出庭规则，以加强对未成年被害人的保护。

（二）对口供的依赖和预期沉默权之间的冲突

我国历来是一个重口供的国家，口供中心是我们传统的侦查模式，刑法上过多的"主观性规定"，也直接导致侦查人员以获取口供为核心开展侦查工作。性侵未成年人犯罪案件由于自身特点，导致对口供依赖性较深。表现在：性侵犯罪多是"一对一"行为，且大多为私密和隐蔽的场所，缺少目击证人；由于家长发现不及时、证据保存不及时，导致一些性侵未成年人案件直接证据、实物证据少；部分性侵案件的主观过错依赖于口供，如对未成年人年龄、身份的认识，很可能影响罪与非罪的认定；性侵对象为不满 18 周岁的未成年人，尤其近年来性侵儿童案件频发，有的被害人年龄极小，有的心智发育不健全，对他们陈述能力的判断，直接影响办案人员对口供的依赖度。但是在审判中心主义背景下，作为无罪推定原则的应有之义，沉默权制度很可能成为我国司法制度改革的催化剂。它将从根本上改变口供在定罪中的作用，减弱对口供的依赖心理，改变将言词证据作为侦查的出发点和主要突破口的侦查模式，促使侦查机关把侦查工作的重心放到收集证明犯罪嫌疑人有罪的其他证据方面。

（三）对犯罪嫌疑人、被告人权益的关注和被害人权利保障缺失之间的冲突

在刑事诉讼中，处于中心地位的犯罪嫌疑人、被告人的合法权益易受不当限制和侵害，甚至造成冤假错案，严重损害了司法文明和公正，因此司法实践中更关注对犯罪嫌疑人、被告人诉讼权利的保护。审判中心背景下，从平衡控辩结构的要求出发，被告人的主体地位进一步彰显，以辩护权为代表的各项权利将得到进一步保障。与此形成对比的是，我国刑事诉讼中被害人权利保障的不足。表现在被害人应当享有的权利未作规定，而有的规定又不够全面、缺乏可操作性。如法律没有赋予被害人与被告人同等的独立上诉权，只能行使抗诉

---

① 欧卫安：《特殊被害人的法庭调查及其程序保护——以比较法为起点》，载《学术论坛》2009年第 8 期，第 91—93 页。

请求权；刑事诉讼法对辩护律师的权利、义务、责任都有深入、具体的规定，反之对被害人委托的诉讼代理人的规定则寥寥无几，诉讼代理人与辩护人在权限范围上不对等；被害人的诉讼参与权、知情权规定都不够明确等。对性侵案件中的未成年被害人来说，另一部分制度的缺失更值得关注：一是缺乏对被害人的救济措施。被害人不能提起精神损害赔偿请求和没有对被害人进行国家补偿的立法。性侵案件中未成年被害人及其家庭承受的身心痛苦是常人难以预计的，极端的可能影响被害人一生。但现行法律对精神损害赔偿请求不予支持，再加上国家补偿方面无专门规定，在罪犯经济困难、无力赔偿的情况下，未成年被害人只能流血又流泪。二是对避免被害人遭受二次伤害缺乏相应规定。性侵案件极易因为刑事司法过程中司法工作人员的不当行为，给被害人带来二次伤害。由于相关保护性规定还很不完善，办案人员只能凭经验、责任心去处理而非遵守明确规则或特殊要求。三是未成年被害人法律援助未有具体规定。我国关于未成年人法律援助的制度规定分散于刑事诉讼法、未成年人保护法、法律援助条例等诸多法律规定中，在落实中又偏重于为涉罪未成年人提供法律援助，忽视了未成年被害人。如立法规定不对等，《刑事诉讼法》第 267 条明确"应当为未成年犯罪嫌疑人、被告人提供法律援助"，但是对被害未成年人却没有规定。缺乏高位法的依据使未成年被害人法律援助在各地发展不平衡。虽然最高人民法院《关于适用〈中华人民共和国刑事诉讼法〉的解释》（法释〔2012〕21 号）第 473 条对未成年被害人法律援助作了规定，但对比犯罪嫌疑人、被告人，规定过于简单且有条件限制（经济困难或其他原因）。现实中，因为审核手续的繁复和严格，使部分未成年被害人失去了获得援助的机会。

四、以未成年被害人保护为重点，完善性侵未成年人案件工作机制

针对当前性侵未成年人案件呈现犯罪易发、多发的新态势，司法机关积极发挥刑事职能，依法从严惩治。但是司法实践中也还存在办案流程、法律政策把握、证据标准等适用上不统一的问题，需要进一步提高对未成年被害人进行特殊、优先保护的司法理念，修改完善相关法律法规，建立维护未成年被害人合法权益的长效机制。

（一）建立未成年被害人影响陈述制度

早在 20 世纪 80 年代，英美法系国家推出了"被害人影响陈述"制度，赋予被害人在量刑阶段陈述犯罪影响甚至量刑意见的权利。这使被害人走出了类同于"证人"身份的不合理待遇，其诉讼参与权进一步得到保障。被害人影响陈述就是从被害人的观点描述犯罪及结果，促使人们（尤其是法官）能

够注意到被害人所遭受的经济、社会、肉体和精神的伤害。如澳大利亚南澳州制定的《被害人权利法》第14条规定：被害人有权利使法庭知晓犯罪对她所形成的全部影响，或通过检察官，或通过包含在一份在判决前的报告中的信息、包括对被害人施加的或被害人承受的任何经济、社会和生活的损害。其他任何有助于法庭作出判决，包括赔偿或补偿要求的信息，被害人也应当通过检察官移交给法庭。

"被害人影响陈述"的价值在于：首先，它赋予被害人自述犯罪后果的权利，有利于法官科学、全面地评估罪质和罪量，使判决更趋于公正；其次，它彰显出国家对"被害人"这一个体的尊重和关爱，关注被害人遭受到的身体、物质等有形损害，以及精神、心理创伤等无形损害，是人文精神的极大体现；最后，一定程度上促使犯罪人全面了解、体察自己犯罪给他人造成的危害，通过倾听被害人陈述，能让他们有所触动，更深刻地反省自己的罪行。

性犯罪的客体既是他人的身体权，又是性权利的不可侵犯。不同于一般的人身伤害犯罪，危害结果有具体衡量标准并直接与定罪量刑挂钩，性侵犯罪对被害人的影响是内化的、持续的、无形的，除非已经发生实际后果，否则实践中很难明确评判并直接影响量刑。因此更加需要赋予性侵案件被害人以陈述影响的权利，帮助司法人员直接感受被害人的状态，全面评判犯罪危害性。鉴于我国目前尚缺乏这项专门制度，在司法资源较为紧张、司法人员亲历性不足的情况下，建议从保护未成年人角度出发，先行从性侵未成年人案件实施。

（二）建立未成年人性侵案件特殊办理程序

为落实"双向保护"，进一步平衡增强办案亲历性和减少程序性伤害之间的矛盾，确保遭受性侵害的未成年人得到更公正、合理、人性化的司法处遇，应特别设计专门的办案程序。一是成立专门工作机构或工作小组，配备适宜人员。由公、检、法应设立专门机构或办案组受理性侵未成年人案件，办案人员应具有处理性犯罪案件的经验，了解和掌握未成年人的身心特点，有良好的沟通能力、人文素养和细致作风。未成年被害人系女性的，应确保至少有一名女性工作人员在场，最好由女性办案人员负责询问。二是开展被害人处境调查。建议公安机关在接案后同步收集反映未成年被害人基本情况的重要材料，如被害人家庭是否和睦、与父母的关系是否融洽、是否具备基本生理健康常识，向被害人父母、老师了解其遭受性侵害后的反应，父母案发后对被害人的反应等。如发现被害人心理波动异常，应及时引入前期心理疏导工作机制。三是建立未成年被害人一站式调查取证制度。借鉴我国香港地区的成熟经验，笔者认为"一站式调查取证"主要包含几个方面内容：第一，对未成年被害人的谈话、取证工作尽量集中在同一时间、合适场所完成，直接接触未成年被害人的人员应控制在必要的最小范围。第二，以一次询问为原则并同步录音录像，避免就相同事项反复询问，尽量减少调查访问未成年被害人的次数，防止一人多次、多人多次询问未成年被害人。第三，由专业法医在专门的检查室为未成年人检查，收集相关证据，尽量减少检查取证次数。第四、公、检、法机关应当吸收医疗、心理等专业机构和儿童保护机构的专业人员参与，从未成年人的生理、心理特点出发，给予多方面的人文关怀，降低性侵案件带来的负面影响。2013年10月23日印发的"两高两部"《关于依法惩治性侵未成年人犯罪的意见》（以下简称《性侵意见》）第14条已经注意到了询问未成年人应当"选择未成年人住所或者其他让未成年人心理上感到安全的场所进行，并通知其法定代理人到场"，并且"以一次询问为原则"，可以说在办理性侵未成年人案件上迈出了关键的一步。而在场所选择上，我国香港地区的做法是"家居录影室"：即选用地址保密的民用住房，以适合未成年人心理特点的色彩、装饰，从外环境上设置更轻松、融洽的氛围，缓解未成年被害人的精神压力。总之，以保护未成年人为核心，强调尊重、理解和人文关怀的"一站式调查取证制度"应当在我们的办案实践中予以落实和推广。第四，加强案件信息通报和个案评估。公、检、法、司等司法机关应加强相关信息的通报，以便于在各自的诉讼阶段有针对性地制定未成年被害人保护措施或预案。建议由专门机构牵头整合、成立医疗、心理救助专业队伍，加强人员培训，帮助他们了解基本的司法程序和注意义务，尽量由同一团队全程跟进服务，并就未成年被害人身心情况制作阶段性评估报告。

（三）完善性侵未成年人案件证人、被害人出庭作证制度

如前所述，审判中心主义背景下性侵未成年人案件的关键证人、被害人出庭问题不容回避，必须建立和完善相关制度，其中重要一项是隐蔽作证制度。出于对性侵未成年人案件中关键证人指控犯罪的需要，保护他们在熟人社会中的原有关系，提高出庭积极性，以及出于对未成年被害人隐私权、名誉权的保护，防止他们在作证过程中与被告人进行面对面接触，减轻其恐惧心理，探索隐蔽作证制度都十分必要。隐蔽作证的方式有：在法庭上使用物理的遮蔽措施，如屏风、单向玻璃、布帘等；或者在前者基础上，再通过技术手段对证人、被害人声音加以改变，进一步保护其身份；或在特定案件中经法庭许可通过电视网线或其他装置，不在法庭上直接露面，而在其他地方同时作证并结合变像、变声技术的使用。目前，《性侵意见》第18条已经对未成年被害人、证人隐蔽作证有了明确规定，强化了对未成年人的司法保护。此外，除了隐蔽作证制度外，为进一步减少未成年被害人因被动回忆、叙述遭遇所带来的二次伤害，法庭应当根据被害人的实际情况，以更为灵活的方式核实、对质未成年

被害人的陈述。如尽量利用播放录像或其他影音储存记录方式作证，将证人以前在司法机关接受询问的现场情况储存记录下来，并将该记录在审判中提出播放，以代替出庭作证；限制交叉询问的范围；在被害人显著不安或紧张时，应及时由专业人士评估其状况，并允许法定代理人或专业人士陪同。总而言之，笔者坚持对性侵未成年人案件中被害人应"以不出庭为原则，以出庭为例外"，并以儿童利益最大化为原则，完善法庭程序、质证规则等。

（四）完善证据意识应对无供证明模式

庭审的实质化，以及可能应对更多零口供、翻供等状况，使庭审成为重要的"证据战"，也让侦查取证变得更为关键。部分性侵未成年人案件由于发现不及时，猥亵儿童案件由于身体伤害后果不明显，因此存在一对一证据多、实物证据偏少的特点，给侦查工作带来很多难题，也使办案人员在把握证据上更倚重于口供和证言。随着审判中心主义的确立，过于依赖口供将难以有效应对犯罪嫌疑人翻供和庭审中的严苛质询。因此在办理性侵未成年人案件时，必须进一步转变观念，通过及时勘查犯罪现场，对未成年被害人、犯罪嫌疑人进行人身检查，提取体液、毛发、被害人和犯罪嫌疑人指甲内的残留物等生物样本，指纹、足迹、鞋印等痕迹，衣物、纽扣等物品以及现场及周边监控录像等视听资料等，寻找证据之间的印证关系，作为犯罪嫌疑人口供的突破口。对性侵未成年人案件还应当注意收集反映案发过程的现场证据，帮助办案人员形成内心确信。总之，只有尽可能全面地调取各项证据，寻找各证据之间的关联性，而非仅仅关注言词证据，才能更主动地指控犯罪，打击性侵未成年人犯罪，起到对被害人安慰和保护的作用。

（五）构建完善而全面的保护体系

联合国《为罪行和滥用权力行为受害者取得公理的基本原则宣言》就援助问题有专门规定，"受害者应从政府、自愿机构、社区方面及地方途径获得必要的物质、医疗、心理及社会援助"。未成年人作为需要特殊保护的群体，国家应当构建配套机制，加强全方面保护。

1. 完善未成年人法律援助制度

出于"双向保护"的原则，建立独立的未成年人法律援助制度，除涉罪未成年人外，将未成年被害人作为当然的援助对象，破除援助门槛，完善申请程序。即原则上不论经济条件或其他原因，只要未成年被害人申请即可获得法律援助，帮助他们在诉讼过程中获得必要的法律服务，维护其合法权益。

2. 探索建立性侵案件未成年被害人优先获得国家补偿（救助）的制度

目前的司法实践中，国家补偿的最有效途径是申请司法救助金，其覆盖对象是人身权利受到侵害而陷入生活困难的被害人。但是由于缺乏统一的法律规范，该制度的实施效果受制于多方面的因素，难以发挥出其全部效果。特别是在救助制度定位、救助机构设定、救助范围和金额、救助程序等方面的区域性差异给被害人带来很多不便。鉴于国家在公民权利保护上不可推卸的责任和被害人损害赔偿请求权制度的不完善，应当进一步加强被害人国家补偿制度的立法及制度设计，尤其需要将性犯罪中的未成年被害人纳入优先享受国家补偿的特定被害人范围，建立科学的救助评估机制，打破"不予精神赔偿或有限精神损害赔偿"的救助模式和其他门槛，充分体现国家对受害儿童权益的特殊关爱，让被害人及家庭成员感受到尊重和安慰，促进社会的和谐稳定。

3. 多专业合作的支持服务及后续跟踪

考虑到性侵害案件可能对未成年人的情绪发展及心理健康造成长远及有害的影响，除了在诉讼过程中聘请专业的心理、医疗专业人员开展辅导和治疗外，还应建立后续跟踪服务体系。如我国香港地区在未成年人遭受性侵害案件调查的同时，会组成一个由侦查员、社会福利署社工、临床心理学家、专职医生、教师或精神病专家等组成专业小组，对遭受性侵害的未成年人进行适当的辅导及治疗，以降低侵害事件带来的负面影响。其后续还会对未成年被害人的危险进行分析评估，提供专业建议和福利计划。建议可以由儿童保护组织或妇联等机关成立包含医疗、心理、儿童教育等专业人士的综合服务团队，建立一整套介入、跟踪、评估、转介流程，并设立定点的心理咨询机构和医院作为后续支持服务机构，持续关注和服务未成年被害人及受到严重影响的家庭成员，直至他们走出困境。

未成年人共同犯罪及预防机制研究[*]

周新萍[**]

摘　要：未成年人共同犯罪，一直是一个亟待解决的社会问题。未成年人共同犯罪与未成年人单独犯罪案件具有较大的区别，前者的犯罪目的更容易实现，危害后果更为严重，具有更大的社会危害性，给社会、家庭带来不安定的因素和隐患。因此，不但应充分认识到问题的严重性和严峻性，更应意识到预防未成年人犯罪尤其是未成年人共同犯罪的艰巨性、复杂性和长远性。本文在充分调研的基础上，从关爱未成年人的角度出发，首先介绍了未成年人共同犯罪的现状及特点，其次剖析了未成年人共同犯罪的成因，最后深入讨论了预防未成年人共同犯罪的机制和路径。

关键词：未成年人　共同犯罪　成因分析　预防

未成年人犯罪中，共同犯罪始终是一个重要特征。在近年来有关未成年人犯罪状况的分析中，共同犯罪比例明显高于非共同犯罪比例。[①] 以 2013 年、2014 年、2015 年河南省受理未成年人犯罪案件数为例，共同犯罪案件分别占全部未成年人犯罪案件总数的 59.2%、61.9%、56.1%，可见，共同犯罪已成为未成年人犯罪的主要形态。预防和控制未成年人犯罪，特别是未成年人共同犯罪，是一项紧迫而艰巨的任务。

---

[*] 本文系 2015—2016 年度女检察官检察理论研究课题成果。

[**] 课题组主持人：周新萍，河南省人民检察院副检察长，河南省女检察官协会会长；课题组成员：张萍，河南省人民检察院宣传处处长，河南省女检察官协会秘书长；刘洁，河南省人民检察院国家赔偿办公室副主任，河南省女检察官协会副秘书长；刘雁平，河南省人民检察院公诉一处正科级助检员；杜菲，河南省人民检察院公诉一处正科级助检员；高林，国家检察官学院河南分院副教授；康薇，河南省平顶山市新华区检察院公诉局政委，全国首届未成年人检察业务竞赛标兵。

[①] 郭翔：《犯罪与治理论》，中华书局 2002 年版，第 80 页。

一、未成年人共同犯罪的现状和特点

（一）未成年人与成年人共同犯罪比例高于单纯未成年人共同犯罪比例

相关调查显示，在共同犯罪中，未成年人与成年人共同犯罪的占到 2/3 以上，[①] 说明未成年人更多地受到成年人的影响。由于未成年人自身的条件和阅历，作案时，常纠集多人，或傍倚成年罪犯，获得更多行为上、心理上的支持。

（二）参与共同犯罪的未成年人的同伴关系早已形成

调查显示，未成年犯共同犯罪的同伙关系是"早已形成"的占 60% 以上，其比例远高于"临时凑在一起"的同伙关系所占比例。[②] 日常生活中，未成年人接触较多的就是同龄群体，且未成年人具有较重的好奇心，较强的模仿和学习能力，一旦沾染了不良行为习惯，大家相互观察、模仿，便会强化原有的错误社会意识、不良的个性品质和行为习惯，然后经过犯罪学习，强化违法意识，沦为犯罪团伙。

（三）暴力侵害性犯罪突出，且大部分属于激情犯罪

未成年人共同犯罪暴力化倾向十分突出，且实施犯罪的突发性比较强。未成年人的心理、生理正处在发育期，辨认能力、控制能力较成年人而言相对较弱，自尊心强，心理承受能力差，遇到事情往往容易情绪激动。这种易激惹性使未成年人在产生人际冲突、遇到不顺心的事、自尊心受到打击时，不能在短时间内适当调整自己的心态，极易因为小事而激发不能调和的矛盾，实施暴力侵害性犯罪。

（四）失学、失业、失管未成年人居多

涉案未成年人中，绝大多数涉案人员处于失学、失业、失管状态。大部分人接受文化教育少，这是导致他们犯罪的最主要原因之一。从近 3 年河南省受理未成年人犯罪案件情况来看，受教育情况看，文盲占受案总数的 1.79%，未完成义务教育占 32.21%，完成义务教育 51.73%，高中毕业占 6.87%，职业技术学校占 4.27%，大学及以上占 0.53%，其他占 2.6%。未成年人失学后流散到社会，形成小团体，在社会经济结构和就业结构正在转型时期，学历较低往往存在就业的困难，一旦与人纠合，极易犯罪。且这一人群生理上基本发

[①] 关颖：《社会交往对未成年人犯罪的影响分析》，载《预防青少年犯罪研究》2012 年第 5 期。

[②] 关颖：《社会交往对未成年人犯罪的影响分析》，载《预防青少年犯罪研究》2012 年第 5 期。

育成熟、精力旺盛、血气方刚，具备了犯罪的客观生理条件，但心理发育并未得到相应的引导，缺乏社会经验，且普遍存在逆反心理、容易冲动、自控能力差等问题，对一些复杂的人和事往往不能正确判断，以至于误入歧途。他们中大多热衷于在网吧和游戏机房玩电子游戏，游手好闲，又想吃好穿好，不劳而获的意识浓重。另外，大量外籍地或农村的初中毕业生或辍学的未成年人，随老乡到城市打工，工作、生活等各方面均由老乡传帮带，一旦老乡犯罪，其往往会成为犯罪团伙成员。

（五）犯罪类型相对集中

未成年人共同犯罪以侵犯财产罪、暴力犯罪和性犯罪为主，其中犯抢劫罪和盗窃罪的占未成年人犯罪总数的 60%—80%。从具体罪名来看，主要集中于抢劫、盗窃、故意伤害、故意杀人、强奸、寻衅滋事、聚众斗殴等几个罪名。从河南省近 3 年受理未成年人犯罪总数来看，抢劫、盗窃轮流排在未成年人各类犯罪是第一位和第二位。排在第三位的一般是故意伤害、寻衅滋事或者强奸。

二、未成年人共同犯罪的成因分析

影响和制约未成年人犯罪的因素多种多样，错综复杂，既有未成年人一般犯罪的普遍成因，也有团伙犯罪的特殊成因，既有特殊的心理、生理等内在因素，也有社会、家庭、学校、环境等外部因素，是多种因素相互作用的结果。

（一）从心理学角度考察

1. 心理发育与生理发育过程中的矛盾未能得到正确引导和解决

未成年人正处于身心发育阶段，在心理上尚未完全成熟，社会经验少，缺乏对事物的判断能力和鉴别能力，心理上和情绪上变化复杂，极不稳定。未成年人在生理上的变化主要表现为：身体和生理机能迅速发展，精力旺盛，体力充沛，反应敏捷。这种生理发育相对超前与心理发展相对滞后的特征，使未成年人在成长的社会化过程中充满了各种矛盾。具体表现为：精力旺盛与缺乏支配力的矛盾；好奇好动与分辨是非能力差的矛盾，容易兴奋与控制能力差的矛盾，性发育成熟与性道德观念缺乏的矛盾，个人需求与客观可能性的矛盾；独立性意识增强与社会约束的矛盾；追求理想与客观现实的矛盾。如果这些矛盾不能得到正确的引导和解决，就可能成为未成年人违法犯罪的动因。

2. 在一些严重暴力犯罪中，未成年犯思维偏执，具有严重的心理障碍和人格缺陷

在对未成年犯和父母、老师的关系调查中，认为父母尽到监护和抚养责任

的选项中，有 31.89% 的未成年犯恨过父母，在怨恨父母原因的选项中，选"不够理解我"的占到 38.4%。特别是在和老师的关系中，一般和对立分别占到 61.01% 和 11.01%，二者加起来高达 72.02%。在是否会选择重新回到学校的选项中，不会和没想好的分别占 37.81% 和 33.05%，二者加起来也超过 70%；很多未成年犯在回答网络聊天、交友目的的选项中，缓解压力找人倾诉的占 49.83%。[①] 上述数据表明，随着社会转型的深入，社会变化、社会节奏、社会流动日益加快，社会价值失范，社会压力增大，人与人之间的交流时间被大量挤占，父母没有足够的时间与孩子交流，一些独生子女中普遍存在一种焦虑和孤独感，缺少对生命的感恩和对价值的正常判断，一些 90 后出生的未成年犯，往往易用简单、极端、暴力的方式解决生活中的一些平常性矛盾，弑亲杀师，表现出人格缺陷、焦虑暴躁、思维偏执的消极性格和不良情绪。

（二）从犯罪学角度考察

1. 多数未成年犯在犯罪前曾存在不良行为或者严重不良行为

未成年人犯罪不仅在心理上有共同点，在行为上也有相似之处。夜不归宿、离家出走、逃学旷课、打架斗殴、携带管制刀具等不良行为或严重不良行为，是未成年人犯罪前的普遍性征兆。研究表明，在对未成年犯 1793 个问卷犯罪前有过不良行为的选项中，夜不归宿的占到 63.11%，逃学、旷课的占 5.67%。在是否曾离家出走的选项中，经常的占 31.69%，有过一两次的占 39.15%，[②] 这些数据充分说明大多数未成年人犯罪都有明显的征兆。

2. 教育缺失、缺位使一些未成年人在犯罪前的不良行为或严重不良行为未得到及时、有效地教育引导

多数未成年犯家庭教育功能缺失，父母或离异，或长期在外务工，或疏于同子女交流，或教育方法不当，无法起到应有的监护作用。一些未成年犯存在学校教育缺失的问题，或辍学在家，或学习成绩较差，不被老师关注，学校未起到应有的引导作用。这些因素导致了一些未成年人有不良行为或严重不良行为时没有得到及时的纠正和制止，缺少有效的教育和引导，错过了犯罪前救助的黄金时间和机会，最终发展成为犯罪。

---

① 《我国未成年人犯罪抽样调查分析报告》，载《中国预防少年犯罪研究会第六次大会文集》2009 年版。

② 《我国未成年人犯罪抽样调查分析报告》，载《中国预防少年犯罪研究会第六次大会文集》2009 年版。

3. 未成年刑满释放人员缺乏有效监管和教育，增加了其重新犯罪的可能性

世界各地的犯罪研究表明，初次犯罪的年龄越小，再次犯罪的可能性越大；再次犯罪的次数越多，终止犯罪的可能性越小。未成年人的思想具有可塑性，极易受到外界条件的影响，在服刑时由于约束力强，管教得紧，不得不老老实实。一旦离开"牢笼"，帮教工作跟不上、家中不欢迎、社会嫌弃、自我矫正不坚决、犯罪分子以起步劣迹前科做要挟或受各种欲望诱惑约束不住自己等，都可能导致他们重新走上犯罪道路。另外，由于刑满释放人员流动性较大，绝大多数无法跟踪随访，大部分未成年犯罪管教所无法掌握未成年人再犯罪信息。特别是刑满释放人员中的一些重点对象没有被有效跟踪和监督，存在一定的隐患。

4. 不良文化和不良精神产品给未成年人的身心健康造成极大负面影响

犯罪学家班杜拉的"社会学习"理论认为，个人的犯罪行为是在社会生活中通过实施和观察犯罪行为而学习获得的。[①] 随着社会的不断发展，作为信息载体的媒介形态逐渐变得复杂，提供的信息内容也越来越丰富。由于文化市场缺乏严格的管理、检查、处理，导致暴力、色情、反动等不健康信息不能得到有效遏制。一是渲染暴力、色情的网络游戏、网上大量不良信息、低级庸俗的网上聊天、"网吧"秩序混乱等，都可能成为未成年人违法犯罪的诱因。近年来，未成年人因沉迷于网络游戏而导致的暴力犯罪、因上网缺钱导致的财产型犯罪、因受网上色情毒害而导致的性犯罪逐渐增多。据统计，当前80%的未成年人违法犯罪人员都曾涉足过网吧。二是手机色情网站危害未成年人健康成长。经调查发现，当前初中、高中学生绝大多数都有手机，拥有手机的学生中，80%以上用手机上网，80%以上知道网上有淫秽色情信息，未成年人成为手机涉黄危害的重点。三是含有反动、恐怖、色情、迷信等内容的走私、盗版音像制品对未成年人的身心健康造成严重危害。

（三）从社会学角度考察

1. 社会转型

改革开放为我国带来了前所未有的繁荣和发展。但是随着经济领域的急速转轨，社会转型严重滞后，社会结构大大落后于经济结构，利益调整、道德冲突、价值观转变等因素不可避免地带来了社会控制力的削弱，"社会规范体系的功能缺陷"导致犯罪现象复杂化。社会行动能力薄弱、社会资源控制能力

---

① 吴宗宪：《西方犯罪学》（第2版），法律出版社2006年版，第314页。

有限的未成年人在各种不良因素的侵蚀和消极因素的刺激下，容易出现反社会行为。正如法国著名社会学家迪尔凯姆所说，"社会失范"成为未成年人犯罪的"母体"之一。

2. 家庭原因

家庭是未成年人社会化的重要主体，在未成年人的成长过程中起着至关重要的作用。正如专家指出，"如将少年问题视为一种病态现象，其病因根植于家庭，病象显现于学校，病情恶化于社会"。从未成年犯的犯罪轨迹来看，很多可以从家庭功能弱化方面找到一些印记。

（1）家庭结构残缺。相关调查显示，未成年犯结构残缺型家庭达34.95%。在这种家庭中，许多未成年人逃学、厌学、中途辍学，不能接受正常的学校教育，流浪街头，逐渐形成冷酷无情、玩世不恭的性格，这种性格容易成为犯罪的心理基础。

（2）家庭关系不良。在现代社会中，家庭最基本的关系是夫妻关系和亲子关系，三种基本成员和两种基本的关系组成了家庭结构的核心和稳定三角。如果家庭关系出现问题，即使家庭结构是完整的，一旦家庭关系恶化，形成家庭矛盾和冲突，就会给孩子带来心灵的创伤，以致行为异常，直到走上违法犯罪的道路。

（3）家庭教育方式不当。目前，有三种典型的不良家庭教育方式：一是娇纵溺爱型。亲情过剩、重养轻教是娇纵溺爱型家庭的主要特点。二是粗暴专断型。有些家长奉行"棍棒底下出孝子"，对孩子轻则呵斥谩骂，重则体罚毒打。三是放任自流型。有些家长抱着"树大自然直"的观念，对子女放任不管，听之任之，使家长的教育职能丧失。

3. 学校原因

学校是未成年人教育的主渠道、主阵地、主课堂，是未成年人除家庭以外最主要的生活、学习场所。近年来，在校未成年人犯罪与学校教育的偏差和失误有一定的联系。

（1）一些学校单纯追求升学率、重智育，轻德育，忽视法制教育、青春期教育，导致学生缺乏免疫能力。很多未成年犯在犯罪时，并不知道或不考虑犯罪行为的后果和应当承担的法律责任。

（2）一些学校教育方式不当。一些教师不懂得、不善于根据未成年人的心理、生理、智力特点进行教育和做思想工作，往往采取简单的说教、训斥甚至是罚款、体罚等侵害未成年人合法权益的方法来管理学生；有的教师责任心不强，缺乏对"差生"的关怀和帮助，把"差生"视为包袱，冷嘲热讽，甚至采取劝退、开除等形式将其推向社会。

（3）一些学校管理不严。一些学校管理松懈，对学生旷课、逃学不管不问，导致一些学生游离在社会控制的边缘，甚至走上违法犯罪的道路。

（4）学校教育和家庭教育脱节。主要表现为一些家长因各种理由长期不与学校联系，不参加家长会，对子女的在校表现不闻不问；一些学校不重视家访工作，只有学生犯了错误时才向家长诉苦、告状。学校与家长之间的沟通，成为简单的"分数"沟通。学生在学校的人品、思想状况和在家里的表现，成为双方的盲点。

（5）工读学校发展滞后。多年来，全国各地的工读学校普遍陷入发展困境，一些学校因师多生少、经费紧张等原因，不得不关、停、并、转，到目前为止，全国工读学校仅有70多所。工读教育在预防未成年人犯罪系统工程中发挥了最后一道屏障的积极作用，但是由于各方面原因，工读教育还需要进一步加强。并且，目前工读学校的招生遵循自愿原则，必须经过学校、家长、学生的同意，一方不同意则不可以强制入学。虽然政府的政策文件已强调工读学校毕业生不受歧视，但他们依然摆脱不了被贴上"工读生"的标签，认为他们曾经犯过错，做错事，是品行不端正的不良学生。因此许多实施不良行为未成年人家长以及未成年人本人都不愿意进入工读学校就读。再加上工读学校的内部管理机制也存在一定的弊端，如重经验、轻改革，重纪律、轻文化，重行为塑造、轻心理辅导等现状，都导致工读学校得不到长足的发展。

4. 不良社会交往

（1）不良社会交往增加了未成年人共同犯罪的可能性。依据社会学的差异交往理论，社会越轨和其他社会行为一样，是通过与他人的交往而学到的。[①] 因为我们每个人的动机、态度、价值取向等，都是在社会互动过程中别人教给我们的。因此，与我们交往的人，以及这些人与我们在行为上的差异，将会对我们的行为选择产生重要影响。未成年人心理上的不成熟、不独立，导致其希望通过交朋友得到社会认同。这本身是好的，但是如果与一些好玩、懒惰、唯利是图、铤而走险的人交友，一旦这些朋友中掺杂着违法犯罪的危险分子，一经怂恿、拉拢或引诱，盲目跟从，最终极易走上违法犯罪的道路。

（2）家庭、学校教育缺失加剧未成年人不良社会交往。对未成年人而言，家庭和学校是他们赖以生存的基本环境，家庭和学校教育直接关系到他们的行为取向。从未成年人犯罪的许多案例中我们了解到，那些学业不良进而旷课、逃学、辍学的孩子，曾受到来自成人社会尤其是老师、家长的指责、奚落、打骂、怨恨、悲叹等诸多不良情绪的刺激，以及周围同学的歧视和排斥，这种情

---

① 郑杭生：《社会学概论新修》，中国人民大学出版社1999年版，第477页。

况必定会使他们感到压抑、苦闷。为了减轻心理压力，他们需要在同伴中寻找友谊，寻找心理支持。

芝加哥学派对青少年犯罪进行的帮伙研究表明，少年帮伙是自发形成的，缺乏考虑和计划。成员间相互刺激和反应是帮伙中最基本的集体行为。① 尤其是闲散于社会的未成年人中，很大一部分有着家庭不幸、学业失败、内心苦闷等相同的遭遇和感受，彼此相互依赖、相互支撑的"哥们义气"便成了他们不可缺少的精神需要。在团伙中强烈的认同感给了他们畸形的自信和自尊，他们"有福同享、有难同当"，不惜"为哥们两肋插刀"，所以抢劫、斗殴、故意伤害、行凶杀人等往往都是结伙而为的。因此，强化家庭和学校的育人功能，父母和老师善尽其责，减少家庭和学校对未成年人的排斥，为未成年人创造良好的生存环境，增加家庭和学校的吸引力、凝聚力，是从根本上解决不良交往的必要前提。

5. 社区不良环境

一是社区综合素质不高，成分复杂的社区，居民素质良莠不齐，容易形成社区复杂混乱的居住环境，对未成年人的社会化产生消极影响。二是社区文化市场环境不良。由于社区文化市场流动人口多，人员复杂，加上现在很多娱乐场所趣味低级，其目的只为牟利，而无视未成年人的身心健康，一旦未成年人沉迷其中不能自拔，就会造成荒废学业，甚至在不良文化与不良分子的诱导下，走上违法犯罪道路。三是社区中的不良人际交往。在社区中的不良人际交往，特别是未成年人群体内的不良交往，不仅使错误的社会意识、不良的个性品质和行为习惯等得到强化，而且还可能形成地域性的不良群体或犯罪团伙。在不良群体内，未成年人更容易受到"坏朋友"的引诱、教唆而走上违法犯罪的道路。四是社区教育工作不到位。一方面，一些社区忽视对未成年人进行法制教育和道德教育，就算有一些教育，也只是停留在形式和完成任务，根本没有起到应有的作用。另一方面，社区工作者对未成年人的不良言行视而不见，既不阻挠，也不进行教育引导，听之任之，直到发展成为违法犯罪行为才加以重视。

三、构建未成年人共同犯罪预防机制的探索和建议

预防未成年人共同犯罪，既要开展特殊预防，防止涉罪人员重新犯罪，又要开展临界预防，对有不良行为的重点群体重点干预，同时还要开展一般预

---

① 吴宗宪：《西方犯罪学》（第2版），法律出版社2006年版，第340—341页。

防，对广大未成年人群体进行法治宣传教育，营造良好外部环境。司法机关应当在开展特殊预防的同时，积极借助社会各界力量，推动构建预防未成年人犯罪尤其是预防未成年人共同犯罪的制度体系，更好地维护未成年人的合法权益。

（一）未成年人再犯罪的预防

未成年人再犯罪的预防是指对已经有了犯罪行为的未成年人再次犯罪的预防。犯罪要受到法律的制裁，司法机关处理、改造犯罪未成年人的过程也是一个预防未成年人再次犯罪的过程，未成年人再犯罪预防的关键在于犯罪的未成年人在经过改造回归社会后防止他们重蹈覆辙。

1. 对未成年人犯罪的司法处置，应充分考虑其独特的生理、心理特征

刑罚对未成年人的身心影响更为深刻，一旦受到刑罚制裁，不仅会影响其后续的行为和态度，甚至会影响其一生的命运，因此要实行较为轻缓的司法处置方式，充分运用不起诉、附条件不起诉等特殊制度，切实落实合适成年人到场、指定辩护、心理疏导、亲情会见等特殊保护制度，减轻罪错未成年人心理压力，消除其同社会的对立情绪，同时加强教育、感化、挽救工作，对犯罪未成年人给予特别的关注和倾注更多的爱心，帮助犯罪未成年人成功实现其再社会化，预防其重新犯罪。

2. 探索建立涉罪未成年人观护体系

社会控制理论认为，犯罪行为的发生与各种社会控制的减弱密切相关。赫希认为："任何人都是潜在的犯罪人，个人与社会的联系可以阻止个人进行违反社会准则的越轨与犯罪行为，当这种联系薄弱时，个人就会无约束地随意进行犯罪行为，少年犯罪是个人与社会联系薄弱或受到削弱的结果。"[①] 未成年犯重新犯罪在很大程度上是由于社会控制力度的缺乏。涉罪未成年人重新走上社会后，由于与原来生活环境联系的切断或减弱，缺乏对原先学校、同伴等的依赖和融入观念，客观上降低了矫正效果和质量，从而再次走上犯罪道路。

为了帮助涉罪未成年人顺利复归社会，应加强涉罪未成年人对原来生活环境的联系，重新培养未成年犯对学校、家庭、同伴等的依赖感，帮助未成年人重新融入这个团体，树立其对原来生活环境共同价值体系、道德观念的信奉和对传统活动的奉献和投入。检察机关应积极发挥职能，紧密未成年人生活、学习的家庭、学校、社会环境，充分利用司法资源，将未成年人紧紧依附在父母、老师、亲人周围，让未成年人更加充分地参与到学校社区等活动中来，为

---

① 吴宗宪：《西方犯罪学》（第2版），法律出版社2006年版，第386页。

未成年人的成长提供信念支持和感情寄托，从而有效加强对未成年人的社会控制，减少未成年人实施越轨行为的可能性。

要加大未成年人观护教育基地建设力度，充分认识到做好未成年人观护教育基地建设是抓根本、固基础的需要。要注重抓好观护教育基地的选取、经费保障、配套机制的建立和完善等关键环节，建立以家庭为核心、全社会参与的教育、观护机制。这项工作需要政府和领导高度重视，列入议事日程，并投入一定的人力、财力，尽快建立涉罪未成年人观护教育基地，形成企业管理，公、检、法、司指导监督和各志愿单位（共青团、工会、妇联、关工委、教育局等）承担教育责任的三位一体观护模式，各自在职责范围内履行观护职责，多方位维护未成年人合法权益。

（二）未成年人犯罪的临界预防

1. 加强对特殊未成年人群体的危机干预

近年来，离异家庭、单亲家庭的未成年人、父母外出打工的留守少年、父母放弃监管约束的责任的流浪少年犯罪，成为比较突出的现象。与此同时，未成年人犯罪都有一个过程，特别是一些严重暴力犯罪，都是由于未成年人长期抑郁、存在严重心理问题、心理缺陷、人格变态所导致的。有些未成年人有心理问题，如果在问题的早期能够得到有效干预和化解，就完全可以避免悲剧的发生。可以通过设立监护监督人，加强对未成年犯高危群体的救助，注重少年心理健康，积极探索设立像"110"一样的急救机构，加强对未成年人的心理咨询和辅导。对存在不良行为以及严重不良行为的未成年人进行重点干预。

2. 加强工读学校建设

工读学校是对实施了不良行为的未成年人提供专门教育和矫正服务的特殊教育学校。从性质上看，工读学校既不属于刑事处罚又不属于行政处罚，而是一种特殊的教育措施。学校在工作中贯穿法制教育、心理健康教育以及不良行为模式的干预。相对于一般学校而言，工读学校可以阻断不良行为未成年人与恶性感染源的联系，在心理矫治和行为矫治方面更加专业。且工读学校的毕业生不留案底，不影响升学、就业，对于矫正不良行为、预防犯罪发挥了积极作用。

首先，要打破缺乏生源的僵局。在对严重不良行为未成年人进行综合评估后，决定将其纳入工读学校进行教育的，还是应当打破原有的自愿入学模式改成强制入学模式，并通过立法的形式明确规定必须进入工读学校就读的情形。同时，应当做好严重不良行为未成年人及法定代理人的思想工作，重申国家法律规定不得歧视工读生、对他们将来的就业没有影响的规定，减少他们的心理负担以及抵触情绪。

其次，应适当改革工读学校的内部管理和矫治办法。政府须加大对工读学校教学设备以及师资力量的投入，让有犯罪矫治经验的司法机关来参与工读学校的管理，形成以学校管理为主，以司法机关协助矫治的模式，特别是要提高行为矫治的专业水平。在注重对严重不良行为未成年人行为矫治的同时，也要注重对这些未成年人文化知识的辅导，文化知识的学习应当与普通学校接轨，使得在工读学校就读的未成年人在接受更高等教育的机会面前可以具有和普通学校学生同等竞争的能力。

（三）未成年人犯罪的一般预防

1. 提高家长责任意识，强化监管责任，提升家庭教育实效

家庭是未成年人生活成长的主要环境，孩子对家庭和家长的依赖及信任程度无可比拟，家长的言行和教育都将影响孩子的成长，家长要积极主动与学校加强联系，发现孩子有不良思想和行为要尽早沟通，及时教育，为未成年人健康成长筑牢第一道防线。一是要有责任意识，努力成为孩子的榜样，通过一点一滴的言传身教，引导孩子树立正确的人生观、世界观、价值观。二是要重视孩子德育教育，不能唯分数是从，树立孩子有德也是才的理念，培养孩子的兴趣点，不给孩子过大压力，为孩子成长营造一个轻松健康的环境。三是要以身作则，孩子天生模仿力较强，要想让孩子远离不良习惯，家长要以身示范，为孩子做好表率。四是要关注孩子的交际圈，发现不良苗头，及时纠正。孩子好群聚，自我控制力较弱，易受不良行为影响，尤其是同龄人的影响，因此父母在孩子成长过程中要注意孩子的交友对象，给孩子以积极的引导，防止其误入歧途。最后要加强与学校的沟通，及时掌握孩子的在校信息。

2. 优化学校教育结构，重视素质教育、加强法制教育

学校要加强素质教育，不断提高未成年人的社会适应能力。一是要加强心理辅导，引入心理辅导教程，未成年人在成长过程中，心理脆弱，挫折感强，逆反思想重，稍不注意就会自暴自弃，怨天尤人，因此学校要通过心理辅导教育，引导未成年人正确认识生活、学习中遇到的挫折，树立积极健康的心态。二是坚决打破应试教育模式，注重发现、发展学生特长，积极推行"鼓励式"和"理想信念"教育，让学生都能很好地发挥潜能，时刻充满着浓厚的学习兴趣，对自身及未来充满着自信，不至于因为遭受一点小挫折，受到一点小诱惑，就灰心丧气，自毁前程。三是加强社会实践课程学习，锻炼提高学生适应社会能力。社会实践不仅是对学生所学理论知识的检验，也是鼓励学生积极走上社会、了解社会、适应社会的重要渠道。学生通过理论与实践的结合，一方面能更牢固地掌握所学知识，另一方面能加深对社会真假是非、丑恶犯罪等现象的辨识程度，通过切身体会，提高防范犯罪的免疫力。

要集中抓好在校学生的法治宣传教育。将法治教育纳入教学大纲和教学计划，聘请法制副校长，努力做到法制教育与德育教育、法纪教育与文化教育、校内教育与校外教育、学法与守法用法"四结合"。通过一系列的教育培训活动，使广大未成年在校学生深入了解未成年人依法享有的权利，充分认识到保护自身合法权益、远离不良行为的重要意义，提高遵纪守法的自觉性。

3. 强化职能部门监管责任，减少违法经营，营造健康氛围

一是要加强对网吧等娱乐场所的监督管理。公安、文化、工商等部门采取联合行动，加强对娱乐场所的监管，规范娱乐场所经营行为。重点检查网吧等娱乐场所接纳未成年人的现象，加强对节假日、双休日等重点时间，中午、晚间、放学等重点时段的巡查，对政策执行不利、违法违规经营的业主要严管重罚。二是要加强对文化市场的管理、检查，对暴力、色情、反动等不健康信息坚决采取措施予以遏制。要对音像市场和出版经营市场的监督管理常抓不懈，严厉打击向未成年人租售黄色淫秽、凶杀、暴力、邪教迷信、教唆犯罪等不健康内容的书籍和影碟光盘的违法经营活动，有力净化文化市场。三是要深入开展校园周边治安秩序治理，公安部门要加大对学校及周边地区的治安防控力度，严厉打击侵害未成年学生人身、财产安全的犯罪行为。在学校周边设立治安报警点，对学校周边的电子游戏室、桌球室、KTV、营业性舞厅、录像厅、网吧，以及学校门前50米以内的各类临时摊点进行清理整顿，维护学校正常的教学秩序。四是要加强企业用工情况的监督管理。定期组织劳动和社会保障、公安、工商等部门成立联合检查组，对私营和外商投资企业用工情况进行检查，检查企业有无使用童工现象。

4. 善于利用新媒体，积极向上引导，增强是非辨识能力

当前，新媒体已经成为我们接触外部信息的重要渠道之一。审视中国当前的新媒体在未成年人中的传播环境和传播现实，可以发现未成年人使用新媒体基本上是通过自学或者相互之间的学习。未成年人的家长要么简单粗暴地加以反对，要么使用新媒体的意识和技能还不及未成年人，无法有效地对未成年人进行引导，增加他们对新媒体信息的是非辨识能力。而学校通常过多地注重知识或者技能教育，缺乏对未成年人使用新媒体进行网络道德或者网络法制教育。

仅强制性禁止未成年人进入营业性网吧，并不能从根本上解决问题。当未成年人不能进入正规网吧后，必然取而代之进入一些逃避监管的"黑网吧"。而这些黑网吧环境更差，对新媒体中的不良信息基本没有防控和过滤措施，是滋生未成年人犯罪的温床。因此，在未成年人接触新媒体不可避免的背景下，在学校、社区、图书馆等公益场所建立足够的未成年人绿色网吧，允许甚至鼓

励未成年人进入，通过网络监管技术对新媒体内容进行监控和筛选，让未成年人在一个健康、可控的环境下利用新媒体进行学习、生活、娱乐。

应加大专门以未成年人为目标对象的未成年人专属网站建设力度。调查显示，未成年人对专属网站的知晓率很低，大部分未成年人经常使用的是和成年人同样的商业性门户网站。分析其原因有三点，一是未成年人专属网站较少；二是学校、社会对未成年人网站的宣传不够，造成其知晓率低下；三是现有未成年人专属网站的内容不够丰富，形式单一，缺少趣味性，不能符合未成年人的目的要求，这应当是未成年人专属网站的主要问题。因此，应当大力发展未成年人专属网站，增加其数量，丰富其功能，对调查中未成年人需求比较大的课程辅导、益智游戏、在线答疑等内容应科学设计，及时更新；对未成年人喜欢的聊天交友、欣赏音乐等内容也不能忽视，使网络融知识性、趣味性、娱乐性为一体；配合建立未成年人绿色网吧，大力宣传，把未成年人吸引过来。

同时，应增强未成年人的辨识能力，提升未成年人对新媒体的自觉性和免疫力，推进在中小学校开设相关课程，鼓励相关社会团体和公益组织开展丰富、具体的宣传教育活动项目，提高少年媒介的知识涵养和媒介运用能力，使他们能够正确认识辨别和选择媒介传播，能够有效地运用、评价、监督大众媒体，从而提高未成年人抵御外界不良信息干扰的能力。

5. 进一步丰富和发展社区青少年活动场所

社区青少年活动场所也是开展预防青少年犯罪教育活动的重要场所，丰富和发展社区青少年活动场所可以有效地凝聚青少年，使他们没有精力、没有时间、没有想法去违法犯罪。社区可以通过让青少年参加社区举办的各项活动，在活动场所中与工作人员以及其他青少年进行互动，通过这种比较有趣味性的教育方式来达到教育预防的效果。

重点做好社区闲散青少年工作。由于处于闲散状态，没有依托，所以更容易受到各种因素的影响走上犯罪的道路，在社区青少年的犯罪人数中占了一定的比重。社区青少年是预防青少年犯罪工作的重点和难点所在。相比之下，在校生或有工作的青少年由于有关部门的约束，比较容易进行集中管理和教育，而社区青少年约束较少，很难集中，所以工作开展面临一定难度。可以运用社会工作的理念和方法，构建包括关爱社区青少年在内的预防体系，采用政府购买服务的方式，组织专业的社会工作者队伍，承担政府委托的社区青少年教育服务工作。要调动社工、居委会、志愿者的力量，对社区青少年进行跟踪帮教，及时掌握社区青少年的信息和心理状态，防患于未然。

6. 探索建立同伴教育机制，鼓励同伴互助，杜绝不良交往

未成年人成长过程中，同龄伙伴往往是个人了解社会的一个窗口，是个体

之间交流的最佳对象。在同伴中，没有与成年人交往时的拘谨与自卑，他们自由地互通消息，交流思想，一起玩耍，沟通各方面的联系。他们之间在知识、能力、兴趣爱好、对外界事物的感受和认识等方面有着极大的相同性，有着更多的共同语言，所以在同伴那里更容易获得身份的认同，并寻找自己理想的人格。正是由于同龄伙伴对未成年人的特殊作用，有益的同龄伙伴对于其减少对未成年人的依赖、认识人生、同化社会规范和价值观念具有重要意义。而有害的同龄团伙，也成为传播不良习气、产生违法行为的土壤。鉴于此，在未成年人犯罪预防体系中，除了构建法制保护屏障，形成家庭、学校、社会对未成年人的保护体系和少年司法体系等对策之外，有必要因势利导，尊重未成年人同伴交往需要，挖掘其自我教育潜能，从未成年人同伴交往和同伴教育中寻求解决问题的新思路、新办法。

一是倡导同伴互助，促进学校后进生转化。引导学生改变后进生是"坏孩子"的心理定式，倡导同伴之间学会共处、彼此互助，给后进生与好学生携手进步的机会并创造相应的条件，一旦学生主体的积极性得以很好地调动，在转化后进生中的能动性和创造性便将发挥巨大作用，将会有效避免后进生因受排斥而辍学、脱离正式群体。

二是充分利用积极的学生小群体活动，帮助学生处理好与同伴之间的关系。充分利用积极的小群体活动吸纳更多的伙伴，充实他们的课余生活，增强他们辨别不良群体行为的意识，并鼓励他们将发生在身边的不良群体行为及时反映给学校、家长等，使未成年人不仅是被动的受教育者，也是同伴的教育者、预防犯罪的参与者，形成成年人和未成年人共同预防未成年人犯罪的合力。

三是关注同伴小群体。对那些不利于学生进步、对其他同学和正式群体构成威胁的小群体，采取正面引导和积极疏导的方法，帮助他们解决学习和生活中的困难和问题，尽可能地创造条件，引导他们参与有益的社会活动，这是避免出现行为问题和群体偏离正确轨道的明智选择。

四是搭建未成年人与成年人互动平台，通过网上交流、维权电话、共同参与活动等方式，为未成年人及时与成年人沟通创造条件。

综上，当前，未成年人犯罪形势不容忽视，共同犯罪呈现出多发苗头。我们不但应充分认识到问题的严重性和严峻性，加强相关措施的完善，更应当意识到预防未成年人犯罪尤其是预防未成年人共同犯罪的艰巨性、复杂性、长远性，构建司法机关、政府相关部门、社会各界力量共同参与的预防制度体系，有效地预防和遏制未成年人共同犯罪。

下　编
女性犯罪预防与惩治

2005—2015 年北京市朝阳区女性犯罪现象调查报告[*]

吴春妹　张　楠　宋迎新[**]

摘　要：女性犯罪已成为我国犯罪现象的重要部分，是犯罪的一种独立类型。女性犯罪率的增长往往与女性在多大程度上参与社会生活有密切联系。由于受女性自身原因及外界环境因素的影响，与其他区县院相比，本区女性犯罪显示出其特有的特点。针对这些特点，本文将提出相应的预防对策。

关键词：女性犯罪　特点　原因　预防对策

随着社会的发展，女性犯罪有不断增长的趋势，并且呈现出新的特点，因此女性犯罪已经成为不能忽视的社会问题。而近些年，女性犯罪比率呈显著上升趋势。美国著名犯罪学家谢利认为："犯罪现象是现代化进程中必然出现的一个代价。对于一个刚刚进入经济发展起飞阶段的社会来说，这无疑是分娩过程中不可避免的阵痛。"[①] 专家预测，今后十几年内，我国女性犯罪还将继续上升。因此，笔者着眼于本区女性犯罪的特点、女性犯罪的自身原因和社会原因三个方面，试图提出相应的有效预防对策。

一、北京市朝阳区女性犯罪的基本情况

2005 年至 2015 年，朝阳区人民检察院共受理刑事案件 36354 件 51886 人，其中涉及女性犯罪的案件 4384 件 6266 人，占受案总比例的 12.14%。从这 11 年的情况分别来看，女性犯罪案件在总受案中的比重相对比较均衡。笔者通过对 2005 年至 2015 年办理的 6266 名女性涉案人员进行调查分析，发现以下几个特点：

---

　* 本文荣获 2015—2016 年度女检察官检察理论研究课题三等奖。

　** 课题组主持人：吴春妹，北京市朝阳区人民检察院副检察长；课题组成员：张楠，北京市朝阳区人民检察院检察员；宋迎新，北京市朝阳区人民检察院检察员。

　① 《中国女子监狱调查手记：透视女性犯罪》，载《广州日报》，www.hexun.com。

（一）从涉案女性基本情况上进行分析

1. 涉案女性以青年人居多。根据图 1 显示，14 岁至 35 岁这一年龄阶段的女性共 4211 人，占涉案女性总数的 72.07%。此年龄阶段的女性流动性比较大，多从事盗窃，抢劫，诈骗，故意伤害，引诱、容留、介绍卖淫，非法制造、出售非法制造的发票等侵犯公民人身、财产权利，破坏社会主义市场经济秩序及妨害社会管理秩序类的犯罪。

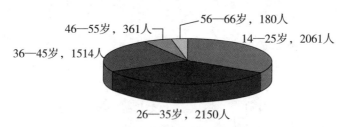

图 1　涉案女性年龄层次分析图

2. 涉案女性普遍文化程度较低。根据图 2 显示，学历为文盲小学及初中文化程度的共有 3869 人，占涉案女性总数的 61.7%。此类女性多受"重男轻女"的封建传统思想文化影响，早期基础教育薄弱，缺乏应有的法律知识及辨别是非的能力，常常误将犯罪行为仅当作一般违法行为而为之，且绝大多数涉案女性不曾意识到其行为导致的严重后果。

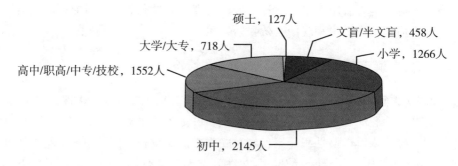

图 2　涉案女性文化程度分析图

3. 涉案女性中无业人员较多。根据图 3 显示，职业类型为农民及无业人员的共有 5677 人，占涉案女性总数的 90.6%。此类女性也多是文化程度较低的人员，她们无法依靠自身的知识赚取报酬，又没有掌握在大城市中生存的基本技能，缘于生存危机，铤而走险，踏上了不归路。

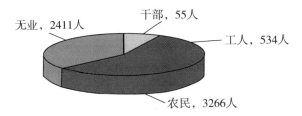

图3 涉案女性职业类型分析图

4. 涉案女性多来自其他省、市、自治区。根据图 4 显示，外省市涉案人员共 4412 人，占涉案女性总数的 70.4%。其中，又以安徽省、河北省、河南省、黑龙江省、湖北省、湖南省、吉林省、江苏省、江西省、辽宁省、山东省、四川省、重庆市等几个省市最多。

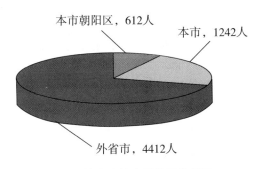

图4 涉案女性来源地区分析图

（二）从重点涉案类型上进行分析

1. 涉案类型集中又趋多元化。盗窃罪，引诱、容留、介绍卖淫罪，走私、贩卖、运输、制造毒品罪三大类犯罪共计有 3383 件，占涉案女性总数的 54%；故意伤害罪、诈骗罪涉案比率高居不下。此外还出现了出售入境证件罪，非法吸收公众存款，非法侵入住宅罪，伪造、变卖、买卖武装部队公文、证件、印章罪，非法组织卖血罪，国有公司、企业、事业单位人员失职罪，伪证罪，遗弃罪，非法买卖制毒物品罪等新型犯罪类型。

2. 以非法占有财产为目的或动机而实施犯罪行为的物欲型犯罪①案件所占比重较大。2005 年至 2015 年，我区涉及女性侵犯财产类案件 2121 件 2819 人，占女性涉案总数的 45.08%，其类型主要涉及侵犯公民财产类犯罪、妨害社会管理秩序类犯罪及贪污贿赂类犯罪。

---

① 罗大华、刘邦惠主编：《犯罪心理学新编》，群众出版社 2000 年版，第 98 页。

3. 故意伤害犯罪案件中激情犯罪居多。许多女性暴力犯罪都有一个缓慢的积淀过程，动因往往具有强烈的情感因素。当其婚姻遇到不幸时，大多数女性首先感到伤害，继而是委曲求全加以挽回，当得不到相应的回应后，性格偏激的人就会将爱转化为愤怒和复仇心理，孤注一掷地选择毁灭对方及自身的方式来表达悲愤或憎恨之情。①

4. 高发类型犯罪案件涉案区域比较集中。如涉嫌盗窃罪的犯罪区域主要包括北京传媒大学、首都经济贸易大学、北京第二外国语学院三所高校的学生公寓及三里屯、三间房、六里屯等地区；涉嫌引诱、容留、介绍卖淫罪的犯罪区域主要包括三里屯、三间房、十八里店、东坝、小红门、大屯、北苑等地区；涉嫌走私、贩卖、运输、制造毒品罪的犯罪区域主要包括巴那那迪厅、红庙万惠商场附近、酒仙桥邮局附近、双桥农场等地区；涉嫌抢劫、抢夺罪的犯罪区域主要包括太阳宫、团结湖中街、将台、潘家园、大屯地区；等等。

5. 盗窃罪，抢劫罪，诈骗罪，故意伤害罪，走私、贩卖、运输、制造毒品罪等侵害他人人身、财产权利的案件，其犯罪方式趋于集团化，犯罪行为具有依赖性、被动性，犯罪手段带有欺骗性的特点。

从朝阳区女性犯罪地域结构和犯罪类型方面来看，华北地区，如北京、河北、天津、山西等省市所犯罪的类型主要集中在侵犯财产方面，如盗窃罪。东北地区的流动人口的犯罪主要集中在暴力型的犯罪，如抢劫罪、寻衅滋事罪等。中南地区，如湖南、湖北、河南等省的流动人口所犯罪的类型主要集中在性违法犯罪，如组织卖淫罪、协助组织卖淫罪、介绍容留卖淫罪等。

从年龄结构与犯罪类型结合的角度分析来看，未成年人所犯罪的类型多属于一般社会道德意识有偏差而引起的犯罪，大多出于逞强好胜、寻求刺激的心理，如寻衅滋事等犯罪。18 岁到 36 岁的青春期和成熟期是犯罪的高峰期，这两个年龄段的犯罪涉及的种类广泛，涵盖了女性犯罪的主要类型。36 岁到 45 岁的壮实期所犯罪类型仍然较为广泛，但是 46 岁到 55 岁的稳健期和 56 岁到 65 岁的调整期所犯罪的类型主要集中在妨害社会管理秩序罪，侵犯财产的犯罪数量开始降低。

就罪犯的职业与犯罪类型角度分析，可以看出，农民和无业人员犯罪类型广泛，也是涵盖了主要的女性犯罪类型。学生犯罪类型主要集中在财产性犯罪，如盗窃罪、抢劫罪等。公司职员犯罪主要涉及的是职务侵占和盗窃罪，个体劳动者的犯罪主要集中在性违法犯罪，如组织卖淫罪、协助组织卖淫罪、介绍容留卖淫罪等。

---

① 《女性犯罪三大诱因：婚外恋、激情犯罪、家暴！》，载《北京晚报》。

就文化程度和犯罪类型结合来看，初中文化和小学文化的犯罪率较高，这两种文化程度的犯罪类型也是比较广泛的，涵盖了主要的犯罪类型，文盲文化程度的犯罪类型主要集中在侵犯财产犯罪和性违法犯罪两类，主要为盗窃罪、抢劫罪和组织、协助组织、介绍、容留卖淫罪。高中文化犯罪主要集中在四方面，即侵犯财产罪、侵犯人身权利犯罪、性违法犯罪和经济类犯罪，其中前三种类型所占比例较大。大专以上的学历犯罪类型涉及的范围也比较广泛，但是每个类型的犯罪数量均不高，主要涉及的是侵犯财产类犯罪，即盗窃罪。

综上所述，我们的统计虽然受到资料的限制，但也基本能反映出朝阳区近两年女性犯罪特点：第一，女性犯罪主体特征主要有女性违法犯罪年龄结构呈多样化并有低龄化趋势；女性罪犯的文化程度普遍不高；农村流动女性罪犯较多，城市女性犯罪人中主要以无业社会闲散人员及个体劳动者居多；第二，女性犯罪的行为特征包括：犯罪手段隐蔽性强；具有加害人和受害者二重性，犯罪女性在她们陷入犯罪深渊之前，大部分是受害者；女性犯罪多以共同犯罪的形式出现，女性多是和男性共同作案等。通过总结朝阳区近两年女性犯罪的特点，并深入挖掘其形成原因，可以看到造成女性犯罪的最主要的原因是什么，从而了解女性的社会地位、价值取向以及社会环境与文化的发展变化对于女性犯罪有着怎样的影响。

二、国外理论界关于女性犯罪的研究成果及重要学说

（一）女性犯罪研究发展成果

女性犯罪研究在西方国家已经经历了数百年的历史，不同时期的犯罪学家从不同的角度研究女性犯罪取得了比较丰硕的成果并形成了系列的理论和观点。而我国国内对女性犯罪的研究目前仍处于起步阶段，所以那些从各种不同的视角、运用各种理论流派来研究女性犯罪的研究成果更加值得我们关注，只有在对这些研究进行充分梳理、分析的基础上，才能加深我们对女性犯罪的理解。

1. 19 世纪末期到 20 世纪初期

对女性犯罪的研究源于 1895 年犯罪实证主义学派创始人、犯罪人类学家、意大利著名的精神病医生龙勃罗梭出版的《女性犯罪》一书。龙勃罗梭认为女性犯罪是生物因素作用的结果，女性无论是在生理上还是在精神上都很消极，同时又非常冷酷和工于心计，没有道德感，女性可以思考的范围有限，女性犯罪人是男性化的女人。同时，认为女性犯罪人在身高、头骨容量、体重等方面与正常人有区别，女性犯罪人与男性犯罪人相比更具有返祖性。因此，女性犯

罪和男性犯罪一样，是生物因素决定的，通过身体的特征可以辨别。该学说经过不断发展，最终形成了以龙勃罗梭为代表的传统的生物性决定论的观点。

这一时期关于女性犯罪的理论最具影响力的是生物性决定论，该观点用生物因素分析女性犯罪，认为女性犯罪是她们性别的结果，有些女性之所以会犯罪是因为她们像男人和过于男性化，该观点直至20世纪70年代中期一直在女性犯罪研究的理论中居于主导地位，成为在犯罪学领域关于女性和女性犯罪的所谓通说。

此外，奥地利心理学家弗洛伊德则从心理学的角度出发，认为所有的女性都有过对男性性器官的妒忌和阉割情结的困扰而产生自卑感的经历，通过裸露癖和自恋，女性则可以达到心理的平衡。但是如果不能适应这些经历，久而久之她们会形成性压抑或精神疾病。由于女性对文明漠不关心，而只满足于对生活琐事的津津乐道，因此她们基本上无法作出理性的决定。在弗洛伊德看来，女性没有正义感，女性犯罪是其对男性性器官的渴求而引发的。

这一时期对女性犯罪的研究停留在表层面上，对女性犯罪的原因仅从心理学和生理学的角度进行解释，根本未涉及其产生的社会成因。

2. 20世纪初期到20世纪中期

这一时期的女性犯罪研究学者中最具代表性的是波拉克和托马斯。他们的学说在很大程度上与龙勃罗梭和菲利的传统的"生物性决定论"观点一脉相承。波拉克综合运用犯罪生物学、心理学理论及女性角色研究女性犯罪，他认为大多数的女性犯罪多发生在家庭和职场；女性生性狡诈、善变、虚伪；一般女性犯罪人较男性犯罪人精神病者多；女性犯罪人的智能低下，尤其是卖淫妇女，易在经期、孕期和停经期实施犯罪。托马斯在1923年出版的《适应不良少女》一书中指出女性犯罪人往往是为了追求某种新体验的刺激和生活享受而以性为诱饵从事非法行为；女性犯罪主要是女性爱和性需要未及时得到满足所致；女性通过犯罪这种方式来打破束缚她们的传统约束。

此外，日本犯罪心理学家吉益修夫认为，研究女性犯罪应该将心理因素放在重要的位置上。由于女性本身具有忍耐和献身的特殊性格，这种特性是被动的，而男子的特性则是要求活动，这种特性是主动的，因此根据这种生物学的特性探求女性犯罪率低的原因是可能的。

3. 20世纪末期

这一时期，犯罪学家们提出了不同于原有女性犯罪研究的新观点并形成了不同的流派。

（1）现代生物学派。该学派以斯莱特和考伊为代表，主张：①女性犯罪研究的中心问题仍然应是性角色问题；②女性犯罪的根源在于染色体异常；

③生物特性上的一些不正常表现相对于社会因素和文化因素来说更多地用于解释女性犯罪；④反映在女性犯罪人身上的男性特征，包括攻击性、叛逆性、贪婪性等特点是产生女性犯罪的原因，与人格异常的原因相比，贫穷和机会不均等原因居次。

（2）现代社会学派。该学派的学者们试图从社会化过程差别、犯罪机会（违法机会）结构差别和社会反应差别等方面分析女性犯罪原因。现代犯罪社会学派的学者在三个方面取得卓著的成绩：女性犯罪与女性解放之间的关系；证明了从轻发落导致系列女性犯罪假设的不合理；从控制论中分离出了男性和女性性别差异而形成的"分性别控制论"。

（3）女性主义犯罪学。女性主义犯罪学将女性主义的理念运用于犯罪学之中解释女性犯罪现象，认为女性犯罪的研究应着眼于诸如权利、经济和社会资源分配、社会地位等存在严重男女不平等现象的社会问题上。西方女性主义犯罪学包含许多学派，如自由派女性主义、马克思主义女性主义、社会主义女性主义和激进主义女性主义、黑人女性主义、精神分析女性主义、存在主义女性主义、后现代主义女性主义、后殖民主义女性主义以及生态女性主义等，其关注焦点各有不同，但是它们有个共同的目标，即消灭两性间在政治、经济和法律上的不平等关系。

其中的马克思主义女性主义理论着重分析妇女受压迫的物质基础，以及生产方式与妇女的社会地位之间的关系，认为女性犯罪源于资本主义政治经济制度对女性的压迫。黑人女性主义理论着重考察占据主导地位的政治经济结构、个人因素、文化背景和社会组织对黑人女性犯罪的影响。自由派女性主义的主要代表人物是女性犯罪学的先驱者阿德拉和西蒙，她们注意到了女性的社会和经济角色与犯罪的关系，注重从女性生活的社会环境和条件解释其犯罪原因，阿德拉和西蒙于 1975 年的研究发现：如果姑且不论犯罪的数量，女性犯罪类型与男性犯罪类型并无多大区别，影响男性犯罪倾向的因素对女性罪犯同样有效。他们认为妇女解放和不断增加的就业机会为女性提供了犯罪之机。阿德拉在《女性犯罪》一书中指出，男女之间的差异是由社会因素而非心理因素所致，社会因素决定人的行为模式。如果男女所扮演的角色相同，社会经济地位平等，男女的犯罪率将会相等。此外，女性越来越多地参与带有严重暴力倾向的犯罪行为，陷入传统男性所从事的犯罪活动。西蒙以男女平等为出发点，在其《当代女性与犯罪》一书中指出：由于女性社会工作和教育水准的提升，女性犯罪以财产犯罪居多，与职业有关的白领犯罪、诈骗和贪污等犯罪类型不断增加。她认为女权运动不但与性犯罪有极其密切的联系，而且影响到女性的司法处遇。女性犯罪人应该受到与男性犯罪人同等的处遇。

（二）女性犯罪的犯罪社会学理论

女性犯罪在某种意义上可以说就是社会环境的产物，即使是心理特征等个人因素，也往往与个人社会化的社会结构相关联。在不同的社会背景、社会发展阶段，女性犯罪往往表现出不同的特征和构成。因此，必须将女性犯罪置入社会大背景中加以深入研究才能总结出女性犯罪的规律，明晰其走向与趋势。正如著名的犯罪学家贝卡利亚所言："人之所以成为犯罪，并不是因为他要犯罪，而是由于他处在一定的物质和社会条件之下，罪恶的种子得以在这种条件下发芽、生长。"因此研究女性犯罪的社会原因必须借助犯罪社会学的理论指导，这些理论是我们对女性犯罪进行深入研究不可缺乏的理论基点和逻辑起点。西方影响力较大的犯罪社会学理论主要有以下几种：

1. 社会失范论

代表人物是法国社会学家迪尔凯姆和美国犯罪学家罗伯特默顿。迪尔凯姆在其《自杀论》中指出"人的特点是他所受的制约不是肉体上的而是道义上的，即社会的制约。他所接受的规范不是来自粗暴地强加于他的某种物质环境而是来自胜过他自己的意识，而且他感觉到其优势的某种意识"[①]。根据该理论，在缺乏合适的社会规范调整的状态下，个人欲望需要无限膨胀和用不符合社会要求的方式满足需要就会导致犯罪，社会功能混乱引起社会失范，犯罪行为便会增加。

2. 文化冲突论

这一理论的主要代表人物是美国社会学家索斯坦·塞林，在他的著作《文化冲突与犯罪》一书中，论述了文化冲突理论。他认为："在一个具有统一价值观念拥有社会成员共同承认的规范意识的社会中，文化冲突是不可能发生的。但是，在多元复杂的当代社会中，社会整体的规范意识与部分社会的规范意识是不可能统一的，处于这样一种文化条件中，对于某一特定的个人来说社会的文化冲突必然深刻地影响他的思想和行为，必然扩大他的规范意识的冲突，从而引发行为人自我行为的矛盾，最终导致犯罪。"

3. 社会解体论

由美国社会学家托马斯提出，以帕克、伯吉斯等为代表的美国芝加哥城市社会学派用"社会解体"的概念解释犯罪生态学。该理论认为犯罪率上升的主要原因是社会结构的解体，城市化进程使得传统的规则、价值和社会结构崩溃，破坏社会原有的动态平衡，使传统社会的权威、约束和控制日益减弱。这

---

① ［法］埃米尔·迪尔凯姆：《自杀论》，冯韵文译，商务印书馆 1996 年版，第 233—234 页。

一理论被公认为可以用来解释社会在动荡、分化和混乱的越轨行为,并暗示越贫穷,流动性越高,外来人员越多,社会控制越弱,犯罪率越高。①

4. 相对剥夺论

通说认为,斯托弗用它来解释相对贫困更容易导致犯罪问题②。当个人将自己的处境与其参照群体中的人相比较,并发现自身处于劣势时,相对剥夺感就会产生,通过经济剥夺、心理失衡来解释犯罪原因,得出相对剥夺、相对贫穷更容易导致犯罪的结论,目前,这是被国际社会所接受的重要结论。

(三) 女性犯罪研究的简要评述

由于所处时代和思维方式的不同,不同时代女性犯罪学的观点也大相径庭。每一种理论或观点都为研究女性犯罪提供了一个视角,无不是由于对某种现象或侧面的洞察而对犯罪的解释作出了贡献。然而,它们也各有其盲点,在说明别的现象或侧面时也都存在不足。

龙勃罗梭和菲利纯生物学意义上的"天生犯罪论"的观点,其荒谬之处是显而易见的,已被现今的研究者所抛弃。"传统犯罪生物学的观点表现出一种似乎带有科普根据的偏见,它使人们相信:犯罪分子是可以从外表上识别的,是素质低劣的人,从而忽略了对犯罪产生社会因素的研究",事实上体格是人的一个方面,人还有情绪和感情,还有他所生存的社会环境。"此外,体格差别的背后可能还隐藏着更为深刻的社会原因,这既可能是遗传因素,也可能是因为犯罪人出身下层,在童年时期营养不良和居住条件恶劣所导致。从方法上看,对体格进行明确的鉴别分类几乎是不可能的事",犯罪生物学的观点过于强调女性的生物因素,忽略了社会环境的因素。依照犯罪生物学的观点,女性遗传的差别只能有好女人与坏女人两类,它把问题简单化,也使人格陷入混乱。

波拉克和托马斯的学说以及后来的现代生物学派仍以生物因素分析占主导,而忽略社会因素、文化因素等的观点也是不能真正解释女性犯罪原因的。

现代犯罪生物学观点比传统的犯罪生物学的观点有了进步,把研究的视角扩大到环境因素在天赋中的作用。"然而,这种观点虽然已经明确地认识到环境因素的作用,不再断言犯罪仅仅是或主要是由遗传引起的,但仍然强调天赋的作用,提出了犯罪人个性的概念。犯罪人的个性不仅由遗传天赋和外界的社会影响所决定,而且也积极参与塑造天赋和环境。"按照现代犯罪生物学的理

---

① 参见 [英] 韦恩莫里森:《理论犯罪学从现代到现代》,刘仁文、吴宗宪译,法律出版社 2004 年版,第 229 页

② 参见翟中东:《犯罪控制——动态平衡论的见解》,中国政法大学出版社 2004 年版,第 149 页。

论，在遗传因素和环境因素之间存在不断的相互作用。个人的环境是广义的全部社会外界因素的总和，在某种程度上也取决于个人对环境的选择。但是，社会环境因素对个人的个性有重要的影响，因为过去的环境多多少少反映在现在的个性里，因此，环境因素对犯罪成因起双重作用：从中长期看，环境参与塑造犯罪人个性，从短期看，环境诱发犯罪行为，由于天赋与环境以及个性紧密地交织在一起，不可分割地成为一个整体，以致无法证明有哪种是独立的遗传天赋。

现代社会学派向传统的犯罪学说发起了强有力的挑战，它从整体、宏观的方面说明社会文化条件与犯罪行为之间的关系，特别是不同的犯罪率，能够解释同一个人在不同的社会文化条件下会有不同的行为，但是由于视角的单一性却难以说明何以不同的人在同样的社会文化条件下会有不同的行为。也就是说，由于它们在从社会学的角度解释犯罪行为时，没有把种种社会文化条件同个体条件挂钩，因而也留下了对犯罪认识的缺口。同时，许多理论学说仍然是基于以男性犯罪为基础，与女性犯罪的结合还显得相当不够。实际上，由于性别的差异，犯罪原因有很大不同。女权主义者的研究和理论极大地丰富了女性犯罪研究的内容，可惜的是，他们的主张是对于男权主义社会的不满，无疑使得她们带有大女子主义色彩的研究受到一些学者的批判。

可见，不同历史时期的女性犯罪学观点对女性犯罪的认识都存在片面性。其实，任何一个犯罪行为的发生，无不是一个社会个体在一定的社会环境下实施的，社会个体的生物因素和一定的社会环境因素共同促成了某一犯罪行为的发生，因此，犯罪行为发生的原因应当从犯罪者的生物因素和社会因素两者进行解释，不能只顾及其一，故行为人的生物因素和社会环境因素相结合是造成犯罪行为发生的原因。女性犯罪是女性实施的犯罪行为，其原因也不应该例外。但是，生物因素和社会环境因素对女性行为的影响也不是并驾齐驱的。"科学的进一步发展证明，在犯罪的综合原因中主要的是社会生活条件下形成的那些东西"正是它们对女性犯罪行为的形成产生着重要的影响"①。

男女性无形的差别是先天的，而社会行为的差别是后天的。从生命意义上说，女性行为必然与妊娠、分娩、生育相关联，这无疑是生物因素在起作用。但是人却有选择生育的能力，还有选择各种行为的能力。人是在生物因素的基础上，在既定的文化背景和社会环境中选择行为的，生物因素是人们行为的基础，而非本质，人的行为本质更多地依赖社会，更多地表现为社会性。人是社会中的人，在人的社会活动过程中，其生物因素和环境因素之间存在一种不断

---

① ［俄］阿伊道戈尔娃：《犯罪学》，赵可等译，群众出版社2000年版，第638页。

的相互作用。"任何遗传天赋的表现都取决于环境因素，后者对前者起更改和引导的作用"①。无论生物因素的影响有多大都必须通过社会表现出来，其本质还是社会性的行为，根本没有单纯的生物性行为，任何人的生物性行为都带有社会行为的痕迹。女性有着与男性不同的社会地位，人们对女性也有不同的期望，而这些期望的变化及女性对其的领悟，比生物因素更多地影响到女性行为。男女行为的本质差别主要来自社会化过程，社会化过程所传递的性别角色及其规范，导致了男女各异的行为，社会化过程若出现无效传递，将导致违法犯罪行为。女性的生理因素是女性特有的，这种因素由于受到社会因素的影响，才会使女性发生特有的犯罪行为。

同时，从整个女性犯罪的历史也不难看出社会环境对女性犯罪的决定性影响。在人类社会的初期，乃至整个封建社会，妇女处于极低的社会地位，几乎被束缚在家庭中，由于她们很少接触社会，以致女性犯罪的数量非常少，几乎成为一个可以被忽略的社会现象。只是到了近代以来，由于社会制度、生活环境的变化，女性接触社会的机会逐渐增多，女性犯罪的数量也不断增加，逐渐发展成为一种新的犯罪类型。特别是近几十年来，其增长率甚至超过了男性犯罪的增长率。正如美国犯罪学家路易丝·谢利所言："女性犯罪是女性参加社会活动的范围和卷入社会活动的程度的晴雨表。女性犯罪行为的多样化以及参加犯罪活动的增多与她们的社会作用扩大直接相关。女性犯罪是犯罪行为的最好的衡量尺度之一，因为它过去的情况极为简单，因而有可能一清二楚地研究各种社会力量和社会经济发展对犯罪率和犯罪形式的影响"②。因为在这一变化过程中，女性的生物因素是恒定的，不可能随着时代和生活环境的变化发生大的变动，而正是由于社会生活环境的变化，女性犯罪急剧增多，这不能不说明是社会生活环境影响了女性犯罪。

由此可见，在不同的社会背景下，在不同的社会发展阶段，女性犯罪与否及犯罪过程往往表现出不同的特征和构成，即使是心理特征等个人因素，也往往与个人社会化过程中所处的社会结构相关联。因此，女性犯罪具有深刻的社会背景，甚至在某种意义上说，就是社会环境的产物。研究女性犯罪必须将其置入社会大背景中进行，这样才能总结出女性犯罪的规律，明晰其走向与趋势。

---

① ［英］安妮·坎贝尔：《少女犯》，刘利圭、冯韵文译，社会科学文献出版社 1988 年版，第 51 页。

② ［美］路易丝·谢利：《犯罪与现代化——工业化与城市化对犯罪的影响》，群众出版社 1986 年版，第 103 页。

三、透视女性犯罪的成因分析

对中国女性犯罪原因的分析要运用系统论的方法。犯罪原因研究的是犯罪发生的原因，凡是诱发、促成和影响犯罪现象及其过程的，均为犯罪因素；各犯罪因素按其作用层次和作用机制构成的系统便是犯罪原因，因此犯罪原因是一个多质多层次性的、综合的、变化的、彼此互为作用的相关系统，它包含有社会因素、心理因素、生理因素、自然环境因素以及文化等多种因素。

结合上述理论研究成果，以我国特有的社会背景为依托，我们对朝阳区女性犯罪原因的研究主要在于分析特定背景下女性犯罪的社会原因。同时，也在于将北京市朝阳区女性犯罪作为一个整体犯罪现象加以研究，从个案中找出共同的犯罪原因，从而更好地提出治理与预防女性犯罪的措施。

（一）从内在原因看：女性有其特有的、不同于男性的生理及心理特点

1. 生理特点

研究者认为，女性月经前 3—4 天内通常会有情绪紧张的表现，如忧郁、焦虑不安、烦躁易怒及信心降低等，称为"经前期综合症"。[①] 女性在月经期间易出现植物神经紊乱、大脑皮层失调、心烦易怒、情绪失控等现象，如果此时遇到不良刺激或者诱导，极易走上违法犯罪的道路。

2. 心理特点

女性作为不同于其他群体的一个独立群体，有其独特的心理特点，这些心理特点在女性犯罪人身上又表现出不同于普通女性的一些特点，下面我们就其中最突出的几个特点进行研究：

（1）依附心理强而辨识能力差。妇女解放运动，伴随着新中国的成立和发展逐渐普及，男女平等已经是大势所趋。然而，几千年以来形成的男尊女卑等以男性为中心的传统观念并不是能够在短时间内就剔除干净的。目前，女性在参政、招聘、晋升、薪金待遇等方面仍不同程度地受到歧视和不公正的待遇。女性自身观念中就根深蒂固的存在不如男性的自卑心理。女性成才的心理障碍其中很重要的一个方面就是依附、从属心理。可见，依附、从属心理是女性的固有心理。女性还有一个固有心理，那就是成就动机不稳定。女性无论是在家庭还是在工作中，总是惯于依赖男性实现其自我价值，这就加重了女性对男性的依附、从属心理。女性在看待问题时，总是愿意看表面现象，而不钻研事物背后的本质。女性参与社会事务晚于男性，社会经验本身不足，再加上看

---

① 肖兴政、郝志伦主编：《犯罪心理学》，四川大学出版社 2004 年版。

待问题的角度片面，使得女性辨别能力低下，自我保护能力差，同时女性更易于轻信他人。所以，当女性心理上恰恰又依附于道德品行不端的男性，"上了贼船，成了一根绳上的蚂蚱"的时候，想脱离也身不由己了。此时女性的轻信他人，盲目听从他人教唆，诱导她们踏入犯罪；而女性的体力和认识能力不如男性，自我保护能力差，又使得女性无法脱离沾染上的环境。共同犯罪中的女性犯罪人能够参与犯罪的原因就是由以上所述的其特有的心理特点造成的。

（2）情感丰富细腻但情绪变化快。情感丰富细腻，同时情绪变化快是造成很多女性情绪性犯罪的重要原因。由于女性和男性的染色体、性激素的不同，女性和男性的性格相比，女性的高级神经兴奋程度较强，抑制较弱。因而，女性的情感比男性丰富、细腻，遇到问题时比男性容易动感情。弗兰西斯·培根曾经说过：人怎样才能长寿，这并非完全决定于医学，人要健康长寿就应当保持心胸坦然，精神愉快，这是延年益寿的秘诀之一。人尤其应当克服嫉妒、暴躁及至埋在心里的怒火，积郁不解的思考，无节制的狂欢，内心的隐痛等，人应当经常保持一种怀有希望、愉快、明朗、朝气蓬勃的精神状态，从事一些对身心有益的学问和思考。如阅读历史、格言和观察自然①。当然我们在这里并不是讨论长寿的问题，笔者想说的是，正因为女性不能很好地抑制培根所举的这几种负面心情，当外界环境合适的时候，女性丰富的情感就又会表现出复杂多变、情绪变化快、波动幅度大等特点。由女性犯罪人实施的暴力犯罪，情感丰富、情绪变化快是造就犯罪的一大内在原因，该种犯罪形成的另一大内在原因，就是我们下面要讨论的第三点女性犯罪人犯罪的心理原因。

（3）嫉妒、虚荣、占有欲强。犯罪人犯罪心理的启动，畸形的需要是必不可少的。人不同于动物，在满足自我需要的同时，会裁度主客观条件和满足需要的可能性，并依据社会规范，有意识地调节自己的需要。而犯罪人选择犯罪，就是选择不择手段、不计后果、不惜侵犯他人和社会利益去满足私欲。女性犯罪人在这一方面表现尤为突出。嫉妒、虚荣、攀比、占有欲强是女性突出的一个心理特征。女性走出家庭、踏入社会，诱惑增多，欲望也就相应的增多。美丽是女性永久追求的东西，然而美丽往往是以物质作为基础来实现的。对于物质的追求往往就是女性对于美的追求。当女性对物质的占有欲超过自身能力的时候，一些女性就会采用一些不正当的手段，例如盗窃、诈骗、贪污、性等方式去获取。女性的嫉妒、虚荣、占有欲并不只表现在对物质的追求上，当女性在周围环境中处于较弱的地位，身边总是有个条件比自己好的人出现，这时虚荣心极度得不到满足，嫉妒就会驱使其做出一些非理性的行为，比如背

---

① 参见童桂馨：《女性心理学》，载《安徽省妇女干部学院学报》2005 年第 11 期。

后诋毁他人，仇恨他人，伺机报复。可以说嫉妒、虚荣、占有欲强是引起女性犯罪的重要原因之一。

（二）从外在原因看：女性犯罪人犯罪的外在原因是指影响女性犯罪人犯罪行为的各种社会环境原因

女性作为社会群体，踏入社会晚，家庭氛围浓郁，然而社会各种体制和条件还不成熟，家庭对于女性的各种要求还停留在原始阶段，譬如相夫教子、夫为妻纲等传统观念仍然很有市场。在这种大环境下，女性犯罪人所处的社会环境仍与普通女性有所区别。

1. 家庭教育、学校教育的缺失

家庭是一个人最初生活于其间的血缘单位。家庭生活对个体的影响首先表现为它是个体复杂的社会化过程的开始，女性将家庭放在重要的位置，一旦她们所依赖的家庭发生意料之外的破坏或变化，就会导致消极情绪进而产生犯罪心理。消极情绪往往是很多犯罪发生的根源。家庭教育、学校教育缺失的问题在农村未成年女性和农村妇女这两种群体中的表现最为突出。

家庭教育关注度不够表现在一类女性群体中，她们就是处在不和谐家庭环境下的未成年女性。父母是孩子的第一任老师，家庭的不和睦、不完整、经济条件差还有父母的不良言行都对未成年女性犯罪起着推波助澜的作用，许多家庭忽视对未成年人的道德教育，不能使女性犯罪人从小树立正确的价值观和道德准则，这就容易导致未成年女性容易滋生犯罪心理。目前大多数学校对道德教育和法制教育还不够重视，也使得未成年女性在踏入学校后无法补充在家庭中缺失的教育。学校对学生道德教育和法制教育不够，造成学生不懂法、不守法的现象，更容易滋生犯罪心理的产生以及犯罪行为的发生，比贫穷可怕的是愚昧，比愚昧可怕的是野蛮，比野蛮更可怕的是人性的丧失。一些农村仍然存在重男轻女的愚昧思想，未成年女性得不到与未成年男性同等的教育机会，这就致使未成年女性文化程度不高，法律意识淡薄，辨别能力差，有些农村未成年女性为了生计，不得不较早的离开学校，离开农村，踏入城市。文化程度低、认识范围狭窄、人生阅历少，就容易被表面现象所迷惑。再加上女性特有的心理特点，未成年女性极容易依附道德品行不端的人，误入犯罪团伙，从而走上犯罪道路。就外在原因而言，家庭教育和学校教育的缺失是未成年女性走上犯罪道路的重要原因。

农村女性也是这种外在环境的受害者，农村女性教育程度低集中表现在学法、懂法、守法、用法能力的欠缺上。农村女性得不到应有的基础教育和法律教育，造成她们思想愚昧、行为简单、思维狭隘，遇到问题时，思想容易钻牛角尖，解决问题不考虑后果，或者说是预见不到后果。这就容易发生因家庭暴力或邻里纠纷引起的暴力型犯罪的发生。无知必然导致愚昧，愚昧恰是野蛮的根源，野蛮又是因为受教育程度不够。[①] 农村女性整日劳作于田间，同时承受着繁重的家务劳动，很难得到基本法律知识的教育，遇到问题时不能用法律来保护自己，往往会采取简单粗暴的方法来解决问题，结果害人又害己。

2. 不良交往因素

马克思曾经说：一个人的发展，取决于和他直接或间接交往的一切人的发展。交往是人生的正常需要，也是人生道路上非常重要的一方面。但不良的交往又是一个人变坏的重要因素。苏格拉底有句格言：告诉我谁是你的朋友，我就能说出你是什么样的人。处于青春期的青少年女性精力旺盛，喜欢与人交往，渴望发展友谊。然而由于女性较男性更具有依赖性，意志对情绪的控制弱，行为易受情绪左右，直觉思维能力强，分辨是非能力低，易于屈从，易受暗示，因此在与他人交往过程中很容易相信别人。这种情况下一旦有不良交往，经不起朋友同行的引诱、拉拢，极易走上违法犯罪道路。

（1）不良交往对象。女性性犯罪与交往有很大关系。性犯罪女性在走上犯罪道路前，往往有与越轨女性交往的经历。而且，性犯罪者常常通过社会交往，拉拢、教唆其周围的女青年，使一些涉世不深、思想尚未定型、性知识贫乏的少女陷入性犯罪的泥坑。相关资料表明，有相当多的卖淫女性，就是在结识了女流氓、皮条客、骗客，并在他们的引诱、腐蚀、教唆下，堕入性犯罪泥潭。另外，青少年女性吸毒行为在相当程度上就是受不良交往对象的负向作用影响的结果。绝大部分吸毒者尤其是青少年女性吸毒者，在吸毒前或多或少地交有吸毒的朋友，她们的第一口或第一针常常是在朋友的怂恿下开始的。

（2）不良交往群体。青少年女性如果在社会化过程中出现失败，意味着这些青少年女性不能进入正常的社会舞台，获得应有的社会位置和身份角色，成为被家庭和学校排斥的不良少年。这样，她们就有一种被抛弃感和孤立感。女性由于生理、心理素质及自身体力条件等因素，为了在精神上相互慰藉、依赖，减少恐惧心理，而青少年又有天然的合群倾向，于是，这些被抛弃的青少年女性很容易物以类聚，在不良亚文化的吸引和感召下，通过不健康的娱乐、游荡、交谈等方式形成不良交往的亚文化群体。在犯罪亚文化小群体中，互动是以反社会化内容为主，成员互相影响，不良意识和行为产生负向整合。在恶性互动中确立起群体成员的价值观念、利益需要、情感和兴趣，产生出小群体的道德、纪律。他们通过密切的接触、相互观察和模仿，使得原有的错误的社会意识、不良的个性品质和行为习惯得到强化。这样，他们经过犯罪的学习，

---

① 参见贾富彬：《关注农村女性犯罪》，载《今日信息报》2005 年 4 月 7 日第 6 版。

初步具备了实施犯罪的条件，通过违法尝试，加速下滑，沦落为犯罪团伙。

（3）不良交往场所。社区中的文化娱乐场所，是家庭、学校之外未成年人闲暇活动的重要阵地。在这里，他们可以与不同层次的人交往，可以学习一些在家庭、学校中学不到的社会知识。但是有些地方不是一片净土，其人员复杂，一些活动内容不健康，甚至成为滋生未成年人违法犯罪的温床。随着城市化程度的提高和满足人们精神生活的需要，城市社区中各种文化娱乐场所越来越多，各种形式的娱乐场所层出不穷，像歌舞厅、录像厅、游戏厅，还有美容院、练歌房、健身房，等等，成为现代文明发达程度的重要标志之一。然而，它们在为人们提供休闲娱乐场所、提高生活质量的同时，也成为各种社会消极因素的聚集地。首先，这里是暴力、色情等有害文化的重要传播地。一些歌舞厅、录像厅、游戏厅等场所为了达到盈利的目的，不惜以色情、暴力等有害内容招徕顾客，有的甚至就是直接从事色情服务的场所。其次，这里是高消费的场所。开设娱乐场所的目的主要是赚钱，而来此消费的人一般都有较高的收入，自然这里的消费远远高于其他服务的消费。最后，这里往往是不良交往的主要场所，这些地方本就是容易藏污纳垢之所，来往此处的大部分人是与闲散少年有相似经历、共同兴趣、共同语言的人，很容易产生不良行为的交互感染，也难免在彼此交往中发生冲突，甚至导致犯罪发生。如果青少年女性经常出入这种场所，很容易激发她们的消费欲望，而未成年人没有可靠、稳定的经济来源，当她们没钱消费的时候，极易通过不法手段来满足自己的需要。同时，在这种场所里极易受到色情文化和不良交往对象的影响，发生价值观的转变，进而踏上违法犯罪的道路。

（4）网络。在现代科技产业迅速发展的今天，网络作为高速传输各类信息的现代化工具被广泛利用。网络交往是一种新的社会交往形式，网络为各种生活形态提供了充分施展的空间。但同时我们也应看到，网络具有工具性、虚拟性、开放性、迷人性等特点，如不能正确地驾驭它，它也可能产生消极的负面影响。网络中通过互发电子邮件或聊天、在线游戏等手段进行交往，可以向对方隐瞒真实身份、年龄甚至性别等特征。由于网络本身的这种隐蔽性，上网便成了很多女性缓解内心紧张、释放内心积郁的理想选择。很多年轻人有向外寻求友谊、同伴的需求，特别是独生子女的这种心理需求更强烈，很多与家长难以启齿的问题，在网上可以信口开河、毫不隐讳地说出来，因此，网上聊天交友正被越来越多的青少年女性所青睐。然而，这种虚拟网络在满足人们交往欲望的同时，也使很多女性陷入不良交往，甚至走上违法犯罪的道路。其主要表现在以下几个方面：首先，由于网络具有虚拟性、隐蔽性，有些人便利用这一特征在这个看不见对方的空间里大行欺骗活动，例如有些女性以女色为诱饵，诱骗异性钱财，实施诈骗活动。其次，网上信息有好有坏，在互联网上也经常游离着大量的色情、暴力、赌博、迷信和反动信息，越来越多的女性沉溺其中，深受其害。同时，有些卖淫女利用网络寻找嫖客，实施性犯罪。最后，网恋容易诱发意外事件，青少年尤其是女孩子社会阅历浅，思想较为单纯，辨别是非能力不强，整天沉溺于虚拟的网络交往中，忽视了虚拟世界和现实的区别，将虚拟的交往带到现实中来，缺乏自我保护意识，过度轻信网友，这些都为网络引发的犯罪提供了机会。加之社会上确实存在一些不良分子，常以交网友约会为借口，或诈取钱财，或诱骗女生。这种不正常的交往极易引发犯罪。

3. 社会原因

目前，我国正处于由计划经济体制向社会主义市场经济体制过渡的社会转型时期，由此引起了人们的价值观念和生活方式的根本改变，在这一大转折时期，社会政治、经济、文化、法制等因素都不同程度地影响着社会的变化，也影响着女性的犯罪。正是由于这种社会背景和历史条件的不同，而显现出不同的特质，正在出现量与质以及分布形式上的变化态势。

（1）女性就业边缘化。众所周知，我国目前进行的改革是一场触及经济基础与上层建筑的极为深刻的革命，在社会各方面都引起了强烈的震动。市场经济条件下的企业优胜劣汰使本来因有着较高人口增长率、劳动力市场供过于求的我国就业形势更加严峻。女性由于承担人口再生产的任务，其生育费用无形中加大了企业的人工成本，这与企业千方百计降低成本、追求最大经济效益作为自身生存和发展的目标相悖，加之女性体能天性不如男性，故许多企业往往不愿招收女工，甚至连女大学生也被拒之门外。由于就业中存在性别歧视的因素，男女竞争缺乏公平，女性就业被边缘化，在某种程度上甚至充当了职业的蓄水池。很多女性正是在面临巨大的生存压力下，她们感到凭自己的能力无法开拓那不可知的明天，在感到自己有可能被文明社会抛弃的焦虑中，一些人利用自己的学历、青春、美貌作为手段来达到就业的目的自然成了可能的选择。女性失业与女性犯罪之间的关系是明显的。

（2）女性生活相对贫困化。在市场经济条件下，优胜劣汰的竞争机制调整社会资源的分配，有实力的人得到了更多的机会，并占据了更多的社会资源。由于大部分女性文化素质普遍偏低，加之女性特殊的生理条件，使得女性在社会就业竞争中处于劣势地位，同时由于我国目前失业保障机制不健全，尤其是农村女性几乎没有任何社会福利保障。失业容易造成女性的贫困，使她们的生存面临危机。随着我国贫富差距的扩大使处于贫困的女性及贫困地区的人们产生了相对贫困感，而先富起来的富裕阶层及先富起来的富裕地区的享乐更对这些处于相对贫困中的人们有一种不可抗拒的诱惑。女性由于天性比较敏感，她们对贫富差距的感受会更加强烈，加上攀比与吃亏心理加剧了心理的不满与失衡，也加剧了她们挣大钱的冲动，一旦正当手段不能满足于目标的实现时，非法手段与途径便显现出来。

（3）社会角色转变。由于社会宏观环境的影响和作用，在不同的历史时期，社会对女性的性别角色要求和个人成长后对自身角色的期待内容均有不同。根据中国传统的思想观念，女儿在其父母的心目中被定位为未来的妻子、家庭主妇和母亲。然而，在现代社会中，情况发生了根本的改变。首先，社会要求女性的生活圈子不再局限于家庭，她们在社会中担当的角色不再是家庭中的几种，而是在社会各个层面的多种。其次，女性角色成就和角色期待内容也随着女性角色由单一向多元化转化而变得多元化了，她们正从家庭走向社会。然而，女性社会角色转变的道路并不平坦，受到种种不利因素的影响和制约。第一是女性生育功能的影响。女人的最基本问题之一就是，如何把她的生育角色和她的生产角色协调起来。女人受着生育功能的奴役是个根本事实，这个事实从历史一开始就注定她要做家务劳动，妨碍她参与塑造世界。第二是社会传统思想对女性的制约。女性卑下服从的地位、主内治家的职责、从一而终的婚姻、保贞守节的意念等在中国延续几千年的封建传统思想一直在人们的思想中占据重要地位，人们很难在短时间内接受这种转变。最后，现代社会对任何一种角色都提出了很高的要求，女性往往很难适应。如市场经济对思维模式提出的理性化要求，城市角色的高素质要求，等等，无不制约着女性社会角色的彻底转变。现在当然不好说女人是男人的奴隶，但他们始终依附于男人，男女两性从来没有平等共享过这个世界。由于女性生育功能和传统思想对女性的多重约束与现代角色的高度要求相矛盾，角色冲突便在女性身上突出地表现出来。主要表现为：市场经济对思维模式提出的理性化要求和女性自身直观思维特点的矛盾；女性家庭主妇角色和其职业角色的矛盾；农村女性向往城市生活和城市角色素质要求提高的矛盾；想改变先赋角色（由出身而定的角色）的努力与得到获致角色（经后天努力得到的角色）的艰难的矛盾；带有社会偏见性的、性别规定与女性自我主观确定的矛盾；新角色和旧观念的矛盾。毫无疑问，让女性既承认她们的身份是一个自主的人，又承认她们的女性命运，在今天是十分困难的。这是造成失策和不安的根本原因，而这种失策和不安有时又让人们认为她们是失去性别的人，角色冲突使现代的女性处于空前的冲突、矛盾、紧张和忧虑情绪之中。资深心理学家马提娜·霍纳曾指出，聪明的女性为双重绳索所缚，如果失败了，她要面临来自现代自我意识方面的否定，而如果成功了，那么她就辜负了社会对女性传统角色的期望。这种两难境地、长期焦虑和紧张情绪，在一定情形下，加上外部诱因的刺激，很容易诱发犯罪。

（4）人口流动加速。随着改革开放的不断深入，特别是在经济快速发展、市场化程度不断提高的过程中，我国的社会流动以其前所未有的态势急剧增加，城乡二元体制的壁垒逐渐被打破，城市吸纳农村劳动力越来越多。进城农民从最初的做小工、做保姆、摆摊点开始，逐渐进入各行各业，从孔雀东南飞到百万民工潮，中国的人口流动可能达到了人类有史以来的空前规模。2013年全国进城打工的农民达 2.2 亿人。在我国的人口流动大军中，女性占有相当比例。从其他一些城市流动人口的调查表明，女性和男性所占的比例总体上基本相等。且最近几年来，女性流动人口有增多的趋势。由于当前中国社会流动的单向和迅猛表明其在整体上还是一种畸形状态，从而使社会发展严重失衡，产生一系列社会问题，首当其冲的便是由社会流动引发的犯罪现象十分严重，其中当然包括女性犯罪现象。中国客观存在的大规模的女性流动，不仅仅在引发女性犯罪的动机方面成为犯罪的重要社会因素，而且在加强社会控制和抑制女性犯罪方面也遇到严重的问题。

首先，流动女性缺乏适应新社会环境的能力。流动女性大多来自贫穷偏远的农村，她们的文化程度一般较低，由于与外界接触较少，思想观念还处于封闭保守状态。当她们从农村一步踏入城市生活的瞬间，生活方式、思想观念、紧张程度等方面形成了巨大反差，那种不适应感非常明显地在她们身上表现出来。在市场经济的残酷竞争面前，由于文化素质等多方面的原因，使她们处在一个相对劣势的地位，较少地分享到经济社会发展的成就，有的甚至成为市场经济的牺牲品。生活中的焦虑，竞争中的失败，加速着她们对社会和他人的仇视和不满。加之女性自我控制能力有限，流动女性自然就很容易成为潜在的犯罪主体。

其次，社会控制机能弱化。流动女性的流动性特点使她们脱离了原来的居住地，摆脱了原有的社会控制体系，又没有成为流入地的正式居民，进入新的城市社会正式控制体系，从而处于两不管的状态，社会控制系统对女性犯罪的抑制作用在她们身上完全失效。这种缺乏控制与管束的状态使她们感受到从未有过的轻松，思想可以漫无边际，行为可以毫无顾忌。在这种缺乏外在监督而内心又缺乏自我约束状态下的很多女性便降低了对自己行为的要求，从违反道德行为开始，一步步踏上违法犯罪的道路。没有人在家门口卖淫嫖娼，没有人在家门口诈骗偷窃。① 这就是许多表现良好、没有犯罪前科的女性犯罪的重要原因。同时，生活在城市中的外来女性，大多彼此陌生，缺乏密切的沟通和联系，相互间处于匿名状态，这种流动人口所具有的匿名状态又使犯罪女性很难

---

① 苏力：《法治及其本土资源》，中国政法大学出版社 1996 年版，第 111—112 页。

被发现，容易逃避公安机关的打击。在芝加哥的社会学家看来，人们愈是彼此缺乏联系，隐姓埋名，社会解组的程度愈高，越轨行为就愈多。同时，大规模的人口处于流动状态，还大大增加了公安部门执法的难度和成本，使得打击女性犯罪受到严重制约。

四、北京市朝阳区预防女性犯罪的对策分析

女性是家庭的纽带，是社会的重要组成部分。预防女性犯罪，是构建和谐社会，建设朝阳首善之区的重要方面。对于女性犯罪，应从其微观、宏观两个角度出发，群力群策，全方位加以预防。

（一）从微观角度而言

女性犯罪的不断增长，女性自身的定位也起着很大的影响。自古女性的定位就是弱势地位，没有发言权，永远是隐藏在男性背后的一种弱势的力量。但是弱势的定位却要求很高的道德准则，不公平的待遇在这种很高的道德准则下显得理所当然。所以改变女性的定位，是遏制和减少女性犯罪的一种方式。在女性定位中，我们主要谈的是教育程度和心理的重新定位。

1. 加强女性的教育程度

朝阳地区的犯罪统计中我们可以看出，初中文化程度的罪犯和小学程度的罪犯达到了61%。大专以上学历的罪犯的比例是8%，这说明文化程度越高，犯罪率就相应的降低。这与我国现有的经济制度是有关系的。在市场经济条件下，就业竞争激烈，在竞争中，学历是最直观地表现个人素质的证明。学历较低，那么在就业竞争中就处于不利的地位。尤其是在就业竞争中常常又伴随着性别歧视，女性在竞争中更处于不利的地位。教育程度在很大程度上决定着女性的就业问题。在朝阳地区女性犯罪中有部分人是以犯罪为自己的职业的，不能找到合适的就业渠道也是部分人走上犯罪道路的一个原因。具体到实际的措施，在朝阳地区可以志愿者的形式招募大学教职工，在周六或周日或是晚上举办免费的职业规划或是成人教育课程，尤其是针对文化水平较低的人群，要努力提高这部分人群的文化素质。通过文化程度的提高，来达到预防犯罪的目的。

2. 注重女性的心理健康

在女性犯罪的研究领域，心理学家认为，女性犯罪存在很强的逆向倾向性，具体是指女性在初次犯罪遭受制裁之后，人格的自尊比较难以恢复，"破罐子破摔"的心理倾向较为突出，这在性违法犯罪中体现得较为明显。许多人本身是这种违法犯罪行为的受害者，受到伤害以后，由于社会观念歧视的存

在，甚至受到伤害的女性本身也认为这种歧视是理所当然的，这就在相当程度上动摇了女性追求新生活的原动力，对她们婚姻的缔结，家庭的重构，职业的重新选择以及自我形象的重建都造成了很大的阻力。因此，适度关注女性的心理健康是很必要的。同时在女性财产犯罪中，大部分的原因是青少年女性经济的不独立和物质需求之间的矛盾，所以正确树立金钱观念，对遏制女性财产犯罪是很有必要的。具体到实践中，可以在朝阳地区设立专门针对女性的心理咨询所，用来矫正女性心理偏差，解决女性心理问题，为女性正确定位提供心理上的帮助。

（二）从宏观角度而言

1. 制定完善公平的针对外来人的政策和措施

在朝阳地区的犯罪统计中，我们可以看出 70% 左右的犯罪是外来人口实施的犯罪，北京本地区的犯罪占到 30% 左右。外来人口在京犯罪的比例如此之高与北京对外来人口政策的不完善有着直接的关系。在对外来人口的政策和措施中应该至少包括对外来人口的社会福利保障措施，包括具体的行政管理措施、针对外来人口的精神文明建设等三方面。首先，在外来人口犯罪中，有相当一部分是由于外来人口在京无法通过合法的手段实现其想要达到的期望值，才走上犯罪道路。因此，健全外来人的福利保障，保障维持最基本的生存需要，为他们提供法律、心理、就业等方面的咨询服务。其次，针对外来人口行政上的管理措施的跟进，有利于流动人口秩序性的加强，也有利于与其他政策的衔接。最后，对外来人口精神文明建设的加强有利于帮助外来人口尽快适应在京的文化氛围，减少因为社会环境转变带来的压抑和不满。

2. 运用行政杠杆，抑制社会分配不公

缩小贫富差距，首先，应该调整国民收入分配中积累与消费或者投资与消费的比例关系，把消费基金增加的那部分尽可能地向农村居民和城市低收入居民倾斜。其次，要加快各地区改革的进程，增加资本运营的透明度和公开度。最后，要规范政府和公共管理部门的职能，做到权责分明，各司其职，弥补仅靠市场自发调节所带来的不足。

3. 加强法制宣传，加大查处力度

不仅要加强针对女性的法制宣传，同时还要严厉打击针对女性的违法犯罪活动，加大查处力度。针对本地区内高发多发的案件，相关部门应在重点区域加强法制宣传，如相关街道、居委会、村委会、社区组织应成立专门机构，选择具有法律知识背景及实践操作经验的人员，讲解重点犯罪类型的危害后果，使广大女性增强辨别是非的能力，以达到防治和减少女性犯罪的目的。

4. 结合实际，制定相关法律，切实保护女性的合法权益

面对家庭暴力日益猖獗的今天，政府有关部门应组织相关机构制定《反家庭暴力法》，使被害妇女的维权行为做到"有法可依"。此外，各区县、企业、社会团体、个人应切实贯彻《妇女儿童权益保护法》，从社会生活的各个方面全力保障妇女权益得到最广大的实现。各级组织应切实帮助受到家庭暴力侵害的妇女，使被害女性能得到相关部门的及时救助。一方面，社区内应成立专门救助被害妇女的机构。另一方面，可在社区显著位置上张贴女性心理救助服务热线的电话号码，使得一些抱有"家丑不可外扬"的女性能在被侵害后的最短时间内顺利释放不良情绪。

5. 加强对本区城乡结合部私人出租房屋的治安管理

一方面要着力向本地区群众宣传有关出租房屋管理的规定，普及相关法律知识，另一方面应与房管、工商部门密切配合，不断完善各项手续。此外，还应加强街道和社区对居住在出租房屋内的外来女性的监督和管理，对她们进行登记，建立信息档案，即时更新人员信息，及时掌握她们的动向，以预防和减少外来务工女性的犯罪发生率。

6. 健全社会保障体系，为本区女性的生存和发展提供适宜的社会环境

健全社会保障体系，一是要将全区所有人员纳入最低生活保障制度的考核标准，即使人员来源于其他省市、自治区，一旦发现其没有基本生活来源，政府相关机构仍要向其配发最低生活保障金及基本生存用品。二是完善失业保障制度，不仅为无业人员创造就业机会，还要从提高其文化素质及丰富劳动技能方面增强其再就业的能力。三是要建立和完善医疗保险制度，在领取社会最低生活保障金的居民聚居地区建立平价医院，政府运用行政手段降低医疗费用，使广大女性不会因为看不起病而实施违法犯罪的行为。四是要完善教育制度，降低学校收费标准，将义务教育真正作为公共产品低成本的提供给需要的人。

此外，司法机关在处理女性违法犯罪案件时，要贯彻教育、感化、挽救的方针，以防止行为人再次犯罪。司法机关工作人员应坚持教育为主，惩罚为辅、区别对待的方针，在工作中对女性罪犯要以诚相待，言传身教，消除其疑惧心理和对立情绪，增强其自身改造的信心。并且，对可能再次犯罪的女性罪犯要严格要求，加强管理，使之时刻感受到制度和纪律的制约，不敢随意越轨，从而有效地防止再次犯罪的发生。

女性公职人员职务犯罪预防调查[*]

——以无锡市南长区[①]人民检察院近五年办理的案件为例

何　莹　田碇君　李春歌[**]

近年来，越来越多的女性因工作出色而走上国家机关、国有企事业单位领导岗位。然而，面对现实的各种利益诱惑，一些女性公职人员突破了本应坚守的底线，最终堕入职务犯罪的泥潭，给国家、社会和其家庭带来了巨大损失。如何预防女性公职人员职务犯罪，不仅是社会公众广泛关注的问题，更是摆在检察机关面前的一项重要课题。本文通过对本院所办女性职务犯罪案件的深入分析，探索强化预防女性职务犯罪的"制度防火墙"，从而有效减少女性职务犯罪案件的发生。

一、女性职务犯罪的基本情况及其特点

2011年至2015年，南长区院共查办职务犯罪案件62件72人，其中女性公职人员职务犯罪11件11人，占职务犯罪总数的15.3%。11名女性职务犯罪中，贪污犯罪人数4人，受贿类犯罪人数3人，滥用职权罪1人，玩忽职守罪2人，挪用公款罪1人。从主体情况来看，国有企事业单位人员6人，国家机关公务人员4人，其他人员1人。从年龄段看，40—49岁8人，30—39岁2人，20—29岁1人。从涉案金额来看，总金额达600余万元，且呈逐年递增态势。通过对本院办理的女性公职人员职务犯罪案件的分析，发现此类案件有以下特点：

---

　* 本文荣获2015—2016年度女检察官检察理论研究课题三等奖。

　** 课题主持人：何莹，原江苏省无锡市南长区人民检察院党组书记、检察长，现任江苏省无锡市锡山区人民检察院党组书记，代检察长；课题组成员：田碇君，原江苏省无锡市南长区人民检察院职务犯罪预防科科长助理；李春歌，原江苏省无锡市南长区人民检察院办公室主任助理。

　① 注：2016年2月20日，无锡市南长区、崇安区、北塘区合并为梁溪区。

1. 犯罪比例逐渐升高，但仍远远低于男性公职人员。近年来，南长区院查办的女性职务犯罪案件比例呈增长趋势，从原来每年没有查办或者仅查办一起案件，到近几年每年查办2—3起。虽然每年查办的女性公职人员职务犯罪案件呈上升趋势，但所占比例仍然远远低于男性公职人员职务犯罪案件。

2. 财务岗位类犯罪较多且手段多样化。女性财务类型的职务犯罪案件，手段较为多样化，有的是利用转改制契机，指使测试人员篡改数据，直接将产品等级定为残次品，并处理给关联公司，再由关联公司将该产品按照正常价格卖出，实现犯罪目的；还有是直接隐匿账外资金或者以发奖金、补贴等名义虚增成本，减少净资产，达到侵吞国有资产的目的等。

3. 犯罪周期长，行为次数多。尤其是当罪名涉及受贿、挪用公款时，该特点显得尤为明显。一方面，这一特点是由涉嫌罪名的特性所决定的；另一方面，也显示出女性具有较男性更为细致、周密的性格特点。如南长区院2014年在立案查办徐某某挪用公款案中发现，徐某某在担任单位出纳会计期间，利用其保管账外资金的便利，先后十余次挪用公款，为其丈夫所经营的公司支付货款，前后时间长达3年之久。

4. 涉嫌罪名由主要涉及财务型向复合型罪名发展。南长区院所查办的女性职务犯罪案件中，涉嫌的罪名由最初主要涉及财务方面的贪污、挪用公款等，逐步向受贿、滥用职权、玩忽职守等扩散，在受贿的同时伴随着渎职。2011年至今，南长区院查办女性公职人员渎职案件3件3人，占被查办渎职案件人数的30%，一方面，这与检察机关近几年加大查办渎职犯罪力度有关；另一方面，女性的一些性格特征又较为适合某些特定岗位，易被组织提拔起来，成为领导干部，但正是这些性格特征，导致了其在履职过程中出现问题，最终涉嫌渎职犯罪。例如，南长区院2013年查办的辖区拆迁办窝串案中，陈某由于动员拆迁能力突出，并具有行事泼辣的做事风格，很快被提拔为政策业务科科室领导，但最终由于其性格原因，在担任科室领导期间，严重不负责任，致使中介利用阴阳合同获取差价，造成经济损失150多万元，最终涉嫌玩忽职守被立案查处。

5. 单独作案较少，伙同他人作案多。从2011年至今的数据来看，女性职务犯罪案件中，女性伙同他人作案的比例高达54.6%，超过总数量的一半。从伙同的对象上来看，其中3人主要伙同的对象是单位领导，尤其是当女性公职人员涉及财务类型的职务犯罪时，往往成为单位领导贪污的"帮手"，另外还有两人是伙同同事套取公款，涉嫌犯罪，还有1人是伙同情夫，涉嫌共同受贿。究其原因，女性公职职务犯罪人员往往容易受到他人影响，或者在犯罪过程中较难单独实现犯罪目的，女性较多出现在财务岗位上也是该特点的原因之一。

二、女性公职人员职务犯罪的原因

（一）主观原因

1. 受强烈虚荣拜金心理驱使，思想逐渐偏离正确方向。有些女性公职人员，受西方拜金主义、享乐主义和利己主义等腐朽思想的侵蚀，以权谋私、权钱交易，把廉洁抛到了脑后。在当今改革开放、社会体制转型时期，公职人员如果不能抵制各种利益诱惑，很容易在改革浪潮中迷失自我，到最后对"糖衣炮弹"失去起码的识别力和免疫力。从经济学中"资源的稀缺性"角度来分析，"经济物品"或生产这些物品的资源总是不足的。对人类的欲望进行分析，往往发现即使再多的资源或物品都是不足的①。女性往往比较注重生活品质，对于外在较之男性更为偏爱，消费欲望也往往较强，如果不能正确处理物质生活和自身收入水平的关系，就容易走上歧途。

2. 权力观念错位，法律意识淡薄，把权力当作获取私利的工具。一些女性手握职权特权思想浓厚、权力观念错位，导致责任意识缺失，这是目前女性职务犯罪高发的一个重要原因。如南长区院查办的陈某某玩忽职守、受贿一案，陈某某从一名下岗职工，因能力突出，被吸纳进入某国有公司动迁采购部工作，后任该部门的业务主管，又一步步做到采购部部长，随着职位的上升及权力的扩大，忘却了本应坚守的底线，先后多次收受财物、玩忽职守。一些女性公职人员，虽对法律有些了解，但仅限于表面，对某些行为是否构成犯罪，即罪与非罪的概念模糊。如南长区院查办的徐某某挪用公款案，其认为自己利用保管账外资金，借用一下用于丈夫公司经营活动，只要及时将资金归还账上，就不会有问题。殊不知，这种行为实际上是将公家的账外资金当成自己的"小银行"，也是我国刑法所明令禁止的。

3. 补偿心理作祟，缺乏应有的职业道德和责任心。女性在工作岗位取得成绩得到认可并最终走上领导岗位，往往会比男性付出更多的努力，一旦到达所追求的岗位、得到所梦想的权力，往往容易产生补偿心理，通过利用手中的权力实现自己的私利；或者是在感到自己的付出、贡献与回报不对等，仕途晋升又无望时，很多人失去心理平衡，转而利用自己手中的职权捞取好处，补偿自己的付出，而忘却了作为领导或关键岗位人员应有的职业道德。

4. 侥幸心理严重，妄图逃避法律制裁。南长区院所查办的女性公职人员职务犯罪案件中，受教育程度普遍较高，她们自认为做事认真、小心谨慎，对

---

① 林昌建：《驾驭权力烈马——公共权力的腐败与监控》（第 1 版），浙江大学出版社 2003 年版。

业务和相关法律、政策熟悉，钻钻法律空子，打打擦边球，不会被发现，于是铤而走险。

（二）客观原因

1. 社会不正之风在某些范围内盛行。当前，我国正处于社会转型时期，政治经济制度并不完善，在制度和管理上依然存在漏洞和真空，出现了社会学家所称的"社会失范状态"，而职务犯罪正是社会失范的一种表征。比如在工程建设、拆迁领域，业务并没有太多科技含量，但却利润丰厚，这就导致一些公司、个人为了能够获得业务，大肆行贿。在这种客观环境中，女性公职人员往往很难独善其身。如南长区院2011年查办的市区航道站过某某受贿案，犯罪嫌疑人感慨道，虽然自己内心清楚"伸手必被捉"的道理，但受不正之风影响，也就随了大流。

2. 单位财务、管理等制度不完善。从南长区院查处的女性职务犯罪来看，单位的财务制度不尽完善，有些单位即便制定了相对完善的财务制度，但缺乏有效的监督制约机制，财务制度形同虚设，易给罪犯可乘之机，特别是有的国有企业转改制制度及资产评估制度不完善，比如南长区院今年查办的杭某某、李某某、苏某某3人贪污案件，实质上是从篡改数据入手，从而实现犯罪目的，反映了转改制制度及具体资产评估等财务制度等方面存在很大的漏洞。

3. 监督机制不健全、不到位。一是财务监督制约落实不到位，有些单位未进行或者不严格进行财会检查、凭证稽核；二是关键岗位和人员责任监管机制不健全，缺乏有效制约。实践中，一些关键岗位和重点人员往往受单位主要负责人的直接领导或委派，在巨大利益的诱惑下，极容易结成利益同盟；三是内部纪检监察部门形同虚设，一些单位虽也制发了《党风廉政建设责任书》，但由于机制不健全、责任缺失，加上缺乏有效的民主监督，使责任监管流于形式。

4. 家庭出现问题，缺少家庭成员的关爱、提醒和监督。家庭是避风的港湾。作为女性来说，家庭往往是她们生活的重心。如果家庭出现问题，容易致使其丧失独立、冷静、全面思考问题的能力。如南长区院查办的沐某某贪污案，沐某某与其丈夫离异，自己独立撑起整个家庭，不仅承受着工作重压，还要照顾儿子的学习、生活，经济生活几度陷入困境，为补贴家用，最终陷入贪污犯罪深渊。

三、女性公职人员职务犯罪的预防对策

女性职务犯罪虽然不是职务犯罪的"主流"，但诱发犯罪的因素也在不断

增加，女性公职人员职务犯罪已经成了不容忽视的社会现象，其危害也日益突出，当前，要有效地预防女性职务犯罪，必须结合女性的特点，从制度机制着手，消除女性职务犯罪滋生的土壤。

（一）加强权力制约，完善监督机制，防止权力"任性"

不受监督制约的权力必将导致权力的滥用和腐败。预防和减少女性职务犯罪，根本问题还是加强对权力运行的监督和制约①。针对女性职务犯罪多发生在金融系统、财务岗位和主管部门等特点，亟须构建以下机制制约权力运行。

1. 完善内部监督制约机制。首先，重点岗位实施轮岗制或多岗制。建立健全重点、热点行业和关键岗位内部监督机制，重点岗位由一人负责制改为两人负责制，或者实施轮岗制，从而建立健全重点、热点行业和关键岗位内部监督、相互制约机制。其次，健全财务等管理制度，落实财务主管、会计、出纳多方制约相互监督制度，定期审核财务账目，保障内部审计和财务监督制度的落实，不给犯罪分子任何可乘之机。最后，突出强化上级部门、主管领导对重点岗位、关键部门人员的监督检查，尤其对于女性贪污、挪用公款多发的现状，加大外部审计力度，加强账目管理及财务审查，切实堵住职务犯罪的源头。

2. 完善外部监督制约机制。突出加强人大、检察、审计、财政等机关的监督，可成立由纪检、监察、审计组成的督查组，对女性公职人员较多且在重点岗位、关键部门的单位开展联合检查监督，共同营造反腐的大环境，使在职女性产生强大的心理震慑。

（二）单位、家庭、社会联合，营造适宜女性发展的良好氛围

权威人士指出，贪腐女官员很多在情感上出现了问题，家庭、单位的温暖，非常有助于女性公职人员内心对于廉洁的坚守。

1. 从单位层面上。健全妇女工作组织机构，专人负责，规范管理，及时掌握女性职工的思想动向，注意观察女性夫妻感情、消费方式、交友情况等重大变化，及早发现职务犯罪的苗头，把预防关口前移；定期开展谈心谈话活动，了解女性工作人员工作、生活、家庭状况，及时帮助解决遇到的实际难题；依法保障女性公职人员晋升、待遇、报酬、培训以及福利各方面的平等权；尝试开展各种形式的女性公职人员心理辅导等活动，使其拥有一个健康向上的心理状态，积极面对工作、生活方面的各种压力、困惑。

2. 从家庭层面上。家庭是温暖的港湾，也是女性心灵深处最为柔软的部

---

① http：//www. nj. js. pro/article. jsp? id＝44541.

分，由家庭问题诱发的女性职务犯罪，往往令人唏嘘不已。各个组织、单位可以利用家庭这一载体，通过廉政佳节深入走访家庭、节日慰问信等形式，促使女性公职人员家庭成员之间互相关心、互相提醒、互相监督，营造自觉抵制腐败的良好氛围。

3. 从社会层面上。组织协调报刊、电视、网络播放预防职务犯罪公益广告，宣传女性自尊、自信、自立、自强形象，建立正确的舆论导向。

（三）注重文化艺术心理熏陶，培养积极健康向上的心态

结合女性特点，构建活动机制，丰富女性业余生活，培养积极健康向上心态，拯救部分女性信仰危机。首先，可通过成立瑜伽队、舞蹈队、朗诵演讲等文艺团队，定期组织开展瑜伽、绘画、舞蹈、钢琴、知识讲座等文化艺术活动，丰富女性业余生活，潜移默化引导女性正确处理事业与家庭、金钱与权力的关系，增强抵御金钱物欲的自觉性。其次，开展心理预测活动。针对女性内心细腻、敏感、内敛等特点，开展职务犯罪心理预测，注意观察女性夫妻感情、消费方式、交友情况等重大变化，及早发现职务犯罪的苗头，积极进行心理干预，增强女性公职人员抵御社会压力和各种风险的自我调节和控制能力。最后，开展心理辅导活动。注重培养女干部心理咨询师、心理健康辅导员等，尝试开展一对一、电话匿名访谈等多种形式的心理辅导活动，加强对女干部的心理辅导，关注忙于工作而家庭解体的女干部，使其拥有健康心态，积极面对工作、生活方面的各种压力和困惑，使其从内心深处不愿腐、不能腐、不敢腐。

女性职务犯罪的惩治与预防*

——以江苏省徐州市人民检察院的调查为视角

赵　卿**

摘　要：现代社会女性的地位与作用得到了社会的广泛认可，但随着经济社会的不断发展，女性职务犯罪呈上升趋势。女性职务犯罪有其自身的特殊性，其滋生有着深刻的社会环境和文化背景，同时与其自身也有着密切关联。本文以当前强力反腐，越来越多的女性公职人员受到刑事处罚为话语背景，借助实证分析工具，以徐州市检察机关查办的女性职务犯罪为分析基础，深入分析了女性职务犯罪的特征及其成因，重点阐释和探讨了刑法惩治及预防女性职务犯罪等基本理论和实践问题。

关键词：女性　职务犯罪　惩治　预防

一、女性职务犯罪概述

职务犯罪，是具有国家工作人员身份的人员实施的与自身职务有关的犯罪行为的总称。以现代民主政治和法制的观念看，国家工作人员职务犯罪在本质上是一种滥用权力、亵渎权力的行为，是权力运行过程中发生的权力异化和失控现象。① 职务犯罪是犯罪的特殊形态，因而职务犯罪首先具有犯罪的基本特征。根据我国刑法对犯罪的规定，犯罪是指一切严重危害社会的，依据刑事法律应当受到刑罚处罚的行为。职务犯罪除了具有犯罪的基本特征之外，还具有特殊的内在规定性，其核心就是职务关联性，具体体现为掌握一定管理、支配公共财产、人事关系等多种实权的国家公务人员滥用职权、谋取私利、侵犯公共利益的特殊性犯罪，其本质特征是以权谋私、权钱交易。女性职务犯罪，单

---

* 本文荣获 2015—2016 年度女检察官检察理论研究课题三等奖。

** 课题主持人：赵卿，江苏省徐州市人民检察院反贪局综合处副处长，检察员。

① 孙谦、尹伊君：《国家工作人员职务犯罪论》，载《法学研究》1998 年第 4 期。

就其内涵界定上并无特别需要阐释之处，只是将职务犯罪的主体限定为女性，是女性公职人员（或者一般主体借助男性公职人员的职权）实施的职务犯罪行为。但考量女性职务犯罪性别特征的经济社会意义及其刑法治理机制、预防机制等，则是刑法学界和实务界应当关注的重要问题。

随着女性在政治、经济、社会方面地位的不断提升，女性职务犯罪现象也呈现出波浪式上升的趋势。女性职务犯罪也有其特殊性，这既表现在其不同于普通职务犯罪的性别特征上，又表现在其特有的产生原因上。达尔文在其著作《人类的由来及性选择》中提出，性选择是自然选择的一种特殊形式，自然进化主导下的性选择在男人和女人身上发生着不同的作用，进而使男性和女性在体貌特征和心理方面都存在质的不同，女性在生理上的特殊性，影响其内部心理和外部行为。现代生理学和心理学的共识性认知，在性格特征方面，女性同男性相比，在遭遇冲突或矛盾时，倾向退让或回避，女性的主动性和竞争意识弱于男性，自我价值实现的欲求和实现方式与男性也有很大差别，所以女性犯罪的内在原因、行为方式等与男性是有区别的。从女性的社会属性和文化属性层面看，女性职务犯罪的动因、手段等都有其特殊化的表现方式。很明显的例证，从犯罪现象上看，"女性特有的耐心、细腻以及社会对女性的宽容，使女性职务犯罪大多呈现出长期性特点，较为隐蔽和具有欺骗性"。①

当前，在强势的反腐话语背景下，女性职务犯罪也开始受到更多的关注。随着我国反腐败运动的逐步深入和推进，进入调查程序并被追究刑事责任的女官员也越来越多，女官员贪腐成为现阶段的热点问题，深圳市人民检察院公布了一份该院处理的女性职务犯罪案件的基本情况，《上海法治报》2015年3月25日也调查了上海某区女性职务犯罪的基本情况，这些报告从不同视角向社会公众展示了女性官员贪腐的基本情况，有助于社会公众了解这一群体。本文也正是在这样的语境之下，借助实证分析工具，以徐州市检察系统查办的女性职务犯罪为分析基础②，重点分析和阐释女性职务犯罪的成因、惩治及预防等理论和实践问题。

二、女性职务犯罪的特征和成因

（一）女性职务犯罪的特征

随着中国经济的高速发展和社会形态的渐进转型，女性职务犯罪在表现形

---

① 梅象华：《女性职务犯罪原因分析与对策》，载《理论界》2010年第6期。
② 本文的数据基础是2011年至2016年5月徐州市两级检察机关查办的女性职务犯罪案件。

式上呈现出多样化的特点。在这里，笔者分别从女性职务犯罪的犯罪特征和社会特征两个层面分析女性职务犯罪的特征，这两个层面分别侧重于对女性职务犯罪的内在分析和外在趋势判断，以这样的方式分析女性职务犯罪的特征更为科学和全面。

1. 女性职务犯罪的犯罪特征

（1）从犯罪主体看，女性职务犯罪的主体是女性，这是其最基本的生理特征，由此涵盖的女性心理特征赋予了职务犯罪更为丰富和多元化的犯罪学意义。女性对情绪的控制能力较弱，受环境所支配，女性主体实施的职务犯罪多为"被动犯罪和情动犯罪"。[①] 女性的心理和行为特征导致女性职务犯罪与男性职务犯罪相比更具有被动性和盲从性。2013 年徐州市某区人民检察院查办的税务人员李某某涉嫌受贿案中，李某某在任职期间，受到周围不正之风的影响以及顶头上司的行为引导，利用职务之便收受房屋中介送予财物 340 万元，最终被判处有期徒刑 13 年。另外，在女性贪污、挪用公款犯罪案件中，很多女性都不是单位的主要负责人而是担任会计或出纳，处在上级的压力之下或者因为理性分析能力不够出现盲从，进而被动犯罪。

（2）从犯罪手段和行为方式上看，女职务犯罪更具隐蔽性，且行为方式具有明显的特殊性，共同犯罪高发。所谓隐蔽，是指借助别的东西遮盖掩藏。女性在我国的传统观念中往往是善良温顺的，任何人在实施犯罪后都会有惧怕心理，但与男性相比，女性的惧怕心理则更为强烈，这是由女性的性别特征决定的。女性内在情感比较丰富、不轻易向他人袒露心声而且行为谨慎，加上其本性胆小怕事和喜好面子，所以女性实施职务犯罪后会更加想方设法加以掩盖。另外，女性在实施职务犯罪中，更倾向于和其职权有所关联的上司、同事等人勾结，形成共同犯罪。在调研中，我们还发现，女性职务犯罪有时候更容易利用男性手中的职权。徐州市某局局长李某因犯受贿罪被立案查办，与其妻王某有着直接的关系，据李某供述，在其妻王某的长期怂恿之下，李某和王某共同收受贿赂款 300 余万元。

（3）从犯罪领域特征看，女性职务犯罪的主体更多的是财务人员。基于女性较之男性特有的认真负责、仔细耐心的性别特征，国家机关、国有企事业单位中的会计、出纳等财务管理岗位多由女性负责，客观上为女性实施职务犯罪提供了平台、创造了条件。[②] 这些岗位直接与金钱接触，而诸多机关单位存在审批制度不规范、财务制度混乱等问题，这些不规范为女性职务犯罪者提供

---

① 胡阳基、陈沙麦：《女性职务犯罪问题浅析》，载《福建行政学院学报》2007 年第 4 期。

② 杨静：《女性职务犯罪与预防对策分析研究》，载《中国刑事法杂志》2014 年第 2 期。

了可乘之机，犯罪事实较为便利，于是女性财务人员成为女性职务犯罪的高发人群。徐州市检察机关所查办的女性职务犯罪案件中，涉及财务（会计、出纳、财务负责人等）41人，占比34.5%。北京市东城区人民检察院的调查表明，女性职务犯罪手段较为单纯，主要是利用单位监管不力、财务漏洞进行犯罪。如担任某国家部委下属出版社发行科科长的女干部颜某，利用单位财务不备份出版合同、出版费收取监管不力等漏洞，私自向外地出版单位收取出版费用后予以侵吞，涉嫌构成贪污犯罪。

2. 女性职务犯罪的社会特征

一是女性职务犯罪近年来呈上升趋势，但犯罪率低于男性。这期间，徐州市检察机关共查办职务犯罪案件1252人，其中贪污贿赂案件915人，渎职侵权案件337人，女性犯罪主体119人，占比9.5%。

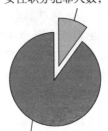

女性职务犯罪人数，119人，9.5%

男性职务犯罪人数，1133人，90.5%

图1　女性职务犯罪人数与男性职务犯罪人数比例

"有证据表明，腐化的程度可能与迅速的社会经济现代化有着相当密切的关系。英国和美国的政治生活腐化的高峰期，与工业革命的冲击、新的财富和权力源泉的形成以及向政府提出新要求的新兴阶级的出现是同时发生的。"[①]我国女性职务犯罪的产生、发展，与我国现阶段经济、政治、文化等因素紧密相连。通过对当前女性职务犯罪的研究发现，随着经济社会的发展，越来越多的女性担任公职，女性职务犯罪呈现稳步上升趋势。但总体来看，女性职务犯罪占比不高，但社会危害性不容小觑。[②]

二是涉及领域和行业更加广泛。当前腐败意识开始泛化，以致女性职务犯

① ［美］塞缪尔·亨廷顿：《变化社会中的政治秩序》，王冠华、刘为等译，沈宗美校，上海人民出版社2008年版，第59页。

② 北京市检察机关2004年至2014年查处的职务犯罪案件中，涉案女性337人，涉案金额高达8.7亿元，其中科级以上干部117人，处局级干部46人，很多案件社会影响较大。

罪的主体层次和发案领域不断扩散蔓延。[①] 在市场经济高速发展、社会体制机制不断革新的背景下，行政机关、司法机关、国有企业等部门领域所发挥的职能空间愈来愈大，避免不了染指相应的职务犯罪，而且，这些职务犯罪案件往往带有较强的行业和职业特点。从所获取的数据来看，徐州市检察机关查办的女性职务犯罪分别发生在征地拆迁、国企、行政执法、教育、医疗卫生等领域。从案发的行政级别来看，发生在乡镇、基层群众自治组织中女性职务犯罪占比 30%。从案发的具体领域看，发生在征地拆迁、工商、税务等行政管理、行政执法部门女性职务犯罪占比 34%，发生在国有企业领域的女性职务犯罪占比 13%。可见，女性职务犯罪所涉领域和行业更加广泛，从地级市检察机关办案情况来看，基层女性职务犯罪较多。

（二）女性职务犯罪的成因分析

女性职务犯罪的成因是多元性的，但对这些多元性的原因进行梳理归纳，最终可从主观和客观两个范畴探究，结合女性职务犯罪的研究成果和现实状况，笔者认为，女性职务犯罪的原因可以从以下两个层面进行分析和揭示。

1. 需求的层级错位和心理异化

首先应该从人性本身予以探求。人的本能欲求和在社会关系中的现实需求之间是对立统一的，社会需求是人的本能需要在现实环境中的表现。在商品经济条件下，人们通过金钱来满足各种本能需要，因个体所处的地点、条件、环境的不同而在时间序列和空间序列上存在相异表现，人性对私利的非理性追逐是其固有弱点，现实需求在非理性的引导下出现错位，加之一定的外部环境诱因，即可形成职务犯罪。动机是人的行为的内驱力，心理异化就会引发不良动机，从而导致行为的偏差，甚至走向犯罪。在追求利润最大化需求多样性时，其理性是有限的，在缺乏监督或无法监督的地方就会有不遵守规则的天性，便有可能成为滋生职务犯罪的主观内心动因。"文明只有在否定个人的基础上才有可能存在，人类的本能生活是进攻与利己主义的自我满足。文明的全部意义就在于禁止和限制人类。"[②] 因此，犯罪是人本性的一种反映，是主体行为与社会既定秩序、制度和道德意识的不协调或对立的反映。徐州市某区人民检察院办理的姜某某单位行贿案中，姜某某经营医疗器械销售业务，为了追求高额利润，不惜以身试法，大肆行贿医疗机构负责人，以明显高于市场的价格推销

---

① 莫洪宪、王燕飞主编：《职务犯罪预防战略研究》，中国人民公安大学出版社 2008 年版，第 61 页。

② ［奥］弗洛伊德：《文明及其缺憾》，寥浣痉、郝冬瑾、傅雅芳译，安徽文艺出版社 1987 年版，第 64 页。

医疗器械，最终致使乡镇卫生院两名院长银铛入狱，自己也受到了法律的严惩。

2. 职权运行和监督机制的客观缺陷

职务犯罪的产生具有深刻的社会基础，而对权力运行缺乏有效的监督制约机制，导致权力失控，是产生职务犯罪的重要客观条件。"一个被授予权力的人，总是面临着滥用权力的诱惑，面临着逾越正义和道德界线的诱惑"。① 没有制约的权力容易被滥用。在失控和约束不力的情况下，个人的意志常常会由于没有压力和牵制而轻易进入权力行使过程，从而使掌权人形成随意的精神状态。由于缺乏制约机制，权力行为的规范也就流于形式，丧失了权力应有的权威和严肃。现实情况是权力地位越高，受到的制约和监督却越弱，权力滥用者层出不穷。权力是公职的核心，权力滥用是职务犯罪的最根本原因，而在人性本身不能全然自律的前提下，职权运行和监督机制的缺失是职务犯罪发生最为重要的客观原因。徐州市某区人民检察院查办的水利站工作人员吴某某贪污、挪用公款案中，单位私设小金库，部分资金被站长、副站长、会计等人私分，吴某某还利用资金的管理漏洞，将巨额公款转借他人使用，最终无法收回，给国家造成了重大损失。这是监督机制运行不畅的重要表现，也是促成职务犯罪发生的重要原因。

三、女性职务犯罪的刑事治理分析

（一）职务犯罪的刑事立法演进

"腐败"问题长期困扰着人类社会，严重阻碍了社会经济生活的正常展开，破坏国家稳定，损害社会正义。当前腐败问题的严重化、组织化和国际化，已经成为各国共同关注的全球性公害。如何遏制腐败问题也就成了国际社会广泛关注的理论命题。② 贪污贿赂犯罪的刑事立法方面，自 1997 刑法典颁布实施以来，立法机关对贪污贿赂犯罪作了一些修改。如 2009 年根据刑法分则第八章的规定和《刑法修正案（七）》的规定，贪污贿赂罪共有 13 个具体罪名。随着贪污贿赂犯罪的新变化及我国反腐败力度的加大，现行立法的规定越来越不适应反腐败的客观需要，贪贿犯罪的修订势在必行。2015 年《刑法修正案（九）》在反腐败制度方面做了一些修改和完善，进一步完善了贪污受贿犯罪的定罪量刑标准，由以前规定的单纯的数额标准，修改完善为数额加情

---

① ［美］博登海默：《法理学——法哲学及其方法》，华夏出版社 1987 年版，第 347 页。

② 王鹏祥、张彦奎：《当代中国贿赂犯罪的刑法治理——以〈联合国反腐败公约〉为观照》，载《河北法学》2014 年第 2 期。

节的标准。2016 年 4 月 18 日，"两高"联合发布《关于办理贪污贿赂刑事案件适用法律若干问题的解释》，明确贪污罪、受贿罪的定罪量刑标准以及贪污罪、受贿罪死刑、死缓及终身监禁的适用原则等，强调依法从严惩治贪污贿赂犯罪。渎职侵权犯罪的刑事立法方面，1997 年修订的刑法对渎职的规定有 23 个条文，包括 33 个罪名。随着经济社会的发展，渎职侵权犯罪出现了诸多新的特点，刑事立法不断推进，现在渎职侵权犯罪包括五种类型共 44 个罪名。

（二）女性职务犯罪的刑事惩治状况

1. 所涉罪名的分布

2011 年至 2016 年 5 月，徐州市两级检察机关共计立案查处女性职务犯罪案件 119 件案件，其中贪污贿赂犯罪 82 人，占比 68%，渎职侵权案件 37 件，占比 32%。

表 1　2011—2016 年 5 月徐州市两级检察机关查办女性贪污贿赂犯罪人数

所涉罪名	女性贪污贿赂犯罪人数（人）	占比（%）
贪污罪	33	40.2
受贿罪	28	34.1
挪用公款罪	16	19.5

表 2　2011—2016 年 5 月徐州市两级检察机关查办女性渎职侵权犯罪人数

所涉罪名	女性渎职侵权犯罪人数（人）	占比（%）
滥用职权罪	19	51.3
玩忽职守罪	13	35.2

从上述列表中可以看出，贪污贿赂犯罪方面涉及的罪名集中在贪污罪、受贿罪、挪用公款罪，渎职侵权犯罪方面涉及的罪名主要是滥用职权罪和玩忽职守罪，职务犯罪的高发罪名基本集中在贪污、受贿、挪用公款、滥用职权和玩忽职守。数据表明，从罪名上看，女性职务犯罪的罪名特征和职务犯罪的总体罪名状况是基本一致的，女性职务犯罪多集中在挪用公款、贪污、受贿罪名上，这与女性所从事的多为直接经手或管理国有财产的职位有一定的关系，这种岗位的特殊性也为女性"利用职务之便"进行犯罪提供了契机。其中，有些犯罪是贪污贿赂和渎职侵权复合型案件，该类案件共有 14 件，占比 11.7%。另外，对比男性职务犯罪的情况，我们还可以发现，在挪用公款犯罪

的案发率上，女性明显高于男性，而在受贿罪的案发率上，男性则明显高于女性。

2. 女性职务犯罪的刑罚状况

刑事判决情况是对犯罪治理状况的最直接体现。从法政治学和宪法学角度观之，职务犯罪的刑罚问题关涉国家权力的分配。党的十八大以来，随着反腐力度的不断加大，检察机关成为法治反腐的中坚力量。目前对职务犯罪的定罪量刑还存在诸多争议指出，比较明显的表现是量刑的不统一及"轻刑化"判决。尤其是渎职侵权犯罪，更应该将其纳入国家治理法制化的进程，纳入惩治和预防腐败的体系当中，以强化责任追究，倒逼国家机关工作人员依法行使权力，严格执法，促进依法执政和法治政府建设。① 从笔者统计数据看，2011 年至 2016 年 5 月，其间共判决女性职务犯罪总人数为 101 人。其中判处免予刑事处罚 5 人，占比 5%。判处缓刑 28 人，占比 27.7%。判处 3 年以下有期徒刑（不含缓刑）16 人，占比 15.8%。判处 3—10 年有期徒刑的人数为 31 人，占比 30.7%。判处 10 年以上有期徒刑的为 21 人，占比 20.7%。

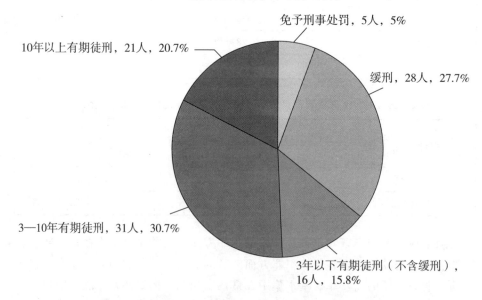

图 2　2011—2016 年 5 月徐州地区女性职务犯罪判决情况

可以看出，女性职务犯罪被判处 3—10 年有期徒刑、判处 10 年以上有期徒刑的分别占比 30.7%、20.7%，已然超过半数。另外，被判处 3 年以下有

① 《职务犯罪量刑各地不统一，多"轻刑化"判处》，载《新京报》2014 年 3 月 12 日。

期徒刑的人数占比 43.5% , 其中缓刑人数占比 27.7% 。其原因有如下几个方面:一是查办职务犯罪的行政级别和犯罪数额问题,市、区级人民检察院立案查办的职务犯罪案件,与省级以上检察机关、中央交办的职务犯罪案件在行政级别、犯罪数额、犯罪情节存在较大差异;二是女性职务犯罪有其特殊性,特别是女性犯罪嫌疑人在身体、心理承受能力、家庭亲情状况等方面有特殊情况的话,基于宽严相济的形势政策和刑法的谦抑性品格,审判机关在判决时应该予以酌情考虑,这种刑罚较轻的体现并不是对犯罪的放纵,而是对犯罪治理的理性调整。

四、女性职务犯罪的预防机制

职务犯罪作为腐败现象的极端表现,其最终指向的是国家政权的核心,具有极其严重的危害性。"我国治理职务犯罪还存在预防立法滞后以及重刑事惩罚、轻社会预防等方面的缺陷,特别是随着我国经济体制改革的纵深发展以及对外开放程度的进一步加大,职务犯罪呈现出新的表现形式和发展趋势,传统的以刑事惩治为主要手段的治理模式已经不能满足有效遏制职务犯罪的需要"。[1] 权力腐败的危害比一般犯罪的危害更具有隐蔽性、长期性和严重性,加上权力腐败存在巨大的寻租空间,致使事后打击既无法根除腐败,更无法弥补损失。对犯罪预防的认识是建立在犯罪是可控的基础上,即通常所说的"犯罪控制"。美国社会学家罗斯首次提出社会控制理论,由国家专门机关运用自己手中掌握的国家机器对危害社会的犯罪行为进行惩罚和预防,就称为犯罪控制。由此可见, "犯罪控制既不仅包括国家机关在犯罪的防治方面的活动,也不是仅仅局限于刑罚在与犯罪作斗争过程中的作用,犯罪控制是全方位的,涉及社会监督、国家的刑事政策、警方在与犯罪作斗争的过程中所作的努力等各方面。"[2]

女性职务犯罪有其特殊性,其预防机制也应进行特殊化的设计,至少应该从职务犯罪预防的普遍性措施以及女性职务犯罪预防的特殊化机制两个层面进行制度努力。

(一)职务犯罪预防的普遍性措施

1. 犯罪行为的心理预防

道德要求和伦理价值的内化是人与环境、人与人、理想与现实不断协调

---

[1] 高铭暄、陈璐:《当代我国职务犯罪的惩治与预防》,载《法学杂志》2011 年第 2 期。

[2] 张明楷:《刑法学》(第四版),法律出版社 2011 年版,第 51 页。

统一的结果①，从犯罪心理学和犯罪预防的角度看，通过道德要求和伦理价值的内化能够从内在实现对职务犯罪的预防。虽然法律治理路径之下，通过强制性的法律规则可以约束和引导社会主体的行为趋向正当，但是职务犯罪并没有因为法律规制而消亡，一方面是法律体系和监督机制的不完善，另一方面是过于偏侧法律规范的作用而忽视道德内化。正是在这种情况下，预防职务犯罪已然成为职务犯罪治理的关键手段。犯罪行为的心理预防旨在通过伦理教化和法律宣教影响个体心理，消除个体的犯罪心理或抑制个体犯罪心理结构的形成，遏制个体去实施具体的犯罪行为。从犯罪形态角度看，在犯罪心理萌芽状态和犯罪行为发生之前进行犯罪心理预防，是减少犯罪的最有效、最根本性的措施。

2. 权力运行和监督机制的完善

职务犯罪实质上是对公权力滥用的结果，保证公共权力不被滥用，建构制度防线极其关键，也可以说制度防线是预防职务犯罪最重要的客观屏障。要针对公权力的运行，深入研判职权运行过程中可能产生职务犯罪的环节和领域，借鉴法治评价理论引入廉政风险评估机制，并进行量化操作，在最大限度上堵塞权力行使过程中的廉政风险点。除了要科学设置职权的架构和规范职权的运作和监督外，还应该提高司法效率和司法权威性，健全职务犯罪的惩治体系、预防犯罪的司法体系，形成强大的威慑力，让犯罪分子望而却步。

（二）女性职务犯罪预防的特殊化机制

1. 提升女性主体意识

女性职务犯罪中蕴含着被动、情感等因素，其生理原因是女性自身的柔弱性，心理和社会原因则是女性对自我价值的低估，以及中国传统思想对女性地位的消解。提升女性主体意识关键是自身的内在觉醒。提高女性的自我认识，强化主体意识，就是要认同女性在各种社会关系中的主要位置及其重要作用，认同女性与男性同样是人类历史前进的推动者，同样是社会物质文明和精神文明的创造者，应该具有同等地位和同等权利，具有同等的人格和尊严。② 提升女性主体意识，是从内在角度抑制女性职务犯罪诱发因素的重要路径。

2. 发挥家庭伦理的预防作用

家庭是社会组织的细胞，女性在家庭中承担着极为重要的家庭角色，家庭结构是否能顺畅运转对女性承担社会角色有着至关重要的作用。推动廉政文化进入家庭，培养家庭美德，使廉洁成为家庭生活重要的内容和规范，充分发挥

---

① 邱吉：《道德内化论》，民族出版社 2004 年版，第 46 页。
② 陈祖英：《提高女性主体意识 减少女性职务犯罪》，载《福建行政学院学报》2008 年第 1 期。

家庭成员间提醒、感化、监督的作用，营造珍惜幸福生活，自觉抵制腐败的家庭氛围，有效预防和减少女性职务犯罪的发生。[①] 如果家庭功能发挥不到位，家庭伦理缺失，女性走上职务犯罪的概率会增大。如徐州市某街道办事处主任梁某和其担任所在区拆迁办主任的丈夫孙某共同利用职务便利，侵吞国家拆迁补偿款 180 万元，均被立案查处。

3. 优化行政和社会发展环境

建立健全女性公职人员的选拔任用机制，将行政体制内影响女性公职人员发展的各种因素予以调整和消除，让女性公职人员不会因为行政环境的负面影响而走上职务犯罪之路。充分发挥妇联、工会等组织的作用，密切留意女性公职人员的思想动向，把预防关口前移，将犯罪抑制在萌芽中。妇女组织要开展各种各样的心理辅导等活动，对一些心理上需要帮助的人员进行专业的心理救治，让女性公职人员拥有一个健康向上的心理状态，[②] 进而从社会发展环境上遏制女性职务犯罪。

---

① 杨静：《女性职务犯罪与预防对策分析研究》，载《中国刑事法杂志》2014 年第 2 期。
② 庞慧洁：《论女性职务犯罪》，载《洛阳理工学院学报》（社会科学版）2013 年第 6 期。

女性职务犯罪的特征与侦查谋略*

朱春凤**

女性是家庭的纽带，承担着教育、影响和哺育下一代的重任，同时也是社会活动的重要参与者。西方有句谚语："推动摇篮的手也是推动世界的手"，这正是对女性作用和地位的真实写照。女性在人们心中本是温顺与善良的代名词，也是职场上一道亮丽的风景。工作中一些女能人、女强人比比皆是，堪称"巾帼不让须眉"，但少数公职女性面对纷繁复杂的社会环境，却失去了正确把握自身的能力，为了满足物质和金钱的贪欲，铤而走险，利用职务之便，实施贪污贿赂犯罪，且呈上升趋势，给社会、家庭和个人造成了严重的损害，令人惋惜，也发人深思！

本课题组成员根据多年以来的检察工作经验，在深入调研的基础上，认真分析归纳了女性职务犯罪的特点、原因，并结合长期查办职务犯罪案件的实践，总结了侦破女性职务犯罪的一些谋略和方法，旨在为侦破此类案件提供一些有益的参考。

一、女性职务犯罪的特点

（一）初犯多

由于多数女性爱面子、虚荣心强，作案后大多神经过敏，终日惶惶不安，受到惩处后一般都会痛改前非，再次犯罪的人不到14%。这是女性职务犯罪有别于男性的一个明显特征。

（二）权色交易

"男人有钱就变坏，女人变坏就有钱。"在男性贪腐案中，情妇是个绕不开的话题，以权谋色的案例屡见不鲜。而对于公职女性来说，"通奸"的背后

---

* 本文系 2015—2016 年度女检察官检察理论研究课题成果。
** 课题主持人：朱春凤；课题组成员：王海伟、郭成、杨珊、益西顿珠。作者单位：西藏自治区人民检察院。

则往往既有以色谋权，也有以权谋色。女性以色诱方式腐蚀拉拢利用男性的较多。一些女性一旦大权在手，就大搞权色、权钱交易[①]。例如，辽宁省鞍山市国税局原局长刘某某（女）为了讨得上级官员们的欢心，便于仕途升迁，不惜花费 500 多万元巨资，先后进行几十次"美容"。她用自己的姿色，想方设法频频与自己的上司、上上司、再上上司"沟通"，一路升迁，直至坐上市国税局局长的交椅。再如，中共山西省高平市原市委副书记、市长杨某某（女）和晋中市委原副书记张某某（女）均被指"与他人通奸"而纷纷落马。这些都是色相上位，靠出卖色相一路升迁，把生殖器当成"升职器"，是典型的权色交易案例[②]。

（三）中青年所占比例较大

据西藏自治区检察系统对近 5 年办理的女性职务犯罪案件统计显示，中青年公职女性职务犯罪比例较大，占 68% 以上，且大多是共同犯罪；而 50 岁以上的女性，性情大多趋于稳定，共同犯罪的比例小，但案值相对较大。

（四）作案手段隐蔽，案件难以突破

近年来，女性职务犯罪呈现出智能化、信息化、科技化的趋势，作案手段相对隐蔽。她们天生胆小、爱面子，作案后会想方设法加以掩饰，案件往往难以侦破。例如，农行西藏堆龙德庆县东嘎营业所原出纳次仁某某贪污公款后，害怕事情败露，下班后先用刀子把自己的大腿划伤，再用绳子把自己绑在该营业所门外的栏杆上，制造被抢劫的假象后报警，导演了一幕"贼喊捉贼"的假象，从而误导侦查。再如，安徽省滁州市原国税局办公室主任徐某（女）在该局任职十年间，在多家银行设立多个账户，涉案资金在账与账之间互相倒，采取多数现金交易不在账上体现等手段，隐瞒其个人实际收入，将 300 余万元公款占为己有，犯罪手段极其隐蔽，案件侦破难度大。

（五）情感依附型案件中，"利他性"特征突出

女性因受生理等因素的影响，感性多情。当一些公职女性深陷畸形情感的泥潭时，不惜利用职务之便贪污或挪用公款，为家人、情人或恋人"雪中送炭"，从而将自己亲手送入犯罪的深渊。她们多数是为"情"而犯罪，且赃款大多是被其用情帮助的对象（家人、恋人或情人）所享用，自己挥霍的甚少，"利他性"特征突出。据统计，公职女性为满足情人高档消费而发生职务犯罪的约占 18.1%；为帮家庭致富而犯罪的约占 26.5%，为亲人敛财而犯罪的约

---

① 王恩海：《从犯罪学角度说女性贪腐》，载《检察风云》（新闻综合版）2015 年第 11 期。

② 《对四名山西官员立案调查》，载中纪委官网 2014 年 11 月。

占 14.3%。例如，中国农村杂志社原财务科科长徐某某挪用公款，目的是满足其情人王某某的用款需要，在未经单位批准的情况下，私自将 300 万元的公款用作质押担保，为情人贷款 240 万元，贷款到期后因情人无法偿还，使得作为抵押的 300 万元公款有去无回。这是为"情"铤而走险的典型案例，"利他性"特征突出。

（六）心理失衡，拜金特征突出

从法律上讲，我国女性与男性在政治、经济和社会上的地位是平等的，但现实生活中女性在就业、任职方面要完全与男性"平起平坐"尚有较大差距，事业有成的女强人和女能人一般要比男性付出更多。一些女性通过自身努力一旦成为单位或部门的掌权者，认为付出应该有回报，就会铤而走险，利用职务之便为自己捞取好处。例如，2009 年被判死刑的南京市栖霞区原区长助理、迈皋桥街道工委书记潘某某与时任迈皋桥街道主任的陈某某结成同盟，成为一对亦步亦趋、偷食国有财产的"腐败搭档"。案发时，办案人员仅从潘某某父母家就搜到 53 万美元、170 万元人民币，净重达 26 公斤的赃款，用点钞机一个半小时才清点完，这些是她认为应捞取"回报"的有力证据。还有一些公职女性自我显示欲强，拜金主义严重，常常让自己的消费超出正常收入水平。她们爱炫富、好攀比，当高消费的支出通过正规合法渠道无法满足时，就会铤而走险，实施贪腐犯罪。女性这种犯罪的内在动力，表现为在经济上贪得无厌，实施权钱交易，想用钱来抬高和证明自己的存在价值，满足虚荣心的需要，以此赢得人们的羡慕。例如，人社部原办公厅副主任曹某（女）不惜花费 13 万元做美容，然后以会议费、稿酬费等方式从公款中报销，实施贪腐犯罪。又如，辽宁省抚顺市政府原副秘书长江某（女），爱用名牌装扮自己，显示她的金钱和地位，案发后在其住处搜出 251 个 LV 名牌手提包和 48 块名牌手表等物品，这是典型的拜金女表现。

（七）原则性差，被动犯罪占一定比例

由于多数女性胆小怕事，不敢坚持原则或不认真履行财务制度，对于一些领导违反财务制度的行为不敢提醒、不敢制止，而是盲目服从，事后又害怕打击报复，结果成了一些领导的"替罪羊"。通过对西藏检察系统近 5 年查办的女性职务犯罪案件统计显示：公职女性被动犯罪的案件占女性职务犯罪案件数的 17.3%，且大部分是单位财务主管和女性财务人员共同挪用公款犯罪。例如，西藏江达县原政法委书记、公安局局长普布某某曾指使本单位会计次仁某某（女）将 95 万元公款挪用给矿场老板，用于生意上的短期资金周转。由于周期短，利息高，普布某某给次仁某某承诺，一周后老板还本付息 105 万元，利息由两人平分。次仁某某一是抵不住高利息的诱惑，二是迫于领导的压力，原则性差，怕得罪领导，不敢不从，最后二人因挪用公款而受到惩处。

（八）财会人员居多

由于女性大多做事细致、有耐心，一些国家机关、企事业单位财务工作等岗位多为女性担任。这种岗位的特殊性，也为女性职务犯罪提供了"利用职务之便"的机会。据统计，1999—2004 年，北京市海淀区人民检察院查处的 55 件 61 人女性职务犯罪案件中，会计、出纳占女性职务犯罪的 78% 以上[①]。再如，2010 年 1 月至 2015 年 6 月，西藏自治区检察机关查办的职务犯罪案件中，从事会计、出纳财务工作的女性职务犯罪案件占整个女性职务犯罪案件的 69.3%。

（九）犯罪性质多以贪污、挪用公款为主

女性职务犯罪多以贪污、挪用公款犯罪为主，这与她们所从事的多为直接经手或管理国有财产的职位有一定的关系。如拉萨市人民检察院曾对该市（2005 年 1 月—2008 年 10 月）办理的 35 件 61 人女性职务犯罪案件情况做过一次调查，其中，犯贪污罪的占女性职务犯罪总数的 42.3%；犯贿赂罪的占 17.2%；犯挪用公款罪的占 28.3%；犯渎职罪的占 3.2%。通过对西藏检察系统近 5 年查办的女性职务犯罪案件分析，不难发现，女性贪污、挪用公款案占职务犯罪案件的 56% 以上，其中，贪污案占 33%，挪用公款案占 24% 以上。

（十）法制观念淡薄

一些公职女性不学法、不懂法，法制观念淡薄，这一特征在挪用公款案件中表现得尤其突出。例如，西藏边巴县人民政府原后勤管理科出纳巴某某，将保管的 50 万元公款借给亲属做生意 8 天后归还。当事情败露后，她说："我只是将公款给亲属做生意借用了几天，又不是没还，怎么就涉嫌构成挪用公款罪了呢？"可见，她的法制观念是多么淡薄！

（十一）激情犯罪占一定比例

女性暴力犯罪中，激情犯罪占 16.3%；在女性职务犯罪案件中，激情犯罪占 9% 左右，有的是在工作中受挫，有的是和领导或同事积怨无法自我排解，当遇到外部刺激时，就会利用职务之便报复单位或同事，有的贪污公款后潜逃，有的则大肆挥霍赃款等。

---

① 徐苏林：《透视女性贪腐——当前女性官员职务犯罪问题调查》，载《检察风云》（新闻综合版）2015 年第 11 期。

（十二）犯罪率呈上升趋势，涉案数额越来越大

随着女性参与社会活动的概率越来越多，随之而来的女性犯罪也呈明显的上升趋势。据不完全统计，"文化大革命"前，我国女性犯罪的比例约为 1%；五六十年代为 1%—3%；七八十年代为 5%—7%；80 年代初期为 9%—10%；80 年代中期到 90 年代为 10%[④]。根据西藏自治区人民检察院案管部门对全区（2010 年 6 月—2015 年 6 月）检察机关办理的职务犯罪案件统计显示，5 年来，女性职务犯罪人数占职务犯罪总人数的 11.2%，其中，2011 年占 9.4%；2012 年占 9.3%；2013 年占 9.7%；2014 年占 10.1%；2015 年占 17.%。由此可见，女性普通刑事犯罪率和职务犯罪率一样均呈上升趋势，且从事领导阶层的女性职务犯罪率也呈逐年上升趋势，占女性职务犯罪案件数的 30% 左右。1995—2010 年前查办的自治区内女性职务犯罪案件涉案数额大多在几万到几十万元；2000—2014 年前后，女性职务犯罪的涉案数额达到了上百万元甚至更高；全国的女性官员职务犯罪涉案数额有的已达到上千万元甚至上亿元，涉案数额越来越大。

二、女性职务犯罪的主要原因

探索女性职务犯罪的特点，离不开女性职务犯罪的原因。通过对近几年西藏自治区检察系统侦办的女性职务犯罪案件统计分析，归纳女性职务犯罪的主要原因是：

（一）生理因素

男女的性别差异首先是由男女之间的生理差异造成的，女性在生理方面不同于男性的特征，影响着她们犯罪行为的实施及特征。如女性的生理因素会造成女性的敏感多疑，适应环境能力差，畸形婚恋情，等等。

（二）心理因素

女性犯罪的心理因素主要是由女性本身的特殊性所决定的。女性有别于男性的心理因素表现为：虚荣、敏感、胆小、主观等。

（三）客观因素

现代女性处于一个社会要求高、环境压力大的环境中。加上一些女性不学法、不懂法，法制观念淡薄；又要担负家庭和社会的多重责任，生活的压力、快节奏的工作和紧张的人际关系，与女性的敏感、多情结合在一起，使女性处在内在需求和外在压力的双重矛盾下，心力憔悴，当她们压抑的情绪日积月累，无法排解，在遇到问题或刺激时，就会利用职务之便采取"越轨"或极

端的方式处理，从而引发职务犯罪。

（四）成长环境因素

有些女性出身贫寒，一旦通过努力走上工作岗位掌权后受挫或受刺激，就会努力寻求报复，有人称之为激情犯罪，这些公职女性对金钱、对物质的渴求比一般人更强烈，因而发生职务犯罪的概率也大。正如美国心理学家亚伯拉罕·马斯洛所说："人类需求层次像阶梯一样从低到高按层次分为五种，即生理、安全、社交、尊重、自我实现需求理论"①。需求层次理论是行为科学的理论之一，但对女性心理学理论也有一定的借鉴作用。由于一些女性出身贫穷，特别渴望富足，有时会不择手段地寻找机会达到要回报的目的，从而导致职务犯罪的案例比比皆是。

三、侦查谋略的运用及方法

职务犯罪侦查谋略，特指检察机关及其侦查人员在职务犯罪侦查过程中通过思维活动筹划出的以智取胜、以巧制胜的计谋和策略。对女性职务犯罪嫌疑人的审讯谋略是指审讯人员根据女性犯罪嫌疑人个体的性格、情感、意志等心理状态变化的趋向性，对其心理活动进行干预，以引导女性犯罪嫌疑人供述的策略和技巧。职务犯罪侦查谋略服务于职务犯罪侦查活动，与其他谋略活动相比有其自身的内涵：一是应用侦查谋略的目的在于揭露和证实职务犯罪事实和职务犯罪人；二是侦查谋略的制定必须符合保护人权及现代法治的要求；三是施谋者是特定的职务犯罪侦查人员，其他人员无权实施。侦查谋略在女性职务犯罪侦查领域中运用广泛。从初查、立案到侦查，从侦查中的讯问、追赃、取证到强制措施的采取，几乎每个办案环节都给侦查谋略提供了足够的施展空间。因女性职务犯罪案件有其自身的特点，所以，对女性职务犯罪案件的侦查谋略也有别于男性。

（一）对女性职务犯罪案件在不同侦办阶段侦查谋略的运用

1. 初查阶段侦查谋略的运用

初查是立案查处职务犯罪案件的前期工作，初查工作的成败直接决定着后续侦查工作的开展。初查阶段谋略的运用，是女性职务犯罪侦查全过程中谋略运用的核心，对侦查、预审的谋略选择有直接的导向作用。

（1）隐蔽身份，秘密摸查。即办案人员在不暴露真实身份的情况下采取借用身份、乔装调查的方法，贴近被调查的女性对象和重要知情人，摸清犯罪

---

① ［美］亚伯拉罕·马斯洛：《人类激励理论》，1943 年。

的真实内幕，掌握与案件事实有关的第一手资料。这对办案人员的要求较高，侦查人员除应具备与装扮角色相应的知识技能、工作经验和交际能力外，还要能对可能出现的其他情况见机行事，沉着应对，在摸底过程中，能投其所好，麻痹对方，让其在不知不觉中畅所欲言、吐露真情。

（2）声东击西，欲擒故纵。即以表象掩盖真实意图，迷惑被查的公职女性对象，再虚张声势，设置圈套，引蛇出洞。这多用于因各种原因已公开或半公开的案件线索的初查，或被查对象已被惊动，有所觉察，或办案人员难以隐蔽身份进行秘密调查的情况。在此情况下，侦查人员可"明修栈道，暗度陈仓"，有目的地按照确定的内容，完成实际调查任务。另外，对问题较多且被查的女性对象已有充分准备、突破口难以选择的案件线索，可先让其回去，麻痹对方，让其放心串供，转移赃物，但必须通过秘密跟踪、技侦手段等严密监视其活动，使被调查对象在浑然不觉中放松表演，自行暴露。

（3）收集信息、固定证据，适时运用。随着职务犯罪呈现出的智能化、科技化、信息化趋势，涉案信息的收集显得尤为重要。善于捕捉信息情报，就容易找准案件的突破口，有的信息起直接作用，有的信息起间接作用，有的信息起到定案的作用。对信息情报的获取和价值分析，关键要有敏锐的侦查嗅觉对其进行判断、捕捉、甄别和运用①。收集固定证据时，侦查人员首先必须随机应变，注意创造和把握取证的环境、方式和手段，迂回攻击，麻痹女性犯罪嫌疑人，在其不经意时收集到有力证据。合法使用"诱惑式"侦查收集证据。即侦查人员特意设计某种诱发犯罪的情境，或者根据犯罪活动倾向提供其实施的条件和机会，待女性犯罪嫌疑人进行犯罪或自我暴露时当场收集固定证据。重视收集会计资料等证据，提高对收集会计资料的认识和审查技巧，而且在初查或决定立案侦查阶段就可以采取突击收集和固定的方式保护会计资料证据，避免被涂改或销毁。由于现代科学技术的发达，只要女性犯罪嫌疑人实施了伪造、变动凭证和账目，或者非法调动、伪装了资金流向的行为，都可以通过核查会计资料从正面或侧面有所反映，因此，会计资料证据在查办贪污贿赂等大要案中起着举足轻重的作用。要科技强侦，注意收集技术证据。技术性证据如物证、书证、鉴定结论、勘验（检查）笔录、视听资料等，虽然相对于言词证据、实物证据具有不稳定性和可更改性，但在提起公诉和法庭审理特别是女性被告人当庭翻供等突发事件中，技术证据具有较高的实用价值和较强的证明力。随着现代科技手段的发展和进步，技术证据已越来越受到司法机关的重视和采用，对它的收集和使用应成为当前一个主要的证据采集手段。其次充分运

---

① 王振刚：《贿赂犯罪的侦查方法与谋略浅析》，载正义网 2011 年 12 月。

用和有效固定证据。从当前侦查工作形势发展的趋势来看，更多的是运用视听资料来固定证据，形成讯（询）问笔录、自书材料和录音、录像三位一体的证据体系，为防止翻供和证实犯罪提供了强有力的证据保障，不仅要获取女性犯罪嫌疑人的口供，还要有亲笔供词，还需要根据案情制作破案经过，如果有必要，要对女性犯罪嫌疑人的供述用声像资料加以固定。

2. 侦查阶段侦查谋略的运用

（1）侦查谋略的分类及运用。审讯是侦查人员同女性犯罪嫌疑人攻心斗智，利用调查材料和政策教育女性罪犯、制服女性罪犯的短兵相接式战斗。侦查谋略大致可以分为五大类，即调动类谋略、利用类谋略、攻心类谋略、诱惑类谋略和密探类谋略。调动类谋略是对隐藏不动或其所处位置、环境不利于开展侦查活动的犯罪嫌疑人，采取场景指引、组织安排等方式，调遣、左右其行动的一类侦查谋略。这类谋略的关键是使犯罪嫌疑人认为自己被"调动"是对自己有利或合乎常情的。运用这类谋略的目的是争取主动，促使女性犯罪嫌疑人自我暴露，获取证据。利用类谋略是侦查人员利用女性犯罪嫌疑人的弱点、犯罪同伙之间的矛盾或女性犯罪嫌疑人所设置的骗局，为我所用，从而达到分化瓦解、获取证据或查获犯罪人目的的一类侦查谋略。这类谋略的特点是巧借敌力，因势利导。如利用女性犯罪嫌疑人的弱点再扩大弱点或乘弱而入；利用女性犯罪同伙之间的矛盾再制造矛盾；利用女性犯罪嫌疑人设置的圈套再设置圈套，从而置女性犯罪嫌疑人于被动境地。攻心类谋略就是根据人的思想的可变性，运用心理学原理，以适度的心理刺激，促使女性犯罪嫌疑人改变心理定式，瓦解抗拒心理，主动投案自首或坦白交代的一项侦查谋略。运用攻心类谋略的前提条件是要吃透案情，掌握女性犯罪嫌疑人的性格和心理特点，然后才能有针对性地进行攻心，从而"乱其心、丧其胆、泄其气、涣其志、松其防"，在利弊权衡中缴械投降。"诱惑"类谋略是指侦查人员使用隐秘之术迷惑侦查对象，使女性犯罪嫌疑人产生错觉并作出错误判断和行动的一类侦查谋略。运用这类谋略的基本方法是隐真示假，但"示假"并非都是假，而是真中有假，假中有真，使其真假难辨。对其中假的情节，要假得符合情理，以防被对方识破，弄巧成拙。运用这类谋略的目的，是让侦查对象产生错觉，达到让女性职务犯罪嫌疑人招供的目的。密探类谋略是指用秘密力量或秘密方法探知有关女性犯罪事实和女性犯罪嫌疑人动态的证据、情报的一类侦查谋略。在侦查中，情报至关重要，有关犯罪事实的情报，其本身就是侦查行为所苦苦寻找的。有关女性犯罪嫌疑人动向的情报，是侦查人员制订侦查计划、采取侦查措施、运筹奇谋良策的依据。而使用密探是获取情报的一个基本手段。上述谋略的运用必须在法律规定的范围内，而不能为了侦查的需要任意采取侦查措施，知法犯法，有损法律的权威①。

（2）巧妙运用审讯谋略突破案件。审讯（讯问）是一门艺术，也是侦查工作中的难点、重点和突破案件的关键点。每个女性职务犯罪嫌疑人在面对审讯时心态都不同，要根据审讯过程中女性犯罪嫌疑人的心理特点变化，巧妙运用审讯谋略突破案件。

在具体的审讯过程中，要根据公职女性的心理特征灵活运用如下谋略实现案件审理的突破。第一，运用后果警醒的谋略。根据我国法律、法规、政策所可预知的不利结果告知女性被讯问人员，令对方在庄严的法律、法规面前产生惧怕刑罚的心理，以劝导对方在法律法规和国家强制力面前"趋利避害"，从而配合讯问工作，如实交代有关涉嫌的犯罪事实。第二，运用利益驱动的谋略。根据法律、法规和有关刑事政策精神，将女性职务犯罪嫌疑人配合讯问工作可以得到的利益具体列出来，让其充分认识到只有走配合之路，如实供述犯罪事实，其前程才有可能是美好的，其未来才有可能是充满光明的，其家人、亲戚、朋友才有可能不至于受牵连。第三，运用事实迷惑的谋略。指围绕犯罪事实，以模糊事实刺激女性职务犯罪嫌疑人产生我们已掌握充分证据心理的讯问方法。即在讯问中，要充分使用虚虚实实的战术，使女性被讯问人员完全不知我们掌握其涉嫌犯罪的证据，以假象迷惑对方，促使其产生涉嫌犯罪证据已被侦查机关充分掌握，此时不交代，结果将十分被动的心理。第四，运用逻辑推理的谋略。指围绕职务犯罪具体细节，按照逻辑规则，科学设置讯问女性职务犯罪嫌疑人题目，根据回答将推断出有关职务犯罪事实的讯问方法。即在提问前就职务犯罪的具体细节预先设置了从外围入手、符合逻辑规律的陷阱式的问题，只要被讯问人按照计划一步一步回答有关提问，且答案都是符合设置要求时，将得出被讯问人肯定实施了有关犯罪行为或知道有关事实的结论。第五，运用态度刺激的谋略。当女性被讯问人故意不配合，或有意阻碍讯问工作正常进行时，讯问人员可以根据讯问的实际情况，以正常的、大众均能理解和接受的方式来表达气愤心情，以揭露女性被讯问人的拒供态度，打击其抵抗讯问的嚣张气焰，刺激其逐步收敛抵触抗拒讯问的心理。第六，运用女性个性特点差异的谋略。女性个性特点是心理现象的另一个方面，包括人的能力、兴趣、气质、性质，也就是平时我们所说的脾气、秉性、爱好等方面。心理个性特点是公职女性犯罪前就有的，在讯问中不易被掩饰，容易被识别，因此，利用她们的心理个性特点进行讯问，是取得成功的一个重要办法。因此，我们在利用女性的个性特点时，应采取"因人而异、量体裁衣"的讯问方式，杜绝

---

① 徐从锋：《浅议职务犯罪侦查谋略及运用》，载正义网 2010 年 12 月。

"千篇一律"的老套路。在讯问中应首先了解和研究她们有哪些个性特点和个性形成的因素，然后利用其个性特点中积极和消极方面区别进行讯问。第七，选择突破口的谋略。审讯的突破口，是指在审讯时容易突破女性犯罪嫌疑人口供的薄弱环节。如何选择审讯女性职务犯罪案件的突破口，直接关系到案件的发展和进程，突破口选准了，对案件侦查势必形成破竹之势，甚至会达到不攻自破的效果。审讯中侦查人员要善于捕捉和挖掘她们防线的薄弱环节进行突破。要结合案情，根据不同阶段已获取的证据和审讯要达到的目标有针对性地进行，不可盲目随意。

（3）"三招"选择女性职务犯罪案件"突破口"的谋略运用。第一招：从女性性格、心理方面选择"突破口"谋略的运用。一是从侥幸心理选择突破口。办案中，侦查人员经常会碰到各式各样的女性职务犯罪嫌疑人，有的认为自己的犯罪活动策划周密，检察机关根本无从查明；有的则认为自己有靠山、有背景，一旦出事也会有人将自己活动出去；等等。这种侥幸心理是她们拒不供认的精神支柱。她们把逃避打击的全部希望都寄托在这种侥幸心理上，从而增加了审讯的难度。因此，对于进行传唤的调查对象如在 12 小时内拒不交代自己的问题，应根据是否存在拘留的情形果断采取拘留措施。侦查人员应打破其侥幸心理，抓紧进行审讯，迫其交代罪行。二是从畏罪心理选择突破口。女性职务犯罪嫌疑人一般都认为自己一旦招供，就会失去既得的一切，包括权力、地位、工作、名誉、家庭、自由等。这是一种普遍的畏罪心理，这种畏罪心理背后隐含了一种早日出去和从轻处罚的心理期待，正确把握她们的这种心理，适时进行法律政策上的宣传，就能使她们的畏罪心理催化为交代行为。

第二招：从关键犯罪情节着手选择"突破口"谋略的运用。一是选择她们最担心的事实或情节为突破口。在审讯中，如果审讯人员掌握了她们最关心、最担心的事实和情节，如犯罪的地点、赃款的去向、攻守同盟订立的情节和同案人及知情人的证言等，就能以此作为查清全案的突破口。二是选择她们犯罪过程中的一些特殊细节为突破口。她们在犯罪活动的过程中，有时为了掩人耳目、逃避侦查，或者出于其他因素的考虑，实施了一些与犯罪活动密切相关的特殊细节。如果掌握了解这些特殊细节，就会使她们产生巨大的心理压力，认为连这样的细节都掌握了，其他的事实就更容易查清了，从而交代犯罪事实。

第三招：从矛盾中选择"突破口"谋略的运用。在审讯中，侦查人员要自觉运用矛盾的观点来分析问题，解决问题，并贯穿审讯工作的全过程。要善于发现她们口供的矛盾、口供与其他证据之间的矛盾、其他证据之间的矛盾。企图规避法律制裁的心理，使她们为掩盖犯罪事实或减轻罪责而胡编乱造，以虚假的事实来蒙骗侦查人员。但是既然是编造出来的事实，就一定会有破绽，侦查人员只要善于发现这些矛盾，利用这些矛盾，并在审讯时向她们发起攻势，就能起到查清犯罪事实的目的。在共同犯罪中，还要善于利用她们之间"互相猜忌"和"自保"的心理，利用她们之间的矛盾，分化、瓦解共同犯罪人之间订立的攻守同盟，使她们之间互相猜疑、指责、仇恨而发生激烈的冲突。在审讯中，她们最担心的是被同伙出卖，也最怕落在同伙的后面成了"替罪羊"而受到从重惩处。因此，发现、利用、制造和扩大她们之间的矛盾，分化瓦解犯罪分子，是打开审讯的突破口之一。

（4）根据女性心理特点变化，巧妙运用审讯谋略。通过对西藏检察系统近5年来侦办的32起女性职务犯罪嫌疑人进行审讯，发现她们受自身因素、情感因素等不同，也有不同的情感情绪表现。但一般伴随审讯的深入，她们的心理活动、思想变化呈现出一定的规律性。即一般情况下，正常人的心理活动虽然根据各自的生活阅历、成长经历、文化程度、性别、职务高低等不同有一定的区别，但都有一定的规律可循。审讯人员只有正确把握女性犯罪嫌疑人的心理活动规律，采取科学的审讯方法，在较短时间内击破她们的心理防线，促使其交代供述自己的犯罪行为，从而突破案件。为此，要求办案人员做到以下几点：

一是办案人员无论是通过举报材料还是初查得到的证据，都要对案情了如指掌。

二是要了解掌握她们的心理状态：对刚刚控制不久的女犯罪嫌疑人，一般不能马上和她们聊与案件有关的内容，而是要先了解她们的家庭及其近亲属的基本情况，如婚姻、配偶、子女及近亲属的身体及从业情况、个人嗜好、收入等，办案人员要认真听、认真记，并仔细观察她们的情绪变化，掌握其心理动态，此过程我们称之为"号脉"。

三是讯问阶段她们的情绪变化有着明显的规律，可以遵循这个规律去讯问。一般她们在刚被羁押的时候，思想都很抵触，但由于她们心理易受环境影响和情绪波动而出现心理变化。这时，办案人员可以慢慢地用谈话的方式对她们进行心理疏导、思想教育。随着谈话的深入，她们大多开始避重就轻地谈一些问题。办案人员要结合女性性格感性、顾家的特点，导致女性发生贪腐案件前，一般不会经过理性思考或周密策划，大多是受情感波动或家庭成员或个人成长经历等因素的影响而临时起意犯罪的多。发案过程中，大多呈现报复性、贪婪性、情绪性、被动性的特点，办案人员要根据这些特点及她们在被审讯时肢体动作的变化，顺藤摸瓜，乘胜追击，直到彻底缴械。可见，了解和掌握女性职务犯罪嫌疑人的心理和情绪变化是非常重要的。由于女性与男性在生理因素、心理因素等方面有很大的差异，女性职务犯罪呈现出犯罪类型、心理及行为特征等方面的特殊性。女性职务犯罪心理成分很复杂，一般将女性犯罪的心理因素划分为四个层次。一般而言，在犯罪心理结构中，不良个性倾向是实施犯罪的基本动力，并支配其全部心理活动；偏倾性的心理过程对犯罪动机的产生和发展变化进行"微调"，使犯罪动机更为明确具体；偏执、变异的个性特点使个体的犯罪活动具有自身的特点；消极的心理状态是行为人作案时必备的心理环境，是犯罪动机转化为犯罪行为的心理条件[①]。

这时，要特别重视和巧妙把握被审讯状态下女性职务犯罪嫌疑人的心理变化，这种变化一般会经历以下几个阶段[②]：

第一，对抗阶段。这是审讯过程中的初级阶段。在这个阶段，她们的抵触情绪占主导地位。对抗的主要原因：一是女性从业人员相对较少，凡是女性职务犯罪嫌疑人大多与权、色、情有关，加上她们爱面子，对抗情绪较强烈；二是她们大多把自己看得位高权重，突然被带到特定的环境中接受讯问，会产生条件反射型强烈的抵触情绪；三是大多女性天生胆小，侥幸心理重，害怕受到刑罚追究，采取对抗的方式，企图逃避法律的追究；自恃自己关系网广，觉得能侥幸过关而拒不交代罪行。

实践中，刚刚到案的绝大多数女性抵触情绪十分明显，且个个都要经历抵触阶段。主要表现为：她们不回答或不愿回答办案人员的提问，而是大谈特谈自己是多么的努力、优秀，作出了多大贡献。有的面对讯问装病、有的装疯卖傻，以此来"提醒"办案人员注意她的社会关系、社会地位和特殊身份，给检察人员施加心理压力，同时她们也是在给自己打气。此时，办案人员切记不要过早讯问具体案情，这一点很重要。因为，这时她们有强烈的对立情绪，根本听不进去任何劝导。如果处置不当，其对立情绪可能会更加嚣张，有时也会导致场面失控。在这个阶段，审讯人员一定要掌握主动权，灭一灭她们的威风，必要时给予一定的强制措施。强大的审讯攻势，一般会很快让她们从对抗阶段进入僵持阶段。

第二，僵持阶段。在僵持阶段，一般她们的心理比对抗阶段相对平静许多，抵触情绪有所减弱，但侥幸心理会逐渐上升，她们的精力和注意力主要用来对付审讯工作。此时，审讯工作也应由原来主要讲政策、讲法律，逐渐过渡到与案件实质内容和细节有关的方面来。

审讯进入僵持阶段后，主要表现为：一是她们面对审讯人员的发问，语气相对缓和，神态较为平静。二是她们主动与办案人员拉关系、套近乎、想法设

---

① 罗大华主编：《犯罪心理学》，中国政法大学出版社 2001 年版。

② 朱春凤：《浅谈被审讯状态下女性职务犯罪嫌疑人的心理一般会经历的几个阶段》，载《西藏检察》2009 年第 3 期。

法套取检察机关所掌握的案件情况。三是对讯问的案件情节会比较注意，也会设法狡辩。四是一旦讯问到案件关键情节时，她们就会避重就轻，或避实就虚地回答，也有的干脆不语，实际上又在仔细听取讯问，暗地里则在琢磨如何逃避罪责。

这时，审讯人员主要应做好以下工作：一是先选准案件突破口。如果选错很可能使审讯工作陷入被动。二是适时出示证据。审讯人员在这个阶段要掌握好出示证据的时机，有些证据直接出示，有些展而不示，使她们产生联想。三是审讯人员要进行大量的提示性发问，不涉及具体细节，使她们在心理上产生压力感。四是讯问语言要坚定、有力，在气氛上形成强大压力，促使她们心理动摇。

第三，矛盾动摇阶段。这是她们从不认罪的消极心理状态，经过审讯人员的信息交流、证据展示等讯问工作后，产生趋于供述认罪的动摇心理状态阶段。但这种心理状态不稳定，一旦把握不好，就会退到僵持阶段，使审讯工作陷入被动。她们在矛盾动摇阶段思想会出现激烈的斗争状况，供与不供的心理交织在一起。主要表现为：一是在身体上表现为浑身发抖、搓手捏脚、目光呆滞、哭泣、用手拍头、来回走动、坐立不安、唉声叹气，向讯问人要水喝、要烟抽，有的时而大哭或大笑等；二是向讯问人打听如果供罪，能否不追究责任、减轻责任、有哪些从轻条件等；三是向审讯人员提出条件，要求能否让其见一下她的某某亲属或领导或朋友等，这时她们的心理趋于瓦解、矛盾、崩溃，犹豫动摇，想交代职务犯罪事实的心理逐渐上升。

这一阶段，审讯人员一定要准确把握她们的心理状态。一方面要保持审讯的高压态势，表现已掌握某些证据"硬"的一面，防止其返回僵持阶段。另一方面要讲政策、给出路、增加人文关怀，体现"软"的一面，加速她们交代自己犯罪事实的过程。虽然此时她们的心理防线已经瓦解，但仍有反复的可能性，这种动摇情绪如果不能及时捕捉，并施以正确的审讯方法，其残存的抗拒心理就会死灰复燃，重新进行对抗。

第四，供述阶段。这是审讯双方最后的决胜阶段。此时，她们的心理防线已彻底瓦解，精神一蹶不振，无法重新唤起继续抗拒的意志力，感到除供述之外别无出路。在这个阶段，一是审讯人员一定要一鼓作气，发扬连续作战的精神，一气呵成，从她们开始交代问题时起连续审讯，就如同体育比赛在对方占上风时不能暂停。因为由于畏罪心理的驱使，残存的侥幸心理作用，她们在供述一部分犯罪事实后，能少供就少供，使交代的犯罪事实不彻底。二是在此阶段以引导、鼓励为主。特别是审讯人员用语要文明，多用亲情和人文关怀打动她们，促其完全交代。告诫、教育她们只有坦白和如实供述自己的犯罪事实，才是最明智的唯一出路。

由于女性的心理活动是一个极其复杂的过程，她们的生活、工作阅历以及审问人员的自身素质、审讯技巧的不同，决定她们的心理活动在各个阶段表现的时间长短、强弱各不相同。在办理女性职务犯罪案件时，认真研究她们在审讯过程中的心理活动，采取科学的审讯方法，就会达到事半功倍的效果，既节约司法资源，提高办案效率，又能确保办案质量。

（二）运用谋略侦破女性职务犯罪案件的主要方法

1. 攻心法

攻心法就是侦查审讯人员在审讯女性犯罪嫌疑人时，通过攻其心，达到泄其气，消其势，乱其谋，夺其心的作用。使她们不想、不能、不敢对抗审讯，从而取得"不战而胜"的效果。常用的攻心法有：

一是政治思想攻心。这是最常用的解决女性职务犯罪嫌疑人认识问题、观念问题、情感问题的审讯谋略。它主要通过强化审讯力量，适当加快审讯频率和宣讲国家形势来完成，具体从三个方面进行：首先是情攻心，是指以真挚的情感唤起她们仅存的良知，用真情打动她们，使其向有利于如实供述罪行方面转化；其次是理攻心，是指运用道德和公理来转变她们的思想，促其如实供述；最后是势攻心，是指在侦查审讯中，运用和形成有利的形势、局势和声势，促使她们如实供述罪行。

二是法律政策攻心法。就是运用党的有关刑事政策和法律规定的震慑力，去影响她们的心理。攻心法是以积极的心理影响促使她们转变思想，审时度势。要根据审讯的具体情境，有节奏地调整审讯的气氛，既不能从头到尾只有平和的规劝，不给适当压力；也不能一味施加压力，不作启发诱导。宽和严交替使用，才能达到攻心的目的。

2. 威慑法

威慑法就是在审讯中，审讯人员发出能产生强烈效应和刺激的信息，使犯罪嫌疑人慑于国家专政机关的威力，深感自己的卑微，无力与国家法律抗衡，从而削弱或消除其对抗心理，如实交代罪行。常用的震慑法有：

一是最后通牒法。就是直接将她们推向绝境，以强迫她们在指定的时间内对自己的行为作出选择，展开决战的态势，迫使其按照审讯人员的意图作出行动。虽然容易导致僵局，具有很大的风险，但是成功的比例也很大。因此，审讯人员要有充分的准备，在出现僵局后应寻找方法化解，重新组织力量，寻机再次发起攻击。

二是敲山震虎法。此法常用在深挖她们还没有交代的余罪上。在审讯中，她们往往见机行事，审讯人员知道多少就交代多少，能交代轻的就不交代重的。此时，运用敲山震虎的谋略，往往会收到意想不到的效果。审讯人员通过不同的侧面进行迂回攻击，从不同的线索，进行深挖，扩大战果。如对她们讲："你以为你讲了一点就完了吗？其他的事你打算怎么办？"便是典型的敲山震虎。

三是先发制人法。就是在充分掌握她们心理，掌握其防御体系的部分或全部之后，以自己具有的优势，主动发起局部或整体进攻的审讯谋略。实施先发制人谋略时，应注意三个问题：一是使用措辞强烈节奏性强的发问语句；二是出示强有力的证据，主动揭露她们的罪行；三是发现有谎供、狡辩的意向，就先行一步，揭穿可能说出的谎言，不给她们以喘息的机会，堵塞其退路，迫其供述。

四是攻其不备法。就是在她们对某一问题没有防备，或来不及防备的情况下，集中力量，对该问题进行突然追讯的一种审讯谋略。实施该谋略时，应注意以下两个问题：一是审讯人员在与她们的对攻中，要善于捕捉其没有防备的问题；二是一旦发现了没有防备的问题，要迅速果断地进攻，切不可因优柔寡断贻误战机。

3. 制造错觉法

就是利用她们在审讯中特定的心理状态和特定的环境所造成的思维的片面性。在审讯中，她们为了逃避或减轻罪责，总是希望达到某种愿望或不愿出现某种结果。但处在羁押的环境中，又不可能知道自己的罪行暴露的程度、审讯人员掌握了哪些证据，因此，不仅急于探听虚实，而且对外界信息具有高度的敏感性。在这种心理状态下，向她们输入一定的信息，她们就会依据自己的主观愿望对所获得的信息进行判断，权衡利弊。在没有其他信息来源的情况下，她们往往产生错觉，认为检察机关已经掌握了案件的事实真相，自己无法继续抵赖下去，从而作出供述罪行的选择。审讯人员可以从以下四个方面制造错觉：

一是对审讯目标的错觉。在审讯过程中，不能暴露审讯的目标，让她们产生错觉，麻痹对方，声东击西，隐蔽审讯的主攻方向和目标，削弱对方的防御强度，避强击弱，使得她们首尾难顾，方寸大乱，最后不得不交代自己的全部犯罪事实。

二是对证据掌握程度的错觉。在审讯过程中，她们多数并不了解检察机关到底掌握了多少证据。但她们知道办案人员不会平白无故乱抓人，由此会产生一种错觉，认为办案人员至少是掌握了一定的证据才来调查自己，但又不知道到底掌握了多少证据，因此，审讯人员在使用证据时应注意技巧性和隐蔽性，尽量少出示证据，不到关键时刻不轻易出示证据。出示证据时应注意其效果，每出示一次证据就应令她们对审讯人员掌握证据程度的错觉进一步扩大和加深。审讯成功与否，在很大程度上取决于犯罪嫌疑人的错觉，错觉越大，犯罪嫌疑人的心理压力就越大。因为证据已被掌握，抗拒已失去意义，在权衡利弊后，就会选择供述。

三是对利害关系人的错觉。利害关系人顾名思义就是与案件有关联的人，这些人掌握了她们一定的犯罪事实，往往对案件事实起着重要的证明作用，因而也是她们较为关心的问题。如在受贿案中受贿人最担心的是行贿人的情况，是否被抓了？是否已经交代了犯罪事实？交代了哪些犯罪事实等，这些都是她们急于想知道的问题。因此，她们总是试图从审讯人员口中、表情及行为上了解猜测利害关系人的情况。审讯人员在审讯中应注意隐蔽自己的语言、表情和行为，要会"演戏"，那她们就会根据自己主观臆测产生各种错觉，如审讯人员在审讯中抛出同案人的点滴信息，"别人已经说了，你还在这里顽抗"。她们就会产生他人已供述的错觉，从而加速她们心理证据的形成。

四是对事实存在的错觉。她们实施犯罪行为后，一般很少留下痕迹，这对于审讯工作是很不利的。对于这类犯罪，隐蔽性强，有时多年后才发现，大量的犯罪痕迹都无法查证，因此，成为她们赖以顽抗的基础。为了应对这种情况，审讯人员故意在审讯中假设一些情节，使她们产生错觉。制造错觉一是提出的问题必须是真实的，或者建立在一定证据的基础上。二是审讯中要沉着、坚定，表现出自信而胸有成竹的样子。三是力争速战速决，切忌久攻不下。为了不至于暴露，使用时应与其他谋略结合起来，虚虚实实地进行。

四、结束语

女性职务犯罪有其不同于男性的特征和原因。本课题组成员根据多年以来的检察工作经验，在深入调研的基础上，归纳总结了女性职务犯罪的主要特点和原因，阐述了侦破女性职务犯罪案件的一些谋略和方法。女性职务犯罪案件的侦查谋略体现着侦查主体的智慧与斗争的艺术水平，是侦查战斗力的重要组成部分。掌握和运用女性职务犯罪案件的侦查谋略是一种斗争艺术，尤其是对那些诡计多端、阴险奸诈乃至手中拥有一定权力的公职女性，侦查人员必须智勇双全，将侦查措施、手段、方法与谋略有机地结合起来，考虑客观条件与实际可能，周密地定计用谋，才能获取侦查的成功和反腐败斗争的胜利。

本课题组成员虽然浅显地归纳了侦破女性职务犯罪的一些特点、原因、侦查谋略和方法，但我们还必须根据女性职务犯罪出现的新特点、新变化和新规律，不断在查处女性职务犯罪案件的实践中探索总结新的计谋和策略，为侦破此类案件发挥积极的作用。

女性犯罪的惩治与预防[*]

任晋红　黄庆芬[**]

摘　要： 当前，随着我国社会转型逐步深入，女性参与国家政治、经济、文化和社会活动也日益拓展。在为社会发展做出前所未有的巨大贡献的同时，女性犯罪问题也逐步凸显出来。主要是女性犯罪案件和人数明显增多，犯罪领域越来越广，犯罪方式和手段也明显出现多样化态势，对社会造成的危害日益加大。因此研究新时期女性犯罪问题，有针对性地加强防范和惩治，对维护国家和社会稳定及保护妇女权益具有重大意义。

关键词： 女性犯罪　惩治　预防

一、当前女性犯罪现状和特点

所谓女性犯罪，即案件中犯罪主体涉及有女性实施的犯罪。近年来女性犯罪案件类型呈多样化趋势，社会危害性日益增大，已经是社会不能忽视的热点问题。笔者对所在单位近两年多来公诉审理的女性犯罪案件进行了统计：2014年1月至2016年6月上旬，安陆市人民检察院共审结女性犯罪案件72件86人，其中2014年审结26件27人，在全年案件中分别约占11.5%和9.9%，2015年审结30件41人，在全年案件中分别约占9.7%和9.2%，至2016年6月15日，审结15件17人，在上半年案件中分别约占11.7%和9.7%。这些犯罪女性的年龄多集中在30岁至50岁，文化程度多集中在初中、小学，约占犯罪女性总人数的59.3%，大专和大学文化程度较少，约占犯罪女性总人数的11.6%，文盲和半文盲约占犯罪女性总人数的7%。独立作案45件45人，分别占女性犯罪案件总数的62.5%和52.3%。

当前女性犯罪呈现四个特点：

---

  * 本文系2015—2016年度女检察官检察理论研究课题成果。

  ** 课题主持人：任晋红，湖北省安陆市人民检察院党组书记、副检察长；课题组成员：黄庆芬，湖北省安陆市人民检察院案件管理办公室主任。

1. 犯罪类型不断增多

女性犯罪从以往的盗窃、诈骗这些侵财型罪名，迅速向妨害社会管理秩序、侵犯公民人身权利、扰乱公共秩序犯罪蔓延，主要集中在贩卖毒品、故意伤害、开设赌场和容留、介绍卖淫罪名。暴力破坏社会主义经济秩序犯罪、危害公共管理秩序犯罪，如非法拘禁、寻衅滋事等恶性案件仍不乏女性参与。另外在少见的妨害公务案件和非法买卖制毒物品案件类型中也有女性涉足。

2. 独立犯罪不断上升

由于女性犯罪具有相对隐蔽性，故其参与的案件多数为独立犯罪，共同犯罪数量相对较小。常见独立犯罪为受贿、挪用公款等职务犯罪以及贩卖毒品，故意伤害，容留、介绍卖淫等罪名。而 2016 年上半年所审结的女性独立犯罪案件中，女性犯罪亦有由于情绪失控而进行的故意伤害、故意毁坏财物、放火案件，不再局限于非暴力犯罪。

3. 作案手段不断创新

当前随着社会的发展和进步，女性参与犯罪作案手段也显示出智能化。一是犯罪团伙人数众多，男女搭配，形成固定诈骗分工模式；二是犯罪准备充分，事前经过预谋，利用电话诈骗；三是利用网络传递信息，隐蔽性强，不易被受害人识破。如被告人李某、徐某某、黄某某等 10 人诈骗案，该犯罪团伙以某公司加工珠宝名义从事电话诈骗活动，在虚假的物流网站上更新物流发货信息，要求受害人交纳有关费用进行诈骗，共诈骗 80 余起，涉案金额 38 万余元。

4. 社会危害不断扩大

以往女性犯罪多是轻刑案件，危害较小，而当前，女性犯罪重刑已较为普遍。她们作案手段毒辣，不计后果，危害特别严重。如上述被告人李某、徐某某、黄某某等 10 人诈骗案中的黄某某获刑 4 年 6 个月并处罚金 2 万元。另一强迫卖淫案中的何某某获刑 5 年并处罚金 3000 元。

二、女性犯罪的原因分析

经综合分析，女性犯罪由内在和外在两个方面的原因引起。

（一）内在原因

内在原因主要表现在以下三个方面：一是生理因素。女性基于自身的生理结构，身体发育和心理成熟度较同龄男性快，且易产生不快、不安、冲动、神经质等情绪不协调问题，由此可能易于犯罪。二是心理因素。女性的思维细腻，对周遭事物敏感，更容易产生不满情绪。经过长此以往的容忍与挣扎，女性采取的发泄方式往往更容易走向极端，触犯法律。三是文化因素。大多数女性由于受教育程度较低，法律意识、观念淡薄，在判断和处理问题时，缺乏科学的分析能力，不懂得用法律武器来保护自己，因此同一问题采取的解决方式和方法会较有知识的人更为简单、粗暴。这些方式、方法可能和犯罪直接相关。如潘某放火案，潘某与前夫离婚后与现任丈夫刘某结婚。刘某系首婚，婚后心中不快常在外玩至彻夜不归。一日丈夫刘某半夜未回，潘某夜间到处寻找，最终于凌晨在一小巷中发现刘某的摩托车，日久生恨的潘某气愤之下点火烧车，殃及他人财物，造成损失4000余元，因此获罪。

（二）外在原因

一是社会因素。当前，在国内经济高速发展的同时，拜金主义和享乐主义思想也开始在全社会蔓延，这对女性的社会价值观念形成了强烈的冲击。一些女性的物质欲和金钱欲，强化了她们原有的贪图享受、好逸恶劳、爱慕虚荣的心理。一般女性犯贩卖毒品，介绍、容留卖淫，盗窃，诈骗等罪由此引起。另外，现在的女性有能力参加各种社会活动，也必须承受各种社会压力，加之就业与经济结构体制的不健全、不完善，以及传统思想、社会化角色不当等因素的影响，现实中的一些女性在升学、就业、工作、生活中往往遭到轻视或歧视，在社会化进程中面临更多的挑战与困惑，生活无着，很难避免一部分人为谋生而走上犯罪道路。如高某故意杀人案，离异后的高某靠在小工厂打工谋生，由于生活的压力，她将自己新生婴儿遗弃于宾馆致其死亡，后法院以故意杀人罪对其判处刑罚。

二是家庭因素。家庭暴力和婚姻不幸是女性犯罪的两大诱因。家庭暴力是"定时炸弹"和"腐蚀剂"，极易破坏家庭幸福、婚姻美满和社会稳定。一些不理智的妇女因长期遭受家暴，便采取伤害或杀人的方式进行"反抗"报复。"以暴制暴"的犯罪行为大多就是在这种被逼无奈和无助的情况下发生的。如陈某杀夫案，因不满丈夫长期的冷落与家暴，陈某趁其熟睡之机用哑铃和匕首杀害亲夫。另外，有职业女性社会责任心缺失，家庭观念淡薄，仅仅为了满足自己的物质需求而以身试法，贪污、挪用公款，从而深陷泥潭，不能自拔；也有已婚女性铤而走险，跟着老公或朋友一起诈骗、敲诈勒索，最终双双锒铛入狱。在上述女性犯罪中，离异女性犯罪的比率不小，约占15.1%。

三、女性犯罪的惩治措施

为有效遏制女性犯罪的增长势头，达到惩前毖后，治病救人的目的，司法机关应在严格落实法律的基础上，综合考虑女性成长环境、家庭状况、犯罪动机、目的以及犯罪情节、社会危害程度和悔罪表现等多方面因素来考虑对犯罪女性进行惩治和教育。

（一）坚持"以事实为依据，以法律为准绳"原则

"以事实为依据，以法律为准绳"是司法机关应该坚持的一项基本原则。"以事实为依据，以法律为准绳"通俗地讲，就是司法机关在办案时，要在查清事实的基础上，结合事实，正确适用法律，以保证公正司法的要求。这里有两个问题：一是要查清事实；二是要结合事实正确适用法律。

在查清事实的基础上，适用法律又必须遵循我国《刑法》的三大原则，即（1）罪刑法定原则。《刑法》第3条：法律明文规定为犯罪行为的，依照法律定罪处刑；法律没有明文规定为犯罪行为的，不得定罪处刑。（2）罪刑相适应原则。《刑法》第5条：刑罚的轻重，应当与犯罪分子所犯罪行和承担的刑事责任相适应。（3）法律面前人人平等。《刑法》第4条：对任何人犯罪，在适用法律上一律平等。不允许任何人有超越法律的特权。

上述原则在一起有影响的"为夫猎艳杀人案"中体现得较为突出。我国《刑法》罪名中，除了强奸罪没有女性外，与男性一样，其他罪名女性都可以成为其犯罪主体。

然而，现实生活中也不乏女性成为强奸罪的共犯。如2013年7月24日，黑龙江省佳木斯市孕妇谭某某以身体不适骗女孩胡某某送其回家，将女孩迷晕，谭某某丈夫白某某欲强奸因女孩来例假改为猥亵，事后二人杀死女孩。这起"为夫猎艳杀人案"，最终谭某某被判罪名之一与其丈夫白某某一样，也有强奸罪。

（二）男女有别，根据犯罪女性自身特殊情况，从轻处罚

女性作为家庭、社会的重要成员，根据其在家庭、社会所处的地位和其自身特性，在采取强制措施方面，我国法律对于犯罪女性也有特殊对待。我国《刑事诉讼法》第60条第2款规定：对应当逮捕的犯罪嫌疑人、被告人，如果是正在怀孕、哺乳自己婴儿的妇女，可以采用取保候审或者监视居住的办法。这是一项人性化法律规定。如邱某某、宋某某（女）系一对情侣，为了给患病母亲筹钱治病，共同实施盗窃摩托车行为，双双被捕后，刑事执行检察部门得知在押的犯罪嫌疑人宋某某怀有身孕，遂通过羁押必要性审查，要求公安机关对其变更强制措施为取保候审。法院最终判决宣告其缓刑并处罚金。

四、女性犯罪的预防对策

女性是家庭的纽带，她们在社会生活中也发挥着"半边天"的作用。女

性犯罪，严重影响到家庭生活和社会管理，不利于社会和谐稳定。鉴于女性犯罪受社会客观环境和自身生理、心理因素的影响较大，笔者认为应当从教育、法律、政策、管理等方面多管齐下着手预防和减少女性犯罪：

（一）培养提高女性自身素质

一是加强对女性的文化知识教育，为其成立相关的再教育专门机构和课程，特别是要加强对低学历女性和一些外来农村女性的文化素质教育，提高其辨别是非黑白的能力，使其确立正确的价值观、人生观和世界观；二是加强对女性的心理素质教育，尤其是要重视对未成年女性的心理引导和教育，消除其自私、贪婪、空虚、虚荣等不良心理，建立健康而健全的心理防线；三是充分提供职业培训机会，提高女性的工作技能和就业能力，增强女性的就业信心和竞争能力，使其能通过合法途径自食其力。

（二）加强对女性的普法宣传和传统道德教育

加强对《婚姻法》《妇女权益保障法》《女职工特殊劳动保护条例》的贯彻实施，在广大妇女中采取定期下乡宣传、开展专题报告会、街头法律咨询等方式，深入持久地开展法律宣传教育工作，提高其法律意识和自我保护意识，使其能够知法、学法、懂法、用法，学会用法律武器维护自己的合法权益。同时，鉴于女性的生理发育早于男性，各类法律宣传部门应配合相关教育部门，首先将普法工作和道德教育从孩子抓起，定期在学校进行道德教育和法制宣讲，利用各种渠道对女性犯罪进行预防。

（三）实施相关保护女性的政策和法律

一是建立健全女性教育、就业、医疗、救济途径等方面的制度，在这些方面实行扶助政策，使女性利用相关政策提高自身技能，形成经济上的独立性，减少侵财型案件数量。二是建立完善女性罪犯矫正制度，使那些适于适用较为轻缓的刑罚的女性罪犯在服刑期间，得到较好的心理引导和思想行为转化，早日回归社会。对于女子监狱的规划与建设，女犯矫正队伍的建设与培养都应当形成制度化。三是制定《反家庭暴力法》，填补法律对家庭暴力行为规定的漏洞和空白，惩治家庭暴力的施暴者，预防和减少家庭暴力行为，保护妇女的身心健康。

（四）建立全方位多重协调防控机制

一是注重以家庭为核心、小区、学校、社会互动的预防与控制，学校、家庭和小区要善于沟通，对女性所遇到的挫折，进行及时的开导和劝解，将其危险状态扼杀在萌芽之中。二是加强精神文明建设，充分利用电视台、报纸、杂志、"互联网＋"等新闻传播媒体，全面弘扬积极向上，独立自主的主流思想。三是净化社会环境，政府等国家部门应积极规范各类文化场所，为女性提供健康的社会环境；基层人们调解委员会、基层法院应积极做好调解工作，避免家庭矛盾成为女性犯罪的元凶。四是完善社会保障机制，村民委员会、基层派出所、司法所要发挥职能作用，建立民事纠纷化解的工作机制和管道，使矛盾纠纷一开始就引入正当的化解管道，帮助受害女性寻求合法的手段保护自身的权益，从而防止矛盾激化，防止"民转刑"案件的产生。

（五）以防为主加大打击力度

司法机关在处理女性违法犯罪案件时，要贯彻"教育、感化、挽救"的方针，坚持以"教育为主、惩罚为辅"和区别对待的原则。一方面，对婚外恋、包二奶、家庭暴力等不良社会现象，不但要进行道德矫治，还要进行纪律和法律的严惩。要严厉打击"赌、毒、黄"等社会丑恶现象，消除滋生腐败和犯罪的土壤。要加强对宾馆、酒店、歌舞厅、发廊等场所的监控力度，对违法犯罪行为一经发现，从严处理。另一方面，对女性犯罪者，要注重"特别教育"，动之以情，晓之以理，从心理和思想层面进行改造。对于刑满释放的女性犯罪者，在工作生活等方面给予适当关心，切实预防其再次犯罪的发生。

论受虐妇女综合症在"以暴抗暴"案件中的适用*

天津市滨海新区塘沽人民检察院课题组**

摘 要： 受虐妇女综合症是针对受虐妇女的心理分析理论，结合幸存者理论，该理论已较为成熟完善。其包含的暴力周期理论能够证明受虐妇女对危险判断的合理性，其包含的习得性无助理论能够说明妇女无法脱离施暴者的原因。在国外的妇女"以暴抗暴"案件中，受虐妇女综合症以专家证词的形式为妇女辩护并取得成功。在我国现阶段的刑法规范中，对该理论以正当防卫与期待可能性的途径加以适用存在困境，暂时只能以酌定的从轻减轻情节为由加以适用。同时，为避免滥用，该理论在适用的过程中需要进一步的程序保障。

关键词： 受虐妇女综合症 幸存者理论 正当防卫 期待可能性 专家证词

一、受虐妇女杀夫现象的司法实践

近些年来，随着家庭暴力案件的频发，家庭暴力现象越来越受到社会的关注。而妇女因无法忍受施暴人的暴力最终杀夫的现象亦未曾中断。其中，刘某某案曾引发热议。刘某某是河北省宁晋县某村的家庭妇女，其遭受丈夫的家庭暴力 12 年。2003 年 1 月 17 日，刘某某将事先准备好的毒药放入大饼里，丈夫吃完后中毒，抢救无效后身亡。检察机关以故意杀人罪向法院提起诉讼。但她的行为却得到了丈夫的亲人（包括刘某某的公公）和同村人的同情，请求对刘某某从轻处罚。最终，邢台市中级人民法院以故意杀人罪判处刘某某有期徒刑 12 年，剥夺政治权利 3 年。法官在判决书中论述道：刘某某长期忍受家庭

---

* 本文系 2015—2016 年度女检察官检察理论研究课题成果。

** 课题主持人：赵棣中，天津市滨海新区塘沽人民检察院检察长；课题组成员：徐懿，天津市滨海新区塘沽人民检察院检委办副主任；王金英，天津市滨海新区塘沽人民检察院反渎局副局长；李婕，天津市滨海新区塘沽人民检察院办公室科员；宋盈，天津市滨海新区塘沽人民检察院检委办助理检察员。

暴力，在忍无可忍的情况下，将丈夫杀死，可以从轻处罚。[①] 但同样是"以暴抗暴"，近年来受虐妇女杀夫案的量刑差别极大，详见下表[②]：

妇女以"以暴制暴"典型案例判决一览表

时间	地点	被告人	罪名	判决
1998 年	辽宁	龙某某	故意杀人	死刑立即执行
2001 年	河北	李某某	故意杀人	无期徒刑
2003 年	河北	刘某某	故意杀人	有期徒刑 12 年
2004 年	北京	王某某	故意杀人	有期徒刑 11 年
2004 年	北京	刘某甲	故意杀人	有期徒刑 13 年
2004 年	南京	丁某某	故意杀人	有期徒刑 5 年
2005 年	内蒙古	刘某	故意杀人	有期徒刑 3 年，缓刑 5 年。
2005 年	北京	李某	故意杀人	有期徒刑 3 年，缓刑 3 年
2006 年	上海	王某甲	故意杀人	有期徒刑 14 年

可见自 2001 年起，此类受虐妇女"以暴抗暴"杀夫案中，刑罚总体上相较之前呈现轻缓化趋势，但是量刑差别较大。有被判处 10 年以上有期徒刑乃至无期徒刑的，还有适用缓刑的。虽然案件的具体情节不同，但是其背后却有相似的本质。同时通过上表可以看出，受虐妇女杀夫案不仅仅发生在法律意识淡薄、妇女权益保护较弱的偏远山村，也发生在北京、上海等法律意识较强、妇女权益保护较好的大城市。在美国、澳大利亚等宣扬自由、平等的发达国家，受虐妇女杀夫案也屡见不鲜。从一个局外的理性人角度看，我们不禁会问，家庭暴力中的受虐妇女，为何不选择离婚或者离家出走，而选择杀人这种极端的方式呢？在其长期忍受暴力的背景下，为何不选择继续忍受暴力而在某一时刻奋起反抗呢？其所实施行为的那一时刻是否具有特殊性？这种并不少见的受虐妇女杀夫现象的背后，到底存在一种什么心理引发此类悲剧呢？"受虐妇女综合症"也许能对此予以回答。

---

① 钱泳宏：《"受虐妇女综合症"对正当防卫要件的质疑》，载《郑州轻工业学院学报》（社会科学版）2006 年第 2 期。

② 张璨：《"杀夫案"中的期待可能性与恢复性司法——由"受虐妇女综合征"引发的一些思考》，载《江西金融职工大学学报》2008 年第 6 期。

二、受虐妇女综合症内涵及其运用

（一）传统的受虐妇女综合症理论对受虐妇女杀夫行为的解释

"受虐妇女综合症"本属于心理学与医学上的概念，意在揭示在长期家庭暴力下的妇女的经历、感知与特殊的行为反应。通常是指妇女因受到配偶或者情人在身体、性以及情感方面的虐待而导致的一种病理和心理状态。其于 20 世纪 70 年代末 80 年代初在北美成为一个法律概念，由临床法医心理学家雷诺尔·沃克创造了受虐妇女综合症理论。[①] 受虐妇女综合症包含两方面的内容——暴力周期与习得无助论。

暴力周期体现出丈夫对妻子（包括情人间的关系，下同）的暴力虐待呈现出阶段循环的特征。暴力周期一般分为三个阶段，第一阶段为紧张情绪的积蓄期，这一阶段的持续时间较长，丈夫对妻子表现出莫名的愤怒，为避免冲突，妻子可能会设法满足丈夫的需求，逆来顺受，家庭一直充斥着紧张的气氛。第二阶段为暴力殴打期，丈夫在这一阶段情绪失控，暴力伤害频繁发生，而暴力发生的根源与妻子的行为并无必然联系。通俗地讲，只要丈夫遇到不顺心的事，就容易向妻子施加暴力。第三个阶段是忏悔后的和好期。在这一阶段，丈夫会向妻子承认错误，送礼物以求谅解，并表示再不会使用暴力伤害妻子。因此，受虐的妻子又愿意重新相信丈夫，两人重归于好，使妻子有了与丈夫继续生活的理由。[②] 暴力周期体现出虐待的周期性与持续性，妇女可据此判断将要发生的暴力情况。在经历过多次暴力循环后，妇女可以根据丈夫的变化清楚地预测丈夫的行为，长期的"经验"也可以判断出危险程度的不同。

习得无助论的内容是，在受虐妇女经历了自己不能控制的长期暴力之后，变得被动、服从与无助，觉得不能对即将发生在自己身上的事情施加任何影响。[③] 其最初来自一个心理学实验，心理学家沙利格文将几只狗关在一个笼子里，不定时地电击狗的不同部位。在开始的时候，狗试图闪躲，但当它们发现根本无处闪躲时，它们便开始放弃闪躲，而采取脸朝下趴着等尽量降低痛苦的动作。受虐妇女面对家庭暴力的心理，和实验中的动物有相同之处。与其反

---

① 王竹青、王丽平：《论受虐妇女综合症理论在家庭暴力案件审理中的运用》，载《妇女研究论丛》2013 年第 5 期。

② 陈敏：《关注绝望的抗争——"受虐妇女综合症"的理论与实践》，载《中国妇女报》2000 年11 月 2 日。

③ 曼格梅：《受虐妇女综合症证据的重新概念化：检控机关对有关暴力的专家证词的利用》，黄列译，载《环球法律评论》2003 年第 2 期，第 135—149 页。

抗，加重丈夫的愤怒心理，倒不如默默忍受。久而久之，心理上便会处于一种无助的状态。习得无助论解释了受虐妇女不积极主动离开丈夫的心理。

综上，受虐妇女综合症的两方面内容——暴力周期与习得无助论，从不同的角度解释了家庭暴力的持续性，以及为何无论在开放平等的西方社会还是在夫权意识较重的中国，无论偏僻的山区还是发达的城市，家庭暴力中的受虐妇女不选择其他积极的方式面对家庭暴力，而最终采用杀人这一极端方式的原因。

（二）受虐妇女综合症的争议与理论发展

受虐妇女综合症引发的争议主要体现在以下几个方面：第一，在习得无助论方面，批评者认为如果受虐妇女习得性无助，那么他们应该永远无法离开施暴者，进而无法伤害他们，而事实上受虐妇女会实施杀人行为，实际情况是与理论相矛盾的。第二，在暴力周期理论方面，在访谈时，访谈技术使得被试很容易猜到她研究的假设。并且周期理论不具有连贯性，不是所有被虐妇女都经过了三个周期。第三，在"综合症"的提法方面，适用这种表述方式会令人觉得受虐妇女是具有精神疾病的，具有污蔑受虐妇女的意思。①

针对第一个争议，传统的受虐妇女综合症又产生了新的发展。针对对习得无助论的批评，美国两位学者 Gondolf 和 Fisher 创立了幸存者理论，其核心内容是承认受虐妇女在与施暴者相处的全过程中一直向外界积极地寻求帮助。②但是在寻求外界帮助的过程中，得不到有效的支持，并且由于选择权、谋生技能和经济资源的缺乏，而她们又有合理的理由回到丈夫的身边不得不继续忍受暴力。其从社会制度、文化各个方面论证了社会对受虐妇女的责任。这个理论在中国更是得到了实践的支持。对四川省某女子监狱的调查报告显示，③受虐妇女遭受家庭暴力求助时，在娘家人态度方面，娘家人在妇女遭受家庭暴力时，对男方多是或包容，或惧怕。在婆家态度方面，大部分公婆站在妇女这边，但是由于男方多品行不好，所以公婆对自己的儿子也没有办法。也有少部分公婆认为是儿媳的错。在单位领导方面，有些妇女没有工作单位，有工作单位的妇女，由于是家务事，单位也多是教育几句或者压根不管。在村干部的态度方面，有 24.8％ 的妇女怕丢人没有找过村干部，有 40％ 以上的情况，村干

---

① 邢红枚：《引入"受虐妇女综合征"专家证词的再思考》，载《刑事司法论坛》2011 年第 4 辑，第 165—167 页。

② 薛宁兰：《社会性别与妇女权利》，社会科学文献出版社 2008 年版。

③ 邢红枚：《受虐妇女杀夫的原因——对四川省某女子监狱的调查报告》，载《四川警察学院学报》2010 年第 4 期。

部不管或者教育几句，甚至还有妇女被村干部言语侮辱的情况。在寻求公安帮助方面，在寻求警察帮助的个案中，有超过 80% 的受虐妇女并没有得到警察的有效帮助。上述调研结果充分说明了受虐妇女在寻求外界帮助时所遇到的障碍。部分妇女还受到自身谋生技能的限制、受到丈夫的威胁、受到孩子的牵绊。上述情况的存在表明妇女不是不想逃离，而是不能逃离。就第二个质疑，虽然周期性理论体现出个案差异，但是无论具体周期如何，都不可否认家庭暴力的持续性，进而可以推断出长期受虐的妇女有"判断暴力程度"的经验。就第三个质疑，"综合症"只是一种表述方式，其也可以用"家庭暴力造成的后果"的表述代替，并不能对该理论的合理性产生实质性质疑。

综上，传统的受虐妇女综合症理论结合后来发展的幸存者理论，可以得出这样的结论：家庭暴力具有时间上的持续性，妇女能够凭借经验判断暴力程度。并且在受虐妇女寻求外界援助仍得不到有效帮助，并在谋生技能缺乏等问题的限制下，她们不得不回到丈夫身边继续忍受家庭暴力。最终她们根据长期的暴力循环下积攒的经验，判断生命威胁将要来临时，使用极端的手段进行反抗。

（三）受虐妇女综合症在国外的运用

在美国、加拿大、澳大利亚、丹麦等发达国家，在 20 世纪 80 年代起便有将"受虐妇女综合征"理论作为正当防卫或者减轻处罚的可采证据引入到司法实践的判例。例如 1980 年的凯莉刺杀丈夫案。凯莉与丈夫结婚 7 年，其丈夫周期性地对其殴打，有时候是一周一次。在刺杀事件发生的前一天，他们去买食物时发现钱不够，她丈夫说第二天会给她钱。第二天，凯莉和她女儿在丈夫的朋友家问丈夫要买食物的钱。离开朋友家后，酒后的丈夫朝凯莉怒吼，在街上把她压在地上，掐她的喉部，击打她的脸，咬她的腿。后来街上人群中两名男士帮忙救出凯莉。由于担心女儿的安全，她便去找女儿。找到女儿后，丈夫又朝她挥拳头。凯莉担心这期间丈夫已经武装了自己，想到他这次可能会杀了自己，便从皮夹子里拿出一把剪刀，试图让丈夫让步，可剪刀却刺中了丈夫。她被指控犯有不计后果的二级谋杀罪。她的辩护律师提供的一名心理学专家称，凯莉作为一名长期的受虐妇女，有理由相信自己处于严重的危险之中，需要采取自卫行为。一审法官认为凯莉的行为与新泽西州的法律中的自卫行为不符。二审法院也同样维持一审判决。在高等法院，专家向法庭提供了凯莉没有能力离开、习得性无助和缺乏选择等信息。陪审团听了专家证词后，认为凯莉不离开丈夫在很大程度上是由于其作为受虐妇女的生活经验，陪审团不再对专家证词中有关先前暴力的严重性持怀疑态度，相反凯莉没有离开施暴的丈夫更增强了其证词的可信度，最终法院认定自卫要件存在性别偏见，凯莉罪名不成立。自受虐妇女综合症理论成为自卫的可采证词后，国外诸多受虐妇女因此得以释放或者从轻、减轻处罚。[①]

三、受虐妇女综合症在我国的适用

（一）受虐妇女综合症与正当防卫

根据我国法律的规定，正当防卫需要同时满足以下 5 个条件：

第一，起因条件：具有现实的不法侵害；第二，时机条件：不法侵害正在进行；第三，对象条件：针对不法行为本人所实施的防卫；第四，主观条件：具有防卫意识；第五，限度条件：没有超过必要的限度。在受虐妇女杀夫的以暴制暴案件中，若以正当防卫为由为受虐妇女进行辩护，争议点体现在两方面。一方面，由于体力的差距，受虐妇女杀夫行为一般都发生在男方暴力威胁之前，其是否符合正当防卫的时机要件？另一方面，受虐妇女杀夫案最终多以妇女侵害丈夫的生命为结局，与丈夫的暴力相比，这是否超过正方防卫要求的必要限度？在这个问题上，即使认定妇女剥夺丈夫生命的行为超过限度条件，若其他条件均满足，也可以防卫过当为由对其进行辩护，依旧可对其从轻或减轻处罚。因此，在受虐妇女综合症以"正当防卫"为由的运用上，最关键的问题在于受虐妇女杀夫行为是否符合正当防卫的时机条件。

1. 肯定说

"不法侵害正在进行"指的是不法侵害行为已经开始但尚未结束。家庭暴力具有连续性与持续性。在周期性的家庭暴力中，可以认为受虐妇女陷入一个长期的不法侵害当中。对于连续性、紧迫性以及长期性的不法侵害，不能孤立地判断其是否正在进行，而应当将其作为一个完整的行为实施过程来判断。[②]受虐妇女综合症中的暴力周期理论也能很好地支持这一点。家庭暴力处于长期的循环之中，每一次殴打结束，对于整个家庭暴力而言，只是一次短暂的暂停而已，整体来看，不法侵害一直处于进行状态。长期处于家庭暴力中的妇女，能够根据丈夫的眼神、动作、语言等判断即将发生的暴力情况，并可以通过长久的经验判断之后的危险程度与以往有何不同。由于妇女与丈夫在身体力量对比上的悬殊，在暴力发生之前阻挡危险，是一个理性人的选择。因此，处在家庭暴力中的受虐妇女在下一次危险到达之前所做的自卫，满足正当防卫的时机条件。

---

① 薛宁兰：《社会性别与妇女权利》，社会科学文献出版社 2008 年版，第 250—252 页。
② 季理华：《受虐妇女杀夫案中刑事责任认定的新思考》，载《政治与法律》2007 年第 4 期。

2. 否定说

反对者认为，在暴力暂停期间，谈不上不法侵害正在进行。其严格按照传统的单一不法侵害行为的标准来审视周期循环的家庭暴力，进而推出在暴力暂停期间，不法侵害并不存在。因此在此期间所实施的防卫行为，不符合正当防卫的时机要件。有学者以虐待罪为例，认为在中国刑法理论中，它不是"犯罪行为与不法侵害状态没有时间间隔的始终同时继续着的继续犯，而是虐待行为断断续续、时犯时停的接续犯。"① 那么，在虐待行为停止期间，不法侵害暂时不存在，因此受害者无权进行正当防卫。换一个角度，若将此时的防卫行为认定为正当防卫，那么，受虐人均有权利以此为由预先剥夺施虐者的生命，这也是对生命权的践踏。

从上面的争论中可以看出学界对此存在较大争议，这最终涉及法律解释的问题。笔者认为，在我国法官对刑法的适用习惯下，应以刑法的规定为准。在官方对法律进行进一步明确解释之前，即使法律的规定不够完善且存在缺陷，也应严格按照刑法的规定实施法律，不能将受虐妇女综合症以"正当防卫"的途径作为辩解理由。但通过受虐妇女杀夫案例，我们也可以发现我国传统的正当防卫理论面临女性视野下的新挑战。

（二）受虐妇女综合症与期待可能性

期待可能性是指根据具体情况，有可能期待行为人不实施违法行为而实施其他适法行为。期待可能性的理论认为，如果不能期待行为人实施其他适法行为，就不能对其进行法的非难，因而不存在刑法上的责任。期待可能性不仅存在有无的问题（是否阻却责任），还存在程度问题（是否减轻责任）。② 在由德日为代表的大陆法系递进式犯罪论体系中，由构成要件的该当性、违法性和有责性三个递进式的要件组成。期待可能性属于有责性要件中需要考虑的部分，属于有责性阻却事由。关于期待可能性的判断标准，主要有三种学说。第一种学说是行为人标准说，其认为应以某一状态下行为人的自身能力为判断标准；第二种学说是平均人标准说，其认为应以处于某状态下的通常人、平均人的能力为判断标准；第三种学说是法规范标准说（国家标准说），其主张应以国家或者国家的法律秩序的具体要求为标准判断是否具有期待可能性。从期待可能性这一理论提出的本意看，在判断时不能忽略行为人在特点环境下自身的能力。所以应在考虑行为人能力的前提下，判断当时是否可以期待行为人不实

---

① 屈学武：《死罪、死刑与期待可能性——给予受虐女性杀人命案的法理分析》，载《环球法律评论》2005年第1期。

② 张明楷：《刑法学》，法律出版社2010年版，第274页。

施违法行为。

期待可能性理论的一大优势在于：一方面，其否定了某一行为的合法性，表示法律并不提倡该种行为。另一方面，其亦体现出"法不强人所难"，"期待可能性正是想对在强有力的国家法律规范面前喘息不已的脆弱人性倾注刑法的同情之泪的理论"。[1] 受虐妇女综合症可通过期待可能性的理论加以适用。具体来讲，一方面，受虐妇女在威胁并未实际到来之际实施的故意杀人行为，属于违法行为，法律并不提倡该种行为。另一方面，在有合理理由判断自身或者家人的危险将要到来时，不能期待一个无法逃脱暴力魔爪、体力柔弱的理性妇女静静等待自己或者家人的生命被剥夺。主张自己的生存权利是生物的本能，人也不能例外。因此，在生命威胁将要到来时，在妇女微弱的体力无法对丈夫正面反抗时，是不能期待其选择自己或者家人"等死"的。但也需注意，期待可能性也存在程度问题，要综合某一个案的具体情况，进一步判断是全无期待可能性，还是期待可能性较低。进而推断是应免除刑事处罚还是从轻减轻刑事处罚。

虽然期待可能性理论存在诸多价值，但目前我国的犯罪理论中并无期待可能性的适当位置，因此以该理论为途径在中国司法实践中适用受虐妇女综合症存在障碍。引入期待可能性理论的意义不仅在于解决受虐妇女杀夫的问题，也在于改革我国封闭式的犯罪理论。笔者期待以受虐妇女杀夫案的解决为契机，迎来我国犯罪论体系的进一步改革。

（三）受虐妇女综合症与酌定从轻、减轻情节

根据刑法的规定，在决定刑罚时"应当根据犯罪的实施、犯罪的性质、情节和对社会的危害程度，依照本法有关规定判处"。从被害人的角度，在受虐妇女杀夫行为中，丈夫的长期施暴行为，构成被害人过错。从犯罪嫌疑人的角度看，犯罪嫌疑人结合自己的长期受虐经验而判断危险的强度，进而为保护自己或者子女等家人实施的故意杀人行为，事出有因，其社会危害仅限于对其施暴威胁其生命的丈夫，社会危害程度较小。在司法实践过程中，无论是被害人过错还是社会危害性较小的犯罪行为，均属于酌定从轻、减轻情节。将受虐妇女综合症作为酌定的从轻、减轻情节是司法机关常用的方式，也是最没有争议的方式。但是在现阶段的法律实施中，对于酌定从轻、减轻情节，各地审判的差距较大，造成类似案件判决差距悬殊的情况。

从长远来看，应将受虐妇女综合症规定为受虐妇女杀夫案的法定的从轻、

---

[1] ［日］大冢仁：《刑法论集》（日文版），有斐阁昭和 53 年，第 240 页。转引自屈学武：《死罪、死刑与期待可能性——给予受虐女性杀人命案的法理分析》，载《环球法律评论》2005 年第 1 期。

减轻情节，《家庭暴力防治法》项目建议稿，也规定了因不堪忍受家庭暴力而故意杀害、伤害施暴人构成犯罪的，应根据具体情况从轻、减轻或者免除处罚。笔者建议，应以修改《刑法》或者制定《家庭暴力防治法》为契机，将其上升为法定情节，辅之以量刑规范。从短期来看，最高人民法院可以指导性案例的形式，规范该类案件的量刑。

四、受虐妇女综合症在我国适用的程序保证

（一）受虐妇女综合症的认定标准

为避免受虐妇女综合症的滥用，成为犯罪嫌疑人逃脱制裁的工具，结合幸存者理论，受虐妇女综合症包含的两方面内容——暴力周期与习得性无助应在证据中得以体现。

1. 暴力周期的客观认定——长期持续地受到虐待

暴力周期理论证明的是家庭暴力的时间长度，进而推出受虐妇女有能力判断危险程度。如质疑者所言，暴力周期理论并不严谨，有些家庭暴力并不严格符合暴力的周期性特征。即便如此，这并不能否定家庭暴力长期存在的事实。我们进而有理由推测一个长期处于家庭暴力中的理性妇女有能力判断危险的来临。因此，暴力周期的认定可以转化为对"长期持续地受到虐待"的证明。具体来说，可以诊断证明、伤痕、家人邻居等证人证言的证据形式来体现。

2. 习得性无助的客观认定——穷尽途径无法逃脱婚姻

习得性无助理论证明的是受虐妇女没有办法选择其他逃离婚姻的方式，最终变得悲观无助，在危险来临时，不得不采取极端手段来保护自己或亲人。若一个妇女可以选择其他方式逃避危险，其实施的故意杀人行为是完全没有合理性的。心理学家沙利格文对小狗的电击实验，一个必备的条件是小狗是被"关"在笼子里不能逃脱的。结合幸存者理论，受虐妇女必须穷尽所有途径请求救援后，仍处于被"关着"的状态。因此，对习得性无助认定的关键就是受虐妇女穷尽可能，仍无法逃脱婚姻。而对于"穷尽可能"的证明应主观化，即因受虐妇女所在环境的不同而不同。例如，一个在山区的、孩子年幼、无经济来源的农村妇女与一个在城市的、未生育的、独立的职业女性的证明标准是不同的。同时需要注意，有些受虐妇女在丈夫的人身与言语的威胁下，可能并未向社会求助。现有的案例表明，在妇女向公安等机关求助后，无论公安机关对此的态度是积极地介入调查，还是以"清官难断家务事"为由不予管理，很多丈夫对妇女的暴力变本加厉，一些妇女即使离婚也难以逃脱丈夫的魔爪。因此，有些妇女为避免更大的伤害，并不敢向社会求助。在此种情况下，应综合丈夫的性格

特点与人身危害程度、妇女的性格以及所在的环境综合考量妇女未向社会求助或者未充分求助的合理性。若具有合理性，则应亦视为其穷尽途径仍无法逃脱婚姻。

（二）受虐妇女综合症的证据形式

受虐妇女综合症在刑事案件的运用上，引入专家证词是必要的。这是因为：

一方面，在一般人看来，他们很难理解为何受虐妇女不离开丈夫选择新生活，也很难理解为何在某一时刻受虐妇女奋起反抗而非继续忍受虐待。家庭暴力的特殊性引起的妇女的特定行为模式属于专门的知识。这种专业的知识应该引入专家证词，使公众更好地理解行为背后更深层次的心理原因，进而为提升司法公信力创造条件。

另一方面，引入专家证词符合法律规范的要求。《刑事诉讼法》《人民检察院刑事诉讼规则（试行)》等都规定，为了查明案情，解决案件中的某些专门性的问题，可由人民检察院技术部门有鉴定资格的人员进行鉴定，必要时，也可以聘请其他有鉴定资格的人进行。专家鉴定与其他传统的证据形式一样，都必须经过质证才可以成为定案的依据。在美国、澳大利亚等地，受虐妇女综合症最初是通过专家证词的形式就受虐妇女故意杀人的行为作以解释。当该理论被普及后，一些案件就不再通过专家证词进行说明而直接适用该理论。因此，在适用该理论的初级阶段，可引入专家证词对受虐妇女的心理状态进行分析。当该理论在我国被普及后，辩方提供的证明受虐妇女具有受虐妇女综合症的相关证据经过质证后，若控辩双方对该理论均无争议，则可直接适用。

检察机关对女性重型暴力犯罪的惩防工作机制探索[*]

——以 T 市某分院审查起诉案件为样本

刘家卿　何林霞　许丽丽[**]

摘　要：近年来，女性犯罪案件层出不穷，其中故意杀人、放火、故意伤害（致死）、抢劫等女性重型暴力犯罪也并不少见。这类犯罪女性多为弱势群体，选择的犯罪对象多为关系密切的人，实施的犯罪手段异常凶残，造成的犯罪后果特别严重。而隐藏在这背后的深层次犯罪原因较为复杂，笔者尝试从家庭暴力、婚恋矛盾、经济困难、精神障碍、性格缺陷等方面予以探讨，并探索检察机关在有效预防女性严重暴力犯罪方面的机制构建，以期降低女性重型暴力犯罪发案率。

关键词：女性犯罪　暴力犯罪　惩防机制

近年来，女性暴力犯罪频频见诸报端及各大网络媒体，并迅速传播，有的犯罪手段异常凶残，造成的后果十分严重，给社会带来了巨大而深刻的影响。检察机关作为一线办案部门，直接接触案件的女性犯罪嫌疑人、被告人，对其犯罪的特点和成因有更为直观的了解，理应通过建立相关工作机制，在女性严重暴力犯罪的惩治和预防方面发挥应有的作用。一方面，在个案办理中通过刑事诉讼的一系列程序，做好对特定犯罪嫌疑人、被告人的特殊预防工作；另一方面，通过与相关机构、部门的机制对接，将类案调研成果有效输出，及时遏制犯罪发展苗头，达到一般预防的社会效果。

一、女性重型暴力犯罪特征分析

女性重型暴力犯罪在犯罪类型上包括故意杀人、故意伤害（致死）、抢劫、放火、爆炸、绑架等。本文以 T 市某分院 2011 年至 2015 年审查起诉的 15

---

[*] 本文系 2015—2016 年度女检察官检察理论研究课题成果。

[**] 课题主持人：刘家卿；课题组成员：何林霞、许丽丽。作者单位：天津市人民检察院第一分院。

件女性严重暴力犯罪案件为视角进行分析。其中，故意杀人 8 件，占 53.3%；故意伤害（致死）2 件，占 13.3%；抢劫 4 件，占 26.7%；放火 1 件，占 6.7%。在犯罪形式上，共同犯罪 8 件，其中，4 件抢劫案件均为共同犯罪。具体如下表所示：

编号	罪名	姓名	文化程度	职业	对象	手段	作案人数	备注
1	故意杀人	岳某某	初中	无业	丈夫	下药勒颈分尸煮尸	1	
2	故意杀人	陈某	大专	职工	丈夫	掐颈	1	
3	故意杀人	金某某	初中肄业	无业	丈夫	下药勒颈	1	
4	故意杀人	只某某	初中	无业	母亲	下药持刀捅刺	3	伙同男友及他人
5	故意杀人	沈某某	小学	无业	继女	关押冷冻有病不予治疗	2	伙同丈夫
6	故意杀人	王某某	初中肄业	无业	男友的前女友	闷堵口鼻	2	刚满 18 周岁，怀孕，伙同男友
7	故意杀人	史某某	初中	无业	婚外情人	持斧砍击分尸焚尸	5	伙同亲人
8	故意杀人	宋某	大专	退休教师	好友	持刀捅刺	1	精神障碍
9	故意伤害	徐某某	小学	无业	"调戏男"	持刀捅刺	1	精神障碍
10	故意伤害	黄某某	高中	无业	传销组织成员	殴打	6	伙同传销组织成员

编号	罪名	姓名	文化程度	职业	对象	手段	作案人数	备注
11	抢劫	郝某某敖某	初中	无业	瘦弱老人	持砖头猛击头部	2	均为未成年少女，敖某怀孕
12	抢劫	周某	初中	无业	丈夫的朋友	杀害后焚尸	2	伙同丈夫
13	抢劫	李某	中专	无业	丈夫的女网友	下药掐颈闷堵口鼻抛尸入河	2	伙同丈夫
14	抢劫	赵某某	小学	无业	汽车租赁者	闷堵口鼻抛尸入河	2	伙同弟弟
15	放火	刘某某	初中	无业	母亲	放火焚烧	1	精神障碍

在办理上述案件的过程中，通过对女性犯罪嫌疑人、被告人的讯问、庭审及审查相关证据材料，可以发现女性重型暴力犯罪呈现出如下特征：

（一）犯罪女性多为弱势群体

所谓弱势表现为以下四个方面：一是文化程度低，上述 15 件案件中，绝大多数犯罪女性为初中及以下文化程度；二是经济条件较差，本人无职业，无生活来源，上述案件中，除 1 人有职业、1 人系退休教师外，其余均无职业，无收入来源，如刘某某在其前夫去世后搬到其母亲家同住，靠其母 1500 元退休金生活，另如敖某生活窘迫，参与抢劫作案时系未成年孕妇；三是属于家庭暴力受害者，如岳某某 20 余年长期遭受丈夫的家暴，造成耳聋、腰背部疾病等；四是身患疾病，如宋某经鉴定患有"与文化相关的精神障碍"，可见，实施重型暴力犯罪的女性在家庭、经济、社会等各方面都存在不同程度的劣势，属于社会中的弱势群体。在审查起诉过程中，这些女性犯罪嫌疑人都表现出对自己生活处境的悲观无奈，而这种状态在触发其犯罪动机方面均起到一定作用。

（二）因婚姻家庭矛盾引发的案件居多

近年来，随着网络技术的飞速发展，人们的社会交往模式也在发生改变，一定程度上导致婚姻家庭矛盾的产生和激化。2012 年 3 月 8 日《重庆晨报》

报道"丈夫出轨、家庭暴力成为女性犯罪主因"、2012 年 3 月 12 日《深圳商报》报道"女性暴力犯罪,收拾情敌居多"①。此外,婆媳关系、生子问题、再婚重组等均会影响婚姻家庭关系。在上述 15 件案件中,妻子杀害丈夫的 3 件,女儿弑母的 2 件,继母杀害继女的 1 件,还有杀害情人、前女友及好友的各 1 件,比重达到 81.8%。可见,除部分侵财类犯罪以外,女性暴力犯罪的对象较为特定,多为共同生活的家庭成员或接触密切的亲友。这一方面反映出女性严重暴力犯罪的辐射范围较窄,多发生在家庭内部,多数是因家庭、婚恋矛盾长期积聚而引发的恶性案件。另一方面反映出此类女性犯罪嫌疑人的生活环境和社会接触层面较为局限,缺乏有效的自我发展和矛盾疏通渠道。

(三)犯罪手段异常凶残

在人们以往的观念中,女性是柔弱的代名词,不太可能实施凶残的犯罪,但从本文选取的 15 个案例来看,结果恰恰令人瞠目。主要表现为:其一,使用多种手段和凶器。如岳某某先使用安眠药,后又用绳索,斧头、剔骨刀、剪刀等工具,反复向被害人致命部位攻击。其二,犯罪后续行为残忍。多数女性在杀害被害人后继续实施肢解尸体、煮尸、焚尸、抛尸入河等残忍行为。如史某某使用斧子等工具砍击情人头部,肢解尸体,最后将尸块跨省运回原籍焚烧。通过对这些女性犯罪嫌疑人的讯问能够发现,多数人实施上述异常凶残的行为并不是为了掩饰犯罪,而更多的是出于极端愤恨和情绪宣泄。正如岳某某供述"分尸以后,他就彻底安静了,不能再打我了"。

(四)犯罪产生的社会危害后果特别严重

女性重型暴力犯罪除了导致被害人死亡以外,还会产生诸多不利后果。一是触发一系列关联犯罪行为的发生,即产生触发剂效应。如史某某杀害情人后联系其二哥、三姐及外甥女婿等人帮助其运输尸体回原籍,焚烧尸体,导致其亲人实施帮助毁灭证据的犯罪行为。二是女性加入犯罪团伙后,凭借其组织、领导方面的能力使得犯罪团伙更加紧密、牢固,即产生凝固剂效应。如黄某被骗加入传销组织后迅速发展成为骨干成员、领导,并将他人领导的传销组织强行解散,壮大自己领导的传销组织,后指使传销组织成员对他人实施故意伤害、非法拘禁等犯罪行为。三是女性犯罪对家庭、子女产生重大影响,即产生腐蚀剂效应。对家庭而言,母亲是孩子的第一任老师,母亲角色对孩子的人格形成、行为方式等有着极其重要的影响,犯罪的女性容易让子女习得错误的行

---

① 揭萍、巫勇群:《女性暴力犯罪现状调查与原因分析——以江西省为例》,载《萍乡高等专科学校学报》2013 年第 4 期。

为模式，使其模仿母亲非正常的生活习性。同时，女性犯罪后，常导致年幼的子女交由老人或其他亲属抚养，还有的被送往儿童福利院等社会机构。如沈某某虐待继女案，沈某某的亲生女儿交由天津市太阳村特殊儿童研发服务中心收养。可见，女性犯罪对社会、家庭的稳定以及未成年人的教育都有重要影响，忽视女性犯罪问题受惩罚的将是整个民族。[①]

二、女性重型暴力犯罪的根源探究

从相关案例呈现出的特点分析，女性实施重型暴力犯罪的原因多种多样，大多数是多种内外因素交织在一起，共同引发犯罪的发生。具体来说，女性重型暴力犯罪根源大致可归纳为如下几个方面：

（一）对家庭暴力、婚恋矛盾缺乏有效的救助途径

据统计，我国 24.7% 的家庭存在家庭暴力，近 90% 的家暴受害者都为女性。2012 年，妇联系统受理的婚姻家庭类问题中家庭暴力问题占 23.7%，暴力致死 263 件。[②] 据最高人民法院统计，涉及家庭暴力的故意杀人案件，占到全部故意杀人案件的近 10%。[③] 2014 年 2 月最高人民法院公布了 10 起家庭暴力典型案例，其中有 2 起均是受害女性以暴制暴的情形。[④] 家庭暴力通常呈现出阶段循环周期性的特征，一个周期通常分为三个阶段，即紧张关系的形成阶段、家庭暴力的爆发阶段、施暴人道歉双方重归于好的平静阶段。[⑤] 遭受家暴的女性在初期往往会顾念夫妻感情、家庭完整以及自身经济不独立等因素原谅男性，由此逐渐形成"受虐妇女综合症"，即慢慢放弃各种求助、维权的尝试和努力。"学会无助"理论是指家庭暴力下的受虐女性经常感到有陷入感而难以离开这种关系，受虐妇女经过无数次的失败，将会彻底明白自己无法阻止被打的命运。每一次的家庭暴力行为都会使她们更加清楚地意识到自己的无助。[⑥] 这些女性在饱受煎熬后，会产生报复心理，一旦出现导火索即会失去理

① 汪新建等编著：《社会心理学理论》，天津人民出版社 1988 年版，第 158 页。

② 秦秀明：《家庭暴力的危害、形成原因和预防办法》，载《行政与法》2014 年第 7 期。

③ 张年亮、李玉坤：《近 10% 的故意杀人案涉及家暴——最高法探索建立反家庭暴力统筹联动机制》，载《人民公安报》2014 年 2 月 28 日第 2 版。

④ 张先明：《推广审判经验 统一法律适用——最高人民法院公布十起涉家庭暴力典型案例》，载《人民法院报》2014 年 2 月 28 日第 3 版。

⑤ 赵秉志、郭雅婷：《中国内地家暴犯罪的罪与罚——以最高人民法院公布的四起家暴刑事案为主要视角》，载《法学杂志》2015 年第 4 期。

⑥ 赵秉志、郭雅婷：《中国内地家暴犯罪的罪与罚——以最高人民法院公布的四起家暴刑事案为主要视角》，载《法学杂志》2015 年第 4 期。

性，实施极端行为，实现从受暴者到施暴者的蜕变。

在办理案件的过程中可以发现，这些严重暴力犯罪的女性在接受讯问时更愿意讲述自己长期以来所受的伤害、所处的困境，甚至小到生活细节都娓娓道来。从内部因素看，这反映出在实施犯罪之前，这些女性无法将长期积累的问题有效地向他人进行倾诉，得到救助或疏解，亦或她们不了解可以向哪些机构寻求救助。从外部因素来看，一是反映出我国相关法律规定尚不健全，法律宣传教育力度不够。在 2016 年 3 月 1 日我国《反家庭暴力法》正式出台实施前，相关的规定仅是分散在婚姻法及其相关司法解释、《妇女权益保障法》等法律法规中，且多是宣示性的规定，缺乏具体操作规则和力度，导致实践中执行不力。二是女性投诉、维权、救助等渠道不畅通、机制不健全。虽然居委会、村委会、妇联、妇女救助站、派出所等机构可以受理此类求助，但是囿于"清官难断家务事"等传统观念的影响，上述机构存在互相推诿、衔接不畅、干预不及时、调解力度有限、跟踪回访不到位等情况，导致女性求助无门，未得到及时有效的帮助，同时也导致施暴者更加有恃无恐、变本加厉。

（二）弱势女性的生存发展条件受限

从前述 15 个案件分析，个人生存发展的限制更易引发一系列的连锁反应，如性格偏激、嫉妒心强、与他人相处不和谐、家庭矛盾增多、仇视社会等。如只某某杀母案中，只某某仅有初中文化程度，长期无工作没有收入来源，其决意杀害父母的目的是意图将所住房产据为己有。又如郝某某、敖某抢劫案，二人均系未成年少女，自幼家庭贫困，被迫辍学打工，敖某未婚先孕，身无分文，且时值隆冬季节，其衣服单薄，二人遂决定抢劫一家服装店的瘦弱老人。此类女性犯罪嫌疑人在刑事诉讼中多表现得较为平静，虽然处于被羁押状态，但其自认为作案前生活窘迫的状态得到缓解。

经济基础决定上层建筑，经济贫困是犯罪的重要诱因。因家庭经济条件有限（多为农村家庭）以及重男轻女思想的影响，绝大多数犯罪女性曾经被迫辍学，导致受教育程度不高，基本集中在初中文化程度及以下水平。这些女性辍学后，有的在农村从事繁重的劳动，有的进入城市成为农民工。进入城市的女性由于文化水平不高，且无一技之长，往往难以找到有较高工资水平的工作，大多从事餐饮、服装等较为辛苦的工作，还有一部分女性不肯吃苦，长期依靠父母、丈夫、男友等的帮助，更有甚者，直接从事色情行业。这些女性先天家庭经济条件较差，再加上后期自身努力不够以及社会职业技能培训、就业歧视等因素的影响，导致其逐步成为社会的弱势群体。据 2009 年统计数据显示，我国的女性犯罪约占整个犯罪的 10%—12%，其中 70% 以上犯罪类型与谋取物质财富有关。①

（三）女性特殊精神、心理问题缺乏跟踪疏导

随着社会生活节奏的日益加快，来自社会、工作、家庭等方方面面的压力逐渐增多，越来越多的人面临的精神、心理压力也在加大，出现焦虑、烦躁、失眠等症状。有些女性严重暴力犯罪就是由于女性自身精神、性格问题而引发的，从个案角度看与他人关系不密切，但从宏观角度也反映出针对女性特殊心理问题的关注和疏导机制的欠缺。

在本文选取的 15 个案例中，部分女性存在不同程度的精神、心理问题。如宋某有失眠、被害妄想、性幻想等症状，经鉴定其患有"与文化相关的精神障碍"。徐某某于案发 4 年前被诊断为精神分裂症，出现狂躁、自残等症状。刘某某被诊断患有"精神活性物质所致精神障碍"。这些女性在受到轻微刺激或自身愿望得不到满足的情况下，便实施严重暴力犯罪。另有一些女性表现出性格缺陷，常见的为自私、冷漠、不合群等。如沈某某虐待继女致其死亡案中，沈某某与亲属、邻里关系恶化，认为自己对继女无抚养义务，遂对其采取关押、冷冻、殴打、有病不给治疗等方式实施长达两年多的虐待，导致继女因病情严重未治疗而死亡。

由于女性思想较为敏感、细腻的特点，产生精神、心理、性格问题的可能性比男性稍大。由此类问题产生的家庭、社会矛盾，通常能够在一定社会范围内得到反映，特别是在发生一些邻里纠纷、家庭问题的情况下，相关机构、部门应当给予必要的关注和疏导。但是大量案件证实，有关部门任由矛盾延伸激化，是预防严重暴力刑事犯罪不利的重要原因。

三、检察机关在预防女性重型暴力犯罪方面的机制探索

女性实施重型暴力犯罪是自身、家庭和社会等多种因素交织作用的结果。预防女性严重暴力犯罪要多管齐下，从教育、疏导及保护等多个角度，对女性的心理、生活方式等多方面进行规范、引导和帮助。虽然我国有很多女性帮教、救助机构，但工作范围和层面都有所不同。检察机关作为国家法律监督机关，日常工作接触到的女性犯罪人和女性受害人较多，是接触女性严重暴力犯罪的最前沿。因此，应当结合自身工作特点，探索工作机制，发挥检察机关在此类犯罪惩防方面的积极作用。

---

① 高正霞：《贫困成为女性犯罪的主要原因之一》，载南海网，http://www.hinews.cn，2009年 3 月 3 日。

犯罪预防分为特殊预防和一般预防，而检察机关恰恰可以将这两方面工作相互结合，探索创新工作思路。一方面，做好特殊预防工作，即从已经发生的女性重型犯罪案件中，通过检察机关特有的审查起诉等业务，在刑事诉讼程序中依法针对特定犯罪嫌疑人、被告人开展法制教育；另一方面，延伸一般预防工作，即总结女性严重暴力犯罪的根源、特点和成因，加强调查研究，通过与其他机构和部门的机制对接，将调研成果和经验进行输出，释放到社会生活的最前沿，以减少女性重型暴力犯罪的发生。

（一）建立女性严重暴力犯罪案例库，强化大数据收集研究

女性严重暴力犯罪主要由分院一级的检察机关办理，其特点、成因和应对措施与其他轻微女性犯罪案件有所不同，因此惩治和预防手段也存在区别。检察机关应对女性严重暴力犯罪的优势是掌握第一手的案例、数据和资料，能够从中进行相关犯罪成因和惩防机制的分析。实践中，虽然个案分析和类案研究较为广泛，但从研究角度分析，系统的案件数据分析统计仍然欠缺。一方面，由于案件管辖上存在不同审级和地域的区别，掌握的案件情况不一，各单位的统计数据通常不具有完整性；另一方面，缺乏科学的统计标准，使得具有普遍性的犯罪特征无法得到全面呈现。

因此，检察机关应当利用办理案件的独特优势，和案件管理系统的现代科技手段，通过对大数据的收集和有效运用，在分院一级的检察机关建立规范化的女性严重暴力犯罪案例库。一是保证案例收集的完整性，注重案例库的数据交流，特别是不同分院之间对已公开案件进行数据互通，保证本地区案例库的信息全面，避免个案研判的局限；二是将统计条目规范化，如对涉案女性的身份信息、涉及罪名、量刑情节、判处刑罚、执行情况等类目进行详细统计梳理，增加案例库的准确性和实用性。建立女性严重暴力犯罪案例库不仅可以用于女性犯罪问题的分析研究，更可以在实践中运用于多种帮教救助途径。

（二）探索志愿者服务机制，积极参与社会治理，加强对于女性的法制教育

从近年 T 市某分院办理的女性重型暴力犯罪案件的情况来看，实施上述犯罪的女性在家庭及社会中大多属于弱势群体，且多数存在经济贫困或无经济来源等问题，因此从综合治理角度来看，提高女性的文化素质和生存能力是预防女性重型暴力犯罪乃至女性犯罪的重中之重。生存能力教育主要体现在职业技能教育，以此提升女性在社会中独立生存的能力。而文化素质教育除提升个人修养外，还应包括相应的法制教育。检察机关作为专业性极强的司法机关，应当在对于女性的法制教育方面，尤其是预防女性犯重型犯罪方

面，发挥应有的作用。

2015 年，笔者所在单位成立了"巾帼普法志愿服务小分队"，均由女检察官组成，小分队成立以后多次与市妇联合作深入基层社区、女子戒毒所、未成年人管教所等地进行法制宣传活动，并向市妇联上报了志愿者名单及履历，在社区、单位需要志愿者讲座时，派遣相关女检察官前往授课，以女性的视角和检察官的专业，为社区、女子戒毒所、未成年人管教所的女性进行法制宣传教育活动。女检察官长期工作在办案一线，具有丰富的办案经验，结合真实案例向女性群众讲解法律，由个案向类案扩展，由特殊预防向一般预防延伸，引起女性宣传对象的高度共鸣，课后提问也非常踊跃，法制宣传的效果十分明显。

同时，可以与社区、居委会、妇联等相关组织形成联系机制，对于女性严重暴力犯罪案件多发，或者近一时期有女性严重暴力犯罪案件发生的社区，有针对性地组织宣传教育活动，为广大女性提供更多的贴近生活、易于理解的法律知识，对于提高女性的自我保护意识，预防女性重型暴力犯罪具有重大的作用。

（三）借鉴未成年人刑事检察工作的相关经验，探索检察官在女性心理健康方面的帮助机制

近年来，包括检察机关、审判机关在内的司法机关，纷纷成立了专门的未成年人检察和审判部门，一部分办理未成年人案件的检察官接受了相应的心理咨询培训，部分具有国家认可的心理咨询师资质，目的在于对案件中的未成年犯罪嫌疑人、未成年被害人进行心理疏导，以修复心理创伤和预防犯罪。

通过对女性重型暴力犯罪案件的研究，女性实施的重型暴力犯罪呈现出对象多为身边亲近的人及手段残忍的特点，究其原因均是女性在日常生活中内心仇恨长期积累的结果，因而关注女性心理健康，及时发现女性心理失衡、仇恨聚集、性格变化的情况，及时疏解，才能有效地防止女性重型暴力犯罪的发生。

对此，可借鉴未成年人刑事检察工作的相关经验，组织有心理学相关经验的检察官，对于刑事案件审查逮捕、审查起诉以及监所检察等工作过程中涉及女性犯罪嫌疑人、女性被害人，进行相应的心理疏导，一方面防止再犯，另一方面防止被害人由于心理伤害成为犯罪人。

在法制宣传活动、检察官兼任学校、单位、社区法制讲师过程中，发现的个别女性由于家庭、社会压力造成的心理失衡、精神状态不良的问题，进行有针对性的心理疏导。同时，可与社会的心理咨询机构、相关的女性教育机构协作，探索公益心理讲座、个体咨询等，对于办案及其他渠道发现的心理创伤的女性，如刑事案件的女性被害人、家庭暴力案件中受害女性以及因婚恋、家庭

矛盾导致精神抑郁的女性、戒毒所、监狱等特殊场所的女性，进行一对一的心理疏导，帮助她们改变心理活动的方向，减少女性因心理问题而产生的复仇性质的严重暴力犯罪，把犯罪诱因消灭在萌芽状态。

（四）加强与其他机关、社会组织的沟通，探索对弱势女性的社会救助机制

女性严重暴力犯罪多由家庭、婚恋矛盾长期得不到解决而引发，矛盾发生初期及发展过程中会有所表现。派出所、司法所、社区居委会、村委会等群众团体、政府有关部门及城乡基层组织的日常工作与群众生活的联系广泛而密切，最能够及时发现社会成员生活及心理上的一些问题，对女性加强教育、保护和管理，预防女性严重暴力犯罪方面发挥了重要的作用，并且具有丰富的经验。

检察机关处理的多为刑事案件，侧重对于侵害女性合法权益的违法犯罪活动的查处，即对犯罪人的事后惩罚，对于女性实施的重型暴力犯罪的事前预防经验较少，需要加强与相关基层组织和机关的沟通、协调，形成信息共享与反馈、线索移送等相关的平台或机制。

对于在案件办理中发现的处于弱势的女性被害人、案外人存在的生活困难的情况，应及时与相关的社会救助机构取得联系，对于生活困难、无家可归的女性予以救助，防止弱势女性，因贫、因弱导致犯罪。例如，针对涉及家庭暴力、伤害等案件中涉及的被害女性，结合案件具体情况及上述女性的生活环境，应当与女性生活的群众自治组织、派出所等基层组织构建信息共享和联动平台，及时向相关基层组织反馈信息，密切观察女性受害者的心理状态和生活状况，给予上述女性受害人生活上的支持和心理上的疏导，通过定期回访，进行教育培训等活动，促进受害女性走出心理阴影，回归正常的生活，努力减少女性因地位弱势或者受到侵害而引发的严重暴力犯罪。

各级检察机关在办理女性严重暴力犯罪案件中，对于实施犯罪的女性，及时了解女性的成长和生活环境，有效发挥刑事执行检察部门驻监检察官工作优势，与女子监狱、未成年人管教所等部门联合，对于女性服刑人员、女性戒毒人员进行教育和引导，一方面使女性服刑人员掌握基本的生存技能，另一方面在精神上和心理上予以开解，使上述女性释放后能够有能力独立开始新生活。同时建立跟踪机制，对于刑满释放或社区矫正女性定点监控，定期回访。

检察机关应与相关的社会救助机构建立联动机制，形成广泛的女性社会救助平台，使每一名女性在受到伤害时，因各种原因生活困难时，有所依靠，为广大女性营造安全健康的生活环境，防止弱势女性因生活或经济窘迫、心理等原因实施重型刑事犯罪，有效防止女性严重暴力犯罪的发生。

图书在版编目（CIP）数据

女检察官检察理论研究课题获奖文集 . 2015—2016 年度／最高人民检察院检察理论研究所，中国女检察官协会编 . —北京：中国检察出版社，2017. 10

ISBN 978 - 7 - 5102 - 1895 - 8

Ⅰ . ①女… Ⅱ . ①最…②中… Ⅲ . ①检察机关 - 工作 - 中国 - 文集
Ⅳ . ①D926 - 53

中国版本图书馆 CIP 数据核字（2017）第 105242 号

女检察官检察理论研究课题获奖文集（2015—2016 年度）

最高人民检察院检察理论研究所　中国女检察官协会　编

出版发行：中国检察出版社
社　　址：北京市石景山区香山南路 109 号 （100144）
网　　址：中国检察出版社 （www. zgjccbs. com）
编辑电话：（010）86423709
发行电话：（010）86423726　86423727　86423728
　　　　　（010）86423730　68650016
经　　销：新华书店
印　　刷：保定市中画美凯印刷有限公司
开　　本：710 mm ×960 mm　16 开
印　　张：22. 75
字　　数：413 千字
版　　次：2017 年 10 月第一版　2017 年 10 月第一次印刷
书　　号：ISBN 978 - 7 - 5102 - 1895 - 8
定　　价：68. 00 元